# VINCENT DE PAUL

DU MÊME AUTEUR

Chez Fayard

*Poincaré,* 1961.
*Histoire de la France,* 1976.
*Les Guerres de Religion,* 1980.
*La Grande Guerre,* 1983 (Premier Grand Prix Gobert de l'Académie française, 1984).
*La Seconde Guerre mondiale,* 1986.
*La Troisième République,* 1986.
*Histoire du monde contemporain,* 1991.
*Les Quatre-vingts,* 1995.

Chez d'autres éditeurs

*L'Affaire Dreyfus,* PUF, 1959.
*La Paix de Versailles et l'opinion publique en France,* thèse d'État, Flammarion, 1972.
*La Lionne de Belfort,* Belfond, 1987.
*Le Magasin de chapeaux,* Albin Michel, 1992.
*Les Polytechniciens,* Plon, 1994.
*Histoire des canaux, des rivières et des fleuves de France,* Édition n° 1, 1994.
*Mourir à Verdun,* Taillandier, 1995.

Pierre Miquel

# VINCENT DE PAUL

Fayard

INTRODUCTION

# Le siècle des saints

Rien ne prédestinait Vincent de Paul à devenir un saint de la sainte Église, tant il est vrai qu'il n'est pas de saint sans l'existence.

La sainteté est généralement considérée comme l'illustration *héroïque* d'une vie de sacrifice et de recherche de Dieu. Elle n'est pas une qualité innée, mais le résultat d'une ascèse, d'une rencontre progressive et douloureuse d'un être et de l'existence, d'un cheminement marqué d'étapes comparables à celles de la Passion vers la perfection. Un saint qui n'aurait *pas existé* est inconcevable, à l'exception des archanges Michel, Raphaël et Gabriel, qui le sont par privilège particulier de Dieu. Les anges et les archanges sont des êtres immatériels, intermédiaires entre les hommes et le Ciel. Ils peuvent être réputés saints, mais n'ont pas gagné la sainteté par le sacrifice.

Mériter l'*auréole* qui, dans les images d'église, est la marque de la sainteté requiert dès le XVII^e^ siècle des conditions précises : les règles de la *canonisation* ont été définitivement fixées en 1634 (puis en 1642) par le pape Urbain VIII, ex-cardinal Barberini, qui avait fait condamner Galilée en 1633. Un dossier doit être réuni par l'évêque de la circonscription, transmis à Rome où la Congrégation des rites l'instruit. Le candidat, déclaré *vénérable* s'il franchit cette première étape, est soumis au procès de *béatification*. Pour qu'il soit réputé *bienheureux*, il faut qu'il témoigne d'une vie chrétienne plus qu'exemplaire, *héroïque*, marquée par la souffrance, et que des signes surnaturels accompagnent sa mort : on exige deux miracles *post mortem* avant que le bienheureux ne devienne un saint reconnu au cours du procès de canonisation. Si l'« avocat du diable » ne réussit pas à mettre en doute les témoignages du dossier, si les « postulateurs de la cause » devant les consistoires successifs présidés par le pape l'emportent, une cérémonie officielle à Saint-Pierre de Rome décide généralement d'attribuer la sainteté, au jour anniversaire de la mort du saint, dite « naissance au ciel ». Il peut alors devenir l'objet d'un culte et figurer au calendrier ; pour Vincent, ce fut d'abord au 27 septembre, jour de sa mort, puis au 19 juillet pour des raisons d'opportunité.

Comme François Xavier, François de Sales, Jean Eudes, Louise de Marillac ou Jeanne Françoise de Chantal, Vincent de Paul a franchi les deux étapes romaines de la béatification et de la canonisation. Notons qu'en matière de sainteté, les délais sont des plus variables : les deux seuls canonisés français de l'année 1737 sont Vincent de Paul et le prêtre missionnaire du Velay, François Régis. Le premier a dû attendre soixante-seize ans, le second quatre-vingt-dix-sept. Sur les vingt-sept canonisations individuelles (par opposition aux canonisations collectives, accomplies aux XIX^e^ et XX^e^ siècles pour célébrer les martyrs du Canada, des Pays-Bas, de Grande-Bretagne et du Japon) concernant des bienheureux du « siècle des saints », trois seulement ont été prononcées dès le XVII^e^ siècle[1]. Vincent figure sur les listes des béatifications du XVIII^e^ siècle, en (bonne) compagnie de dix bienheureux, dont Jeanne de Chantal, qui dut patienter cent vingt-six ans. Le grand mystique espagnol Jean de la

1. Marie Madeleine de Pazzi, canonisée soixante-cinq ans seulement après sa mort en 1604, une carmélite devenue patronne de la ville de Florence, Rose de Lima, canonisée encore plus vite et patronne des missions d'Amérique latine, François de Sales enfin, « Monsieur de Genève », qui n'attendit que quarante-trois ans.

Croix, mort en 1591, ne sera canonisé que cent trente-cinq ans plus tard. En définitive, le saint des pauvres n'a pas souffert d'un trop long délai.

Il fut en revanche l'objet d'un trop long procès. La congrégation de la Mission, qu'il avait créée, attendit vingt-sept ans avant d'ouvrir le dossier sollicitant la béatification. La procédure ne débutant réellement qu'en 1705, les enquêteurs eurent du mal à retrouver des témoins, quarante-quatre ans après la mort de Vincent. On réussit néanmoins à interroger 299 personnes, beaucoup de lazaristes et de filles de la Charité, quelques médecins, des paysans, et l'on ordonna des enquêtes dans toutes les provinces fréquentées par le futur saint. Au cours de cette première phase, fort longue, on songea à rassembler dans la chambre où Vincent était mort, à Saint-Lazare, des vêtements, son cœur et ses viscères enfermés dans un coffret. Le cardinal de Noailles, de l'illustre famille qui avait donné deux évêques au diocèse de Dax, déclara enfin, après de minutieuses recherches, qu'il n'y avait aucune infraction aux règles canoniques et que le dossier pouvait aller à Rome.

Encore fallut-il rassembler les « lettres postulatoires » qui manifestaient aux yeux de la cour romaine une sorte de désir collectif. Cette opération ne fut guère concluante : sur les cent vingt-sept évêques que comptait alors la France, trente-deux seulement signèrent le document. Les autres étaient sans doute hostiles à Vincent en raison de leur gallicanisme, ou parce qu'il avait contribué à la répression du jansénisme. Mais l'opposition des évêques français n'était pas de nature à décourager le pape, qui les savait le plus souvent hostiles à son influence dans le royaume.

Quatre mille pages de témoignages et d'enquêtes furent soumises à l'appréciation de Rome en 1709, après quatre ans d'efforts. Déjà les objections fusaient : on reprochait à Vincent d'avoir eu des liens d'amitié avec Saint-Cyran, un des maîtres de Port-Royal, un hérétique, au point de jeter de l'eau bénite sur sa tombe. On lui faisait également grief d'avoir eu des relations avec un alchimiste, quand il était esclave des Barbaresques à Alger dans sa jeunesse. Les bons pères de Rome se risquaient même à critiquer une manie du saint : le tabac à priser[1]... Cependant, les défenseurs n'eurent aucun mal à prouver la bonne foi de Vincent dans l'affaire de Port-Royal : s'il avait des liens d'amitié avec Saint-Cyran, il s'était trop signalé dans la lutte contre cette hérésie pour qu'on le tînt pour suspect.

Après trois ans d'instruction supplémentaire, on ouvrit enfin le cercueil, sur l'ordre de la Congrégation des rites. Il était en effet d'usage de vérifier si le bienheureux était « en odeur de sainteté ». Point d'odeur dans le cercueil de Vincent. Faut-il s'en étonner, plus d'un demi-siècle après sa mort ? On décida alors d'examiner minutieusement sa correspondance et ses écrits divers, pour s'assurer de ses sentiments chrétiens.

Vaste tâche ! On connaît aujourd'hui plus de quatre mille lettres écrites de sa main, sur un total probablement supérieur à 30 000... En 1715, le dépouillement des pièces était achevé, mais on attendit encore dix ans avant de reprendre le dossier. Sans doute les troubles religieux en France expliquaient-ils cette prudence romaine. Deux ans de discussions furent encore nécessaires pour juger de la validité des quatre miracles *post mortem* proposés à la sagacité des juges de la Congrégation des rites. En 1729, le cardinal de Fleury, principal ministre du roi, sollicité par les nombreux défenseurs de la mémoire du saint homme, intervint en personne, pour que fût hâté l'examen du dossier au Vatican. Le pape Benoît XIII demanda un nouveau délai de quatre mois afin de pouvoir juger sereinement des « animadver-

1. Un peu plus de cent ans plus tard, le gendarme français Radet, chargé par Napoléon Ier d'arrêter le pape dans Rome, se concilierait les bonnes grâces de Pie VII en lui offrant son tabac à priser.

sions du promoteur de la foi contre les quatre miracles admis ». Pour lever le doute introduit sur la question des miracles par le cardinal de Polignac, le pape implora en définitive le secours du ciel. Le 14 juillet, il admit enfin les « miracles du troisième ordre » contenus dans le dossier et signa le 13 août 1729 le décret de béatification.

Benoît XIII, favorable à la doctrine de saint Thomas sur la grâce efficace, rallié à certaines positions augustiniennes et désireux d'apaiser les esprits en France, encore remués par le schisme de Port-Royal, indiquait dans le bref consacré à Vincent de Paul que « le Seigneur juste et miséricordieux [avait] orné des divers dons de sa grâce quelques-uns de ses plus particuliers serviteurs et élus, qu'il a prédestinés dès le commencement du monde pour l'accomplissement de son œuvre ». L'enfant né à Pouy en 1581 était donc, selon cette doctrine, « prédestiné » à la sainteté qui se manifestait, selon la bulle du pape, « *parfois* par des miracles et des prodiges sur la terre ». Deux ans d'examen des témoignages seront nécessaires pour juger du « parfois » attribué à Vincent.

Pourquoi ce long délai et cette patiente recherche du surnaturel dans la vie d'un homme, au siècle des lumières ? Parce que la manifestation des signes de la présence divine est encore l'élément le plus indispensable à la reconnaissance du saint et qu'il ne suffisait pas à cet égard de rappeler dans la bulle la liste des victoires acquises par Vincent dans « les œuvres d'une vraie piété » : la « sainteté de vie et les vertus héroïques » sont des conditions nécessaires mais non suffisantes. Vincent doit être « muni des secours de la force d'en haut » pour « remplir toute l'Église de l'odeur très suave de ses parfums spirituels ». S'il est mort en odeur de sainteté, si des miracles ont été constatés après sa mort, alors seulement il sera admis comme *bienheureux*. La sainteté n'est pas la récompense d'un simple mérite, fût-il reconnu par toute la communauté chrétienne, elle est un signe immédiat de la présence du Seigneur, elle doit susciter, autour du nom du saint, le concours de la foi populaire, celle qui attribue aux bienheureux, comme au Christ lui-même, les miracles de la foi.

La *béatification* pose des conditions : ainsi, Vincent ne pourra être *vénéré* que dans les lieux où s'est manifestée sa diligence au service du Seigneur : son village de naissance, le diocèse de Dax, la province d'Auch, le bourg de Clichy et la ville de Châtillon-les-Dombes[1], de la province de Lyon, dont il fut curé, la Mission et les Filles de la Charité, ses créations, enfin la ville de Paris, « d'où il s'est envolé aux cieux, et où son vénérable corps repose ». Dans ces lieux seulement pourra être célébré le culte du vénérable bienheureux.

À Rome, le 21 août de l'année 1729, la basilique du Latran est parée de damas rouge garni de galons d'or. Tous les autels sont chargés de cierges. Des arbustes couverts de roses et de feuilles d'or entourent le trône de saint Pierre, où le pape prononce la béatification devant un tableau représentant Vincent « sur une nuée, soutenu par des anges qui l'enlevaient au ciel ».

Est-il *saint* ? Il faudra attendre huit ans encore pour que la bulle de canonisation en décide enfin, après de nouvelles enquêtes et contre-enquêtes. Le Florentin Lorenzo Corsini, élu pape sous le nom de Clément XII, fait instruire le procès pour signer la bulle du 16 juin 1737 qui doit faire de Vincent de Paul un saint de l'Église romaine.

Le texte, signé de la main de « Clément, évêque, serviteur, selon la formule consacrée, des serviteurs de Dieu », avait établi le principe d'une hiérarchie des saints et des bienheureux qui entourent le Seigneur : où situer Vincent

1. Aujourd'hui Châtillon-sur-Chalaronne, dans la région autrefois marécageuse des Dombes, au nord de Lyon.

dans la « céleste Jérusalem, cette bienheureuse cité du dieu vivant » ? Sans doute ce dernier « distribue-t-il également à tous ceux qui ont travaillé à sa vigne le même denier de la vie éternelle », mais « à différents lieux et demeures où chacun sera placé selon son mérite ». Le Ciel a son classement de l'excellence. S'il ne rejette que les exclus du vice, les victimes de Satan, il distribue les palmes aux élus. Et le pape de citer la parole du Christ : « Dans la maison de mon Père, il y a plusieurs demeures. » La lune, le soleil, les étoiles elles-mêmes ne brillent pas de la même intensité, le grain semé ne rapporte pas autant à tous les agriculteurs : seuls les martyrs touchent le centième de la divine récolte, les autres doivent se contenter de moindres parts.

Le temps des martyrs est provisoirement clos, du moins en France, et Vincent n'est donc pas de ceux-là. Il n'importe : « La paix a aussi ses couronnes, dit le pape, dont elle ceint les vainqueurs. » Les combats sont innombrables, à la fois contre la volupté, la colère, l'envie, l'injustice et tous les péchés capitaux. Dans ces batailles livrées sur le terrain social, on peut se montrer un « courageux soldat de Dieu », fût-ce contre « les princes et les puissances », abusés par le mal. Le saint qui gagne sa place au ciel doit mener ces guerres contre « la méchanceté des pervers » et la « malice des hérétiques ». Mais peut-on compter parmi les « pervers » les religieux de Port-Royal ? La bulle souligne avec force, comme pour prévenir toute objection, le combat mené dans ce domaine par le saint homme. Ainsi gagne-t-il le droit d'avoir « ses statues et ses images colorées » dans les temples du Seigneur. La bulle de canonisation relève par le menu les combats victorieux menés dans sa vie « héroïque » par Vincent, et précise qu'avant d'engager toute action, « comme le saint roi David, il a eu recours à la grâce divine avant de rien commencer », implorant le divin secours en se prosternant devant Dieu « par des prières courtes, mais ferventes ». La bulle rappelle que, dans toutes ses actions terrestres, le « saint des pauvres » a toujours eu « Dieu présent à l'esprit », et sa mort en odeur de sainteté est décrite en des termes si minutieux qu'elle inspire le désir de mourir comme lui.

Le pape en vient aux miracles, qu'il dénombre alors avec soin : la guérison de l'aveugle nommé Claude Joseph Campoin, celle d'une muette de naissance, Marie-Anne Lhullier, âgée de 8 ans, qui avait recouvré la parole et l'usage de ses membres inférieurs, celle de la sœur Mathurine Guérin, qui souffrait d'un « ulcère invétéré et malin à la jambe », enfin le rétablissement miraculeux d'un paralytique, Alexandre-Philippe Le Grand. Depuis la béatification, sept nouveaux miracles avaient été signalés sur la tombe de Vincent, mais le pape n'en a retenu que deux : la guérison « d'ulcères putrides, de rétention d'urines et d'une énorme hydropisie » de Marie-Thérèse de Saint-Basile, et celle « d'une hernie complète, invétérée et désespérée » de François Richer, obtenue instantanément et devant témoins. Un consistoire secret présidé par le cardinal Antoine-Félix Zondadari avait longuement examiné les faits. Le pape peut désormais fixer le jour de la canonisation.

Le dimanche de la Sainte-Trinité, Clément XII se rendit avec tous les cardinaux à la basilique du Latran « décemment décorée » dans une grande affluence de peuple. On chantait les litanies et les prières sacrées. On invoqua le Saint-Esprit, la Trinité, le Christ et ses apôtres avant d'ordonner « à tous les fidèles du Christ d'honorer [Vincent] et [de] le vénérer comme vraiment saint, statuant que dans toute l'Église on puisse bâtir et consacrer en son honneur des églises et des autels [...] et que chaque année, le dix-neuvième jour de juillet, sa mémoire puisse être célébrée avec une pieuse dévotion comme d'un saint confesseur non pontife ».

On relève peu de notations, dans la bulle, sur l'engagement de Vincent dans « les malheurs du temps et les tumultes des guerres civiles ». Son panégyrique tient en fait en trois termes : la foi au services des œuvres, l'obéissance aux puissants, le roi Louis XIII et la reine Anne d'Autriche, le zèle dans la défense de la foi à l'égard de l'hérésie (moins celle des réformés que celle des jansénistes) et sa propagation au-delà des mers. À peine mentionne-t-on l'aide apportée aux provinces envahies par la guerre qui souffrent de la faim et des épidémies. Vincent est certes illustré dans sa temporalité souffrante, mais comme si, appartenant à la céleste cohorte du Christ, il était en dehors de l'histoire. Il reste qu'un regard porté aujourd'hui sur la vie et l'œuvre de saint Vincent de Paul, replacées dans les conflits d'intérêts, les luttes et les passions de son temps, peut aider à comprendre pourquoi son image peut être vénérée pour de tout autres raisons que celles invoquées dans la bulle de canonisation.

Ainsi, le 16 juin 1737, moins d'un siècle après sa mort, la déclaration solennelle du pape Clément XII consacre Vincent de Paul, l'enfant de Pouy, touché par le surnaturel, auréolé de gloire, happé par l'Éternel, en des termes qui retracent sa vie de souffrance et de dévouement à Dieu, qui rappellent à la fois son pouvoir miraculeux de guérir et l'*héroïsme* de son engagement au service de la religion et des pauvres du Christ, mais non sa participation aux luttes sociales et politiques auxquelles son nom est associé dans la première moitié du XVII$^{e}$ siècle en France.

Cette apothéose est pourtant tout à la fois le résultat d'un cheminement intérieur et de la confrontation du saint avec l'histoire temporelle, celle qui contraint à prendre parti. S'il est impossible d'écrire une vie de saint en mettant entre parenthèses sa spiritualité, il importe de le suivre sur le chemin de crête de sa temporalité, sous peine d'ajouter une hagiographie à tant d'autres. Seul l'engagement de Vincent de Paul dans son siècle permet de marquer les étapes, non seulement de sa « vie terrestre », mais de la progression lente et difficile vers la sainteté. Il s'agit de rien de moins que de comprendre comment on devient un saint de cette race toute particulière, qui le fait échapper à son siècle pour entrer de plain-pied dans le nôtre.

La première étape fait suite à une longue période de solitude, d'incertitude, de doute, de 1581 à 1611. La prêtrise, trop tôt obtenue, à 20 ans, n'est pas un brevet de vie éternelle et pas davantage de réussite sociale. Vincent, qui a connu pendant les premières années de sa vie la dernière phase – la plus violente – des guerres de Religion, piétine longtemps avant d'obtenir une cure. Nommé, grâce à Bérulle, à Clichy, près de Paris, puis à Châtillon-les-Dombes, il est installé comme principal au collège des Bons-Enfants, en 1624, l'année où Richelieu s'empare du pouvoir. En 1625, il jette les bases de sa congrégation de la Mission, et le voilà presque général à 44 ans.

Cette réussite peut s'expliquer par des causes temporelles : il a en effet bénéficié du mouvement de l'opinion publique vers un retour à la piété qui s'affirme dès le règne d'Henri IV et se poursuit sous la régence de Marie de Médicis. Quand les églises et les monastères s'érigent sur le sol parisien à une cadence incroyable, quand les ordres se réforment et se multiplient, à l'aube du « siècle des saints », le prieuré presque désaffecté acquis par Vincent peut apparaître comme un résultat très modeste ; les missionnaires d'ailleurs ne sont encore qu'une poignée. Le rayonnement personnel du fondateur sera finalement la clé décisive de son succès, et son installation à Saint-Lazare consacre une première reconnaissance : il peut désormais dicter une conduite chrétienne, admis et respecté comme tel.

La réalité de l'institution cléricale, soumise au système privilégial qui installe les seigneurs au sommet de l'édifice et instaure une stricte hiérarchie des serviteurs, fait que seule une série de hasards et de rencontres a pu assurer la promotion d'un Vincent de Paul à l'intérieur de l'ordre. Si, après de longues années d'aventures et d'incertitudes, il n'avait pas approché des personnages influents, à Avignon, à Rome, à Paris, le jeune Depaul ne serait jamais devenu saint Vincent de Paul. Sa réussite spirituelle elle-même est due à des confrontations précoces avec la société de son temps.

Le cheminement du prêtre sans cure à travers ses voyages méditerranéens, sa difficile installation dans la capitale ont-ils été hâtés par une *conversion* ? A-t-il trouvé Dieu en lui-même, comme Descartes l'illumination du *cogito* dans son « poêle » ? Les hagiographes ont du mal à dater avec précision cet instant miraculeux, qui se situe entre 1611 et 1617. Que la puissante famille des Gondi, saisie par la foi exceptionnelle du prêtre, lui ait permis de convertir les pauvres de ses fiefs, puis les esclaves et les galériens de Marseille et de Paris, tient en effet du miracle : celui d'une rencontre imprévisible entre un clerc et l'une des femmes les plus riches et les plus séduisantes de Paris, Françoise-Marguerite de Gondi, comtesse de Joigny, heureuse épouse du général des galères du roi. La carrière ecclésiastique de Vincent doit très largement à cette protection, dont il n'aurait pu bénéficier si ses exceptionnelles qualités de convertisseur n'avaient pas fait leurs preuves sur le terrain. Les premières victoires de Vincent sont d'abord obtenues chez les paroissiens de Clichy et de Châtillon-les-Dombes, mais très vite, et plus spectaculairement, dans les villages des Gondi, en Brie, en Bourgogne, en Champagne. La « direction de conscience », qui lui vaut le dévouement total de la générale de Gondi, équivaut à une inversion sociale que la ferveur religieuse du temps peut seule expliquer : le prêtre parle en maître et exige enfin les ressources qui permettent d'agir. Au général des galères, il demande les moyens de devenir le général des pauvres des campagnes.

Parce qu'on reconnaît en lui la présence du Christ, il a le pouvoir de convertir aussi bien Gondi, le marquis des îles d'Or, et son épouse que les protestants des Dombes ou les miséreux de Montmirail. Les portes de la haute société lui furent vraiment ouvertes quand deux personnages alors souverains eurent jaugé sa foi, et lui eurent conféré la première magistrature spirituelle : le futur cardinal de Bérulle, installé au cœur du pouvoir parisien sous la régence, et l'évêque de Genève, François de Sales ; deux autorités de la Contre-Réforme qui ont reconnu ses aptitudes et l'ont admis dans le milieu dévot alors tout-puissant. La force de convaincre, de rallier, de persuader, de montrer la voie et le vrai visage du Christ lui ont permis de se distinguer, à l'époque où les dirigeants du mouvement avaient besoin d'hommes nouveaux dans le combat religieux.

Très tôt, il est à la fois celui qui mène la bataille sur le terrain, chez ces « pauvres des champs » qui représentent alors la majorité de la population du royaume, et le directeur spirituel que François de Sales fait entrer chez les Visitandines, afin qu'il guide les religieuses. Il est déjà sur son terrain, qu'il ne quittera plus : celui de la pratique religieuse, de la morale nouvelle, de la définition d'un christianisme exemplaire, non seulement parmi les membres du clergé, mais au-delà, dans la multitude des laïques.

La deuxième étape vers la sainteté est marquée par l'acharnement « héroïque » de Vincent à constituer le noyau dur de ses « ouvriers » de la foi. Il n'est plus celui qui seulement parle et dicte, mais également celui qui écrit. Ses lettres portent témoignage de sa facilité à communiquer avec ses disciples, qui sont des élus, choisis avec soin, retenus dans le vivier de Saint-Lazare le temps nécessaire à leur instruction, puis dépêchés sur les routes de campagne, parfois très loin, jusqu'à Gênes et à Rome. De 1625 à 1643, le combat mené pour asseoir la cohésion du groupe est de tous les instants. Il a pour but l'édification, et, devant la succession des calamités qui à partir de 1633 affectent le pays, l'assistance. Aussi le recrutement des hommes se double-t-il, cette année-là, d'un engagement des « filles de charité ». Pour pouvoir réellement « moissonner les âmes », le futur saint songe d'abord à soulager les souffrances physiques que les cercles de fer qui entourent le royaume ont multipliées dans ces années de guerre civile, de guerre étrangère, de troubles ruraux, d'épidémies et de famine.

De Saint-Lazare, les lettres expédiées par Vincent sont des ordres. Il parle en maître, décide de tout, oriente les actions, réunit les fonds nécessaires, gère au mieux le capital des missions. Le temporel est, plus que jamais, le terrain d'affrontement où la fine pointe des missionnaires (une poignée d'hommes et de femmes) s'infiltre, s'impose, entraîne dans le mouvement caritatif les seigneurs d'en haut et les filles de peine recrutées au sein du peuple dans le cadre d'une communauté religieuse au service des pauvres.

Si Vincent a bénéficié de soutiens dans la réalisation de son édifice de charité, il a dû cependant lutter contre les règles romaines, ruser ou composer pour réussir. Les rapports avec Rome, le premier pouvoir, étaient à ce point difficiles qu'il avait installé un missionnaire permanent dans la Ville éternelle, et bientôt une mission complète, pour suivre ses affaires en cour papale. Il devait triompher, non sans mal, des oppositions de personnes et de principes, avancer avec prudence dans la formation de sa congrégation, tard reconnue, et plus encore dans celle d'une communauté de filles de charité, qui, parce qu'elles n'étaient pas enfermées dans des cloîtres, n'avaient pas le droit d'être des religieuses. De la sorte, contre la volonté de Rome, Vincent fut le premier qui réussit à engager des missionnaires mobiles et des équipes de femmes, à la fois pour l'édification des laïques et pour les devoirs d'assistance. Il est remarquable que ses missionnaires soient parvenus à se faire apprécier à Rome en luttant contre la misère des paysans, des pêcheurs, des bergers misérables de la Campagne romaine dont les *monsignori* de la cour papale ne s'étaient pas exagérément souciés jusque-là.

Au cours de cette deuxième étape, il fut certes aidé par l'autre pouvoir, celui de Paris, mais aussi dangereusement mêlé aux luttes d'influence qui déchiraient de nouveau la France et rendaient plus nécessaire encore de tenir solidement le cap, grâce aux missions répétées dans les provinces frontières, aux armées, dans les régions huguenotes, dans les villes et les campagnes enfiévrées par les luttes sociales. Que Richelieu, fervent partisan de la réforme de l'Église, selon le modèle romain défini au concile de Trente, eût soutenu l'action de Vincent en exigeant de lui une mission sur ses terres épiscopales ne peut surprendre. En obligeant le cardinal, en recueillant les secours de sa nièce, la duchesse d'Aiguillon, il s'éloignait de ses protecteurs, les dévots, et se plaçait dans le camp de ceux qui voulaient construire un État moderne et faire passer la raison d'État avant toute considération d'alliances religieuses avec Rome. Pris entre les deux pouvoirs, Vincent écrivait à ses « ouvriers » qu'ils étaient d'abord au service de Dieu, et qu'ils ne devaient pas prendre parti dans les luttes d'influence, mais au contraire rester unis et forts.

À l'époque décisive du ministère de Richelieu, il assure à la fois une formation renforcée des prêtres par l'organisation d'une assistance continue aux ordinands, des conférences au clergé, aux élèves des séminaires, et la lutte contre la pauvreté et les blessures des guerres, organisée par des équipes volantes de charité qu'il doit nourrir en obtenant du pouvoir politique, mais surtout des « dames de charité » et des évêques intéressés par les missions, des moyens financiers de plus en plus importants.

L'édifice dépend entièrement des liens personnels qu'il

maintient quotidiennement par ses lettres et par ses visites à ses envoyés spéciaux. Il tient constamment informés les « supérieurs » des missions des efforts de leurs frères. Il publie des comptes rendus à destination de la haute société des donateurs sur les résultats obtenus par l'assistance. Il veille avec soin à ce que les sommes obtenues soient rigoureusement affectées, par contrats, à des tâches déterminées, et, parce qu'il ne tolère pas la moindre faiblesse, le plus petit écart, il impose des règles exemplaires de gestion.

Mais aussi des exemples de vertu. Il n'oublie jamais que son but est l'édification, et que prêtres et filles de charité doivent donner l'exemple. Par la parole et par l'écrit, il les rappelle sans cesse à l'ordre et stimule le zèle des uns par le récit des exploits spirituels des autres. Il ne manque jamais d'écrire lui-même le récit de la « bonne mort » d'un lazariste, pour la faire connaître à tous dans ses moindres détails. Des méthodes précises d'encadrement, de surveillance et de communication font de l'édifice vincentien un modèle d'entreprise caritative, solidement bâtie parce que fondée sur l'engagement mystique des frères et des sœurs au service du Christ.

Puis vient le temps où Vincent se fait le serviteur de Dieu dans le cercle le plus élevé du pouvoir temporel, au conseil de conscience, près de la régente Anne d'Autriche. Pendant dix ans, de 1643 à 1653, il n'est plus seulement le directeur des organismes de formation et de charité qu'il a créés, mais une sorte de ministre de la foi. Il n'est plus un corps étranger dans l'immense édifice de l'Église de France, mais un des principaux artisans de la réforme tridentine, après la mort du cardinal de Richelieu en 1642.

S'il se trouve bien dans une instance supérieure de l'État, il n'a de pouvoir que celui que lui reconnaît le cardinal de Mazarin, en raison du soutien constant que ne lui marchande pas la reine Anne d'Autriche. Il suggère des noms pour le choix d'évêques et d'abbés, tâche d'éviter les nominations inspirées par les convenances nobiliaires, les complaisances politiques, et de réformer les ordres défaillants. Il se pose aussi en gardien de la foi, et, dans son propre domaine des missions, contre la nouvelle hérésie que le pape condamne, celle des jansénistes. N'est-il pas chargé de protéger les évêques contre la tentation ? Peut-il admettre que ses anciens amis (et parfois ses plus actifs soutiens) versent dans l'hérésie ?

En outre, Vincent de Paul pouvait-il rester neutre dans la guerre civile ? Jean-François-Paul, le fils du général de Gondi, son protecteur, fut pendant la Fronde coadjuteur de Paris. L'évêque Potier, de Beauvais, son autre allié, était mêlé à la brigue ministérielle qui avait suivi la mort de Richelieu. Les dames de charité étaient très proches du milieu frondeur, parfois frondeuses elles-mêmes. Cette période est la plus dangereuse pour Vincent de Paul, qui risque de se voir impliqué dans les affrontements politiques de la Fronde. Étape décisive également pour lui, que la misère des guerres porte soudain au premier plan de la spiritualité souffrante. Dans Paris accablé par le conflit, envahi de réfugiés des provinces ravagées par les guerres et la répression engagée contre les huguenots, affamé par le blocus, il aura l'occasion de donner sa mesure et, par le combat désespéré et épuisant qu'il mène contre les souffrances des plus humbles, secourant jusqu'aux nouveau-nés abandonnés au coin des rues, de devenir le « saint des pauvres » – de tous les pauvres.

À partir de l'engagement de la France dans la guerre contre les Habsbourg d'Autriche et d'Espagne, de 1633 (date de la première invasion de la Lorraine par les troupes royales) à 1648, où les traités de Westphalie interrompent les hostilités en Allemagne, et jusqu'en 1659, date de la fin de la guerre contre l'Espagne par la paix des Pyrénées, l'excès du malheur public pouvait amener Vincent à prendre parti pour le camp de ceux qui demandent le retour à la paix à tout prix. Interviendrait-il à leurs côtés, alors que la conception de l'État, depuis Richelieu, avait changé ? De 1624 à 1660, sans interruption, les cardinaux-ministres subordonnaient les problèmes de l'Église – institution et foi – aux lignes de force d'une politique qu'ils prétendaient inspirée par Dieu au roi ; la modernité de ce « catholicisme d'État » frappa Vincent de plein fouet, le surprit en pleine course. Il s'était longtemps abrité derrière la haute stature du cardinal de Bérulle, un des chefs du parti dévot. Mais après la mort de celui-ci en 1629, Vincent se retrouva en première ligne, seul devant la raison d'État. Allait-il tenir sur ses dévotes positions alors que la reine, son seul soutien, secondait désormais fidèlement la politique du cardinal de Mazarin ? Comment pourrait-il choisir entre ses amitiés dévotes et ses devoirs d'État ?

Il se garda de prendre parti, jusqu'à ce que l'excès du malheur le pousse à intervenir avec éclat pour la paix, non pour faire le jeu de l'Espagne, comme les grands seigneurs, mais pour protéger les populations martyrisées de Lorraine, de Picardie, de Champagne, d'Île-de-France et désormais de Paris. Il parla au nom des pauvres qui avaient tant souffert et ne pouvaient supporter plus de charges et de malheurs. Il était, d'abord, le serviteur du Christ, avant d'être celui de la reine et du roi. En exigeant la paix et le départ de Mazarin, il prenait le risque d'être lui-même exclu de l'État. Il le fut.

Son exclusion du conseil de conscience en 1653 marqua le début de la dernière étape vers la sainteté ; elle s'étendit jusqu'en 1660, année de sa mort. Il avait de façon héroïque pris fait et cause pour les pauvres contre l'institution. L'aggravation tragique des conditions de vie du peuple, soumis, plus que jamais aux cinq cercles rouges de l'oppression, remettait en question l'institution d'assistance religieuse, en montrait les insuffisances, qu'il fallait pallier. Quelles que fussent leur peur de l'enfer et l'immensité de leurs fortunes, les dames de charité ne pouvaient pas répondre à tous les besoins.

Était-il possible de faire évoluer l'assistance vers un système laïque comparable à celui qui se mettait en place dans les pays protestants, la Hollande, l'Angleterre ? L'accroissement du nombre des pauvres et des errants, l'encombrement des rues et les risques d'émeute ou d'insécurité poussèrent les parlementaires, les messieurs du Saint-Sacrement, l'administration royale, à envisager une autre institution, qui serait soutenue par le roi et affectée de ressources propres, administrée par un personnel civil. Les pauvres y seraient conduits et enfermés, se voyant offrir une possibilité de travail collectif ou d'apprentissage afin d'être progressivement réintégrés à la société.

Vincent avait lui-même conçu, au cours d'expériences menées en province, une formule de ce genre, sous la responsabilité des évêques. Pouvait-il admettre que l'Église fût dessaisie de l'assistance, et, surtout, que celle-ci ne fût distribuée que dans les villes, au détriment des campagnes ? Pouvait-on assimiler les pauvres des villes, frères du Christ, aux détenus de droit commun ? Seraient-ils privés de liberté ? Tels étaient les problèmes qui se posaient, au terme de sa vie, au général de la congrégation de la Mission. Il mourrait sans les avoir vraiment résolus, conscient, confiait-il aux dames d'œuvre, d'avoir fait trop peu.

Il n'était cependant aucune minorité disgraciée à laquelle il n'eût apporté son aide : avant de devenir la silhouette familière aux pauvres de Paris, il avait été le défenseur de tous les exclus, symboles des tares de la société, de ses monstruosités cachées, de ses plaies inguérissables. Il osait intervenir, au risque de se faire insulter, dans les cachots de la chiourme parisienne, pour que les condamnés bénéficient d'un traitement plus humain et soient physiquement capables de retrouver la foi. Où qu'elle fût perdue, cachée, écrasée, une âme restait susceptible d'être sauvée, pourvu qu'on la prît en charge. Qu'une société chrétienne osât maltraiter certains de ses enfants, même coupables, constituait à ses yeux un scandale. Il était de son devoir de montrer l'exemple, en se portant avec les siens au plus vif des déchirures sociales.

Quoi de plus repoussant qu'un hôpital parisien, où cohabitaient malades et mourants, errants et détenus, parfois aussi des aliénés ou des mineurs ? Ce lieu de supplice collectif, ce mouroir où les secours médicaux existaient à peine, Vincent voulut en faire le centre de l'apologétique, y conduisant les dames, puis les filles de charité. Il avait lui-même montré à plusieurs reprises, en prenant des risques personnels, que la place des missionnaires était auprès des mourants, à l'heure où il était possible de faire monter les âmes vers Dieu. Il devait étendre sa sollicitude aux prisonniers, aux filles repenties, aux enfants trouvés, enfin, dont il imposait l'assistance aux dames de charité, quelles que fussent leurs réticences, en leur montrant que les petites créatures étaient les enfants du Christ et qu'il dépendait d'elles qu'elles en devinssent les mères. Il n'avait eu aucun mal à convaincre la duchesse d'Aiguillon de la nécessité de construire un hôpital à Marseille pour y abriter et soigner les victimes de l'implacable régime des galères. Il passerait plus tard pour avoir pris les rames d'un galérien à Marseille, et pour avoir tendu son dos au fouet. Si l'anecdote est aujourd'hui considérée comme incertaine, elle n'en est pas moins significative : il voulait en effet montrer au monde ces images frappantes du malheur qui obligent les consciences les plus fermées à sortir d'elles-mêmes dans un élan d'amour et de foi.

Le secours aux plus déshérités ne lui cachait pas son objectif essentiel : les sauver et les gagner à l'amour du Christ. L'esprit de mission était héroïquement prosélyte et rappelait les premiers temps de l'Église, par l'ardeur de la volonté de conversion. Il était intolérable pour un catholique que des hommes, à l'échelle du monde, vivent et meurent sans avoir connu celui qui était mort pour leur salut.

Le sacrifice des missionnaires pourrait être la voie choisie par Dieu pour répandre sa parole dans les ténèbres, en Afrique et même en Asie. Ces hommes de foi savaient qu'ils s'engageaient dans une voie dont ils ne reviendraient sans doute pas. Vincent de Paul attendait d'eux un travail en profondeur, l'extension de la religion romaine dans les terres vierges du paganisme ou de l'indifférence naturelle. Il ne cachait pas son scepticisme sur les chances limitées de l'apologétique dans l'Europe divisée des chrétientés ennemies, l'orthodoxe, les protestantes et la catholique. Un nouveau départ de la foi supposait le franchissement des mers, la présence des prêtres à bord des navires pontés qui traversaient régulièrement l'Atlantique et qui allaient jusqu'en Chine. Il fit connaître à l'ensemble de sa compagnie les conditions particulières d'héroïsme dans lesquelles des prêtres de la Mission avaient été rappelés à Dieu, tués par les barbares, les hérétiques ou les infidèles, exterminés par la peste, exténués par le poids de leur tâche. Le martyrologe vincentien, abondamment nourri à sa mort, plaçait ses « ouvriers » au plus près de Dieu. Vincent de Paul fut jusqu'au bout l'apôtre des nouvelles conversions, celles qui se portaient aux missions les plus difficiles. Ce magistère moral fut la dernière étape de sa sanctification. Simple prêtre, il avait porté dans le monde, partout où l'occasion s'était présentée, le nom du Christ, avec plus de gloire que les croisés. Cheminant deux par deux et se fiant à la Providence, ses hommes et ses femmes sillonnaient les routes de la charité.

Au regard d'une œuvre d'une telle ampleur, portant les caractères manifestes de la modernité, le débat historiographique sur la vie de Vincent peut sembler mineur. Il ne l'est pas cependant, dans la mesure où il révèle des présupposés qui éclairent la nature du secours que les sociétés successives ont attendu du saint homme. Il est déjà remarquable qu'il ait été utilisé, à l'époque de sa canonisation, pour mener le combat, jugé alors essentiel, contre la déviation janséniste. Il devait apparaître comme le défenseur de la foi orthodoxe, certes digne d'entrer au Panthéon romain, mais surtout pour que son nom et son exemple fussent autant d'armes dans la lutte. Qu'il ait été un enjeu de pouvoir correspond bien aux exigences du temps et aux rapports difficiles qu'entretenaient la monarchie française et la cour de Rome.

Plus singulièrement, il le sera encore au XIX^e^ siècle, il est vrai à d'autres fins, alors que se construisait, pendant l'ère industrielle, l'Église sulpicienne parfaitement réglée dans ses mœurs, mais qui conseillait la patience aux ouvriers condamnés à l'exclusion et à la misère. Il fut alors revendiqué à la fois par les défenseurs de l'ordre social et par les chrétiens qui entraient dans la lutte aux côtés des plus démunis. On oubliait en Vincent la dimension du surnaturel pour le réduire à son rôle de bâtisseur institutionnel de la charité et d'organisateur des missions dans la société civile. On l'assignait au temporel.

Cette tendance fut accentuée lors de la reprise des études vincentiennes, dans les années 1928-1938. La crise mondiale, qui remit le devoir d'assistance à l'ordre du jour, l'approche d'une nouvelle guerre, moins de vingt ans après les horreurs de la première, le développement des idéologies communiste et fasciste, tout contribuait à ce qu'on en appelle à nouveau à Vincent, mais en récusant les épisodes de l'hagiographie traditionnelle pour ne retenir que l'efficacité missionnaire et l'amour du Christ dans les hommes.

Sa vie n'était-elle pas assez « héroïque » pour que l'on pût se passer des miracles *post mortem* exigés par les docteurs de la canonisation ? Le monde de fer et de sang des années 1930 avait trop besoin de l'exemple de Vincent pour s'attarder à un débat suranné. Qu'on oublie l'islam et la Tunisie pour se consacrer à la description minutieuse et édifiante de son action sociale. Qu'on mette en exergue son respect des pouvoirs, des hiérarchies sociales, mais en même temps son désir d'être au service exclusif du Christ. Qu'on privilégie son souci de secourir d'abord les plus démunis, ceux qui souffraient des maux collectifs, inévitables, oppressifs. Qu'on en fît un saint du salut des sociétés modernes, malades d'un mal plus grave que la peste, car il touchait les âmes en leur arrachant avec la violence des propagandes et des contraintes totalitaires ce qu'elles avaient d'humain.

Une relecture plus récente tire le personnage de Vincent dans d'autres directions. Elle revient au thème de la conversion, comme antidote à l'indifférence et au matérialisme, qui laisse mourir sans intervenir l'institution chrétienne et abandonne les nouveaux exclus du bouleversement des économies et des sociétés contemporaines. Comment imaginer le retour à la foi sans les exemples célèbres de conversion, de Vincent à Pascal ? Comment sous-estimer à ce point l'influence du surnaturel et de l'Esprit-Saint, qui s'affirme par la grâce ? Qu'André Frossard, dont le scepticisme ironique pointait sous les billets du *Figaro*, eût raconté sa propre conversion, rue d'Ulm, dans un grand luxe de détails, indiquait une tendance qui fut amplement suivie par d'autres personnages connus du monde contemporain. Que le chroniqueur eût consacré un livre à Vincent de Paul confirmait, s'il était nécessaire, qu'on attendait désormais du saint qu'il redevînt un modèle pour la foi. Du coup, l'épisode tunisien n'était plus diabolisé. Un chercheur de Bordeaux pouvait écrire sans être démenti que si l'on ne pouvait prouver l'esclavage de Vincent en Barbarie, les « preuves » avancées pour en dénoncer l'invraisemblance n'étaient nullement convaincantes. Pour Frossard comme jadis pour Broglie, Vincent était avant tout un mystique. On ne pouvait lancer les missionnaires sur les terres déchristianisées que s'ils trouvaient d'abord en eux-mêmes, comme Vincent, l'esprit du Dieu vivant.

Cet ouvrage n'est qu'un livre d'histoire. Il n'a certes pas la prétention d'enrichir le débat sur la spiritualité vincentienne, et pas davantage de proposer au lecteur une nouvelle image pieuse. Plus modestement, il s'attache à suivre la longue marche d'un enfant de Gascogne, engagé d'un bout à l'autre dans son siècle, mais dont le personnage perdrait toute signification s'il n'était affecté de son inspiration profonde, si singulière qu'elle avait immédiatement frappé ses contemporains pour le porter, malgré les obstacles, au sommet de la gloire. Ainsi, chemin faisant, comprendra-t-on en quoi Vincent de Paul reste présent dans notre époque, que l'on peut comparer à la sienne uniquement dans la mesure où elle impose aux contemporains, et d'abord aux gouvernants, des directions nouvelles qu'ils n'ont pas les moyens de refuser, et qui, pour l'heure, causent le malheur des hommes.

CHAPITRE PREMIER

# Une enfance au temps du malheur

Vincent de Paul ou Depaul naît à Pouy, près de Dax, probablement le 24 avril de l'année 1581. Aucun registre n'indique la date exacte de son baptême. Il est le troisième enfant d'une famille qui en comptera six : deux filles, Marie, épouse Paillole, et Marie encore, épouse Grégoire. Ses frères s'appellent Gayon, Bernard et Jean, des prénoms manifestement catholiques. Celui de Vincent est illustre à Dax, en raison de Vincent de Xaintes, saint et martyr, auteur de prodigieux miracles, patron de la ville.

Une famille de six enfants peut être alors considérée comme nombreuse, du fait du tassement relatif de la démographie, lié aux crises et à l'insécurité pendant la seconde moitié du XVIe siècle. En effet, même au début de ce siècle, le pays de Dax n'est pas à l'abri des passages de troupes vers l'Espagne : le roi de Navarre, Henri d'Albret, ayant déclaré la guerre à Charles Quint, en 1521, le prince d'Orange a passé le gave de Pau, pris les villes et les villages, brûlé les récoltes, détruit les fermes dans le pays de Bidache, Hastingues et Sorde. À l'époque, le gouverneur de Dax a eu si peur qu'il a fait raser toutes les maisons situées en dehors des remparts, et les habitants de Pouy ont redouté l'invasion d'une armée toute proche.

Nouvelle inquiétude en 1569, quand la reine de Navarre Jeanne d'Albret, qui a imposé le calvinisme à ses gens, a menacé de représailles les paroisses de ses États appartenant au diocèse de Dax si elles continuaient à empêcher les ministres protestants de prêcher dans les églises. Son armée a répandu la terreur dans le sud-ouest du diocèse et jusqu'à

Sorde, dont l'abbaye a été incendiée. On a alors redouté une attaque sur Dax, pourtant défendue par les troupes de Monluc. Une lettre écrite au roi par l'évêque évoque les malheurs de la guerre : « Le pays de Béarn, Basse-Navarre, Chalosse et vicomté de Tartas ont été entièrement pillés et saccagés, brûlés et ruinés par les ennemis qui l'occupent encore, comme sont le reste de tout le dit diocèse, et quelque peu des Lannes. »

Certes, Dax a résisté, mais rien ne dit que les pays de l'Adour, et le village de Pouy, n'ont pas reçu la visite des soldats. Ils sont présents encore dans la région en 1565 quand le roi Charles IX et sa mère accomplissent un tour de France, en compagnie d'Anne de Montmorency, des cardinaux de Bourbon et de Lorraine, du jeune prince du Béarn, Henri de Bourbon, fils d'Antoine et de Jeanne d'Albret, du frère du roi Henri d'Orléans, duc d'Anjou. Ces puissants se rendent à Bayonne pour y rencontrer le duc d'Albi, envoyé par le roi d'Espagne Philippe II. Le cortège royal a emprunté la route de Mont-de-Marsan à Dax, à l'aller comme au retour. Pourquoi ce voyage ? La reine mère veut « montrer le roi » dans les provinces, et tenter de mettre fin à la rivalité franco-espagnole.

Ainsi le pays de Dax se trouve-t-il à la croisée des interventions de la reine de Navarre et d'une invasion espagnole. Sans être directement victimes des dévastations, les paysans de Pouy ne peuvent ignorer ces troubles. Aussi redoutent-ils l'avenir et se contentent-ils d'un nombre limité d'enfants. Le père de Vincent, Jean Depaul, bon catholique, infatigable aux champs, emploie ses fils aux cultures. La terre est ingrate, dans ce coude de l'Adour qui n'est pas drainé, où la forêt n'existe guère : quelques bosquets de chênes autour de la maison construite de bois et de torchis, qui abrite aussi bien les hommes que le troupeau. Vincent racontera plus tard qu'il gardait les moutons dans la lande.

Le père est un laboureur qui ne manque pas de moyens, puisqu'il vendra plus tard deux bœufs pour payer les études de son fils. Posséder des bovins est, à cette époque, un signe d'aisance. La famille vit en autarcie, grâce au jambon des porcs, aux poulets, au produit des ventes des canards et des oies sur le marché de Dax, au lait des rares vaches, au fromage des brebis, et surtout au seigle et au millet cultivés sur les manses. Le troupeau collectif du village paît sur les jachères et sur les « petites lannes » des environs de Dax. Le seigle est semé sur billons avant l'hiver, pour qu'il soit à l'abri des inondations de l'Adour, même si le village de Pouy est relativement protégé, situé sur une terrasse d'alluvions d'une quinzaine de mètres d'altitude.

Le mil est semé au début de l'été dans des sillons, pour que les grains échappent à la sécheresse. On cherche le fumier, la « tuie » d'ajoncs et de bruyère, dans la lande, pour tenter d'obtenir de meilleures récoltes. Mais si les terroirs donnent de maigres rendements tout en demandant beaucoup de soins, l'élevage permet heureusement à la famille de survivre. « En quantité d'endroits, devait expliquer plus tard Vincent, on mange rarement du pain. » C'est le cas dans sa famille : « Au pays dont je suis, on est nourri d'une petite graine appelée millet, que l'on met à cuire dans un pot ; à l'heure du repas, elle est versée dans un vaisseau [un vase], et ceux de la maison viennent autour, prendre leur réfection, et après ils vont à l'ouvrage. »

À Pouy, comme en de nombreux villages du pays, l'économie est fondée sur l'entraide. Les maisons – une cinquantaine – sont ouvertes vers l'est, pour éviter les vents de l'Atlantique, et dans l'*eriaou*, un espace aménagé devant la maison à l'ombre des chênes, où l'enfant entend les vieilles femmes raconter les histoires et les légendes de la région, les miracles des saints, évoquer à mots couverts la mauvaise conduite des sorciers et sorcières, nombreux au pays de Dax. Les hommes discutent entre eux des récits qu'ils ont pu recueillir à la ville. Ils échangent les informations qu'ils reçoivent des étrangers de passage, courriers des postes de la route royale de Dax à Bayonne et de Dax à Bordeaux, soldats blessés ou déserteurs, colporteurs et marchands d'almanachs à la foire. Tous racontent les épisodes les plus horribles des guerres de Religion qui font encore rage, tout près, dans le sillage de l'armée royale. Une civilisation de tradition orale prévaut alors, où l'avis des anciens a du poids dans les décisions que doivent prendre, en cas d'invasion, d'épidémie, de sécheresse ou de famine, les voix autorisées de la communauté paroissiale.

Le claudiquant Jean Depaul est, à coup sûr, consulté dans les grandes et petites circonstances de la vie villageoise. Sans doute possède-t-il sur le terroir plusieurs exploitations, puisque Vincent recevra en héritage une métairie distincte de la ferme paternelle. Il a eu assez d'argent et de biens pour marier – et donc doter – ses deux filles. Il fait instruire son fils par un abbé versé dans le latin, et le destine aux études. Il sait qu'un clerc peut avoir, dans le clergé, une situation qui le mette à l'abri du besoin. L'enfance de Vincent n'est donc pas celle d'une famille malheureuse. Pourtant les pays de l'Adour ont connu les affrontements féroces entre catholiques et protestants qui, dans bien des villages, ont ruiné le culte.

L'évêque de Dax s'en plaint dans une lettre au roi en 1585 – c'est-à-dire quatre ans après la naissance de Vincent. Il supplie le souverain de « jeter un œil de pitié sur les misères et calamités de ce pauvre évêché, lesquelles ne sont comparables à aucun autre du royaume, tant ses ecclésiastiques y sont affligés et tellement épuisés de tous moyens que la plus grande part des curés n'ont de quoi vivre et servir leurs églises, de sorte qu'aucun d'eux ont été contraints de quitter et abandonner leurs cures qui sont à présent destituées de pasteurs et sans aucune administration des saints sacrements, au grand scandale de la religion catholique ».

L'évêque noircit le tableau : tout le diocèse n'est pas dans cet état, ce qu'il décrit c'est en fait la partie sud-ouest, proche de la Navarre, soumise aux incursions des huguenots. Mais il est vrai que l'ensemble du diocèse a connu, sinon subi, l'invasion des religionnaires du Béarn, tout au long du siècle de la Réforme, et cela dès les débuts du mouvement.

Situés entre Bordeaux (où dès 1530 des traces d'émotion religieuse sont perceptibles) et le Béarn (où Marguerite de Navarre a attiré, au temps du règne de son frère François Ier, les réformateurs les plus célèbres autour de Gérard Roussel, l'évêque hérétique d'Oloron), les pays de l'Adour ont reçu les visites fréquentes des prédicateurs huguenots, qui savent plaider et convaincre. En 1561, le calviniste Robert de La Taulade s'est installé très ouvertement dans la ville de Dax, à la faveur de l'édit de tolérance signé du roi Charles IX qui n'autorisait pourtant le culte que dans les faubourgs. Mais l'évêque n'a pas protesté, et plus de cent familles se sont rassemblées dans une communauté réformée. L'hérésie, pour Jean Depaul et sa famille, est donc une réalité familière. Au marché de Dax, le dimanche, on désigne les protestants du doigt : ceux-là ne vont plus à la messe. Quand ils seront plus nombreux encore, on fermera l'église pour leur laisser toute la place, comme en Béarn.

Les récits que les hôtes de passage rapportent à la veillée aux habitants de Pouy racontent les événements survenus dans les villages du diocèse de Dax dépendant de la reine Jeanne d'Albret, et dans les villes de son État : à Salies, les prêtres se marient, à Orthez, les ministres calvinistes veulent baptiser les nouveau-nés à l'église, à la mode de Genève, sous la protection des gardes. À Dax, La Taulade ose déclarer « qu'il ne [veut] entrer dans le temple où il y [a] des images, ni entendre la puante messe et paillarde ». Un mois plus tard, conséquence de cette active prédication, « tous les officiers du roi [ont] fait le serment et protestation [de foi] devant ce ministre ». L'ennemi est dans la place, au cœur de l'évêché.

Les gens de Dax ont redouté de subir le sort des habitants d'Aire, sur l'Adour supérieur, dont les églises ont été ruinées, les prêtres et abbés poursuivis, quelquefois massacrés. Peut-on laisser les protestants baptiser dans l'église cathédrale et se faire enterrer sans vergogne dans les cimetières des catholiques, comme en Béarn ? L'intransigeance de Jeanne d'Albret est connue dans tout l'évêché, par le récit des religieux : depuis la mort de son mari Antoine de Bourbon en 1562, elle s'est engagée dans une politique systématique d'exclusion du culte papiste. Elle a interdit la procession de la Fête-Dieu, ordonné aux pères de famille de faire instruire leurs enfants par des ministres protestants, interdit aux évêques et aux curés d'empêcher les pasteurs ou recteurs de prêcher dans les églises catholiques. Les dominicains ont été expulsés d'Orthez.

La résistance des catholiques est très faible, sauf en Basse-Navarre, où ils n'ont pu repousser les cavaliers de Montgomery qui, en 1569, ont saccagé les églises rebelles, égorgeant des prêtres. On raconte de ferme en ferme et de village en village l'histoire tragique de ces religieux de l'abbaye de Sorde attachés à des piliers et arquebusés. D'autres, pour échapper aux huguenots, ont péri noyés dans le gave. Les moines de l'abbaye de Divielle ont survécu, comme des anachorètes, se nourrissant de baies et de racines, dans la forêt de Téthieu. Ce raid a affecté la région de l'Othe, autour de Peyrehorade, au confluent des gaves et de l'Adour. Mais on signale d'autres chevauchées huguenotes en amont, autour de Tartas. Dans les villages du Béarn qui dépendent de l'évêque de Dax, les barons d'Arros et de Montamat, aux ordres de Jeanne d'Albret, ont aboli le culte catholique et fait saisir les biens de l'évêque.

Qui défendra les villages demeurés fidèles au vieux culte, à la Vierge et aux saints ? En 1555, les chanoines du chapitre de la cathédrale de Dax se sont plaints amèrement de la non-résidence de leurs évêques successifs : depuis vingt-cinq ans, le diocèse n'est plus visité et l'on ne peut plus y obtenir le sacrement de la confirmation. L'évêque, Gaston de Lamarthonie, est un heureux bénéficiaire qui cumule sa charge avec un canonicat à l'église métropolitaine Saint-André de Bordeaux : ni lui ni ses successeurs ne sont des résidents ; des quatre évêques qui se succèdent à Dax pendant le XVI^e^ siècle, deux viennent du parlement de Bordeaux, les autres sont ambassadeurs du roi. Tous se sont montrés soucieux de défendre, contre Rome, la doctrine gallicane et le concordat de 1516, conclu entre François I^er^ et Léon X, autorisant le roi à nommer la quasi-totalité des évêques et abbés du royaume, sous réserve de l'investiture pontificale. Cependant, ces royalistes fidèles, ces gens de cour ou de robe n'estiment pas indispensable de résider dans leur évêché. Gaston de Lamarthonie a laissé le protestantisme se développer dans son diocèse de Dax. Son principal prébendier, Guillaume de Lacour, a pu être accusé d'avoir soutenu publiquement des opinions très proches de celles de Calvin et de Farel sur l'eucharistie, la confession et le culte des reliques.

Le successeur de Lamarthonie, François de Noailles, d'ancienne et illustre noblesse, qui a été aumônier d'Henri II et prélat de Dol en Bretagne, a été attaché, dans sa jeunesse, au cardinal de Châtillon, frère de l'amiral huguenot Coligny. Il a été nommé par le roi en 1556, afin d'être récompensé de son heureuse négociation de la paix de Vaucelles entre la France et l'empereur. Henri II l'a très vite expédié comme ambassadeur en Angleterre. Il a donc été, bon gré mal gré, un évêque non résident pourvu d'un bénéfice de faible rapport – un peu plus de quatre mille livres annuelles. Après Londres, il est parti pour Venise, laissant Jeanne d'Albret développer sa propagande au-delà des frontières du Béarn. En 1559, il a résidé à Rome, afin de préparer l'élection d'un pape favorable au roi de France. À son retour, Catherine de Médicis l'a retenu à la Cour pendant que le huguenot La Taulade enflammait de ses prêches les officiers du roi à Dax. L'évêque François de Noailles a écrit à Monluc, qui, au nom du roi, répand la terreur anti-huguenote dans le Sud-Ouest, pour que le pays ne soit pas, en son absence, totalement acquis aux religionnaires. L'homme de guerre a ordonné au gouverneur de la ville « d'avoir sans délai à défendre à tous les ministres, diacres, surveillants, et à tous autres qu'il appartiendra, de n'entreprendre aucun prêche, baptême, cène, mariage, sépulture, assemblée, consistoire ni aucun acte de ladite nouvelle religion en ladite ville ni aux environs d'icelle ». Mais François de Noailles, toujours absent, ne peut juger de l'exécution de cette pieuse recommandation.

Mal vu à Rome par le pape, qui lui reproche d'être un trop bon ambassadeur du roi de France son maître, ce favori de la reine mère Catherine a un instant cherché à faire nommer son jeune frère à Dax, briguant pour lui-même l'évêché de Beauvais, plus rémunérateur et moins éloigné de la capitale. Il n'y est pas parvenu, et Charles IX l'a expédié à Constantinople. À son retour, il constate les ravages de l'action de Monluc dans le pays de Dax : d'Aubigné, poète et partisan d'Henri de Navarre, affirme en 1572 que les huguenots de la ville ont été massacrés, « hommes femmes et enfants ». Robert de La Taulade en a réchappé.

L'évêque, de retour au pays quand naît Vincent, en 1581, n'a donc pas été directement mêlé à la répression qui a provoqué le repli ou la disparition de la communauté huguenote. D'autres s'en sont chargés en son nom : il ignore les horreurs des opérations de nettoyage sur le terrain, il n'a jamais vu de ses yeux les pourpoints sanglants des ferrailleurs de Monluc. Aussi garde-t-il les mains propres, des mains de prélat ambassadeur, d'évêque de cour. Il se montre avec les survivants d'« un esprit de douceur vraiment chrétienne ». Il s'emploie personnellement à faire abjurer un des riches avocats de la ville et se réjouit du petit nombre des religionnaires encore présents dans la région de Dax, une douzaine de familles en tout.

En 1581, année de la naissance de Vincent de Paul, l'évêque de Dax François de Noailles, grand seigneur et favori de la reine mère, prie Henri de Navarre de lui abandonner les villages du Béarn en sa possession, afin qu'ils reviennent au catholicisme. En carrosse sur la route de Nérac, il espère une négociation fructueuse avec le Béarnais, qu'il veut, de plus, tenter de ramener à la religion de Rome. En lui versant la somme dérisoire de cent écus, le Navarrais l'a prévenu que cette indemnité est versée « une fois pour toutes » : ce n'est pas cher payer « l'évêque du plus pauvre évêché de France ».

Depuis 1580, la septième guerre de Religion est terminée, mais la Saint-Barthélemy (1572) et ses séquelles sont loin d'être oubliées dans le royaume. La huitième guerre est d'ailleurs imminente, comme le laisse entendre à la reine mère Catherine de Médicis le maréchal de Biron, qui commande alors à Bordeaux au nom du roi Henri III. De 1581 à 1598, c'est-à-dire pendant l'enfance et l'adolescence de Vincent de Paul, le royaume connaîtra le plus dur de la guerre civile.

L'évêque est absent, et les prêtres aussi font défection. Ce sont souvent de simples desservants qui rendent le culte dans les églises abandonnées, aidés par des frères prêcheurs, de passage dans la région, prêts à tous les excès de langage, jusqu'à l'incitation au meurtre. Ceux des curés qui disent la messe ignorent presque le latin, et totalement le français. Vincent a connu dans les villages voisins de Pouy cette misère du bas clergé, et le sentiment d'abandon qu'éprouvent les paroissiens qui s'en remettent alors aux anciennes superstitions pour conjurer le mauvais sort des guerres et des famines. Il apprendra beaucoup plus tard, en 1620, que les paysans du bourg voisin de Pontonx-sur-l'Adour ont mis au jour la statue d'une Vierge, fort ancienne, jadis cachée dans les broussailles autour du village de Buglose afin qu'elle échappe aux protestants du Béarn, qui martèlent le visage des saints dans les églises et décapitent les statues de Marie. La madone de Buglose devient alors l'objet d'un véritable pèlerinage qu'entretiennent les habitants de Pouy tout proche, mais aussi les paroissiens de toutes les églises de la vallée de l'Adour, de la Chalosse voisine et même de Tartas et de Mont-de-Marsan. Le lieu de culte, éloigné des habitations, n'est-il pas vénéré dès l'Antiquité ? Les superstitions entourant les lieux sacrés sont vivaces, mais les chanoines de Dax considèrent la statue comme miraculeuse, à l'égal de la Vierge noire de Conques.

Jean Depaul et son épouse, née Bertrande de Moras (ou Demoras), ont-ils jamais vu l'évêque Gilles de Noailles, nommé en 1585 ? Il est en effet aussi peu présent que son frère François, et pour les mêmes raisons. Ambassadeur du roi, conseiller en son conseil privé, il est doté de beaux bénéfices : chanoine de Saint-André de Bordeaux, doyen de Saint-Seurin, abbé commandataire de l'abbaye de Saint-Pierre-de-l'Isle en Médoc, abbé de Saint-Amand-de-Coli dans le diocèse de Sarlat et prieur de La Réole. S'informant de l'état de son diocèse, il découvre la lettre écrite au roi par le gouverneur de Poyanne : « Votre ville [de Dax] a été battue de tant de misères depuis cinq mois[1] qu'il ne lui reste plus que l'ombre et la mémoire de ce qu'elle a été. Car, outre que la justice n'a son lustre et dignité accoutumés, nos écoles et l'instruction de la jeunesse a cessé, le commerce manque et, qui plus est, partie de nos églises sont closes pour la perte des pasteurs et prêtres ordinaires, de sorte que le nombre des morts de tous sexes et qualités jusques à présent est de dix mille personnes et plus. »

Le diocèse est administré par le vicaire général Guillaume de Massiot, d'une famille bordelaise attachée aux Noailles. Même s'il accepte l'esprit et le contenu des décisions du concile de Trente – étant comme son maître dévoué au roi Henri III et peu soucieux de plaire au pape, qui considère les Noailles comme des prélats tolérants, faiblement convaincus, accessibles aux huguenots, libéraux en quelque sorte –, il n'est certainement pas dans ses intentions d'en faciliter la publicité. Du reste, les actes de ce concile n'ont pas été officiellement reçus dans le royaume.

En 1581, il ne peut en être question : le roi et la reine mère n'en sont pas à la Contre-Réforme, mais à la défense du royaume, pied à pied, contre les huguenots capables de soulever des régions entières : les Navarre, les Condé, princes du sang, les généraux réformés Turenne et Lesdiguières sont maîtres du Languedoc, du Dauphiné et de la « route des vicomtes » reliant la Cévenne huguenote et le Quercy, jusqu'à la place forte inexpugnable de Montauban-la-rebelle. Face à eux, les princes lorrains, le clan des Guises, des Elbeuf, des Mercœur. Navarre, qui prépare une nouvelle guerre, n'est pas loin de Dax et de Pouy ; parti de Nérac, il a pris au roi sa bonne ville très catholique de Cahors en Quercy : il est le premier au rempart, pourpoint nu, l'épée faussée à force de ferrailler. La paix de 1580 a

1. La lettre du gouverneur Poyanne au roi est datée du 15 octobre 1585.

été signée au Fleix, petite ville sur la Dordogne, non loin de Bergerac, entre Henri III et Henri de Navarre, le futur Henri IV.

À Dax, on ne peut rester sourd au tintement des armes du Midi insurgé, aux plaintes des catholiques du Béarn et des protestants du Bordelais, victimes de la répression expéditive de Blaise de Monluc, l'impitoyable *pendeur* du roi Henri III, qui multiplie les potences dans toutes les villes où règnent les huguenots. À Dax comme ailleurs, il a fait la preuve de sa loyauté royale, catholique et romaine, par une suite ininterrompue de massacres que réprouve fort l'humaniste Michel Eyquem de Montaigne, maire de Bordeaux à ce moment-là. Alors que Vincent est encore dans ses langes, il est impossible d'imaginer un terme à l'interminable épreuve.

Sans doute l'évêque de Dax est-il au roi, mais le pouvoir royal est alors contesté dans son essence par les catholiques comme par les protestants. Les conjurés d'Anduze, dans les Cévennes, ont tenté de fonder un État séparatiste réformé. Les concessions accordées aux religionnaires par Henri III au début de son règne en 1576 (l'édit de Beaulieu) ont incité les seigneurs et les bourgeois picards à créer une Ligue des villes ultracatholiques. Le 10 juin 1584, la mort du duc d'Anjou, qui éteint la dynastie des Valois, pose la question royale en termes aigus : le seul héritier du trône, en ligne directe, est Henri de Navarre, prince de Bourbon, protecteur de l'Union protestante, qu'Henri III se propose désormais de reconnaître comme héritier à condition qu'il abjure. Contre lui se dresse la Ligue des princes, dirigée par Henri de Guise, qui prend le pouvoir à Paris et prétend imposer le vieux cardinal de Bourbon, sous le nom de Charles X, à la succession d'Henri III.

Le pape suivra-t-il, engageant l'Église dans le camp des Guises ? Le 9 septembre 1585, il publie une bulle, affichée dans Rome, déclarant « hérétiques, relaps, inhabiles à succéder au trône de France » le roi de Navarre et le prince de Condé. Dès lors, les ultracatholiques déchaînés vont jusqu'à justifier le « tyrannicide », exigeant un roi qui n'est pas suspect de compromission avec l'hérésie. Peut-on tuer le roi, oint du saint chrême à Reims, qui ne tire son autorité que de Dieu ? Le 30 avril 1589, Henri III rencontre Henri de Navarre, pour négocier la paix et la succession au trône, à Plessis-lès-Tours. Le 1er août, le moine jacobin Jacques Clément assassine le roi. Vincent de Paul a 8 ans.

L'enfant, qui grandit pendant les années les plus noires des guerres de Religion[1] et atteint l'âge de raison dans la phase la plus éprouvante du drame français, entend tout jeune les récits d'horreurs rapportés des grandes villes proches de la vallée de la Garonne, un des axes majeurs de la Réforme, jusque dans les petits villages de la région.

En effet, les nouvelles circulent fort bien dans la France du XVIe siècle. Fernand Braudel a montré[2] combien la vie des villages et des hameaux (comme Pouy) est liée à celle du bourg voisin. On utilise « ses marchés, ses foires, ses services, ses rendez-vous ». On y rencontre « les hommes de loi, les cabaretiers, les usuriers, prêteurs à la petite semaine, des maquignons ». Les saints protecteurs du bourg, plus efficaces parce que d'un culte plus ancien, sont vénérés lors des cataclysmes. Les villages qui dépendent d'un bourg sont alors, partout en France, situés « dans un cercle de cinq à dix kilomètres de rayon », la distance maximale étant celle « que le paysan peut franchir à pied (ou à cheval, en carriole) dans un sens puis dans l'autre, du vil-

---

1. Pierre Chaunu, *Église, culture et société. Essais sur réforme et contre-réforme*, Paris, Sedes, 2e éd., 1981, p. 448.

2. Fernand Braudel, *L'Identité de la France*, Paris, Flammarion-Aubier, 1986, tome I, p. 141.

lage au bourg et du bourg au village, dans l'espace d'une seule journée ».

Dax est tout proche du village de Pouy, une lieue environ (soit quatre kilomètres). Assurément, les parents de Vincent s'y rendent au marché – qui depuis 1356 a lieu le samedi matin – pour y vendre des oies ou des canards. Le dimanche, ils assistent à la messe épiscopale dite à la cathédrale, à l'église Saint-Vincent-de-Xaintes, où les pèlerins souffrant des yeux ou de la tête viennent baiser les sarcophages des bienheureux évêques mérovingiens désignés à la vénération des fidèles, sans consultation des papes de Rome. Sans doute ces gens simples déplorent-ils la division sanglante de l'Église et sont-ils persuadés que tant de malheurs auraient épargné la chrétienté si les clercs s'étaient montrés plus dignes de l'amour du Seigneur.

L'évêque de Noailles a décrit lui-même l'état lamentable de son église. Les curés sont souvent absents : ils désertent les cures pour aller en ville où ils disposent d'autres bénéfices. Les non-résidents titulaires entretiennent par contrat des desservants. Chaque cure possède en effet des biens fonciers qui sont le produit des legs des fidèles. Elle perçoit le montant des quêtes à l'église et lève des dîmes sur les paysans de la paroisse, soit un dixième en moyenne des récoltes en nature. Si les chanoines de Bordeaux peuvent nommer des desservants misérables, quasi analphabètes, pour s'occuper de leur cure, les curés en haillons du Midi, en revanche, n'ont pas toujours les moyens de se payer des remplaçants. Ils sont souvent jardiniers, ou bien dans les villes barbiers ou tailleurs. Il leur est seulement interdit d'être ouvriers, bouchers ou marchands, et ils ne peuvent verser le sang ou prêter de l'argent avec usure. Ils mènent une vie comparable à maints égards à celle de leurs paroissiens. Comment en effet empêcherait-on ces malheureux qui ne portent pas de soutane de vivre conjugalement avec leurs servantes, et d'avoir des enfants naturels qui grandissent au village ? Pourquoi les tiendrait-on à l'écart des repas de noces, où l'on fait bombance pendant trois jours ? Pourquoi se garderaient-ils même de fréquenter avec leurs paroissiens les étuves (ces bordels où les chanoines possèdent parfois des intérêts) ou les cabarets, alors qu'ils vivent en totale familiarité avec leurs ouailles ?

Leur rôle est d'assurer l'encadrement social du village, de tenir l'état civil – alors qu'ils en sont souvent incapables –, de distribuer les sacrements : ils ont ainsi le pouvoir d'autoriser les familles à conclure des mariages, à baptiser les nouveau-nés, à faire enterrer les corps en terre chrétienne. Dans la bourrasque des guerres de Religion, ils sont souvent la cible des protestants, dans la mesure où ils sont les véritables détenteurs des clés de la société chrétienne, dans une France qui compte huit agriculteurs sur dix habitants. On les accuse de participer aux abus du système bénéficial, de toucher de l'argent au nom des seigneurs, de leur servir de « fermiers, receveurs et solliciteurs », d'offrir spontanément, dans l'espoir d'un bon traitement, leurs compétences de fauconniers, veneurs ou cuisiniers.

Fort ignorants, les prêtres du diocèse de Dax ont certes des rudiments d'instruction comme l'abbé de Pouy, qui leur permettent d'éduquer les petits paysans et de les préparer à la prêtrise. Mais ils ignorent le plus souvent le latin, baptisent en langue d'oc : *aiguo te batiso* (l'eau te baptise) au lieu de dire en latin : *ego te baptiso*. Ils connaissent rarement la valeur et les règles d'administration des sacrements, et tolèrent dans les paroisses les jeux de boule, à Dax la *toupiade*, exercice violent, parfois mortel, ainsi que les fêtes imprégnées de paganisme.

Pour lutter contre les usages et les croyances traditionnels et stimulés par les prêches féroces des ligueurs, ils utilisent les informations des matrones, rudes et dévouées femmes du village, très capables d'identifier sorcières et sorciers. Les matrones peuvent aussi démasquer les huguenots clandestins qui cachent les naissances dans leurs familles, pour qu'on ne les oblige pas à baptiser leurs enfants à l'église catholique. Quand ils ne parviennent pas à étouffer les scandales, les curés ou leurs desservants demandent des secours au palais de l'évêque, qui alerte l'officialité diocésaine, dans la mesure où elle peut encore rendre des arrêts. Mais l'évêque de Noailles a pris soin d'expliquer dans sa correspondance au roi, comme pour s'excuser de sa propre mollesse, que la justice elle-même est vacillante, par trop de scepticisme ou d'indifférence. Les mots d'ordre de réforme du clergé donnés par les Pères du concile de Trente n'ont pas encore pénétré dans les campagnes...

Parmi les curés, ceux qui ont du bien autour de leur église ne peuvent guère se consacrer au service de la religion, car ils doivent, comme leurs paroissiens, travailler eux-mêmes les terres ou employer des manouvriers, gager des domestiques, acheter du matériel, des semences, du bétail. Ils sont alors astreints à entretenir, eux aussi, les chemins et les ponts, à assécher les marécages, à lutter contre les inondations de l'Adour. Ils rentrent le foin et récoltent avec leurs paroissiens le mil, le seigle, et sur quelques rares terroirs le blé, vendangent comme eux, partagent la vie rurale, ce qui les détourne de leur rôle spirituel.

Vincent enfant connaît et fréquente ces curés. Il voit son père verser la dîme et payer des droits au desservant pour dire des messes, distribuer les sacrements, bénir les champs. A-t-il une chance d'entrer dans l'ordre ecclésiastique quand il sera grand ? Pourquoi ne serait-il pas prêtre ? On en manque cruellement dans la région où la foi demeure vivace au cœur des gens.

Les villageois du pays de Dax conservent en effet les croyances de leurs ancêtres, si primitives soient-elles. Ils adorent la « vierge miséricordieuse » qu'ils prient au moment des famines et des calamités. Ils lui attribuent toutes les vertus : elle sauve les noyés, ressuscite les bébés morts à la naissance, aide les mères en douleur, protège les villes contre la peste, les intempéries, et même les invasions de mulots. La Vierge était jadis à chaque coin de rue dans Dax, avant que les amis de La Taulade ne lui brisent le visage à coups de marteau. On lui offre des ex-voto, des poulets et des oies. Elle est à la place d'honneur dans les maisons du bourg, et la piété populaire fleurit constamment sa statuette.

Les frères mendiants, souvent de passage, vendent dans les rues des chapelets qui permettent de réciter cent cinquante *Ave Maria* à la suite. Les saints les plus vénérés sont alors Sébastien et Roch pour la peste, Lazare pour les brûlures, Apolline pour les maux de dents, Antoine pour tous les tracas de la vie quotidienne et Corneille pour les animaux de basse-cour (un coq bénit par ce saint devient le porte-bonheur du poulailler). Il n'est pas rare que l'on chasse le démon du ventre d'une vache malade en lui faisant avaler des hosties consacrées. Dès son plus jeune âge, Vincent connaît ces superstitions, ces croyances populaires. Ainsi, il sait que les reliques sont sacrées, et qu'elles sont l'objet d'une adoration païenne. Il a appris sous les frondaisons de Pouy que le peuple en difficulté attend sans cesse, et impatiemment, les miracles des saints et de la Vierge, qu'il n'a que trop tendance à la crédulité.

Les prédicateurs venus des villes, capucins ou cordeliers, ne font rien pour libérer le peuple de ces croyances inférieures. Au contraire, ils encouragent le plus souvent sa naïveté, afin de lui insuffler la peur de l'enfer et de se livrer ainsi à de honteux trafics. Pendant les guerres de Religion, ils le montent contre les huguenots. Les plus actifs sont les cordeliers, qui insistent dans leurs sermons, dans une langue verte et tonitruante, sur la damnation par les pêchés capitaux et la résurrection des corps au jugement dernier.

Précisément, au fronton de la cathédrale de Dax, l'enfant Vincent peut admirer tous les dimanches, au portail des apôtres, la statue du Christ-docteur, un livre à la main, et des scènes très réalistes de résurrection d'hommes nus sortant de leurs tombeaux. Les damnés poursuivis par les démons sont légion, et la pesée des âmes au jugement dernier reste un thème d'édification pour les prédicateurs.

Les frères s'adressent à la foule, les jours de marché ou de foire. Ils prônent d'autant plus le culte de la Vierge et des saints, l'eucharistie et la nécessité de la confession, de la communion, que les protestants ont mis violemment en question ces pratiques cultuelles depuis le début du siècle. Dès lors, le culte des saints, à la limite de la superstition, permet de distinguer le bon chrétien de l'hérétique. Les Cordeliers, ou franciscains observants, qui s'efforcent de répandre le culte de la Vierge en tout lieu et en toute occasion, sont issus de la grande famille franciscaine depuis 1517. Ils sont les frères des Capucins, qui ont fondé un peu partout des maisons destinées à la mission, à la prédication et à l'assistance. Ces religieux sont plus nombreux au pays depuis que la lutte contre les huguenots de Navarre a pris un tour violent dans le Sud-Ouest. Ils disputent les âmes aux recteurs, ces prêcheurs de Calvin. Ils parcourent les villages et lancent des missions dans les villes occupées par les soldats. Leur virulence surprend, inquiète parfois les paysans, guère habitués à un tel langage, et qui assistent au marché à des invectives, à des appels au meurtre. L'évêque François de Noailles est le premier à la réprouver. Aussi estime-t-il qu'une action en profondeur contre les protestants passe par l'organisation d'un enseignement religieux.

C'est dans cet esprit qu'a été construit le collège de Dax. Cette ville administrative compte dans sa population des magistrats, un clergé nombreux, des gens de droit et de gestion des domaines, des négociants qui ont besoin de comptes précis et tiennent des livres de raison. Des écoles, d'autres institutions scolaires existent déjà, mais la plupart du temps les bourgeois ou les paysans les plus aisés ont recours à des maîtres privés, capables d'instruire les enfants à la maison.

En 1548-1549, à Lescar, Marguerite de Navarre a fondé un collège huguenot. En 1566, Jeanne d'Albret a transféré l'établissement à Orthez pour en faire une véritable académie, où se rendent les jeunes catholiques, faute de disposer dans la région d'autres institutions d'enseignement. On ignore la date exacte de la construction du « beau collège où la jeunesse de Dax et du pays d'alentour est bien instruite en bonnes lettres », dont parle un texte de 1572. On sait seulement qu'en 1593, quand Vincent y est admis à l'âge de 12 ans, il est tenu par des cordeliers.

Alors qu'ils ont été expulsés de Bordeaux en 1589 par le maréchal de Matignon, sur la pression du Parlement, les jésuites sont présents à Toulouse. Leur collège a très bonne réputation, mais Jean Depaul n'a pas les moyens d'y entretenir son fils.

L'implantation des jésuites sur le territoire, par touches successives, est alors récente. La Compagnie de Jésus, fondée par Ignace de Loyola et approuvée par le pape en 1540, est dirigée par un général qui se donne pour tâche prioritaire de lutter contre l'hérésie, et forme ses recrues à rude école : deux ans de noviciat, trois ans d'études de la philosophie et quatre de la théologie. Une troisième année de noviciat après l'ordination survient en général à l'âge de 30 ans, après le cycle de théologie. Lisant et parlant le latin, rompu à la controverse, capable d'enseigner dans les collèges, le jésuite est un soldat du pape, obéissant « comme un cadavre » à son général, et pratiquant tous les jours les *Exercices spirituels* prévus par Ignace pour faciliter l'introspection et l'examen, en forme de bilan, de la lutte intérieure des Pères contres les forces du mal et des progrès de la maîtrise de soi dans la recherche de Jésus-Christ.

Ces hommes d'action, de réflexion et de culture ont décidé d'ouvrir dans toutes les villes importantes des collèges pour accueillir les enfants de la noblesse et de la bourgeoisie, aux fins de les former à la stricte observance des rites chrétiens. En 1581, l'installation des jésuites en France est très engagée. À Paris, le collège de Clermont attire alors 1 300 auditeurs, pour la plupart issus des meilleurs familles, et quelques étudiants pauvres dotés de bourses. Les jésuites ont également ouvert des établissements à Lyon, Nevers et Bourges, Chambéry et Tournon, Verdun et Pont-à-Mousson, Rodez et Toulouse, Avignon, Mauriac (saccagé par les huguenots de Bordeaux en 1574) et Billom – ce dernier a dû être évacué en raison de la menace des bandes religionnaires en 1576. En 1578 est parue une bulle du pape Grégoire XIII accordant aux collèges les prérogatives des universités, et menaçant d'« excommunier tous deux qui les empêcheraient d'en jouir ». Les deux provinces de France et d'Aquitaine ont chacune leur maison professe, l'une à Paris, l'autre à Marseille.

En mai 1580, Henri III vient d'autoriser les jésuites à exercer leur ministère sur toute l'étendue du royaume, et ils préparent donc leur installation à Dijon, à Eu en Normandie, à Dôle en Franche-Comté. À la demande des consuls, des bourgeois de la ville, une vingtaine de pères devaient s'installer au Puy. L'habitude de s'adresser aux jésuites vient de ce qu'ils opposent au prosélytisme protestant des barrières efficaces et assurent la formation de la jeunesse. Aussi sont-ils surtout recherchés dans les régions menacées par les religionnaires, comme l'Est, la vallée du Rhône, le Velay, le Poitou, la Normandie, sans compter l'arc-en-ciel des pays de Languedoc, où l'affrontement des deux religions dans les villes est quotidien.

Dax n'accueille aucune installation de jésuites : l'évêque François de Noailles, que le pape affecte de considérer comme suspect du point de vue de la foi, ne risque pas d'attirer dans son diocèse les âmes damnées de Rome, et les parlementaires de Bordeaux se contentent de la présence dans la ville de Dax d'un établissement des ordres mendiants, également très engagés dans la lutte contre l'hérésie.

Vincent, au collège des cordeliers, peut ignorer jusqu'à l'existence des soldats du pape et du général des jésuites. Il reçoit à Dax un enseignement très inférieur à celui que dispensent les pères de Toulouse ou de Bordeaux. Dans ce modeste établissement, en effet, on apprend seulement la grammaire et le latin, et les études sont limitées à trois ans. Cependant, tout porte à croire qu'elles sont solides : Vincent connaît assez bien la langue de l'Église. Il est assez avancé dans ses études pour qu'un petit notable de Dax, Comet, avocat à la cour présidiale de la ville, juge de Pouy et donc officier du roi, lui confie l'éducation de son fils. À 13 ans, il donne déjà des leçons de latin, dans un climat politique redevenu provisoirement assez serein.

Il a été élevé dans le souvenir des jours de malheur qui se sont succédé depuis la Saint-Barthélemy et dans la peur qui demeure, plus que jamais, au cœur des habitants du royaume, à la suite des nombreuses chevauchées de princes, de mercenaires étrangers, espagnols, allemands, écossais, suisses, appelés en renfort, et des sièges meurtriers des villes. Que disent les rumeurs, que colportent de village en village les prêcheurs capucins[1] ? Les huguenots osent se rendre à la messe pour manifester au moment du sacrifice, prenant le risque d'être roués de coups et laissés pour

---

1. Denis Crouzet, *Les Guerriers de Dieu. La violence au temps des troubles de religion*, Seyssel, 1990.

morts. Ils rendent impossibles les processions, chahutent pendant les sermons des moines et des curés. À Lyon, ils ont tué des prêtres au cours d'un office. On compte également des morts à Toulouse. Plus encore que les massacres, les profanations suscitent l'indignation : le piétinement des hosties et des objets sacrés de la messe papale pousse les catholiques aux pires extrémités.

Le règne du dernier des Valois est assombri par un véritable déchaînement de violences. Les notables de Dax n'ignorent pas que Toulouse a été le théâtre des émeutes sanguinaires les plus horribles. À Bordeaux, un jésuite, Auger, futur confesseur du roi, évoque, à propos des massacres de protestants qui se perpétuent dans la ville, « l'Ange de Dieu et son glaive ». Les prêtres sermonneurs, les frères missionnaires, particulièrement les cordeliers et les capucins qui tiennent le collège de Dax, sont les plus ardents dans ces violences urbaines. À Toulouse, ils crient à la foule : « Tuez tout, pillez tout, nous sommes vos pères, nous vous garantissons. » La *disputatio* des moines catholiques avec les pasteurs religionnaires se mène alors la dague au poing.

Le bruit de ces tueries se répand très vite. Le milieu des clercs colporte des récits édifiants, tous destinés à condamner le camp adverse. Les huguenots se sont emparés par la violence des terres appartenant à l'Église en Béarn, suscitant les protestations interminables de l'évêque de Noailles. À Montauban, à Toulouse, à Bordeaux même, les religionnaires sont dénoncés comme responsables de violences inouïes. On évoque les très nombreux cas de prêtres décapités, de moines martyrisés.

Les catholiques ne sont pas en reste : les calamités naturelles sont attribuées aux huguenots et provoquent des châtiments violents. Les victimes sont dépecées, leurs restes piétinés ou jetés à la voirie pour être dévorés par les chiens. Les anciens soldats rapportent des cas d'anthropophagie, d'enfants tournés à la broche, de fricassées de langues. On arrache le foie des victimes pour le manger. On porte au repli des chapeaux les oreilles des huguenots massacrés. Les soldats de Monluc, dans les campagnes du Sud-Ouest, ont percé de deux cents coups de lance le corps d'une victime. La rage de tuer est sans limite. On raconte des histoires horribles de femmes enceintes que l'on a exterminées, certaines ayant été remplies, au secret de leurs corps, de poudre à canon. Les huguenots émasculent les prêtres pour dénoncer leur vie scandaleuse. Les catholiques tranchent les seins des femmes huguenotes pour les empêcher d'allaiter. Les viols sont monnaie courante, souvent d'enfants prénubiles.

Le bruit de ces horreurs court dans tout le royaume, et chacun veut en finir avec la violence. Mais comment ? L'Église, selon le vœu des villageois du pays de Dax, doit se reconstituer, retrouver sa force et son unité, et le roi imposer aux grands seigneurs ligueurs et huguenots le respect de l'ordre. Mais le roi vient de mourir, et le clergé est encore très faible.

Les Noailles se sont montrés peu zélés dans la propagation de la Contre-Réforme. Gilles de Noailles, évêque de Dax de 1585 à 1597, ne fait parler de lui ni par son ardeur antireligionnaire ni par la trop grande vigueur de son opposition (gallicane) aux menées du pape en France. Il est pourtant de ceux qui, par fidélité envers Henri III, sont alors hostiles aux privilèges accordés par le pape et reconnus par le souverain aux jésuites. Il est de ces prélats choisis par le roi dans la noblesse qui illustrent les abus de l'Église d'avant le concile de Trente.

Ils sont et ne sont pas dans la main du roi : depuis le concordat de Bologne, signé en 1516, le pape a accepté la nomination des titulaires par le Très-Chrétien. En fait,

Henri III a plus ou moins laissé les cent cinq évêchés de son royaume à la discrétion des familles nobles, qui décident entre elles d'un code de bonne conduite lors des nominations, à moins que le roi n'en use pour récompenser ses meilleurs serviteurs comme les Noailles, qui se succèdent de frère en frère ou d'oncle en neveu. Les abus persistent donc, à Dax comme ailleurs, celui de la non-résidence et surtout celui de la nomination de non-prêtres. Les grandes familles en viennent à considérer les abbayes et les évêchés comme des biens héréditaires. Les évêchés se cumulent avec d'autres bénéfices et peuvent rapporter gros, le roi les distribue à l'occasion pour récompenser la fidélité d'un noble de cour, ou pour acheter son ralliement. Il en dispose en vertu du concordat, qui a dispensé des conditions canoniques de nomination les personnes de sang royal et « de haute qualité », ce qui permet toutes les dérives. Par le jeu des legs, les sièges ecclésiastiques représentent une partie importante du sol français, avec ses bourgs et ses villages, ses richesses agricoles et ses manants.

L'évêque, qui dispose d'un droit de justice et de contrôle sur toutes les activités enseignantes et hospitalières dans son diocèse, a vocation à devenir l'agent principal de diffusion en France de la Contre-Réforme catholique définie par le concile de Trente. Le roi et le pape, chacun pour des raisons particulières, soutiennent la nomination, après le concile, d'évêques capables de mener la lutte contre les huguenots : le roi nomme de moins en moins de hauts nobles et, de plus en plus, des rejetons d'officiers de finances ou du conseil royal, même s'ils ne sont pas favorables au pape, et aussi des Italiens capables de nouer des relations amicales avec le clergé romain. Les non-privilégiés susceptibles de mener une action efficace sont poussés aux fonctions épiscopales en nombre restreint mais croissant.

Le pape encourage cette évolution, satisfait de voir assis

sur les sièges épiscopaux des hommes bien décidés à parcourir les campagnes et à appliquer la réforme catholique dont on a jeté les bases à Trente. Pour des raisons politiques, peu de prélats français ont assisté aux premiers travaux du concile (réuni d'abord, semble-t-il, pour servir les intérêts de Charles Quint), ouvert à Trente, ville resserrée dans la vallée de l'Adige, non loin du lac de Garde, en terre d'empire. Un seul évêque du roi a assisté à la réouverture des débats en 1562. Même si la délégation française, à la clôture de 1563, est de vingt-sept sur deux cent trente-six participants, le roi, dans la mesure où il refusera de reconnaître la supériorité du pape, n'admettra jamais officiellement les textes du concile sur son territoire. Il reste que l'existence entière de Vincent de Paul, né près de Dax dix-huit ans après le concile de Trente, et très loin de Rome, sera entièrement dominée par le combat mené par l'ensemble du corps de l'Église pour la Contre-Réforme en Europe. Sa génération est de l'après-concile.

Dès 1564, le concile de Trente a prévu que les prélats doivent veiller, par des tournées pastorales, au bon état du clergé qu'ils nomment et surveillent. Faute de moyens et de volonté politique de l'évêché et du gouvernement royal, ce mouvement de reprise n'a pas été amorcé. Pourtant, en 1598, un nouvel évêque, Jean-Jacques du Sault, est nommé à Dax. Pénétré de sa mission, bien décidé à « résider », il se promet de renouveler son clergé séculier. Le sort de Vincent, étudiant au collège et futur théologien, ne peut donc dépendre que des bonnes dispositions de Du Sault. Dans la « société hiérarchique de clercs[1] », c'est lui seul qui pourra lui conférer le sacrement d'ordre faisant du prêtre l'agent reconnu de la « transsubstantiation » dans l'eucharistie, ce « changement admirable et unique » de « toute la substance

1. Voir Alphonse Dupront, « Réforme et Modernité », *Annales d'histoire économique et sociale*, n°4, 1984.

du pain en la substance du Christ », et de l'hostie consacrée, le corps du Christ. « Les clercs, précise un texte du concile, appelés à avoir le Seigneur pour partage, doivent absolument régler leur vie et toute leur conduite de telle manière que, dans leurs habits, leur maintien extérieur, leur démarche, leurs paroles et dans tout le reste, ils ne laissent paraître rien que de sérieux, de retenu, et de pleinement religieux. Qu'ils fuient les fautes, même légères, qui, en eux, seraient considérables, afin que leurs actions suscitent chez tous le respect. »

Exige-t-on du jeune Vincent un sens aussi aigu de l'apostolat ? Il suffit aux futurs ordinés de se distinguer des autres villageois par la réforme de leur conduite, le port de la soutane, le détachement des biens du monde et la compétence religieuse acquise par le savoir : long travail de formation et d'éducation qui donne aux évêques de bonne volonté, ouverts au message venu de Rome et désormais pleinement responsables du choix et de la conduite des curés, beaucoup de tablature, en cette fin du XVI^e^ siècle où les mœurs de la société civile sont retournées au paganisme.

En 1597, le jeune homme est envoyé par son père à Toulouse, pour y suivre des études de théologie. Le 20 décembre 1596, il a reçu à Bayonne la tonsure et les ordres mineurs de Salvat Ier Diharse, évêque de Tarbes. Si l'on n'a pas suivi les cours d'un séminaire, le seul moyen de devenir prêtre est de s'asseoir sur les bancs de l'Université.

Vincent commence ses humanités dans un milieu étudiant fort agité par les violences qui se sont succédé depuis l'assassinat du roi Henri III en 1589, et qui se prolongent jusqu'à l'entrée du roi Henri IV dans Paris en 1594. Le royaume n'est alors nullement pacifié, la guerre civile fait rage, et la guerre étrangère contre les Espagnols se poursuit jusqu'en 1598. Vincent est ordonné diacre le 19 décembre 1598 ;

dix mois plus tôt, le 25 février 1598, l'édit de Nantes, qui met fin officiellement aux guerres de Religion, a été ratifié par le parlement de Paris. Il vit donc ses premières années d'étudiant au sein de l'une des universités les plus agitées du royaume. À Toulouse, on se souvient encore des événements de 1562 : un huguenot avait interpellé en chaire le jacobin Lara, et la foule avait dépecé le perturbateur. Plus récemment, en 1589, un prêtre a enflammé la foule aux cris de « Au traître, il faut le tuer ! » pour qu'elle assassine un magistrat fidèle au roi, le président Duranti, et l'un de ses collègues à qui l'on reprochait trop de modération dans la condamnation des protestants.

On peut penser que ces récits ont choqué le jeune Vincent. Les évêques de Dax, ces grands seigneurs, même absents, inspiraient le respect à la population de Pouy, demeurée catholique et royaliste. Le concile a du reste conforté les prélats dans le sentiment qu'ils sont à la tête d'un ordre privilégié dans la hiérarchie sociale du royaume, et leurs ouailles, malgré la non-résidence, ne mettent pas ce principe en question. Les évêques de Noailles, comme plus tard les du Sault, leurs successeurs, sont de dévoués serviteurs du roi dont ils ne peuvent se passer parce que, représentant de Dieu sur terre, il est un des leurs, habité comme eux de l'Esprit-Saint et doté de pouvoirs thaumaturgiques. Cette affinité essentielle garantit le respect de leur ministère et leur classement social au premier rang, devant la noblesse.

En dépit des prêches de certains frères, jamais les gens de Dax ne se sont engagés dans les rangs des ligueurs. En fait, c'est en arrivant à Toulouse que Vincent découvre le phénomène de la Ligue, essentiellement urbain. Il apprend ainsi que de nombreux évêques ont soutenu la Ligue, ou, comme les Noailles, le défunt roi Henri III contre la Ligue. Les plus grands noms de l'épiscopat ont donc pris ouvertement parti dans la guerre civile des catholiques. Même les plus réticents s'y sont précipités devant la condamnation par le pape de la candidature d'Henri de Navarre à la succession des Valois, qui leur a fait craindre qu'un souverain non doté du pouvoir d'intercession divine en raison de ses origines huguenotes ne soit incapable de maintenir le principe privilégial dont ils tirent leur reconnaissance sociale et leurs bénéfices.

À Toulouse, ville royale et en majorité catholique, Vincent découvre la puissance de l'ordre des Jésuites, qui a installé dans les murs un collège concurrent de l'université, fréquenté par les enfants des familles les plus favorisées de la région. Dans le déchirement des passions, qui, en 1597, n'est nullement oublié, le jeune homme réprouve sans doute la turbulence des ligueurs, capables de provoquer des troubles dans les rues. On assure même qu'ils sont à l'origine de l'assassinat du défunt roi. Vincent apprend alors à distinguer les enjeux qui ont poussé les catholiques à se faire la guerre entre eux, à se déchirer sous l'œil des protestants, préparant ainsi la prise du pouvoir par Henri IV.

Comment un étudiant d'origine rurale pourrait-il ne pas adhérer à la réconciliation proposée et imposée par le Béarnais ? On prétend que certains jésuites se sont laissé entraîner dans la bataille des ligueurs contre les royaux. Le général de l'ordre, Acquaviva, a voulu, dit-on, imposer aux Pères une neutralité absolue en matière politique, à l'égard des ligueurs comme à celui des royalistes. Mais il n'y a pas réussi : quand les catholiques guisards se sont constitués en Sainte-Ligue, et que les frères, capucins et jacobins, ont harangué le peuple des villes, le roi s'est préoccupé de l'engagement dans la guerre civile des jésuites, dont certains, tel le père Claude Mathieu, sont familiers des Guises, chefs du clan ligueur et amis du roi d'Espagne. Henri III s'est alors plaint auprès du général Claude Acquaviva de l'ingérence des Pères français, amis de la Ligue, dans les affaires de l'État. Le général a aussitôt pris la décision d'éloigner de la Cour les représentants des deux partis opposés qui se sont imprudemment avancés, le père Mathieu, ligueur, et Auger, royaliste affiché. Mathieu part, mais pas Auger, retenu par le roi. Seuls les plus imprudents d'entre eux ont, en fait, pris parti dans les deux camps. Mais à l'université de Toulouse, dont les professeurs sont leurs adversaires, les jésuites passent très injustement pour les complices des régicides. Le jeune Vincent découvre là avec surprise la violence et la haine qui ont déchiré le clergé lui-même.

Comment admettre que l'on assassine un roi, acte monstrueux, comparable au parricide, quand, âgé seulement de 15 ans, on arrive dans la grande ville, et que les discussions politiques font encore rage dans les collèges ? Vincent est solide, et sa corpulence est de nature à inspirer le respect à ses camarades. Grand et charpenté, il est d'une extrême souplesse et d'une résistance inépuisable. Il a le nez fort et les yeux vifs du Navarrais, un prince de langue d'oc en qui il a confiance. Ses gestes rapides, sa voix chaude, profonde, son impétuosité toute gasconne, sa bouche large, son sourire spontané, sa poignée de main robuste attirent immédiatement la sympathie de ses interlocuteurs. Il sait parler et écouter, et ce qu'il entend alors le stupéfie : à Toulouse, si près de Dax, les protestants ne sont plus désormais la cible unique de l'Église. On ne lui épargne ni le récit des émeutes, ni celui des crimes. L'engagement du clergé de France dans la querelle n'est certes pas universel, mais il est la règle dans les grandes cités. Depuis longtemps, Henri III redoute d'être victime d'un fanatique. Il a engagé un groupe de gentilshommes habiles aux armes et d'une extrême vigilance, ses « gascons », pour le protéger. En 1584, l'assassinat du prince protestant Guillaume d'Orange, attribué à un suppôt des jésuites, lui fait craindre le pire. Longtemps avant d'être lui-même victime d'un frère ligueur, il a pensé ne trouver de sécurité que dans une alliance avec le Navarrais, qui se faisait fort d'attirer en France, contre les Guises armés par le roi d'Espagne Philippe II, des soldats suisses, anglais, allemands et même écossais. Dès 1584, alors que Vincent de Paul était encore un enfant, Henri de Guise, son frère Louis, cardinal de Lorraine, son beau-frère le duc de Montpensier, ses cousins d'Aumale et d'Elbeuf, ses alliés Mercœur, gouverneur de Bretagne, et Louis de Gonzague, duc de Nevers, avaient conclu une « ligue offensive et défensive », après entente avec le souverain de Madrid. On avait aussitôt vu refleurir la théorie de l'assassinat politique, jadis avancée par des pamphlétaires huguenots, mais cette fois dans le camp des militants catholiques.

Vincent est à la fois surpris et scandalisé par les informations qu'il reçoit, dès son arrivée, à l'université de Toulouse, où les anciens tiennent un compte exact des événements. Les ligueurs, lui explique-t-on, ont soutenu leur propre candidat au trône, le cardinal de Bourbon, oncle du Navarrais, un vieillard de 64 ans. Ils ont envoyé un émissaire au pape pour requérir son avis sur l'élimination physique du dernier des Valois. Le peuple catholique suit aveuglément les meneurs enragés, même à Toulouse, et répond aux mots d'ordre de guerre civile. En juillet 1585, le roi a dû tourner casaque et signer la paix des Guises : interdire le culte réformé sur le territoire et reprendre les places de sûreté protestantes. Henri III est dès lors l'otage des princes de Lorraine contre le roi de Navarre. Les réguliers fanatiques, ces féroces imprécateurs qui prêchent au nom de la Ligue dans les villes, tenant les agitateurs parisiens en haleine, ne croient pas au ralliement durable du roi. Guise, leur chef, constate que les polémistes protestants cherchent désormais à rassembler par un discours d'apaisement tous ceux qui souhaitent la paix, alors qu'ils ont été dans le passé proche les plus zélés propagateurs de la théorie de l'assassinat légitime du roi, les premiers « monarchomaques ».

Ces protestants, dont certains se sont rendus suspects d'idées révolutionnaires (« Partout où le calvinisme réussit, disait Henri II, on court le risque de tomber dans une espèce de République comme les Suisses »), ont brusquement fait volte-face en 1584, parce que leur prince, Henri de Navarre, se pose déjà en candidat au trône. À l'inverse, les ligueurs proclament à leur tour la nécessité du tyrannicide. Et ils font sans cesse des émules : déchaînés par la présence, dans les villes, des soldats vainqueurs d'Henri de Navarre, les catholiques du Midi, jusqu'alors fidèles au roi, prennent peur après la défaite des royaux à Coutras. En 1587, à Bordeaux et à Toulouse, la Sainte-Ligue s'est bel et bien implantée. Convaincue de la victoire inéluctable des princes lorrains, la bourgeoisie de ces villes du Sud a fait son choix. Même parmi les professeurs de l'Université, les ligueurs ont des partisans. Mais c'est surtout au sein du clergé parisien que la guerre civile fait rage. Des moines fanatiques ont ouvert les portes de Paris au duc de Guise, contraignant Henri III à abandonner la capitale et à se réfugier à Chartres.

Ces ligueurs rebelles ont un programme précis : ils sont du parti du pape et du roi d'Espagne. Ils ont fait enregistrer le 21 juillet 1588 par le Parlement l'édit d'union du 16 juillet précédent, par lequel le roi s'engageait à éradiquer l'hérésie, à écarter de sa succession les princes protestants, à mettre en vente les biens des hérétiques, à ouvrir les portes de Boulogne pour y accueillir les renforts des Flandres espagnoles, enfin à publier en France les instructions du concile de Trente. Le roi est sommé par le clan des Lorrains, celui des Guises, de prendre la tête de la Contre-Réforme catholique en armes, contre l'Angleterre et l'Allemagne protestantes : il donne alors l'ordre aux cadets de Gascogne de sa garde rapprochée de tuer le duc et le cardinal de Guise, dont les corps sont brûlés, les cendres dispersées dans la Loire, les 23 et 24 décembre 1588, la veille de Noël.

Ainsi, le roi lui-même a donné l'exemple de l'assassinat politique, s'exposant dès lors aux coups de ses adversaires. Paris n'a pas désarmé. Les chefs des seize quartiers se sont emparés de la ville, formant le conseil de la Ligue. Les frères ont détruit les signes de la royauté sur la façade des palais. Les soixante-dix docteurs de la Sorbonne ont fait rayer le nom d'Henri des canons de la messe. Boucher, le curé de Saint-Benoît, a osé prêcher le tyrannicide. Les villes du royaume suivent Paris : c'est alors qu'à Toulouse, les ligueurs ont massacré deux parlementaires fidèles au roi. Ainsi, le parti extrême tient le haut du pavé, parce que les frères prêcheurs tiennent le peuple. Les échevins du Capitole sont débordés, les parlementaires menacés, ils laissent la violence se développer. Comment Vincent n'aurait-il pas été indigné au récit de ces désordres ? Tandis que les informations s'accumulent dans sa forte tête de paysan de Pouy, il attend avec impatience la phase finale de réparation, le triomphe du Navarrais.

Après l'assassinat des Guises, on rapporte que Navarre et Henri III chevauchent botte à botte et veulent reprendre Paris ensemble. Le Roi Très-Chrétien a-t-il pu devenir l'allié et le complice d'un huguenot, comme l'affirme alors la propagande ultra ? De fait, la capitale est bientôt assiégée par 40 000 hommes. Les curés prient dans les églises devant le portrait d'Henri III qu'ils s'efforcent d'envoûter par leurs prières, comme s'il s'agissait de Satan. Des prêtres se réjouissent de son assassinat, le 1er août 1589, par un jacobin de 23 ans, Jacques Clément.

L'enquête ouverte après le crime permet d'établir que le jeune homme a consulté un théologien avant d'agir. Il s'est confessé avant de communier. On assure même qu'il a entendu des voix célestes avant de planter son poignard dans le ventre du monarque. Il est aussitôt massacré par les gentilshommes de l'Ordinaire. Henri III, avant de mourir dans les bras du Navarrais, lui a fait promettre de se convertir.

Vincent est parfaitement capable de comprendre pourquoi la longue marche d'Henri de Navarre a pu rallier tous ceux que l'ampleur des désordres angoisse, même dans les rangs de la hiérarchie catholique. Jadis, l'évêque de Reims Rémi n'a pas regardé de si près le passé de Clovis, dénoncé beaucoup plus tard par Grégoire de Tours comme assassin de ses proches, avant de l'oindre du saint chrême dans l'intérêt des fidèles de la sainte Église. Henri peut abjurer, et il ne s'en fait pas faute. Le huguenot devient sans vergogne le fils aîné de l'Église, bien que le pape Sixte Quint lui ait imprudemment barré la route : à Toulouse, les « politiques » se sont vite ralliés, et répètent à l'envi qu'Henri de Navarre a horreur du sang versé et désapprouve le meurtre des Guises. Des magistrats et beaucoup de professeurs de l'Université blâment publiquement l'assassinat scandaleux par les ligueurs de leurs collègues toulousains, le président Duranti et l'avocat général Daffis.

Le ralliement de l'ensemble des catholiques à la cause d'Henri IV est long et difficile. De nombreux Toulousains restent partisans de la Ligue, et, au lendemain de l'assassinat d'Henri III, le Parlement, malgré l'opposition d'un grand nombre de ses membres, décide de commémorer la mort du tyran Henri III par des réjouissances publiques. À Bordeaux, l'intervention du maréchal de Matignon est nécessaire pour intimider le Parlement ligueur. Dans Paris, les duchesses de Montpensier et de Nemours (mère des Guises) organisent des réjouissances à l'occasion de la mort du roi. Neuf candidats se sont annoncés pour la succession au trône, dont le nouveau cardinal de Bourbon (successeur de l'ancien, mort récemment), qui bénéficie de l'appui du pape Sixte Quint.

Ainsi, le Saint-Siège n'abandonne pas la querelle et soutient les plus violents des Français qui se refusent à tout règlement politique des guerres de Religion. Le parti ultra, soutenu par l'or du roi d'Espagne, n'a pas lâché la partie et les prêches furieux se harcèlent dans les églises de la capitale, particulièrement ceux des cordeliers. Le clergé alimente en pamphlets très violents les cent vingt imprimeurs parisiens, dans la cité bientôt assiégée par le Navarrais vainqueur du duc ligueur de Mayenne à la bataille d'Arques et maître des provinces de l'Ouest et de la vallée de la Loire, après son succès à Ivry le 14 mars 1590. Ces victoires ne découragent pas pour autant les ligueurs. Le duc de Nemours, gouverneur de la ville, garnit les remparts parisiens des volontaires armés par les délégués des seize quartiers, qui tiennent la population sous la menace. Le 3 juin 1590, une procession rassemble dans les rues 1 300 moines, curés et prédicateurs en armes. Fin août, on compte déjà 30 000 morts de faim (le siège dure depuis quatre mois) mais le Paris ultra refuse toujours de se rendre. Les cordeliers et les jacobins de Toulouse exaltent alors dans leurs prêches la résistance acharnée des « bons » catholiques de la capitale.

Le nouveau pape, Grégoire XIV, fait afficher dans Notre-Dame de Paris une bulle de condamnation d'Henri IV, ce qui provoque l'indignation des évêques gallicans et marque le début des ralliements au huguenot gascon : l'archevêque de Bourges, Renaud de Beaune, rejoint le roi à Chartres pour lui offrir son soutien. Même si d'autres évêques restent ligueurs ou refusent de s'engager, ils attendent en fait l'issue des futures batailles, car le pape a réussi à former autour des Espagnols une coalition redoutable : Charles de Lorraine et Charles-Emmanuel de Savoie peuvent intervenir. Le pape ne veut à aucun prix tolérer la présence d'un huguenot sur le trône de France, qui prétend s'en remettre à un concile français « général ou national » pour son instruction dans la religion chrétienne – en somme, faire dépendre son intronisation de la seule Église gallicane. Rêve-t-il de la sécession d'Henri VIII d'Angleterre ?

Le Navarrais s'est décidé à châtier les fanatiques, même de haut rang : l'évêque de Saintes, apologiste des tyrannoctones, est condamné à la prison à vie, les curés ultras de Chartres exilés. Ces mesures provoquent un sursaut de violence dans Paris, où le curé Boucher dit en chaire qu'il veut « étrangler de ses propres mains » le tyran. L'évêque Gondi, d'origine italienne, jugé trop tiède par les extrémistes, est contraint de se retirer dans sa maison de Noisy. Le garde des Sceaux, Pierre d'Épinac, l'archevêque de Lyon, sont soupçonnés d'indulgence pour Navarre. Les Espagnols, qui occupent militairement la capitale, exigent des ligueurs un surcroît de fermeté. Devant la trahison de certains hauts dignitaires, les plus exaltés menacent, au grand scandale des parlementaires, de faire pourvoir les bénéfices d'Église par les chanoines ultras de Notre-Dame. Le président du Parlement Brisson est condamné à mort et pendu, ainsi que deux autres magistrats. Des bandes armées parcourent les rues, traquant les suspects. La population demande alors grâce et commence à prêter l'oreille aux discours des modérés.

Les grands seigneurs royalistes offrent au duc de Mayenne, qui commande à Paris les forces armées des ligueurs, une rencontre pour discuter de la paix. Deux archevêques l'ont négociée : pour Paris, Pierre d'Épinac, et pour le roi, Renaud de Beaune. Ainsi le haut clergé des deux camps catholiques cherche-t-il à se réconcilier autour de l'idée monarchique, menacée à la fois par les ambitions des nobles comme Mayenne et Mercœur, et par le dangereux mouvement démocratique des Seize, les représentants des quartiers de la capitale, qui placent la catholicité avant l'hérédité et la considèrent comme la première loi fondamentale du royaume.

Les délégués s'embrassent à Suresnes, le 29 avril 1593, quand le roi fait connaître son intention de se convertir : à ce prix, Paris est à lui, et le sacre de Chartres, où l'évêque de Thou, représentant l'archevêque de Reims (ville encore tenue par les ligueurs), officie devant les évêques ralliés, le présente enfin aux yeux de tous les Français comme le souverain légitime. L'entrée du roi dans Paris n'est plus dès lors qu'une question de temps. On le répète aussi à Toulouse, les prêtres royalistes ayant répandu la rumeur qu'un « enfant blanc » a guidé les pas du roi dans la capitale, avant de disparaître mystérieusement : un ange, à n'en pas douter. Le roi a touché les écrouelles et s'est fait reconnaître comme « très chrétien » par la faculté de théologie.

Quand le nouveau pape Clément VIII s'entremet pour que la paix soit signée à Vervins avec les Espagnols, le 2 mai 1598, la France entière fête la fin des guerres de Religion : le 19 décembre, Vincent de Paul est ordonné diacre par l'évêque de Tarbes Salvat Diharse. Il a vécu son enfance et sa jeunesse dans une suite de convulsions responsables plus ou moins directement de quatre millions de morts. Quelle leçon pourra-t-il tirer du récit des événements qu'il a pu recueillir dans son collège toulousain ?

Le jeune homme gardera toute sa vie le souvenir de ce cauchemar. Sans doute le pays de Dax n'a-t-il pas été directement victime du passage des armées, des horreurs des guerres. On peut même penser que les villages de la vallée de l'Adour, vivant en autarcie, ont échappé à la ruine générale du royaume et survécu à la crise des subsistances qui a frappé les villes. Mais comment imaginer qu'un clerc âgé de 17 ans n'ait pas subi le choc de ces années de malheur et qu'il n'en ait pas tiré quelque enseignement ?

Et d'abord, le doute sur la légitimité du pouvoir royal. Il est clair qu'à Toulouse les idées des « monarchomaques » n'ont guère pénétré, et que jamais la ville n'a eu à subir au même degré les outrances de la démagogie ligueuse parisienne. Mais les prêches des cordeliers n'ont-ils pas poursuivi de leur haine Henri III, dont ils racontent le voyage aux enfers, et même Henri IV accablé par le pape Sixte Quint qui dénonce dans sa bulle « la race impie, la génération bâtarde et détestable de l'illustre maison des Bourbons » ? Comment ne pas douter d'un roi qui a tant tardé à se convertir qu'on s'est demandé s'il accepterait jamais de se confesser ? Comment admettre l'origine divine d'un pouvoir royal qui promet de faire leur place aux huguenots dans le royaume ? À Toulouse comme à Paris, les certitudes chancellent.

En outre, l'importance et la résolution du mouvement ligueur dans la capitale donnaient à penser que ses chefs étaient sûrs de disposer du plein appui du pape à leur cause. Mais comment s'en remettre entièrement au pape, alors qu'il presse les Français d'accepter un roi désigné ou approuvé par le roi d'Espagne ? Que Clément VIII, pour des raisons politiques, ait décidé de se rapprocher d'Henri IV et finalement de l'absoudre indique assez que les considérations de la politique européenne sont toutes-puissantes chez les conseillers du Saint-Siège, et que le pontife, monarque italien, n'est pas infaillible.

Cette constatation apporte de l'eau au moulin des évêques gallicans comme les Noailles, qui tiennent le concile des évêques de France pour supérieur au pape et dénient à ce dernier toute suprématie, même spirituelle. Certains d'entre eux, à la suite de l'archevêque de Bourges, se sont jetés dans les bras d'Henri IV, même s'il était l'allié des Anglais et des protestants allemands, parce qu'ils n'admettaient pas que la politique de la France fût à la merci du roi d'Espagne. Cette intrusion du parti espagnol dans la guerre civile française milite pour le ralliement du clergé au Navarrais, mais affaiblit les positions du pape, au moment où il s'efforce de stimuler dans les puissances catholiques l'esprit réformateur du concile de Trente. Sans doute ne pourra-t-il pas faire accepter par le nouveau roi de France ce qu'Henri III avait été pour peu de temps contraint d'admettre sous la pression des états généraux de Blois, la circulation officielle des actes du concile dans les évêchés.

Le jeune diacre Vincent a entendu parler dans Toulouse des violences sans fin qui ont ruiné le royaume, des interminables campagnes royales et princières, de la résistance acharnée des huguenots, enfin des horreurs des guerres dont le récit a fait le tour des villages : à Dax, les exploits de Monluc. Les prêches enflammés des cordeliers et des missionnaires ultras sont-ils de nature à éliminer l'hérésie ? Essentiellement dirigés contre les royalistes, les « politiques », les indulgents, ils alimentent la guerre civile. Devant ce déferlement de haine, on peut penser que la violence n'est pas une solution à la reconquête d'une société ruinée, désemparée, croyant de moins en moins au roi et même à la providence divine. Où est le Christ dans ces passions sans frein ?

Et les protestants ? Ils apparaissent moins, pendant la dernière phase des guerres civiles, comme des provocateurs à l'origine des troubles que comme les témoins de la division sanglante des catholiques ; royaux et guisards se tuent férocement entre eux, le clergé donne l'exemple de l'intolérance. La haine des curés de Paris ou de Bordeaux contre les évêques libéraux et les « politiques » engendre les massacres de rue, les représailles sanglantes, les dénonciations, les exécutions. L'engagement du clergé dans les luttes politiques est général : si certains évêques suivent le pape, soutenant le candidat au trône du roi d'Espagne, d'autres se rallient à Navarre, qui tient cependant soldats et subsides de la reine d'Angleterre. Devant les protestants qui parlent désormais le langage de la paix et de la réconciliation, les catholiques, sur la question royale, se déchirent entre eux.

Un jeune homme âgé de 16 ans qui se destine aux ordres peut en concevoir de l'impatience ou de l'indignation. Tout le malheur provient, certes, du schisme protestant, mais, pour le résorber, pourquoi ne pas éviter à tout prix les violences qu'il a engendrées ?

En outre, les massacres de parlementaires à Toulouse font regretter que l'État et ses serviteurs perdent chaque jour du terrain devant les agitateurs inspirés par une haine plus politique que religieuse. Les incertitudes (parfois la lâcheté) des évêques attentistes peuvent être sévèrement jugées par ceux qui ont choisi la violence, même si elles sont partagées par ceux qui souhaitent un retour à l'ordre et un redressement des mœurs par la reconnaissance des préceptes du Christ. Témoin de l'histoire sanglante de la guerre civile, Vincent de Paul ne pourra manquer de condamner le désordre qui a conduit les hommes à des violences aveugles et de prendre en haine la guerre et ses misères.

Les batailles entre étudiants à l'université de Toulouse sont si fréquentes que les capitouls doivent interdire le port d'armes, sans parvenir à pacifier les esprits encore chauds des luttes du passé. Vincent entre au collège des humanités quand le roi Henri IV livre encore bataille : en 1596, les Espagnols attaquent Marseille par mer. L'année suivante, le roi leur reprend la ville d'Amiens. Le duc de Mercœur, qui tient la Bretagne, ne fait sa soumission qu'en 1598.

Si, parmi les condisciples de Vincent, nombreux sont ceux qui tiennent le Navarrais pour un parjure, Vincent ne prend pas parti dans ces querelles. Il a trop à faire pour survivre. L'argent que lui a envoyé son père à la suite de la vente d'une couple de bœufs ne peut suffire pour payer sept années d'études. Son application, son ardeur au travail lui permettent pourtant d'être reçu sans difficulté au baccalauréat en théologie. Aussi s'éloigne-t-il de Toulouse pour fonder une pension à Buzet-sur-Tarn, au nord-est de la capitale, sur la route d'Albi, tout près de Montastruc-la-Conseillère, où il retrouve le calme de la campagne. On assure qu'on l'a vu prier dans une chapelle isolée, au fond d'un bois. Il n'a pas seulement la réputation d'un jeune homme acharné à l'étude, mais aussi celle d'un chrétien pénétré de la foi. Le genre hagiographique veut que les pieux auteurs des vies de saints noircissent à dessein les traits de leur personnage pour faire ressortir les changements dus à la conversion. Ce que l'on sait de Vincent ne s'inscrit guère dans ce schéma. Pieux et recueilli, il l'est dès sa période toulousaine, soucieux de se tenir à l'écart pour éviter les intermédiaires entre le Christ et lui, pour retrouver l'émotion sincère qu'il éprouve devant la Vierge de sa petite église de Pouy.

Les quelques élèves réunis autour de lui à Buzet lui permettent de vivre, en même temps qu'ils l'arrachent au climat tendu de l'université, où les querelles se perpétuent. Il sait qu'il lui sera difficile, après son diaconat et son ordination, d'obtenir la prêtrise. Nombreux sont alors à Toulouse les jeunes gens les plus doués des familles nombreuses des campagnes qui recherchent une situation dans le clergé. Depuis le concile de Trente, on exige seulement des postulants au sacerdoce d'avoir un âge raisonnable et d'être de naissance légitime. Dans la masse des tonsurés, l'évêque choisit ceux qu'il estime dignes de recevoir l'ordination. On compte dans le diocèse de Toulouse quatre cent quarante tonsurés sans cures en 1597, l'année où Vincent s'est inscrit à l'université.

Le jeune homme connaît des clercs, ses camarades à l'université, qui vivent depuis très longtemps autour des églises paroissiales de la cité, rendant des services aux desservants en échange du toit et de la pitance. Sans protecteurs, ils parviennent à survivre par des travaux obscurs et souvent pénibles. Vincent est heureux de s'être éloigné de la ville rose et d'avoir pu constituer une petite clientèle d'élèves à Buzet, mais n'a nul espoir pour son avenir. Il ne dispose d'aucun soutien dans le haut clergé, n'a aucun rapport avec son propre évêque, celui qui vient d'être nommé à Dax, Jean-Jacques du Sault, issu d'une famille de riches parlementaires.

Charles, le premier de la dynastie, avocat général au parlement de Bordeaux, a fondé dans cette ville le collège des jésuites. Son fils n'a pas 30 ans quand il est désigné pour le siège de Dax, en 1598. Nommé par Henri IV, il est « préconisé » à Rome le 25 mai et il reste pendant deux ans doyen de Saint-Seurin. Avant de prendre sa charge, cet imposant rejeton d'une grande famille de robe, provincial de goût et de formation, a été aumônier de la reine Marguerite de Valois, la première épouse du roi. La malheureuse fille de Marie de Médicis, très tôt séparée de son mari et chassée de la Cour par Henri III en raison des intrigues auxquelles elle se mêlait, s'est retirée à Nérac, avant d'être recluse au château d'Usson, dans le Puy-de-Dôme, en 1586. Elle rentre en grâce quand Henri IV cherche à obtenir l'annulation de son mariage par le pape. On peut se demander si elle est intervenue auprès de son royal époux pour la nomination de Jean-Jacques du Sault à Dax, et si Vincent Depaul a eu la possibilité, par l'entremise de son évêque, d'obtenir lui aussi son soutien. Il entrera en effet douze ans plus tard dans le corps des aumôniers de Marguerite, bénéficiant alors de bien d'autres protections encore.

Pour l'heure, il n'a aucune raison de penser que les appuis dont il peut disposer à l'évêché de Dax, par exemple celui de l'avocat à la cour présidiale Comet, l'aideront dans sa carrière. Il n'a d'autres ressources que ses petites leçons et l'estime dans laquelle le tiennent ses professeurs. Il est néanmoins décidé à poursuivre jusqu'au bout ses études, même s'il n'a aucune perspective d'avenir. Pourtant, l'évêque de Dax se plaint de n'avoir pas assez de prêtres de qualité dans ses cures, et la fin des guerres de Religion s'annonçant, des perspectives nouvelles s'ouvrent enfin à ceux qui auront su obtenir des diplômes sérieux à Toulouse ou à Bordeaux.

Vincent tente de profiter de ces dispositions et d'obtenir une cure dans la région, à Buzet ou dans l'évêché de Dax. Il pourrait ainsi voir ses parents qu'il chérit, ses frères et ses sœurs, et se dévouer à ses ouailles dans un climat rasséréné par la liquidation des guerres civiles.

L'optimisme naturel du jeune homme et son ambition mesurée ne le portent pas alors hors des limites de l'Aquitaine. Il a pour objectif immédiat et prioritaire de devenir prêtre et d'obtenir une cure, fût-elle des plus modestes, sa condition lui interdisant d'ambitionner au-delà d'un clocher du Sud-Ouest. Pourtant, il ne sera pas un prêtre comme les autres. Il a perçu à Toulouse, au contact des professeurs de la faculté de théologie, les premiers frémissements de l'esprit du concile de Trente et peut raisonnablement rêver d'être exemplaire.

CHAPITRE II

# Le parcours méditerranéen

De 1598 à 1610, le parcours de Vincent de Paul sera méditerranéen. Il part d'abord en voyage pour Rome, puis retourne à Toulouse, se rend à Marseille pour une affaire privée et raconte qu'il a été capturé en mer par les Barbaresques, avant de rentrer en France. On signale alors sa présence à Marseille, à Avignon, puis de nouveau à Rome, avant qu'il ne s'installe à Paris en 1610. On sait que cette période de sa vie lui vaudra après sa mort des difficultés pour la canonisation.

Cet étudiant d'origine paysanne inscrit à la faculté de théologie de Toulouse est d'abord un émigré, qui regrette le chant des rossignols venus d'Espagne à la saison chaude, et qui, modestement, n'aspire qu'à être titulaire d'une petite cure dans son pays. Il ne peut guère se passer du frémissement du vent de l'océan dans les chênes de l'*eriaou*, et n'envisage pas de parler toute sa vie le français, cette langue étrangère, au pays des gens de langue d'oil. Dans sa famille, un Étienne Depaul est souvent cité par son père comme un exemple de réussite alors qu'il a été seulement prieur de Poymartet. On peut ainsi comprendre que le rêve de Vincent puisse se limiter à décrocher un de ces petits bénéfices, garantissant une vie calme, à la fois dévouée au Seigneur et proche des siens.

De ses études de théologie, il a retenu les notions les plus pratiques, indispensables à la vie d'un futur prêtre. Mais il n'est cependant guère initié à l'ardente exigence de rénovation de la foi qui s'est affirmée avec force en Espagne et aux deux extrémités de l'empire des Habsbourg, dans les Flandres et surtout en Italie : l'Oratoire de l'Amour divin, un ordre nouveau créé à Gênes à la fin du XV^e^ siècle, a fait des émules. Le pape a agréé en 1524 la première congrégation des prêtres réformateurs, celle des Théatins, que suivent les Barnabites et les Somasques : pétris de valeurs humanistes, ces nouveaux croyants privilégient le libre arbitre de l'homme sur la prédestination. Leur théorie de l'engagement de la personne humaine, par un choix librement consenti, vers la personne du Christ a été, selon Pierre Chaunu, la clé du concile de Trente, qui a ainsi ouvert la porte à une *disputatio*, certes ardente, mais dont peu d'universitaires de Toulouse ont eu connaissance.

En effet, seuls les théologiens très informés savent que cette tendance est entrée en contradiction, lors des séances du concile, avec une autre réflexion, celle qui revient au dogme du péché originel, sous la houlette de saint Augustin. Si le baptême efface le péché originel, reste la « concupiscence », ce penchant au mal, marque d'une nature déchue. Les Pères affirment, contre Luther et sa doctrine de la prédestination, la possibilité du combat des chrétiens « par la grâce du Christ ». Cependant, ils ne précisent guère la place de ce libre arbitre par rapport à la grâce, laissant ouvert le débat entre jansénistes et molinistes. Ils n'ont pas été plus explicites dans l'affaire de l'immaculée conception, où les franciscains espagnols demandent une sorte de reconnaissance officielle, contre les thomistes qui estiment hasardeux ce nouveau dogme, absent des textes de l'Écriture[1].

Les Pères du concile ont affirmé avec force qu'il n'est de salut que dans le Christ : la messe est donc le sacrifice essentiel, la communion, au centre de la foi, le plus important des sept sacrements avec le baptême. Mais la commu-

1. Voir Pierre Chaunu, *Église, culture et société, op. cit.*, p. 359-375.

nion doit-elle être délivrée sous les deux espèces, ou par la seule hostie, l'usage du vin étant réservé aux prêtres ? Contre la revendication égalitaire « de la coupe », les Pères ont choisi sagement d'établir avec fermeté le principe du respect de la hiérarchie : les célébrants sont seuls habilités à boire la coupe, les assistants restent limités à « l'hostie ronde que l'on adore ». Ainsi se justifie, par l'usage sinon par le dogme, la hiérarchie de la masse des fidèles et de la classe sacerdotale.

Les Pères ont prévu de placer le prêtre au centre de la nouvelle société, ils veulent revaloriser au plus tôt sa fonction en l'obligeant à donner l'exemple des vertus, en lui offrant les moyens, par l'éducation dans des séminaires[1], de diffuser la vraie parole du Christ, celle dont la transmission a été précisée au concile. Gardien de la parole contre le pasteur protestant, le prêtre est aussi le maître des rites, qui doit à l'avenir être seulement aidé et non pas suppléé par les escadrons volants de frères prêcheurs qui parcourent villes et campagnes pour traquer les schismatiques. Vincent, qui réprouve les excès des capucins ligueurs, est fort satisfait de cette réaffirmation de la hiérarchie traditionnelle, et n'en conçoit qu'un désir plus vif de devenir aussitôt prêtre.

Le climat change à Dax, où le nouvel évêque, Jean-Jacques du Sault, a choisi de résider. Après la paix de Vervins, le roi encourage l'Église à panser ses blessures, à reconstruire les édifices, à former et à nommer des desservants de mérite. L'archevêque d'Auch, monseigneur Léo-

1. Le terme apparaît pour la première fois dans les textes au milieu du XVIe siècle, même s'il n'en existe encore qu'un petit nombre en France, et s'ils sont considérés comme autant d'échecs. Il est mentionné en latin au concile de Trente, le 15 juillet 1563 : « Les collèges devant former les prêtres seront une pépinière *[seminarium]* des ministres de Dieu. »

nard de Trappes, agit bien dans cet esprit, ainsi que le cardinal François d'Escoubleau de Sourdis, archevêque de Bordeaux, qui servent avec d'autant plus de conscience les instructions d'Henri IV que celui-ci n'a eu de cesse, après son entrée dans Paris, d'obtenir du pape son absolution.

Les rivalités de la politique européenne l'ont longtemps retardée : les cardinaux espagnols sont puissants à la Congrégation générale de Rome, et Clément VIII ne se laisse pas fléchir par ceux de ses conseillers, comme le futur saint Philippe Neri ou son confesseur César Baronius, qui lui suggèrent de satisfaire les désirs du roi de France pour équilibrer les puissances sur le continent et ramener la paix religieuse au-delà des Alpes.

D'Ossat et du Perron ont plaidé à Rome la cause d'Henri. Le dimanche 17 septembre 1595, devant le souverain pontife assis sur son trône de la place Saint-Pierre, les procureurs du roi prononcent en effet publiquement en son nom l'abjuration de l'hérésie et jurent sur l'Évangile de respecter les clauses de l'absolution. La baguette de pénitencier dans la main, le souverain pontife frappe les épaules des procureurs agenouillés devant lui. La tiare en tête, il prononce alors la formule libératoire. Tambours et trompettes résonnent sur la place, tandis que tirent les canons du château Saint-Ange. Au prix de cette humiliation publique, le roi Henri peut annoncer aux évêques de France qu'il est le serviteur de l'Église et l'ami du pape. Il acceptera désormais, promet-il, de favoriser le rétablissement des jésuites dans le royaume, dont ils ont été expulsés en 1594 comme amis des ligueurs, des Espagnols, et instigateurs des régicides. Ils ne seront en fait officiellement rétablis que par l'édit de Rouen en 1603, ce qui laisse tout le temps à Henri de négocier avantageusement avec le pape, pied à pied.

Par l'intermédiaire du nonce Ubaldini, il obtient ainsi l'annulation de son mariage avec la reine Margot en 1599, ce qui lui permet d'épouser « la banquière », Marie de

Médicis. Le mariage est célébré à Florence, en l'absence d'Henri IV représenté par le grand-duc de Toscane, par le cardinal Aldobrandini, envoyé du pape. Marie de Médicis fait son entrée dans le royaume par le port de Marseille le 3 novembre 1600 et passe deux jours à Avignon, ville papale, où lui sont données des fêtes magnifiques. Elle reçoit à Lyon, dans la primatiale de Saint-Jean, la bénédiction nuptiale.

Les Pères jésuites, à cette date, sont déjà rentrés dans leurs collèges de Toulouse et de Bordeaux. Les relations entre le royaume de France et le Saint-Siège sont revenues au beau fixe, comme si le pape n'avait jamais excommunié le Navarrais. Bientôt le Père jésuite Coton prêche à la Cour, à Notre-Dame, à Saint-Germain-l'Auxerrois, et suit Marie de Médicis au pèlerinage de Notre-Dame-de-Liesse. Le roi veut que Coton et son collègue Armand l'accompagnent partout : « Eh quoi ! leur dit-il, n'êtes-vous pas de mon train ? » Il déclare même à Coton : « J'estime beaucoup votre manière de vivre et veux vous remettre en mon royaume, que vous m'en ayez l'obligation et ne dépendiez que de moi seul. »

S'il a soutenu les évêques gallicans contre les ordres mendiants et les jésuites soupçonnés de complicité dans l'assassinat du précédent monarque, c'est pour liquider le parti ligueur et donner satisfaction à ses huguenots. Une fois que le pape est entré dans ses vues, le roi n'a plus de raisons de combattre les jésuites, ses plus fidèles serviteurs, à condition qu'ils servent d'abord les intérêts du royaume. Il ne peut en revanche accueillir officiellement les actes du concile de Trente, pour ne pas heurter les parlementaires et les huguenots, mais il accepte le développement en France de la Contre-Réforme, qui pourrait gagner pacifiquement les cœurs et rétablir l'unité de la religion.

À Dax, Jean-Jacques du Sault, ancien élève du collège des jésuites de Bordeaux, est décidé à appliquer cette politique avec une grande fermeté. Il veut d'abord mettre un terme aux désordres et rétablir immédiatement la discipline ecclésiastique. Pour défendre les privilèges des chanoines, le chapitre de sa cathédrale résiste pourtant de son mieux à son zèle réformateur. Il écrit à Henri IV pour s'en plaindre, déplorant que les chanoines veuillent « vivre à leur accoutumée liberté sur l'appréhension qu'ils [ont] de la punition de leurs fautes et démérites ». Il n'hésite pas à les punir quand ils refusent de lui rendre les honneurs dus à son titre, oblige ceux qui refusent la tonsure et « se par [ent] comme des damoiseaux » à plus de décence, fait comparaître les plus réfractaires devant l'official de Dax. L'un d'eux est même arrêté avant d'être délivré par ses amis. Le parlement de Bordeaux doit intervenir pour que l'ordre soit rétabli. L'évêque du Sault est en tout soumis au vénérable Léonard de Trappes, qui organise, à partir d'Auch, la Contre-Réforme dans la région. La nouvelle orientation du clergé implique une reprise en main très ferme des cures, et la nomination de prêtres et de desservants conformes au rôle que le concile attend d'eux. Bien que, dans sa région, le clergé soit encore agité par des pulsions contradictoires, Vincent de Paul, fort de la solidité de ses études et de sa foi, peut donc espérer une cure.

« Je suis fils d'un laboureur, qui ai gardé les pourceaux et les vaches et [...] cela n'est rien au prix de mon ignorance. » Ainsi, beaucoup plus tard, se présentera Vincent de Paul dans les milieux ecclésiastiques parisiens fort versés dans les querelles savantes de théologie, exagérant sans doute son « ignorance ». Ce discours d'humilité chrétienne souligne en tout cas le fait qu'il a commencé sa carrière sans disposer d'un protecteur : un fils de la terre, sans grand seigneur susceptible de le propulser dans les hautes sphères.

Il fait de son mieux pour éviter les écueils, assistant, sans intervenir lui-même, aux luttes du haut clergé qui n'ont pas cessé. Les évêques du Sud-Ouest rivalisent en effet de zèle pour se faire désigner par leur archevêque, Léonard de Trappes, à la session des assemblées provinciales, d'où ils peuvent être envoyés dans la capitale à l'assemblée générale de l'Église de France, réunie périodiquement. Ces nominations ont de l'importance, car elles permettent aux prélats d'approcher la Cour, où se donnent tous les bénéfices. Du Sault est en compétition avec son collègue, Urbain de Saint-Gelais de Lansac, évêque de Comminges, et surtout avec l'évêque de Tarbes, Salvat Ier Diharse, installé depuis 1575 et fort bien vu à Rome. Ce sera lui, et non du Sault, qui ordonnera sous-diacre et diacre le jeune Vincent de Paul.

Nouvelle manœuvre pour la prêtrise : il obtient en 1599, signées non du prélat mais du vicaire général, ses « lettres dimissoriales » de l'évêché de Dax, où l'on peut penser que son protecteur Comet a ses entrées. Lui a-t-il conseillé de rechercher un évêque plus expérimenté dans la Contre-Réforme que le jeune du Sault pour obtenir l'ordination ? François de Bourdeille, évêque de Périgueux, est le contraire d'un intrigant. Il a passé l'âge des ambitions, mais il s'est signalé par son zèle dans la reconquête d'un diocèse difficile, encore secoué par l'incompréhensible scandale causé par un précédent évêque, Guy Bouchard d'Aubeterre, qui s'était rendu coupable du crime d'apostasie en plantant là sa mitre et sa crosse pour se rendre à Genève.

Le diocèse est en effet fort agité par les recteurs de Calvin : si Périgueux reste catholique, Bergerac est devenu un fief huguenot et les guerres de Religion ne se sont apaisées dans la région qu'en 1594, pour laisser la place, en 1595, à la grande révolte des croquants.

À Périgueux, il est d'usage de nommer des évêques à poigne pour combattre les religionnaires. Pierre Fournier, ancien chanoine de la Sainte-Chapelle de Paris, a fait de son mieux de 1561 à 1575. Il a été enlevé par les huguenots, puis, de retour en son palais, assassiné par ses domestiques. C'est dire quels obstacles menacent à Périgueux le bénédictin de Saint-Denis, François de Bourdeille. Le diocèse est si troublé par les guerres que l'évêque, désigné en 1575, n'a pu y pénétrer avant 1581, six ans plus tard. Il est le prélat d'un fief de combat de l'Église, en pleine terre de révolte. Sa présence marquée dans les rencontres ecclésiastiques, en particulier au concile provincial de Bordeaux (1582), où les Pères ont discuté de la Contre-Réforme dans toute la région, le met au premier plan des apôtres de la foi nouvelle. En 1588, il a lui-même accueilli les jésuites dans sa bonne ville de Périgueux, où ils ouvrent un collège.

Malgré son grand âge, l'évêque François de Bourdeille est, avec l'archevêque de Toulouse François de Joyeuse (qui consacre en 1599 François d'Escoubleau de Sourdis au siège de Bordeaux) et Léonard de Trappes, de la cohorte sainte des prélats irréprochables et combatifs sur lesquels comptent aussi bien le roi que le pape. Le vénérable évêque est-il sollicité par Vincent ?

Il semble que l'usage de l'époque veuille qu'un postulant choisisse lui-même le patron qui lui confèrera l'ordination. Dans ce cas, le choix de Vincent serait révélateur d'une intuition particulièrement aiguë : un prélat fort âgé, résidant constamment dans son palais de Château-l'Évêque, est un modèle hautement recommandable pour un jeune homme, qui se doit d'asseoir sa réputation de prêtre exemplaire s'il veut espérer une cure. Assez peu engagé dans les luttes du moment, ce grand seigneur, respecté de ses pairs, honoré par le pape et fidèle à son souverain, était, pour un jeune homme avisé, le meilleur des patronages, semblant garantir au jeune Vincent un avenir possible. Vincent était sans doute très fier d'avoir réussi à entrer dans l'ordre à 20 ans : un exploit, en effet, pour ce fils de cultivateur de Pouy.

On remarque dans le texte de canonisation que l'âge de

Vincent n'a pas été indiqué. La tradition le fait naître en 1576. Il a été vieilli à dessein, comme l'a démontré la très savante recherche de l'éditeur de sa correspondance, Pierre Coste[1]. Estimant que Vincent était « le meilleur témoin de son âge », Coste a produit douze lettres du saint dans lesquelles il donne la date réelle de sa naissance. Il s'agit toujours de 1581. Or, dans un pieux motif, les prêtres de la Mission avaient fait graver sur sa tombe qu'il était décédé dans sa 85e année, ce qui le faisait naître en 1576, ce qu'Abelly, le premier biographe du futur saint, n'avait pas rectifié.

Ce mensonge s'explique, à l'évidence, par la crainte de nuire à la mémoire de Vincent, ordonné prêtre à 20 ans, alors que les Pères du concile de Trente avaient exigé, pour ce sacrement, l'âge minimal de 25 ans. Pour le chanoine Dodin, il « avait au moins utilisé les facilités du temps, peut-être les arguments fallacieux du monde. [...] Même si les milieux ecclésiastiques avaient été conciliants ou complices, le sujet a agi avec une conscience grise et peut-être coupable. » Pourtant, quand on nommait à la Cour des évêques d'un si jeune âge, pouvait-on tenir grief à un fils de laboureur de s'être vieilli de cinq ans, non pas pour être en paix avec sa conscience, mais parce qu'il n'avait pas alors la liberté d'avouer son âge, sous peine d'être fort déçu dans sa brigue ? En 1600, l'évêque de Dax Jean-Jacques du Sault a tout juste 30 ans et nul ne lui reproche son jeune âge quand il occupe son siège. Cette différence dans l'appréciation des carrières souligne bien le fossé qui sépare alors le haut et le bas clergé.

Il ne semble pas, cependant, que le choix de monseigneur de Bourdeille par le jeune Vincent ait été efficace puisque,

1. Saint Vincent de Paul, *Correspondance, entretiens, documents*, édition publiée et annotée par Pierre Coste, prêtre de la Mission, Paris, Lecoffre-Gabalda, 1920 et suiv.

faute de disposer immédiatement d'une cure, il dit en fait sa première messe à Buzet, dans la chapelle isolée du village qu'il a choisi comme résidence, et où il va souvent prier. Il est vrai qu'il n'a pas terminé ses études, et doit reprendre ses cours. Il fait alors partie de la cohorte assez misérable de ces clercs ordonnés prêtres qui poursuivent et achèvent leur scolarité sans aucune promesse de situation. La brigue est si sévère qu'il se retourne vers son protecteur naturel, l'évêque de Dax. Réussit-il à l'approcher ? Aucun témoignage ne l'affirme. Il continue à vivre en donnant des leçons aux enfants de Buzet, dont certains ont des parents fort huppés[1], ne se fait guère d'illusions sur son avenir, conscient de la difficulté, une fois prêtre, à obtenir une cure.

Pourtant l'évêque de Dax, Jean-Jacques du Sault, a besoin de prêtres instruits, qui sachent parler la langue d'oc, purs de mœurs et sûrs de foi : il engage le jeune paysan ainsi que d'autres clercs bien instruits pour reprendre sérieusement en main ses cures. Celle de Tilh est attribuée à Vincent, une paroisse de Haute-Garonne, près de Grenade, dans la vallée riante du fleuve, du ressort de l'évêché de Dax.

Fort réjoui, Vincent abandonne études et élèves et s'apprête à quitter Buzet, quand il apprend que la cure lui est contestée. Tout bénéfice, même modeste, est alors l'objet d'une furieuse compétition. Il n'est pas de si petite paroisse qui n'ait plusieurs prétendants. Le bénéfice étant disputé, on lui dit qu'il pourra peut-être s'installer dans l'église comme simple desservant. Vincent ne veut pas être un curé « à portion congrue », comme le sont tant de ses collègues, à la condition sordide et à l'avenir inexistant : ils acceptent

1. « Des gentilshommes confiaient à l'ènvi leurs fils à ses soins, note la bulle de canonisation, afin que sous la conduite évangélique d'un si grand homme, ils s'avançassent dans la voie du Seigneur et dans la science des saints. »

d'être des desservants mal payés par le curé bénéficier, qui hérite d'un véritable bien foncier, avec des terres à cultiver, des dîmes à percevoir. Le casuel, dans une petite paroisse, ne peut compenser le bénéfice. Il n'est rentable que dans les villes riches. L'archevêque de Bordeaux, François d'Escoubleau de Sourdis, a fixé lui-même le taux du casuel de ses prêtres pour qu'ils ne cherchent pas à abuser de leurs fidèles en leur distribuant contre espèces sonnantes les sacrements, avec un taux dégressif suivant la condition sociale. Les curés pauvres sont aussi tentés de recourir au casuel et de solliciter instamment les récompenses et les libéralités des paroissiens. Vincent ne veut pas s'engager dans une carrière aussi décourageante, où le souci du pain quotidien enlèverait aux prêtres tout espoir d'action spirituelle. Il prétend à une cure bénéficiale, qui lui permette de vivre.

Ces bénéfices sont attachés à des abbayes, des monastères, des évêchés parfois lointains, en raison du jeu des successions et des partages. Comme tous les biens fonciers, ils sont sujets à procès. Dans la compétition où s'engage Vincent, il est seulement question d'intérêts. On peut remarquer que les hagiographes le présentent parfois, jusqu'à sa conversion de 1611, comme un ambitieux, avide de biens. Il est en fait seulement désireux d'entrer dans un monde privilégial dont on s'exclut nécessairement en se résignant à n'être qu'un misérable desservant. Plusieurs années d'études à Dax et à Toulouse chèrement payées ne méritent-elles pas d'être prises en considération ? À quoi bon avoir appris la théologie pour aller se terrer ensuite dans une paroisse où il faut taxer les messes et les baptêmes pour survivre, et disputer au vrai bénéficiaire la « portion congrue » ? On peut admirer sans doute qu'un fils de laboureur, ayant mesuré pleinement la détresse des desservants des villages de l'Adour, ait eu le désir d'une plus grande sécurité pour exercer son magistère. Il veut une paroisse qui soit sienne. Et puisque celle de Thil lui est contestée, son protecteur Comet lui conseille d'aller plaider sa cause à Rome.

Ce voyage n'est pas le fait d'un jeune ambitieux, mais d'un plaideur conscient de ses droits, d'un fils de propriétaire désireux de les faire valoir, comme son père doit lui-même le faire, avec âpreté. Il s'y rend à ses frais, peut-être grâce au pécule que lui avance son bienfaiteur. Il y loge modestement, et se nourrit de peu.

Est-il frappé par le luxe de la ville sainte ? Clément VIII est un pape plein de bienveillance à l'égard des artistes et des savants, qui fait donner la pourpre à Baronius et à Bellarmin, ainsi qu'au Français du Perron, ambassadeur d'Henri IV. Son escorte guerrière est digne d'un roi. Sa ferme diplomatie l'a rendu maître de la Ferrare des ducs d'Este, qu'il a soigneusement pillée. Son neveu, le cardinal Aldobrandini, mène comme lui grand train, moins que Maffeo Barberini, le futur pape Urbain VIII, heureux possesseur d'une fortune de 400 000 *scudi* que vient de lui léguer son oncle.

Vincent visite-t-il le chantier de la chapelle qu'il a fait édifier à grands frais dans l'église théatine de San Andrea della Valle[1] ? Les églises de Rome regorgent alors de marbres polis aux couleurs éclatantes, de mosaïques dorées au creux des coupoles byzantines, de fresques représentant la maternité de la Vierge et les saints auréolés, de témoignages ardents des princes de l'Église dans l'œuvre de la Contre-Réforme. Barberini, jeune encore, prépare son mausolée dans une chapelle de théatins, cet ordre créé en 1524 par Gian Pietro Carafa, le futur pape Paul IV, dans le but de réformer les mœurs du clergé. Le choix du lieu n'est pas indifférent : l'ordre est à la pointe de cette tendance

1. Voir Francis Haskell, *Mécènes et peintres. L'art et la société au temps du baroque italien*, Paris, Gallimard, 1991.

militante qui prend pour cible les mauvais prêtres ; les théatins font alors fureur à Rome, ils sont le nouveau modèle de la *virtù* évangélique. En assurant de sa munificence l'illustration d'un lieu consacré à la dévotion moderne, le futur pape se pose en prince éclairé de l'Église. Il est impossible de circuler dans la ville sainte sans croiser son carrosse. Peut-être Vincent, qui marche à pied, est-il couvert de sa poussière.

Il n'a pas les moyens de gagner son procès, et son séjour à Rome ne peut se prolonger. Il rentre à Toulouse, abandonnant sa cure aux procureurs du pape qui disputent gravement des droits seigneuriaux de la succession, sans qu'il puisse dire son mot, étant pauvre et sans influence. « Si j'avais su, devait-il écrire plus tard, ce que c'était que le sacerdoce quand j'eus la témérité d'y entrer, j'aurais mieux aimé labourer la terre que de m'engager dans un état si redoutable. » Il voulait entrer dans l'Église militante du Christ, il n'en découvre que la chicane.

Comme les pauvres, il n'a d'autre issue que le travail. Laboure qui peut, faute de terres, il lui reste ses livres, et ses élèves des petites leçons. Le grade de bachelier (il ne sera jamais docteur) lui permet occasionnellement d'enseigner à la faculté. On sait qu'il explique devant les étudiants le second livre des *Sentences* de Pierre Lombard, savant théologien, évêque de Paris de 1158 à 1160, qui a, tout au long de sa vie, rassemblé ces textes des Pères de l'Église pour constituer un enseignement complet de la foi. Vincent assure ainsi un exercice traditionnel, commentant le manuel principal des étudiants en théologie.

Ce recours aux textes patristiques est conforme aux recommandations des Pères du concile de Trente : ils ont en effet posé qu'ils reçoivent « tous les livres tant de l'Ancien que du Nouveau Testament, le même Dieu étant l'auteur unique de l'un comme de l'autre, ainsi que les traditions concernant tant la foi que les mœurs ». Les transmetteurs du message sacré, les prophètes et les apôtres sont tous dignes du commentaire du Verbe et de l'Événement, mais aussi les Pères commentateurs, car, comme l'écrit Pierre Chaunu, « la formation du Canon suppose l'intervention d'une église dans un temps apostolique prolongé[1] ». Le cours de Vincent de Paul répond donc à la fois à la tradition et aux exigences réaffirmées du concile. Le temps d'une saison universitaire, le jeune prêtre tient ainsi à manifester son ardent intérêt pour les questions de doctrine, étant las de la brigue des procureurs.

Son séjour à Rome a-t-il éveillé son ambition ? À 20 ans, il n'est pas bon d'être déçu par un ordre social et privilégial que l'on n'a, à l'époque, nul moyen de contester. Certains élèves des petites leçons ont des parents influents, le duc d'Épernon par exemple, colonel général de l'infanterie française. Ce Gascon bretteur et viveur a fait partie de l'escorte des « mignons » d'Henri III, avant de suivre le panache blanc d'Henri IV, dont il s'est séparé pour embrasser, alors qu'il est gouverneur de Provence, la cause de la Ligue : dangereux protecteur pour un jeune clerc. Vincent l'a-t-il rencontré à Bordeaux ou dans son château natal de Caumont, dans le Gers ? Cet épisode de la vie du saint demeure obscur. Certains suggèrent que le duc d'Épernon lui aurait fait miroiter un évêché[2]. On peut douter qu'un aussi grand seigneur, même en semi-disgrâce, ait pu songer à un prêtre sans cure de 20 ans pour tenir un diocèse. Peut-être le voyage de Bordeaux, auquel Vincent fait une rapide allusion dans sa correspondance, a-t-il un tout autre motif, tel que la consultation de quelque avocat spécialisé dans les causes ecclésiastiques. Il en revient toutefois très vite,

1. Pierre Chaunu, *Église, culture et société, op. cit.*, p. 340.

2. Jean Calvet, *Saint Vincent de Paul*, Paris, Albin Michel, 1948, p. 23. Voir aussi Pierre Collet, *La Vie de saint Vincent de Paul*, Nancy, 1748, 2 volumes.

pour apprendre, à Toulouse, qu'il a hérité. Une véritable aubaine dans son dénuement d'alors.

Qui est sa bienfaitrice ? Son nom n'est pas connu. Vincent l'appelle la « bonne femme vieille ». Elle était assurément chrétienne et pratiquante, dans la mesure où « bonne » doit alors s'entendre au sens de « bon homme », en règle avec la morale religieuse de son temps et digne de recevoir la « bonne mort ». Le jeune prêtre a-t-il été son directeur de conscience ? Était-elle la mère ou la parente d'un de ses élèves des petites leçons ? Vincent a-t-il protégé cette « femme vieille » contre les entreprises d'un « méchant mauvais garnement » ? Un huguenot réfugié à Marseille ? Les legs à des gens d'Église sont alors courants, mais davantage à des communautés qu'à des individus.

Le bien dont le prêtre hérite consiste en « quelques terres et quelques meubles », qui ont été attribués à la donatrice « par la chambre mi-partie de Castres », un tribunal mis en place après l'édit de pacification de 1576 dans le ressort du parlement de Toulouse pour juger des causes intéressant les réformés. Le « garnement » doit à la « femme vieille » trois ou quatre cents écus, et comme il ne peut s'en acquitter, la chambre l'a condamné à céder ses biens. Vincent doit se rendre sur les lieux pour réaliser l'héritage en monnaie sonnante.

On apprend à cette occasion[1] qu'il a alors un besoin urgent d'argent pour « satisfaire, explique-t-il, aux dettes que j'avais faites, et grande dépense que ma témérité ne me permet de nommer ». Les voyages coûteux de Rome et de Bordeaux ont eu sans doute pour cause les consultations juridiques nécessaires à la cure en litige. N'est-il pas assez « téméraire » pour un clerc sans cure et sans appuis de pré-

1. Lettre à monsieur de Comet du 24 juillet 1607, publiée *in* Saint Vincent de Paul, *Correspondance, entretiens, documents*, édition Pierre Coste, Paris, Lecoffre-Gabalda, 1920 et suiv., tome I, p. 2 et 3.

tendre, d'entrée de jeu, à un bénéfice ecclésiastique et de défendre lui-même ses droits contre la hiérarchie ?

Vincent ne perd pas courage. Des amis le conseillent. Il doit enquêter seul, s'il veut recueillir la totalité de son héritage, car la « bonne femme vieille » a lancé contre son détrousseur indélicat une « prise de corps pour dettes ». L'homme a quitté son pays pour s'établir à Marseille. Vincent retrouve finalement sa trace. Il apprend en effet que l'homme « faisait bien ses affaires à Marseille et qu'il y avait de beaux moyens ». Le procureur du tribunal lui suggère alors de se rendre en personne dans le port méditerranéen. C'est, assure-t-il, le seul moyen de rentrer dans ses fonds : mettre la main au collet du délinquant et le conduire devant un juge... Et il lui donne alors l'adresse du « méchant mauvais garnement ».

Sans hésiter, Vincent s'empare d'un cheval de louage qu'il a retenu à Toulouse. Comportement indélicat et imprudent, puisqu'il peut être poursuivi s'il ne s'acquitte pas de la valeur de la monture qu'il n'a pas rendue à son loueur. Son impatience d'arrêter le « garnement » est telle qu'il passe outre. Avec l'argent du cheval, qu'il vend comme s'il lui appartenait, il gagne aussitôt Marseille (par poste ou par bateau, il ne le précise pas), repère son débiteur et obtient des autorités qu'il soit incarcéré.

Singulier acharnement pour un jeune prêtre. Mais il a des dettes, et des besoins d'argent. Ses affaires, dit-il, sont « embrouillées », et il entend bien récupérer au plus tôt cette créance qui lui tombe du ciel. Le débiteur est bientôt incarcéré et conduit devant le juge. Un accord intervient : l'homme paiera comptant trois cents écus, une somme importante, qui représente cette année-là le quart des levées faites par le conseil de ville de Marseille, avec l'autorisation du roi, pour alimenter le budget de la chambre de commerce nouvellement créée.

Vincent devenu riche, on perd sa trace de 1605 à 1607.

En tout cas, il ne revient plus à Toulouse et l'on s'inquiète de son absence. Les élèves des petites leçons ne retrouvent pas leur professeur, qui ne donne aucune nouvelle. Il ne rend pas le cheval de louage, ne s'acquitte pas de sa dette, et reste près de trois ans sans écrire à sa famille ni à son bienfaiteur (l'avocat de Dax, Comet), avant cette lettre expédiée d'Avignon le 24 juillet 1607.

Marseille est alors une place très fréquentée par les étrangers de passage qui s'embarquent pour l'Orient et pour la Barbarie, les comptoirs chrétiens de Tunisie et d'Algérie. Les premières fabriques de savon, de sucre, de draps ont ouvert leurs portes. Les galères du roi relâchent au port. Les barques des Niçois commerçant du blé et du vin avec les Languedociens y font étape, ainsi que les vaisseaux de Gênes ou de Barcelone, et les lourdes *naves* venues d'Orient. Une humanité bigarrée de Français natifs de toutes les régions, d'Italiens, de Portugais et de Catalans, de marins nordiques d'Allemagne et d'Angleterre s'y mêle aux Juifs chassés d'Espagne et établis dans le commerce, aux premiers Arméniens, aux Syriens, Grecs et voyageurs venus de Turquie : la ville, qui compte plus de 50 000 habitants, a fortement bénéficié de sa neutralité dans le conflit entre le Grand Turc, l'Espagne et Venise. Ruinée par la Ligue et la guerre franco-espagnole, elle rétablit rapidement sa puissance, aidée par Henri IV, qui veut en faire le grand port français de la Méditerranée.

Vincent, riche de sa créance recouvrée, est-il tenté par une traversée plus sûre et plus rapide que les chemins de terre pour regagner le Languedoc ? Un gentilhomme qu'il a rencontré à l'hôtellerie où il logeait le persuade de s'embarquer avec lui pour Narbonne, assurant que la traversée ne comporte aucun danger. Pourtant les nouvelles venues des comptoirs de Barbarie ne sont pas bonnes : l'établissement commercial du Bastion de France vient d'être pris par deux galiotes de corsaires. La course des

Barbaresques a repris en Méditerranée, de nouveau ils attaquent les navires chrétiens, mettent les marins et les passagers en esclavage. Inconscient des risques qu'il encourt, Vincent embarque.

Ce voyage demeure assez énigmatique, puisque c'est à Vincent et à Vincent seul qu'on en doit le récit. Il rapporte qu'il a perdu tous ses biens sur le navire où il s'est embarqué à Marseille à destination de Narbonne, soit cinquante lieues, environ deux cents kilomètres. Trois « brigantins turcs » écument le golfe du Lion, guettent les barques qui reviennent ou se rendent aux foires de Beaucaire, « les plus belles de la chrétienté ». Les embarcations sillonnent en effet le golfe en juillet, longeant les côtes, depuis Sète, Nice, Toulon, Aigues-Mortes et d'autres ports ; des galères royales doivent en principe les protéger au cours du voyage. Les pirates barbaresques, venus d'Alger ou de Tunis, des Levantins d'Orient, attaquent sans relâche ces esquifs, s'emparent des hommes et des marchandises.

Les brigantins ont « donné la charge et attaqué si vivement, explique Vincent, que deux ou trois des nôtres [furent] tués et tout le reste blessé, et même moi qui eus un coup de flèche qui me servira d'horloge tout le reste de ma vie ». Le pilote est haché « en cent mille pièces ».

Vincent et ses camarades, blessés, sont « grossièrement pansés » et enchaînés, pour être plus tard vendus comme esclaves. Les pirates poursuivent leurs agressions dans le golfe, « faisant mille voleries », mais « ils donnent la liberté à ceux qui se rendent sans combattre, après les avoir volés ».

Les bateaux barbaresques « chargés de marchandises » rentrent dans leur « tanière et spélonque de voleurs » en Barbarie (Afrique du Nord) et racontent aux autorités du port qu'ils ont capturé un navire espagnol « parce que, sans ce mensonge, nous aurions été délivrés, précise Vincent, par le consul que le roi tient de delà pour rendre libre le commerce aux Français ». Cette notation est exacte : Henri IV et Ahmed Ier viennent de reconduire en 1604 les capitulations signées avec le Grand Turc par François Ier en 1535, qui obligent les corsaires barbaresques dépendant du sultan de Constantinople à respecter la liberté du commerce français.

Cette version de Vincent sera largement reprise au XVIIIe§iècle, sous une forme abrégée, dans la rédaction de la bulle de canonisation. « Il tomba au milieu des Turcs qui tuèrent le patron de la barque et d'autres passagers [ce que ne dit pas Vincent], le blessèrent lui-même d'une flèche, le dépouillèrent de ses habits, le chargèrent de chaînes et l'emmenèrent captif en Afrique. » Mais cette partie de la narration sera contestée par des historiens au XXe siècle, Antoine Rédier, Pierre Grandchamp et Pierre Debongnie, dans trois études publiées respectivement en 1927, 1936 et 1937[1]. En fait, il s'agit là d'un faux débat d'érudition, dans la mesure où les critiques, pas plus d'ailleurs que les défenseurs de la version traditionnelle du séjour de Vincent en Tunisie, ne disposent du moindre document d'archive qui puisse étayer leur thèse.

On reproche au saint d'avoir péché par omission : il ne dit rien du sort des autres passagers, on ignore ce que le corsaire a fait du navire coulé, et pourquoi Vincent n'a pas recherché la protection du consul de France à Tunis. On conteste la version du combat naval, faute de preuves : nul

1. Pierre Grandchamp, « La prétendue captivité de saint Vincent de Paul à Tunis », in *La France en Tunisie au XVIIe siècle*, Tunis, 1920-1936, 11 vol., tome VII. R.P. Pierre Debongnie, « La conversion de saint Vincent de Paul », in *Revue d'histoire ecclésiastique*, Louvain, 1936. Voir aussi Jean Guichard, *Saint Vincent de Paul esclave à Tunis*, Paris, 1937, et surtout Guy Turbet-Delof, « Saint Vincent de Paul a-t-il été esclave à Tunis ? » in *Revue d'histoire de l'Église de France*, 62e année, tome LVIII, Société d'histoire ecclésiastique de la France, Paris, 1972.

n'en a retrouvé la trace dans les archives de Marseille, et les historiens estiment que les brigantins n'étaient pas des navires capables de supporter une croisière de sept à huit jours, sans compter le retour. Ils auraient manqué, assurent-ils, d'eau douce et de vivres. Il semble enfin qu'il n'était pas dans les usages des corsaires barbaresques de rendre la liberté à ceux qui s'étaient livrés sans combat. Pourtant, si l'on en croit Fernand Braudel, les formes de piraterie étaient alors multiples, et les pirates souvent de très petits entrepreneurs qui n'avaient pas les moyens de se charger de lourdes cargaisons...

Aussi n'embarquent-ils que ceux dont ils peuvent tirer rançon. Les « pratiques habituelles du métier[1] » étaient de « couler les navires inutiles après en avoir pris l'essentiel ». Le récit de Vincent de Paul est parfaitement conforme à cet usage. Et sur la question de savoir pourquoi il n'a pas fait appel au consul de France à Tunis, on peut se demander s'il en a eu la possibilité. Au demeurant, le consul de France, qui exerce une sorte de monopole sur le trafic des rachats d'esclaves, n'a pas bonne réputation. On accuse les consuls, explique Braudel, de « pouvoir faire sortir qui ils veulent et de se charger à l'occasion, contre argent, de faire en sorte que le captif ne revienne pas ». Si Vincent ne recourt pas à cette peu engageante protection, c'est aussi, pense Guy Turbet-Delof[2], qu'il pouvait avoir des « dettes criantes » et ne souhaitait pas qu'elles fussent révélées. Il ne voulait d'ailleurs pas faire connaître sa condition de prêtre, ce qui aurait immédiatement provoqué le doublement de sa rançon. Les exemples abondent en effet dans les récits de l'époque de nombreux prêtres et même d'évêques ayant

---

1. Fernand Braudel, *La Méditerranée et le monde méditerranéen*, Armand Colin, 4e édition, 1979, tome II, p. 201.
2. Guy Turbet-Delof, « Saint Vincent de Paul a-t-il été esclave... », *op. cit.*, p. 335.

adopté cette conduite, certes peu héroïque, mais peut-être conseillée aux ecclésiastiques par les patrons de navire qui connaissaient les usages.

Les brigantins ont-ils pu naviguer huit jours sans faire relâche pour reconstituer leurs réserves d'eau douce ? Braudel cite encore l'exemple de ces « petits carnassiers », fauves minuscules qui hantent la mer et se rapprochent sans cesse des côtes pour quelque rapine. La navigation ne se fait pas alors directement de Marseille à Tunis, mais par des intermédiaires nombreux, des relâches discrètes en des lieux connus pour leur sécurité. Des équipages peuvent ainsi survivre avec « un sac de farine et quelque peu de biscuit, un bouc d'huile, du miel, quelques liaces d'aulx et oignons, un peu de sel qui est pour la provision d'un mois », et quelques outres d'eau constamment provisionnées à terre. On ne voit pas pourquoi les marins du brigantin, qui naviguaient en flotte, n'auraient pu assurer dans des conditions meilleures que celles des « petits carnassiers » leur survie en croisière. Les brigantins étaient en effet de véritables navires pontés, qui ressemblaient aux galères. Dotés d'une voile unique, ils comptaient huit à seize bancs à un seul rameur, ils pouvaient avancer vite et manœuvrer au plus juste. Le récit de Vincent pourrait être plausible, et les arguments avancés pour le contester ne sont guère convaincants.

Reste la question de la relation de l'esclavage : elle est classique, conforme aux nombreux témoignages que nous possédons. Les futurs esclaves sont « dépouillés tout nus » et reçoivent « une paire de braies, un hoqueton de lin avec une bonnette ». Ils sont promenés dans les rues de Tunis, dont ils font le tour plusieurs fois « la chaîne au col ». Les acheteurs intéressés suivent le cortège des hommes et des femmes enchaînés jusqu'au bateau, étudient les prises, évaluent ceux qui peuvent marcher, manger, travailler. Puis le troupeau est de nouveau conduit en ville, et les esclaves exposés nus sur la place, en plein soleil. On palpe les muscles des hommes, on examine la bouche des femmes, la paume des mains, pour s'assurer que les sujets ont l'habitude du travail manuel. Des courtiers assurent la vente[1], proposent un chiffre pour chacun des esclaves, adjugés au plus offrant et au dernier enchérisseur. Le marché est organisé depuis longtemps, et selon des règles immuables. Souvent, les courtiers vendent les esclaves à des acheteurs venus d'Orient, les femmes surtout. Elles repartent alors sur les naves de Constantinople et passent plus d'un mois en mer. Sept mille captifs sont au travail dans la seule régence de Tunis, au début du XVIIe siècle. Ils sont affectés à des travaux domestiques, à des ateliers artisanaux, et dépendent d'une famille dont le père a sur eux droit de vie et de mort.

L'acheteur de Vincent est un pêcheur qui, rapporte-t-il, « fut contraint de se défaire bientôt de moi, pour n'avoir rien de si contraire que la mer ». Il ne reste qu'un mois au domicile de ce maître, avant d'être revendu en septembre 1605 « à un vieillard, médecin *spagirique*, souverain tireur de quintessence ». Rien de vraiment diabolique dans cette activité : le terme ne désigne pas seulement un chimiste, mais aussi un médecin capable d'extraire des corps leurs éléments essentiels, souffre, mercure et sel, afin d'en tirer la *quintessence*, aux vertus curatives souveraines, selon l'usage de Paracelse. Mais la réputation de ce précurseur de la médecine, professeur à Bâle au XVIe siècle, est assez scandaleuse. Il a brûlé publiquement les œuvres de Galien et d'Avicenne, assurant que les différentes parties du corps humain étaient placés sous l'influence des astres. Ce magicien prétend avoir inventé un élixir qui donne aux hommes

1. Pierre Dan, *Histoire de la Barbarie et de ses corsaires*, Paris, 1649, p. 285.

un éternel printemps. Aussi n'a-t-il pas manqué d'être persécuté par l'Église.

Cette référence au *spagiriste* apparaît aux yeux de la critique comme douteuse, trouble, d'autant que Vincent ne marque guère de distance, pas assez de réserve, quand il évoque le vieil homme, qui a recherché, pendant cinquante ans, la pierre philosophale et réussi à transmuter les métaux : dangereuse occupation pouvant conduire à des mystifications redoutables. À 25 ans, Vincent ne s'en soucie guère. Il doit plutôt se réjouir d'être tombé, grâce à la providence, sur un maître qui ne lui impose aucun travail servile. Il est aux fourneaux, alimentant en bois ou charbon de bois « dix ou douze » feux qui permettent au savant vieillard « de fondre autant d'or que d'argent ensemble, les mettre en petites lamines, et puis mettre un lit de quelques poudres, puis un autre de lamines, et puis un autre de poudres dans un creuset ou un vase à fondre des orfèvres, le tenir au feu vingt-quatre heures, puis l'ouvrir et trouver l'argent être devenu or ; et plus souvent encore, congeler ou fixer de l'argent vif en vif-argent ». Le vieillard semble désintéressé, se flattant de vendre son métal précieux pour donner aux pauvres.

Le *spagiriste* est ainsi présenté dans le récit de Vincent de Paul comme un personnage presque sympathique, sorte d'ermite au grand cœur apte à discourir sur l'alchimie, tel un moine clunisien d'un autre temps, capable d'échanger avec ses frères allemands les formules de la fabrication de la fonte ou de l'acier. Le vieil homme veut confier à Vincent ses secrets. « Il faisait tous ses efforts pour m'attirer, me promettant force richesses et tout son savoir. » Un savoir contesté, de nature diabolique. Sur cette partie de la vie de Vincent, le procès en canonisation multiplia les enquêtes, et ne retint pas l'épisode, préférant le taire faute de lui trouver une explication chrétienne. De l'alchimiste au sorcier, la différence est mince : le bonhomme est aussi magicien, il se produit en public, distribue des baumes, des remèdes, montre le miroir d'Archimède et un ressort artificiel pour faire parler une tête de mort. Vincent ne semble pas s'indigner de ces tours de magie. Il s'en amuse plutôt et les raconte sans malice. En outre, le vieil homme possède le pouvoir de soulager les misères des malades. Vincent observe, note, retient. Il se promet de rendre service à son bienfaiteur Comet en lui apportant, à son retour qu'il espère proche, le secret de la guérison de la gravelle. Il a vu son maître « journellement faire miracle » en administrant aux malades des ingrédients. La recette du *spagiriste* était d'ailleurs connue à l'hospice de Marans dans la Charente-Maritime et transmise par Abelly, le premier éditeur des lettres du saint[1].

Se faire apprenti alchimiste et guérisseur, cela peut valoir la damnation à un prêtre. Mais Vincent ne paraît pas s'en soucier outre mesure, comme s'il trouvait ce savoir estimable, utile, aucunement chargé de malice, et ne s'étonne pas qu'on essaie de changer de l'argent en or. Le *spagiriste* fondeur a été signalé au sultan Ahmed Ier, un Ottoman qui vient tout juste d'abandonner sa favorite Baffa, une dangereuse sultane d'origine vénitienne qui prétendait faire la loi à Constantinople. Son trésor est toujours vide. Compte-t-il sur le savant homme pour le remplir de fausse monnaie ? Mais le *spagiriste* ne parvient pas jusqu'au palais :

---

1. Remède de Saint Vincent de Paul pour la gravelle. Prenez thérébentine de Venise, deux onces ; turbith blanc, deux onces ; mastic, galanga, girofle, cannelle cubés, de chacun demi-once, bois d'aloès battu, une once. Empâtez le tout ensemble avec une demi-livre de miel blanc et une pinte d'eau-de-vie la plus forte. Laissez le tout en digestion quelque temps, puis le distillez. Il faut prendre, le matin à jeun, la quatrième partie d'une cuillère et observer de l'emplir d'eau de bourrache ou de buglosse, en prendre autant de fois qu'on voudra parce qu'elle ne peut être nuisible ; au contraire, elle est très bonne pour la santé.

« Il mourut de regret par les chemins », laissant Vincent sans maître. Un neveu turc du savant en hérite, mais ne le garde pas longtemps. Il est qualifié dans le récit d'« anthropomorphite », comme s'il était, de son métier, une sorte de théologien attribuant à Dieu une figure humaine. Il se débarrasse en effet de cet esclave dont il ne sait que faire, d'autant que le bruit court avec insistance qu'un ambassadeur du roi de France, François Savary, seigneur de Brèves, est arrivé à Tunis le 17 juin et négocie la libération de tous les esclaves français. Le 24 août, il a réussi à en embarquer vingt-quatre, sous la promesse que tous les autres seront libérés.

Vincent n'est pas du lot des rédimés. Les historiens n'ont pas manqué de s'interroger sur les trois premiers emplois de Vincent en Tunisie : le plus invraisemblable, à leurs yeux, est le premier. Comment un misérable pêcheur aurait-il eu les moyens de s'offrir un esclave ? Comment aurait-il pu pêcher en mer, alors que Tunis est sur un lac où l'on navigue sur des embarcations spéciales, les *sandals* à fond plat ? Comment les esclaves, après avoir été promenés en ville, auraient-ils pu être « ramenés au bateau, afin que les marchands vinssent voir qui pouvait manger ou non », alors que l'embarcation des pirates ne pouvait accoster à Tunis ?

D'autres objections mettent en doute les rapports du jeune homme et de son second maître : Vincent prétend s'entretenir avec lui de doctes matières ; mais connaît-il seulement l'arabe ? Le *spagiriste* a été convoqué par le sultan de Constantinople, il est mort « par les chemins » : Vincent ignore-t-il qu'il n'existe pas de route pour se rendre au palais du sultan autre que maritime ? Enfin, il n'aurait pu être vendu par le neveu de l'alchimiste avant que la nouvelle de la mort du vieil homme ne fût connue, c'est-à-dire pas avant septembre ou octobre 1606...

Vincent a-t-il menti ? Rien n'est moins sûr : le pêcheur a pu acheter un esclave en s'associant à plusieurs collègues : l'historien Guy Turbet-Delof avance plusieurs exemples de ce genre. Le pêcheur ne l'avait pas gardé longtemps : il n'avait pas les moyens de l'entretenir, si toutefois il était acheteur unique. Pêchait-il dans le lac ? Les poissons d'eau douce et polluée se vendaient mal. Les consommateurs préféraient les prises maritimes. Pourquoi les barques n'auraient-elles pas traversé le lac pour pêcher en mer ? Quant au pêcheur, rien ne dit qu'il habitât Tunis même, assure Turbet-Delof. Le bateau qui avait transporté les esclaves à Tunis n'était pas le brigantin. Ils avaient sans doute été transférés sur un *sandal*, mais Vincent ignorait ce terme.

L'alchimiste était-il turc ou bien arabe ? Rien ne l'indique. Il pouvait aussi bien être italien, ou sicilien, ou maltais. En outre, Vincent connaissait un peu l'arabe. N'aurait-il pu apprendre, en un an, les rudiments de cette langue, alors qu'il s'est vanté lui-même de l'avoir apprise en quelques mois et qu'il conseillait volontiers à ses missionnaires de prendre exemple sur les jésuites qui apprenaient systématiquement toutes les langues locales ? Par ailleurs, l'alchimiste était un savant homme, qui entendait sans doute le latin et le grec, pouvait parler en italien, comme beaucoup d'habitants de Tunis, ou, dit encore Turbet-Delof, en « *lingua franca*, cet espéranto méditerranéen dont le patois béarnais, langue maternelle de Vincent, n'était pas si éloigné ».

Une autre objection est également réfutable : celle du chemin de terre. Pour éviter les corsaires chrétiens, alors nombreux autour de Naples, il se peut que les voyageurs aient quitté Tunis en caravane pour s'embarquer plus loin, à Tripoli peut-être, sur un navire franc qui les aurait conduits à Constantinople par Alexandrie.

La dernière objection, celle de la chronologie, peut être, elle aussi, balayée : Vincent lui-même indique que dix mois se sont écoulés entre son projet d'évasion, qui date donc d'août 1606, au moment où l'ambassadeur de France négociait le rachat des captifs, et son départ de Tunisie en juin 1607. À cette date, et non en septembre ou en octobre, fut négociée la vente qui lui attribuait un nouveau maître. Guy Turbet-Delof, contre l'avis du chanoine Dodin, spécialiste de Vincent de Paul, qui reprend pour sa part en les étoffant les arguments des historiens contemporains, estime donc que « la chronologie de Vincent de Paul est parfaitement cohérente[1] ».

Le quatrième maître, un renégat, a suscité de nombreuses critiques : cet « ennemi de nature » est un métayer du sultan, qui possède une tenure, en turc *temat*, « dans la montagne, où le pays est extrêmement chaud et désert ». Il a trois femmes, dont une « grecque-chrétienne, mais schismatique, qui m'affectionnait fort », précise Vincent. La plus sensible de toutes ces femmes est une « naturellement turque », qui vient « le voir tous les jours aux champs » où il « fossoyait ». Elle lui demande de chanter une louange à son Dieu.

Vincent, se souvenant peut-être des qualités que saint Augustin attribuait au chant des fidèles en matière d'édification, commence par le *Quomodo cantabimus in terra aliena* des enfants d'Israël captifs à Babylone. Il chante encore, nous dit-il, le *Super flumina Babylonis* et le *Salve Regina* en l'honneur de la Vierge. La femme y prend un « divin plaisir », et dit à son mari qu'il a eu tort de quitter sa religion, « qu'elle estimait extrêmement bonne pour un récit que je lui avais fait de notre Dieu et quelques louanges que je lui avais chantées en sa présence ». Elle est sur le chemin de la conversion : Vincent vient de réussir son premier exploit de missionnaire. La vision de son propre para-

1. Voir André Dodin, *De monsieur Depaul à saint Vincent de Paul : la légende et l'histoire*, Paris, Le Seuil, 1985, p. 144-156.

dis, celui d'Allah, n'est pas capable de lui offrir « tant de joie que le plaisir qu'elle avait pendant que je louais mon Dieu », assure Vincent. Le mari finit par se rendre aux raisons de son épouse, et annonce à son esclave qu'il cherche une occasion de rentrer en France. Dix longs mois s'écoulent, et enfin le renégat tient parole. Vincent l'a converti, en même temps que sa troisième épouse. On ne sait ce qu'il advint des deux autres, elles ne seront pas du voyage qui devait conduire jusqu'à Aigues-Mortes le futur saint et ses deux bienfaiteurs.

Le chanoine Dodin accorde peu de crédit à l'histoire de la « mahométane », trop proche des récits à la mode en ces temps-là. Il souligne dans le texte de Vincent[1] les notations affectives sur le plaisir, les merveilles, les miracles. C'est là, dit-il, « une atmosphère sentimentale assez surprenante », et il rappelle un passage du *Don Quichotte* de Cervantes (également esclave en Barbarie) où un chrétien vendu à un renégat séduit l'épouse de son maître et persuade celui-ci de regagner Grenade par mer. Il cite encore un récit picaresque d'évasion (alors très nombreux), *Les Aventures de Guzman d'Alfarache* par Mateo Alaman. Pour Dodin, Vincent est alors « un sujet dont l'imagination et la sensibilité ne sont pas bien contrôlées ». Il écrit en 1960 que Vincent, « sagement, dans un demi-sourire, nous invite à entendre les gascons en gascon et à parler des gascons en gascon ».

Une gasconnade, le récit de la conversion du renégat ? Les critiques des historiens s'accumulent. Le mot *temat* leur apparaît fantaisiste. Comment cultiver dans un désert ? Tunis n'est pas entourée de montagnes. Comment imaginer que Vincent ait pu parler si librement aux épouses du renégat, et que la « mahométane » lui ait été d'un plus grand

1. André Dodin, *Louis Abelly, biographe de M. Vincent*, exemplaire ronéoté d'une thèse de doctorat soutenue à l'Institut catholique, p. 100 *sq*.

secours que la chrétienne orthodoxe ? Pourquoi Vincent ne souffle-t-il mot des représailles que les Turcs exerçaient en cas d'évasions d'esclaves ? Pouvait-on, sur un « petit esquif », franchir allègrement les mille kilomètres qui séparaient Tunis d'Aigues-Mortes ? Certains commentateurs n'hésitent pas à affirmer que Vincent ignorait tout des affaires turques et de la régence de Tunis. Ne parle-t-il pas de ce pays en l'appelant la Turquie dans une lettre de 1660 ? N'installera-t-il pas des prêtres de la Mission dans les consulats d'Alger et de Tunis qu'il a fait acheter par la duchesse d'Aiguillon, faute politique énorme qui condamnait à l'impuissance la diplomatie du roi ? À l'évidence, Vincent n'avait jamais mis les pieds en Barbarie : personne d'ailleurs ne s'est réclamé de lui parmi ses anciens compagnons esclaves.

Une fois encore, il est possible de réfuter ces objections. Les remarques géographiques sur sa dernière résidence sont en effet erronées : un « désert », dans le langage du grand siècle, n'est qu'un territoire très peu habité. Les montagnes peuvent être de simples collines, nombreuses autour de Tunis, où les djebels abondent. Un *temat*, l'arabisant Massignon l'a montré, est un fief non héréditaire (en arabe *to'met*).

En outre, de nombreux témoignages attestent « la liberté avec laquelle les patronnes musulmanes s'entretenaient avec leurs esclaves. Cette liberté allait parfois jusqu'à l'impudeur »[1]. N'est-il pas imprudent de supposer que Vincent ait pu avoir en main les chroniques espagnoles du XVI^e^ siècle et le *Don Quichotte* de Cervantes ? Il a pu certes ressentir plus tard de la gêne en évoquant cet épisode de la « mahométane », mais il n'était assurément pas dans la situation d'un conteur rappelant un épisode romanesque de

1. Guy Turbet-Delof, « Saint Vincent de Paul a-t-il été esclave... », *op. cit.*, p. 336.

sa vie : seule lui importait dans cette histoire la conversion de la jeune femme, l'édification.

Les doutes exprimés par les critiques à propos du retour en France ne semblent guère plus probants. Comment les fugitifs auraient-ils pu subir les représailles des Turcs après leur départ ? Elles n'auraient pu s'exercer que si le maître s'était plaint ; or, il était lui-même en fuite. Par ailleurs, le choix risqué de l'itinéraire direct vers Aigues-Mortes ne peut-il s'expliquer par le souci d'éviter les parages dangereux des côtes de Sardaigne et de Corse infestées de pirates ?

Les récits d'évasion sur des embarcations de fortune abondent. Et l'« esquif » de Vincent était bien gréé. En dix mois, le maître avait pu soigneusement l'armer. Des vents favorables ont fait le reste, ainsi que la providence divine. Quant à la prétendue méconnaissance des affaires turques par Vincent, il ne faut tout de même pas oublier qu'il devait s'obstiner plus tard à maintenir la présence des missionnaires dans les consulats rachetés. Son but n'était certes pas celui de la diplomatie royale : il voulait d'abord sauver les âmes de ces esclaves chrétiens menacés dans leur foi, et qui n'hésitaient pas à renier le Christ.

Des objections seront également opposées au deuxième voyage à Rome de Vincent, et surtout à son séjour dans le Comtat Venaissin, alors terre papale. Il raconte qu'après son débarquement à Aigues-Mortes il conduisit ses bienfaiteurs au palais du vice-légat du pape à Avignon, qui reçut « publiquement le renégat, avec la larme à l'œil et le sanglot au gosier, dans l'église de Saint-Pierre, à l'honneur de Dieu et l'édification des spectateurs ». Le récit de ce retour est parfaitement conforme à la tradition, établie depuis un siècle. Braudel rappelle qu'en 1559, à Lisbonne, « un convoi de captifs libérés se promenait dans la ville, portant au bout d'un bâton le petit pain bis, la seule nourriture des bagnes ». Les réceptions d'esclaves rédimés s'accompagnaient de défilés et d'actions de grâces. Vincent sait que le légat du pape doit lui réserver le meilleur accueil : non seulement il s'est évadé, mais il ramène en France deux convertis, le renégat et son épouse d'origine musulmane.

Le légat, Pierre-François Montorio, est-il connu du jeune prêtre ? Rien ne permet de l'affirmer. Pourquoi Vincent s'est-il rendu dans la ville des papes au lieu de revenir à Marseille ? On ne le sait pas, mais il affirme avoir été retenu, ainsi que son compagnon, pour être conduit à Rome, où Montorio devait prochainement se rendre, étant au terme triennal de sa charge de légat du pape. Montorio aurait promis au pénitent de le faire entrer dans l'austère couvent des *Fate ben Fratelli*. Le renégat devra expier ses péchés en se soumettant à la règle la plus dure, celle des frères de Saint-Jean-de-Dieu, qui s'occupent des malades et des pauvres. Quant à Vincent, le légat se serait engagé à le « pourvoir de quelque bon bénéfice ».

« Il me fait cet honneur, écrit encore Vincent, de me fort aimer et caresser, pour quelques secrets d'alchimie que je lui ai appris, desquels il fait plus d'état que si *io li avesse datto un monte di oro* [que si je lui avais offert une montagne d'or]. » Comme le *spagiriste*, le légat du pape est passionné d'alchimie : « Il y a travaillé tout le temps de sa vie et il ne respire autre contentement. » Comment Vincent refuserait-il de suivre un protecteur aussi bien disposé ? Il se hâte d'écrire à Comet, à qui il expédie deux pierres précieuses de Turquie, pour lui demander de lui faire parvenir copie de son diplôme de bachelier en théologie de Toulouse, dont il a besoin pour être nommé à Rome.

Les historiens contestent le séjour à Avignon. Ils ne trouvent trace de l'abjuration du renégat ni dans les archives de la ville papale ni dans celles de Rome. Un autre renégat, Guillaume Gautier, a bien été « réconcilié publiquement dans l'église Saint-Pierre », mais un an plus tard, et des mains de monseigneur Ferreri, le successeur de Montorio. Au XVIIIe siècle, le marquis de Cambis, une des personnes consultées par les enquêteurs du procès de canonisation, a expliqué fort clairement la confusion due au malencontreux silence des archives : les registres de l'Inquisition à Rome pour les années 1607 et 1608 sont perdus. Les chanoines du chapitre de Saint-Pierre n'ont rien noté sur leurs liasses, pas plus que l'inquisiteur d'Avignon. Mais ce dernier n'était pas chargé de consigner les opérations accomplies par le vice-légat Montorio[1]. « La lettre du saint, écrit le marquis de Cambis, suffit pour attester l'authenticité de ce fait. »

En novembre 1607, Vincent est donc à Rome. De là, il adresse une deuxième lettre à l'avocat de Dax, Comet, le 28 février 1608, donne des nouvelles de la ville sainte, et notamment de « la conversion de trois familles tartares qui sont venues se christianiser en cette ville, et que Sa Sainteté a reçues la larme à l'œil ». Processions et cérémonies se succèdent dans le goût du temps, avec la sensibilité particulière de la Contre-Réforme. Le pape ne néglige rien, pas même la « catholisation d'un évêque ambassadeur pour les Grecs schismatiques ».

Vincent revient sur l'épisode du vice-légat Montorio et de sa passion pour l'alchimie, donnant des détails supplémentaires sur les « belles choses curieuses » qu'il lui a enseignées. Il est plus critique que dans la première lettre et parle ici du « ressort artificiel pour faire parler une tête de mort, de laquelle ce misérable se servait pour séduire le peuple, leur disant que son dieu Mahomet lui faisait entendre sa volonté par cette tête ». Vincent condamne cette pratique, parce qu'elle trompe le public des douars et des foires sur la vraie nature de Dieu, mais il admet parfaitement la commutation de l'argent en or. Il est heureux

1. André Dodin, *Louis Abelly, biographe de M. Vincent, op. cit.*, p. 88.

d'avoir appris « ces mille autres belles choses géométriques ». Son évêque et protecteur, Montorio, en est, dit-il, si jaloux « qu'il ne veut pas même que j'accoste personne, de peur qu'il a que je l'enseigne, désirant avoir lui seul la réputation de savoir ces choses, lesquelles il se plaît de faire voir quelquefois à Sa Sainteté et aux cardinaux ». Vincent ne peut donc se sentir coupable d'avoir pratiqué la science de l'alchimiste, puisque, loin d'être suspect de complaisance envers un magicien musulman, il en tire bénéfice auprès d'un prélat qui a la confiance du pape.

Aussi marque-t-il son impatience de recevoir de Dax les documents lui permettant d'obtenir « une retirade honorable », grâce à un « honnête bénéfice ». On estime, à Rome, que les premières lettres déjà présentées par le candidat sont « invalides » pour n'avoir pas été marquées du sceau de l'évêque de Dax, qui doit, de plus, témoigner par écrit qu'on a toujours « reconnu [Vincent] vivant en homme de bien ». Une fois les lettres reçues à Rome, il sera en mesure de rembourser ses dettes. Il n'a pas l'intention en tout cas de rentrer sans avoir obtenu de son puissant protecteur, l'évêque Montorio, dont l'humeur est variable, le bénéfice qu'il en attend avec impatience...

Cette affaire de dettes impayées a suscité la méfiance des historiens contemporains, particulièrement de Pierre Grandchamp[1]. Ce dernier émet l'hypothèse que le jeune prêtre dévoyé a pu mener en Provence trois années de vie dissolue, et perdre en voluptés de toutes sortes l'héritage de la « femme vieille » ainsi que le prix du cheval de louage emprunté à Toulouse. En fait, cette interprétation de la seule période controversée de la vie de Vincent pourrait être conforme à l'esprit traditionnel des vies de saints des

---

1. Pierre Grandchamp, « La prétendue captivité de saint Vincent de Paul à Tunis de 1605 à 1607 », in *La France en Tunisie au* XVII^e^ *siècle*, Tunis, 1920-1936, 11 vol., tome VII.

XVII^e^ et XVIII^e^ siècles, dont les auteurs décrivaient avec un grand luxe de détails les infamies auxquelles se livraient les futurs bienheureux avant leur conversion. Vincent n'aurait pas échappé à la règle. Et il aurait volontiers confessé ses péchés s'il n'avait eu à cacher le plus grave, les dettes envers son bienfaiteur qu'il n'avait pas acquittées, d'où la « gasconnade », l'histoire inventée de toutes pièces qu'il contera à l'avocat Comet, à la fois son obligé et son débiteur.

D'autres historiens ont suivi Pierre Grandchamp, sans apporter de nouvelles preuves. En définitive, si l'on n'admet pas la thèse de la captivité de Vincent, il faut se résigner à l'ignorance absolue sur trois années de la vie du futur saint : aucun texte, aucun témoignage, pas la moindre allusion ne peuvent fournir l'ombre d'une hypothèse sur les activités d'un prêtre qui n'a pas terminé ses études de théologie et dont on perd la trace sur les quais de Marseille.

Il reste que Vincent a écrit plusieurs fois au chanoine de Saint-Martin pour se faire restituer ces deux lettres de jeunesse, retrouvées en 1658, qui attestent de l'épisode barbare et du voyage à Rome, afin de les détruire. Lui-même en a brûlé les copies, estimant « misérable » la lettre de Turquie et exigeant cette destruction « par toutes les grâces de Jésus-Christ », « par les entrailles de Jésus-Christ ».

Pourquoi tant d'acharnement ? De 1608 à 1658, l'Église a changé, Vincent aussi. Il n'a plus de place dans les hautes sphères de l'État depuis 1653, et doit avoir alors tout lieu de redouter les mesquineries du pouvoir royal. Responsable de la Mission et de ses congrégations féminines, il est l'un des principaux guides de l'Église militante, engagée dans le combat contre la pauvreté, et ne peut courir le risque que des écrits de jeunesse, répandus dans les allées du pouvoir, ne lui causent des difficultés au moment où la condamnation des religieux de Port-Royal génère de nouveau dans Paris un climat de guerre de religion, avec poursuites et autodafés. Le pape Alexandre VII vient en effet de condamner l'*Augustinus* et les jansénistes. On connaît les attaches qui ont lié naguère Vincent à Saint-Cyran, l'un des fondateurs du mouvement. Sur la défensive, il redoute par-dessus tout d'alimenter, par de croustillantes évocations de son passé d'esclave, les libelles malintentionnés.

Le plus grave des reproches qu'il est possible de lui faire concerne la foi : le moins qu'on puisse dire est que le prêtre-esclave ne semble pas avoir manifesté d'acharnement dans la conversion des musulmans ou des renégats. Guy Turbet-Delof va même jusqu'à prêter à Vincent le remords « d'avoir caché, lors de sa captivité, sa condition de prêtre, lui qui ne cessera d'exhorter les lazaristes de Tunis et d'Alger à être jusqu'au bout les témoins du Christ ». En effet, il ne se dévoile pas, ne tente aucune approche religieuse de ses maîtres successifs. S'il convertit la « mahométane », c'est qu'elle a pris l'initiative d'entrer en relation personnelle, chaleureuse, presque affectueuse, avec le jeune esclave français. Elle-même se charge de convertir son mari. Quand le couple est reçu par le vice-légat du pape dans l'église d'Avignon, on sait que le renégat expie sa faute dans un monastère romain, mais rien ne sera dit de son épouse, comme si sa conversion ne comptait pas.

En 1658, les rapports du royaume et de Tunis sont tendus, et Vincent doit défendre les prêtres de la Mission constamment menacés à Alger comme à Tunis. Le récit de sa captivité ne peut en rien servir la propagande chrétienne contre les « bagnes » des Barbaresques. Il n'a jamais été bagnard et n'a reçu aucun mauvais traitement quand il était prisonnier, un demi-siècle plus tôt. Il travaillait la terre, sans trop d'acharnement – puisqu'il pouvait parler aux épouses du maître, chanter aux champs – sur le domaine d'un renégat. Quant à l'alchimiste, Vincent était associé à ses travaux, presque à ses recherches, et nullement traité en esclave. Il n'était donc pas un bon exemple de martyr des infidèles pour le militantisme chrétien.

Sur le chapitre de l'alchimie, les lettres de Vincent présentent en 1658, mais déjà dans les années 1630, des dangers pour sa réputation. La frontière floue qui sépare la science de la magie, de l'occultisme, de l'hermétisme, autorise toutes les polémiques, même les plus graves, celles qui portent accusation de sorcellerie ou d'hérésie. Un chimiste périgourdin, Jean Rey, ose faire imprimer en 1630 un essai sur la calcination du plomb et de l'étain à Bazas. Il l'a, par prudence, répandu uniquement dans un cercle étroit d'amis[1] : deux érudits de Bergerac, un avocat au parlement de Bordeaux. Jean Rey aurait-il pu publier la même étude sur la calcination de l'argent ou de l'or ?

Le terrain d'expérience de la médecine est encore plus miné. Il est impossible de se réclamer de Paracelse sans risque. On maudit en Sorbonne l'Anglais Harvey quand il démontre, en 1628, que la circulation du sang est régulée par le cœur et non par le foie, comme l'affirme Galien. La médecine officielle utilise non seulement les pierres précieuses et l'or dans ses thérapies, mais aussi la poudre de vipère, la fiente de cheval et des morceaux du corps humain. Plus elle est douteuse dans son archaïsme, plus elle se montre agressive à l'égard de ses concurrents magiciens, vendeurs de drogues, manipulateurs, astrologues ou astronomes, et autres chercheurs de bonne foi, disciples de Paracelse qui croit à l'action du soleil et de la lune sur le foie ou le cœur. Aussi, les innocentes tisanes que Vincent de Paul rapporte d'Afrique, capables selon lui de soigner la gravelle, risquent, aux yeux d'éventuels contradicteurs, de sentir le soufre, et plus encore les manipulations magiques.

Que le vice-légat Montorio, ce personnage influent,

---

1. Voir André et Suzanne Pillorget, *France baroque, France classique*, tome I, Paris, Robert Laffont, 1995, p. 604.

puisse lui prêter une oreille favorable jette le discrédit sur la hiérarchie. La deuxième lettre, datée de Rome, affirme que le pape lui-même et les cardinaux s'intéressent, après Montorio, aux découvertes géométriques du *spagiriste.* Où est la frontière de la chrétienté, si les idées et les chimères franchissent aussi facilement les murailles les plus respectables, celles des palais romains ? Vincent lui-même a sans doute senti le danger de cette familiarité des rapports avec ce savant homme, capable de fabriquer de la fausse monnaie mais également d'imaginer des truquages pour attirer au dieu de l'islam les foules ignorantes. En 1608, ces rapports avec l'autre monde, celui des Turcs, sont tolérés à Rome. On imite, en fait, la tolérance de l'adversaire qui accueille fort libéralement, et même avec une certaine avidité, les connaissances, les techniques et les modes venues d'Occident. Or, un demi-siècle plus tard, il ne saurait en être question. Le Grand Roi a décidé de pacifier les rives de la Méditerranée, d'envoyer ses galères devant les repaires de corsaires barbaresques, et ne tolère pas plus les opérations des pirates que les conversions à l'islam des esclaves chrétiens. La mission des prêtres de Vincent à Alger est même d'éviter à tout prix l'apostasie des captifs chrétiens, et d'abord des prêtres.

Vincent lui-même a changé : en 1658, il est Monsieur Vincent, déjà presque saint, le « saint des pauvres ». Les termes dans lesquels il évoque la « retirade », le « bénéfice » auquel il aspirait dans sa jeunesse, le choquent profondément. Lui qui a renoncé à tout profit personnel ne se reconnaît plus dans ce jeune homme qui recherchait un établissement dans la société et implorait ses protecteurs de l'aider à obtenir la jouissance d'une prébende. Il rejette d'autant plus vivement cette image qu'il donnait de lui qu'il lutte de toutes ses forces pour que les jeunes prêtres, à son exemple, renoncent aux profits du système seigneurial de l'Église pour s'engager, pauvres eux-mêmes, dans le combat contre la pauvreté.

Aussi juge-t-il ces lettres indécentes. Point n'est besoin d'imaginer un mensonge, une supercherie, pour que Monsieur Vincent, en 1658, renie le Vincent Depaul de 1608 : après un demi-siècle d'engagement et de luttes au plus près des calamités sociales, il n'est plus le même homme.

Au seuil des années 1930, quand de nouveau la crise et la guerre menacent l'Europe, l'image de Vincent, le saint des pauvres, reprend vigueur et devient, on l'a dit, emblématique de la nouvelle lutte que les chrétiens doivent mener contre le malheur des sociétés européennes, soudain très sensibles, par la misère et le chômage, aux séductions des régimes totalitaires, communiste et nazi, qui condamnent la foi chrétienne. Et l'image du saint des pauvres doit être débarrassée de ses scories pour conforter la foi des chrétiens du XX^e^ siècle à l'approche d'une nouvelle guerre mondiale.

Au cours de la relecture critique des premières lettres du saint, nul n'a mis en question l'affaire de l'esclavage, comme si elle ne présentait aucune difficulté d'interprétation. On souligne au contraire que le récit de Vincent sur ce point reprend les termes d'autres expériences analogues, comme s'il avait pu les reproduire, après les avoir lues, sans avoir connu lui-même l'esclavage.

Il a pourtant relaté minutieusement la scène de la vente, ne cachant pas son indignation : « Les marchands, dit-il, nous vinrent visiter, tout de même que l'on fait à l'achat d'un cheval ou d'un bœuf, nous faisant ouvrir la bouche pour visiter nos dents, palpant nos côtes, sondant nos plaies et nous faisant cheminer le pas, trotter et courir, puis tenir des fardeaux et puis lutter pour voir la force d'un chacun et mille autres sortes de brutalités. »

Cette description est conforme à d'autres témoignages, mais on peut s'étonner que Vincent ne stigmatise pas plus durement le scandale de l'esclavage, comme s'il ne lui était pas intolérable. On remarque l'absence totale d'interrogations critiques des historiens des années 1930 sur cet aspect du récit. Aucun allusion au bagne d'Alger, comme si l'on voulait taire le trafic des esclaves en Méditerranée, qui concernait aussi les chrétiens. Vincent n'en aurait-il pas entendu parler ?

Il est vrai que l'Église voit un acte éminent de charité dans le rachat des esclaves catholiques des Barbaresques. Les évêques réservent une part non négligeable de leurs ressources à cet effet, quand on leur signale trop de cas de disparitions d'hommes et de femmes dans leurs diocèses. Depuis les XIIe et XIIIe siècles, le rachat a été confié à deux ordres spécialisés, les trinitaires de la Très Sainte Trinité et les mercédaires de l'ordre de la Merci. Un troisième ordre, celui de Notre-Dame de Gonfalon, a reçu le droit de quêter dans les États du pape. À partir des XVe et XVIe siècles, les Franciscains, les Récollets, les Jésuites ont apporté également leur contribution. La mobilisation du haut clergé est réelle. Évêques et abbés demandent aux curés de faire circuler à la fin de la messe dans les églises le « plat des captifs ». Les ordres organisent l'accueil des esclaves libérés dans les ports, les « défilés de la rédemption » où l'on chante le psaume *Super flumina Babylonis*. Les rachats bénéficient des dotations des villes et du trésor royal, ainsi que des riches particuliers. Le roi expédie des missionnaires munis de documents diplomatiques pour négocier les rachats, qui sont reçus par le consul, et négocient officiellement avec les autorités de Tunis et d'Alger.

L'Église intervient donc activement pour que les chrétiens détenus par les Turcs ou les Barbaresques ne soient pas tentés par l'apostasie. De la sorte, si les papes condamnent officiellement l'esclavage dans les textes (bulles de 1567 et de 1568 de Pie V), ils redoutent surtout les conséquences de la captivité, qui peut créer dans les villes musulmanes de véritables collectivités de renégats, souvent fort bien placés, comme les Albanais ou les Serbes, dans l'armée ou l'administration des Ottomans. Les papes ont admis que les combattants turcs et sarrasins pris à la bataille soient vendus par les vainqueurs comme esclaves et tolèrent dans les faits le trafic des chevaliers de Malte, hardis corsaires qui négocient leurs prises humaines sur les marchés portuaires de la Méditerranée. Et Vincent, qui a résidé à Marseille, ne peut ignorer que les chrétiens sont associés à ce trafic. Une partie des galériens de la flotte royale ne provient-elle pas des achats d'esclaves ? Combien de Marseillais ne disposent pas encore chez eux, ou dans leurs entreprises, d'esclaves domestiques ou de descendants d'esclaves élevés au logis ? Aussi ne peut-on discerner dans les lettres de Vincent la moindre condamnation de l'esclavage, qui demeure encore, même très atténué, au tout début du grand siècle, en usage dans tous les grands ports de la Méditerranée. Tout au plus Vincent attire-t-il l'attention sur la misère physique et morale des captifs.

Depuis cent ans, la course barbaresque sur les côtes du royaume est une calamité qui ne diffère en rien des guerres ordinaires. En dépit des accords passés officiellement par le roi avec les responsables turcs, la mer intérieure vit en état de conflit larvé, dont l'esclavage est la conséquence habituelle. Le rachat des captifs marseillais à Alger ou à Tunis est entré dans les mœurs diplomatiques : la négociation est permanente. On estime ainsi que, de 1598 à 1609, 2 500 à 3 000 esclaves chrétiens ont été vendus sur les places du Maghreb. Dans tous les ports italiens, espagnols et français, des administrations sont mises en place pour régler les problèmes que pose cette population de captifs. Des tribunaux sont chargés de se prononcer sur leur mort civile provisoire, de décider de leurs biens, s'ils ne rentrent pas, de sauvegarder leurs droits tant qu'il reste un espoir, contre les intérêts qui poussent à les faire oublier.

Ceux qui ne sont pas rachetés mourront dans des familles d'incroyants ou de musulmans, après avoir perdu, si l'on n'y pourvoit, tout lien avec leur religion d'origine. Ils ne doivent en aucun cas renier leur foi, ce qui justifie l'envoi à Tunis et à Alger de missionnaires français et italiens. On procède parfois à des échanges : le consulat français de Tunis négocie celui d'un prêtre sarde, esclave de la femme d'un certain Mamet Arnaout, lui-même esclave du roi catholique. Braudel assure que ce type d'échange était « possible, sinon rapide ».

Il n'était pas difficile, dit-il, de s'évader. « La facilité des fuites vient en grande partie du nombre croissant de cette gent interlope, mi-musulmane mi-chrétienne, qui vit à la frontière des deux mondes. » Il y a des « fraternisations dans le reniement », dans le commerce, un véritable trafic sur les rachats, qui rapporte gros, au moins 30 %. Les renégats italiens sont passés maîtres dans cet exercice, ainsi que les marins du Cap corse. Tunis est « un rendez-vous d'échanges interlopes, une sorte de Shanghai avant la lettre ». Vincent a-t-il pu l'ignorer ? La facilité de sa propre évasion ne doit pas surprendre. Son maître est sans doute en mesure d'acheter le silence des autorités, qui ferment assez facilement les yeux sur les départs, pourvu qu'elles aient des raisons de le faire.

Il reste que la promiscuité des musulmans, des renégats, des chrétiens isolés, soumis à toutes les influences, représente un danger pour les esclaves employés dans les entreprises locales, comme Vincent l'a bien vu. Pour cette raison, l'intervention qu'il n'a cessé de poursuivre et de conforter à Tunis et à Alger, comme directeur des missions, a essentiellement pour but de combattre les effets d'un climat destructeur de la foi chrétienne, et de maintenir les captifs dans l'espoir d'un rachat et dans la foi de leurs origines, particulièrement les prêtres. Vincent n'ignore donc pas les réalités de la vie à Tunis. Il connaît la tolérance des Turcs à l'égard des religions étrangères, mais aussi les séductions de l'apostasie, qui permet de s'intégrer facilement dans une société active, ouverte, et de s'enrichir dans les aventures maritimes. Étaient-ils musulmans, les corsaires d'Alger ? La plupart sont chrétiens d'origine, et pas toujours renégats, indifférents plutôt, comme les maîtres de la régence de Tunis.

Cinquante ans plus tard, Vincent de Paul ne peut regarder la Barbarie avec les mêmes yeux. Si l'on considère son récit comme exact, on peut imaginer que l'expérience de la captivité a fait naître en lui plusieurs sentiments.

D'abord l'indignation contre la misère des esclaves, et particulièrement des bagnards. S'il n'a pas connu ceux de Tunis, il a été témoin de la condition des galériens, aussi misérable en France qu'en Afrique du Nord ou en Italie. Il sera toute sa vie obsédé par l'idée de soulager leurs misères. Si l'essentiel de son action s'est orienté vers les provinces françaises du Nord et de l'Est, mais aussi de l'Île-de-France, affectées par la guerre de Trente Ans et par la Fronde, il conservera obstinément dans son cœur le souci des esclaves et des bagnards du monde méditerranéen.

Il prend également conscience des dangers que présente la promiscuité dans ce milieu interlope. Chacun sait que, dans l'Empire turc, le personnel religieux est généralement arabe, les finances et le commerce, grecs, juifs, arméniens, et que les dignitaires de l'administration et de l'armée peuvent être serbes, grecs ou albanais, et les favorites du sultan, vénitiennes. À Constantinople, la moitié seulement de la population adore Allah. L'ennemi donne l'exemple de la tolérance, particulièrement dans les dépendances lointaines d'Afrique du Nord. Un Corse renégat, Mourad, fondera en 1612 une dynastie de beys à Tunis. En 1609, les juifs expulsés d'Espagne se mêlent par milliers aux immigrants italiens de Tunisie. Les Européens de toutes origines sont présents dans les capitales prospères de la « course », et chacun peut exercer la religion de son choix, sans crainte, en temps ordinaire, de persécution particulière. Les maîtres de Tunis et d'Alger n'ont aucunement l'intention de convertir des captifs dont ils peuvent tirer profit. Les renégats, appelés « Turcs de profession », représentent en 1600 la moitié des habitants d'Alger. Comment ne pas nourrir, dans ces conditions, les plus vives inquiétudes pour la foi des prisonniers catholiques, inévitablement tentés par l'apostasie ? Si Vincent tient ce danger pour primordial, ne peut-on penser que son expérience de la captivité l'a beaucoup aidé à cette prise de conscience, qui guidera par la suite son acharnement à maintenir dans la régence de Tunis et dans la ville d'Alger un noyau actif de missionnaires ?

En 1658, le danger turc n'est nullement écarté. En 1645, la Crète a été envahie par une armée nombreuse, qui a tenu pendant vingt-quatre ans le siège devant la citadelle de Candie. Les Crétois ont accueilli les Turcs en libérateurs et se sont engagés dans leur marine et leur armée, adoptant leur religion. Dans toutes les provinces occupées des Balkans, le système du *devchirme* intègre dans le corps des janissaires un enfant sur cinq, enlevé à sa famille et converti à l'islam. Les conversions se multiplient chez les Bulgares, les Albanais. En 1656, le grand vizir Mehmet Köprülü, d'origine albanaise, se donne pour tâche de relancer la guerre contre les chrétiens. Un assaut général se prépare sur le Danube, un de plus, pendant que la guerre de course reprend de plus belle en Méditerranée.

Cette situation présage un durcissement des royaumes chrétiens, même si elle n'est pas de nature à briser les liens qui existent depuis François Ier entre le roi de France et le Grand Turc. Une expédition navale sera lancée contre Alger. La persécution des chrétiens, libres ou esclaves, est à prévoir, avec son cortège de captures, de misère et de captivité. Vincent de Paul réaffirme alors, dans de très nombreuses lettres, sa volonté de résister, d'aider les missionnaires en difficulté, dont la présence outre-Méditerranée est indispensable pour préserver la foi et prévenir les conversions, les trahisons, les désertions. Le temps des martyrs s'annonce en Algérie.

Le père Jean Le Vacher, familier de Vincent, est en première ligne. Chargé du consulat, il a obtenu la fondation à Tunis de la première chapelle catholique ouverte au culte public, baptisée du nom symbolique de Saint Louis : il meurt en 1683, attaché par les Turcs à la bouche d'un canon, alors que l'escadre de Duquesne ouvre le feu sur les forts d'Alger. Si, en 1658, Vincent peut prévoir ce retour de la guerre et de la persécution, c'est que son expérience a pu lui enseigner que les maîtres turcs, pas plus que les *raïs* des flottes corsaires, ne font pas de quartier quand le canon tonne. L'Afrique du Nord est, au même titre que les Balkans ou les steppes de Russie, un des lieux privilégiés d'affrontement des deux mondes. La tolérance des Turcs, dans les périodes de paix relative, ne doit pas faire oublier que la reprise de la guerre peut les conduire aux plus sanglantes extrémités, dont les esclaves chrétiens feront éventuellement les frais. Singulièrement, le maître des missions qui envoie les Pères évangéliser les Malgaches, comme les jésuites les Indiens, n'attache aucune priorité à la conversion des musulmans du Maghreb, comme s'il estimait la tâche impossible à mener à bien : il borne ses efforts au salut des chrétiens, ses frères de malheur, dont il aurait partagé le sort durant ses trois années d'esclavage.

En 1608, pourtant, il est loin de ces préoccupations. Il est alors à Rome, au milieu des *monsignori*. Il a lui-même confirmé sa présence dans la Ville éternelle dans une troisième lettre postérieure, expédiée le 20 juillet 1631. Malheureusement, s'il y évoque son premier voyage, celui de 1600, il ne dit rien du deuxième, celui de 1608, qu'il n'a jamais confirmé. « Vous voilà donc enfin arrivé à Rome, écrit-il à son missionnaire du Coudray en 1631, où est le chef visible de l'Église militante, où sont les corps de saint Pierre et de saint Paul et de tant d'autres martyrs et saints personnages, qui ont d'autres fois donné leur sang et employé toute leur vie pour Jésus-Christ. » Il livre ensuite une précision sur son propre séjour dans la ville éternelle, celui de 1600 : « Ô Monsieur, poursuit-il, que vous êtes heureux de marcher par-dessus la terre où ont marché tant de grands et saints personnages ! Cette considération, précise-t-il, m'émut tellement lorsque je fus à Rome *il y a trente ans* que, quoique je fusse chargé de péchés, je ne laissai point de m'attendrir, même jusqu'aux larmes, ce me semble. »

Aucune allusion précise dans sa correspondance au deuxième voyage, encore moins sur sa date exacte, ni sur sa présence dans la suite de l'évêque-légat Montorio, promis à une carrière honorable mais sans plus, puisque le pape le nommera nonce à Cologne en 1621, sans qu'il soit question de lui pour des postes ou des titres plus élevés. Abelly atteste de sa présence, mais ne retient de la vie de son modèle et maître que les traits susceptibles de servir au futur procès de canonisation qu'il souhaite de toute son âme et dont il prévoit les difficultés. Cet ancien curé de Saint-Josse, directeur de l'Hôpital général et évêque de Rodez, spirituellement dirigé par Monsieur Vincent[1], est avant tout soucieux d'édification. En deux rédactions successives, il souligne ainsi que les grâces accordées par le légat du pape sont dues aux mérites éclatants du jeune prêtre : « M. le vice-légat lui donna sa table et de quoi s'entretenir », écrit-il en 1664, puis, dans la version de 1667 : « Il fut honorablement entretenu par M. le vice-légat qui le faisait

1. Louis Abelly, *La Vie du vénérable serviteur de Dieu, Vincent de Paul*, Paris, 1664, réédité en 1891, 3 vol.

manger à sa table et lui fournissait libéralement toutes les nécessités[1]. »

L'évêque Abelly, dans la première version de sa biographie du saint, égare d'ailleurs le lecteur en commettant une erreur à propos du cardinal d'Ossat, agent diplomatique d'Henri IV à Rome, présenté comme le premier protecteur important de Vincent. Grâce à Montorio, le jeune homme aurait rencontré le cardinal d'Ossat. Ce personnage considérable du haut clergé français, originaire de Larroque-Magnoac, près d'Auch, avait suivi à Rome Paul de Foix[2], ambassadeur de Charles IX en 1574, qui l'avait protégé au début de sa carrière, puis d'Henri III de 1581 à sa mort en 1604. D'Ossat avait conservé les mêmes fonctions sous les cardinaux Louis d'Este et François de Joyeuse[3], nommés successivement protecteurs des affaires de France. Henri IV avait reconnu ses compétences et l'avait maintenu à la cour de Rome comme agent diplomatique officieux. Très lié à Philippe Neri et au cardinal Baronius, proches du pape Clément VIII qui devait absoudre grâce à son entremise Henri de Navarre, il avait reçu en 1599 le chapeau de cardinal et joué un rôle de premier plan dans les négociations pour l'absolution du roi, son mariage avec Marie de Médicis et le retour des Jésuites en France. D'Ossat, comme Paul de Foix, était un notable de l'Église de France : il était conseiller d'État.

Il semble donc surprenant qu'il ait reçu, en 1600, avec

1. Voir la thèse d'André Dodin, déjà citée, II, notes et documents, p. 60.

2. Paul de Foix était le descendant d'une dynastie d'évêques et de diplomates d'un prestige éclatant. Il avait été le conseiller favori de Catherine de Médicis pendant les guerres de Religion. Cet ami de Montaigne avait occupé, comme Joyeuse, le siège de Toulouse (de 1577 à 1584).

3. Joyeuse avait été, de 1584 à 1605, cardinal-archevêque de Toulouse.

tant de bienveillance un simple étudiant de Toulouse de très modeste famille, ordonné prêtre par le saint évêque de Périgueux. Quoi qu'il en soit, Abelly s'est trompé sur la date : d'Ossat n'a pu le recevoir en 1608, pour la simple raison qu'il était mort quatre ans plus tôt.

« Le cardinal d'Ossat, explique Abelly, lui ayant diversement parlé et connu la trempe de son esprit, en fut tellement satisfait qu'ayant à informer le roi d'une affaire très importante qui ne pouvait être hasardée par lettre, d'autant qu'elle devait être très secrète, et qu'il fallait l'exposer verbalement à Sa Majesté, ce grand cardinal ne trouva personne plus propre ni plus capable pour un tel emploi que M. Vincent à la discrétion et à la fidélité duquel il confia ce secret pour être porté avec assurance au roi. »

Dans sa seconde version, Abelly réduit sensiblement l'importance de la mission, la banalise en quelque sorte, parle seulement d'une « affaire très secrète » et élargit le cercle des protecteurs de Vincent. Le vice-légat, dit-il, omettant de citer le cardinal d'Ossat parce qu'il a reconnu son erreur, le fit « connaître à plusieurs personnes de condition, desquelles il pouvait espérer un avancement considérable dans le siècle ».

Il reste qu'à Rome, grâce à Montorio, Vincent a pu approcher le petit milieu des importants personnages qui jouissent de la confiance du roi de France et de celle des proches du pape. François Savary, marquis de Maulévrier et comte de Brèves, spécialiste des questions d'Orient et des rapports avec la Porte, qui a organisé la mission de rachat à Tunis, est alors en poste à Rome, et fort estimé d'Henri IV. C'est sans doute lui qui aidera Vincent dans ses démarches pour trouver une première mission de quelque importance[1]. Le comte de Brèves a peut-être parlé

1. Voir Jean Guichard, *Saint Vincent de Paul esclave à Tunis, op. cit.*, p. 119.

en sa faveur, si l'on admet qu'il a pu être sensible à son passé de captif et peut-être à sa connaissance du milieu nord-africain.

Est-il convenable cependant de donner pour point de départ à la carrière de Monsieur Vincent une négociation douteuse, même si elle a pour objet un cas royal ? La « lettre très secrète » que le comte de Brèves aurait confiée à Vincent pour qu'il la délivre lui-même à Henri IV a disparu dans la seconde version de la biographie de monseigneur Abelly, comme si l'évêque avait craint de révéler que Vincent s'était fait le courrier diligent d'une affaire très personnelle du Béarnais. Cette mission mystérieuse concerne-t-elle la nomination à l'évêché de Metz d'un fils naturel d'Henri IV et de la marquise Catherine Henriette de Balzac, teigneuse rivale de Marie de Médicis, comme on l'a prétendu quelquefois ? Le roi aurait voulu régler l'affaire sur-le-champ. Il est coutumier du fait, puisqu'il a déjà nommé une abbesse de 11 ans, Angélique Arnauld, à Port-Royal-des-Champs, et Charles de Lévis, âgé de 4 ans, évêque de Lodève. Les deux filles d'une autre de ses maîtresses, Charlotte des Essarts, seraient également promues à des âges très tendres abbesses de Fontevraud et de Chelles.

La présence à Metz d'un de ses enfants, en dehors du désir qu'il a sans doute de neutraliser le redoutable clan d'Entragues, peut toucher à la raison d'État : au moment où le siège épiscopal de Strasbourg est aux mains d'un archiduc d'Autriche, il n'est pas indifférent qu'un Bourbon-Verneuil soit nommé à Metz, pour « inspirer le respect à des peuples nouvellement passés sous l'autorité du monarque français, et qui n'étaient pas encore ses sujets[1] ».

Henri IV aurait eu besoin du concours de Sa Sainteté

1. Voir Louis Chatellier, *Le Catholicisme en France*, Paris, Sedes, 1995, tome II, p. 19.

pour la nomination du petit évêque de Metz et se serait indigné que le pape fît traîner l'affaire en longueur. En fait, selon le concile de Trente, les enfants naturels doivent être exclus de la prêtrise, donc à plus forte raison de l'épiscopat. Le pape, tout occupé à sa grande entreprise de rapprochement par mariage des trônes catholiques de France et d'Espagne, fait attendre le roi pour nommer évêque l'enfant naturel très légitimement d'Henriette d'Entragues, que Marie de Médicis appelle « la putane ».

Vincent n'a jamais fait état lui-même de cette mission, pas plus que de sa rencontre avec le Béarnais, qu'il avait toutes raisons d'admirer et de chérir. Rien ne permet d'établir, sinon des rumeurs, le but précis de son retour en France, mais on sait que le jeune Gaston, puis Henri, comte de Verneuil, fils de l'intrigante marquise et du Vert Galant, sera finalement désigné pour Metz, selon le souhait du roi son père. Né en 1601, légitimé en 1603, il sera évêque à 7 ans.

On a pourtant peine à croire que Vincent, jeune prêtre sans mission véritable à Rome, ait pu être mêlé à une négociation de ce genre. « Toutes les recherches effectuées à Paris pour élucider ce point d'histoire, explique Guichard[1], n'ont donné aucun résultat ; pas un document ne parle de cette mission diplomatique du jeune prêtre. » S'il a été chargé d'un message verbal ou écrit pour le roi, rien ne dit qu'il ne s'agissait pas d'une affaire diplomatique courante. C'est donc un mystère de plus dans l'épisode méditerranéen de la vie du saint.

1. Jean Guichard, *Saint Vincent de Paul esclave à Tunis, op. cit.*, p. 124.

CHAPITRE III

# Paris la grand-ville

Il entre dans Paris par la porte d'Italie, en 1608. Il ne connaît pas la capitale, ce « comptoir des merveilles », et n'a pour toute richesse que son habit de prêtre. Il erre d'une rue à l'autre, d'une chambre à l'autre, sans trouver d'établissement, cherchant plutôt la fortune que la foi. Lui a-t-on fait des fausses promesses à Rome ? Quoi qu'il en soit, aucune perspective ne s'ouvre à lui. Il n'a donc d'autre ressource que de s'inscrire en faculté pour y reprendre ses études de théologie.

Il se fixe au faubourg Saint-Germain, à proximité de la nouvelle Sorbonne, qui vient d'engager, grâce au statut reçu du roi en 1600, deux « professeurs royaux » de grande réputation, les savants théologiens d'esprit très novateur André Du Val et Philippe de Gamaches. Il est assuré, en suivant leur cours, d'être initié à la réflexion la plus pointue dans l'esprit du concile de Trente.

Le mouvement général de piété, dont il perçoit autour de lui les marques évidentes, les chantiers de construction des églises et des monastères, ne lui donne guère alors le goût de l'engagement au service de la dévotion et de la charité. Trop absorbé par les difficultés de son installation et de son entrée véritable dans l'Église, il n'a pas encore l'idée de se dévouer corps et biens à la grande cause de la Contre-Réforme, qui fait courir les jeunes gens riches et les femmes du monde.

Il demeure en liaison avec sa famille et n'a nullement oublié ses racines rurales. Peut-être songe-t-il à revoir les pâturages de Chalosse, le cours sinueux de l'Adour, en occupant une cure champêtre ?

Une lettre à sa mère, écrite le 17 février 1610, fait état de ces dispositions d'esprit. S'il prend son sort en patience sur les bords de la Seine, s'il prolonge « le séjour qu'il me faut encore faire en cette ville », explique-t-il, c'est pour « recouvrer l'occasion de mon avancement ». Il compte cependant revoir les siens rapidement. « J'espère tant en la grâce de Dieu, qu'il bénira mon labeur et qu'il me donnera bientôt le moyen de faire une honnête retraite pour employer le reste de mes jours auprès de vous. »

Il s'inquiète des siens. Il a décrit « l'état de ses affaires » à Jean de Saint-Marin, un juge de Pouy, mari de Catherine de Comet et frère d'un chanoine dacquois, qui s'intéresse à la famille Depaul et aux intérêts particuliers de Vincent. « J'eusse bien aimé savoir l'état des affaires de la maison, écrit-il, et si tous mes frères et sœurs et le reste de nos autres parents et amis se portent bien, et notamment si mon frère Gayon s'est marié et à qui. » Il demande des nouvelles de sa sœur Marie, de Paillole son époux, « et si elle vit toujours, et fait une même maison avec son beau-frère Bertrand ». Il n'est en revanche pas inquiet pour son autre sœur, sans doute mieux dotée en terres, qui « ne peut être qu'à son aise ». Il souhaite, écrit-il, que son frère fasse « étudier quelqu'un de mes neveux », sans doute pour qu'il devienne prêtre, comme lui-même, mais regrette de lui donner le mauvais exemple, dans la mesure où il n'arrive à rien dans Paris : « Mes infortunes, confesse-t-il, et le peu de service que j'ai encore pu faire à la maison lui en pourront possible ôter la volonté. Mais qu'il se représente que l'infortune présente présuppose un bonheur à l'avenir. »

Il n'est donc pas découragé, du jour au lendemain un protecteur pouvant lui assurer une position. Il a déjà eu cette chance en rencontrant le vice-légat du pape à Avignon. En attendant, « il prie Dieu sans cesse » pour la santé des siens « et la prospérité de la maison ».

Cette même année se présente l'occasion d'acheter un bénéfice. Sans que l'on sache s'il emprunte de nouveau à la famille Comet, il se porte acquéreur de l'abbaye de Saint-Léonard-de-Chaumes, jadis créée par les moines de Cîteaux, appartenant à l'évêque de Dax. Singulière aventure que cet achat qui ne peut lui donner qu'un titre théorique, puisque l'abbaye est totalement ruinée. L'acte de prise de possession, le 16 octobre 1610, en présence d'un notaire, Gombault de La Rochelle, ne fait pas mystère de la situation[1]. Cette acquisition est reconnue par « une bulle de la cour de Rome scellée à sceaux de plomb à deux faces, en l'une desquelles sont les images de saint Pierre et de saint Paul, et signée de *Paulus Papa Quintus* ».

Le vendeur n'est autre que l'évêque Jean-Jacques du Sault, qui, on le sait, avait succédé aux Noailles en 1598 au siège de Dax. Cet ancien élève du collège des jésuites de Bordeaux, qui avait été premier aumônier de Marguerite de Valois, avait reçu son évêché à l'âge de 29 ans et se séparait de cette abbaye en Saintonge qui ne rapportait rien. On spécifie sur le document que l'église est en ruine, sans aucun autel, un couple de métayers habitant « une maison voûtée en pierre, en laquelle il y a un four et une cheminée faite à claveau de pierre couverte de tuiles ». Telle quelle, l'abbaye a cependant des débiteurs auxquels le notaire royal est censé demander des arrérages de vingt-neuf ans... Le titre d'abbé de Saint-Léonard-de-Chaumes n'est qu'un manteau de misère.

Vincent, abbé en Saintonge, ne quitte pas Paris. Il y vit en modeste provincial, partageant à plus de 30 ans la

---

1. Cité dans la thèse de Dodin sur Abelly, notes et documents, n° 2, p. 1.

chambre d'un « pays », compagnon d'infortune et juge de son état.

« Un jour, malade, il demeure au lit. Le garçon d'apothicaire qui vient, en l'absence du juge, pour médicamenter Vincent, fait main basse sur les écus du propriétaire. Vincent n'a rien vu, mais bientôt il entend son hôte vociférer, l'accuser de vol, le menacer et finalement l'expulser[1]. » Le juge de Sore porte plainte. Vincent ne dit mot pour se disculper, muet sous l'outrage. Il réagit en chrétien, accepte l'humiliation plutôt que de recourir à la violence. L'affaire se règle un peu plus tard, le voleur est découvert et le juge se rétracte.

Vincent, toujours démuni, apparemment sans recommandation, « va trouver gîte rue de Seine, dans une maison où pend l'enseigne de Saint Nicolas ». Il aurait alors fait une rencontre heureuse en la personne de « Monsieur Leclerc de la Forêt [qui] réussit à lui trouver une place parmi les aumôniers de la reine Marguerite. C'est à quelques toises de la royale demeure que loge notre jeune Gascon ». On ignore tout de cet intermédiaire dévoué.

Ainsi, l'engagement de Vincent dans la maison royale serait, en quelque sorte, le fruit du hasard. En fait, Vincent n'a jamais rencontré la reine Margot, même s'il en a entendu parler à Toulouse ou à Dax : l'évêque du Sault avait été, à ses débuts, l'aumônier de Marguerite, la dernière des Valois, et peut-être fut-il l'intermédiaire obligeant qui l'introduisit à la cour de son ancienne protectrice. L'acte de vente de l'abbaye attribue en effet à Vincent de Paul le titre d'« aumônier de la reine Marguerite ». Il est incontestable qu'en l'année 1610 au moins, il est entré à son service. La première personne qui daigne lui confier une charge dans Paris est donc une « reine ». Pour le fils

---

1. André Dodin, *Saint Vincent de Paul et la Charité*, Paris, Le Seuil, 1960, p. 16.

d'un laboureur de Pouy, c'est une position inespérée, quelle que soit la mauvaise réputation de cette fille de Catherine de Médicis et du roi Henri II.

Seule descendante de la dynastie des Valois, elle avait été rétablie dans une position royale, après avoir consenti à l'annulation de son mariage qu'Henri IV avait demandée et obtenue en cour de Rome en 1599. Elle avait, assurait-on, promis de léguer sa fortune au dauphin Louis, héritier du trône. On la disait de nouveau proche et familière d'Henri IV, bien vue de la reine Marie de Médicis et fort attentionnée envers le dauphin.

Pourtant l'image de la reine est encore fort troublée. Très engagée à la fin des guerres de Religion contre son frère Henri III, elle avait longtemps vécu dans le Sud-Ouest, à Jarnac, Nérac et Agen, ville qu'elle avait constituée en place forte pour résister, avec l'appui des Guises et de la Ligue, à Henri III comme à Henri de Navarre. Elle espérait alors le secours d'Henri de Guise et du roi d'Espagne. Chassée d'Agen en septembre 1585 par les habitants, las des excès de ses soudards, elle s'était enfuie en Auvergne, « portée en croupe par le bailli de Lignerac ». Celle qu'-Henri de Navarre appelait alors « la dame aux chameaux », en raison de son opulente poitrine, s'était retranchée dans le fort de Carlat, avant d'être saisie par les soldats du roi Henri III et tenue à résidence dans le château d'Usson, proche d'Issoire, en novembre 1586. Endettée, ruinée par le roi et la reine mère qui avait légué ses biens immenses à son petit-fils Charles de Valois (bâtard de Charles IX, devenu comte d'Auvergne), elle n'avait eu de cesse de rentrer en cour en livrant à Henri IV des renseignements sur ce Valois qui conspirait avec le maréchal de Biron. Le roi s'était rapproché d'elle pour obtenir l'annulation de son mariage, parce qu'il avait d'abord le dessein d'épouser sa maîtresse Gabrielle d'Estrées. Quand il choisit la raison d'État en la personne de Marie de Médicis, Marguerite gagne aussitôt les bonnes grâces de la Florentine, en qui les jésuites de Rome et de Paris placent leur confiance. Henri, par lettres patentes du 29 décembre 1599, a donné à Margot le titre de « reine » : elle récupère son duché de Valois, ses biens du Sud-Ouest, une dotation de 200 000 écus et une pension annuelle de 50 000 écus ; royal remerciement qui lui permet de construire un palais sur la rive gauche de la Seine et d'engager une maison, avec confesseurs, dames d'atour et quatre laquais.

Henri IV n'a pourtant pas consenti de gaieté de cœur à son retour dans Paris. Il redoute « les connivences entre son ancienne femme et les ligueurs aux passions mal éteintes[1] ». Peut-être aussi le scandale, car la quinquagénaire en anachronique vertugadin poursuit, le rouge aux lèvres, sa course galante. Échappant à la peste qui avait frappé sa maison en 1606, elle a ainsi bruyamment pleuré la mort du musicien Dat de Saint Julien, assassiné dans son royal carrosse. Ce très jeune amant était sa passion du moment. Et le Paris des salons, toujours attentif aux frasques de la pétulante Margot, a commenté ce sanglant fait divers.

Énorme, difforme, mais extrêmement coquette, elle mène grand train dans ses palais de Paris et d'Issy, avec une folle prodigalité. Pourquoi se restreindrait-elle, alors que la reine Marie dépense pour sa maison quelque 540 000 livres par an ? Si elle raffole des fêtes et se rend en grand équipage aux réceptions de la souveraine, il ne lui déplaît pas de recevoir des écrivains en vue, Malherbe, Mathurin Régnier et même des libertins comme Théophile de Viau. Prématurément chauve, elle s'affuble « de perruques rutilantes empruntées aux cheveux de ses amants[2] » et se couvre

1. Janine Garrisson, *Marguerite de Valois*, Paris, Fayard, 1995, p. 294.

2. Jean-Pierre Babelon, *Henri IV*, Paris, Fayard, 1982, p. 870.

« d'autant de perles qu'autrefois ». Au sacre de Marie de Médicis, elle a tenu à paraître, une couronne fermée de reine sur le chef et les épaules couvertes d'un manteau parsemé de fleurs de lis. Telle est la protectrice qui a daigné recevoir en sa maison le très provincial et roturier Vincent de Paul.

Aussi n'est-il guère surprenant que ce bref passage du futur saint à la cour de la reine Margot n'ait pas retenu l'attention des hagiographes. Pourtant, elle passe pour charitable et distribue des aumônes. Au temps de la Ligue déjà, elle a fort surpris son monde en faisant étalage de sentiments pieux, multipliant les donations aux pauvres et aux institutions. L'évêque de Digne, Henri le Meignan, qui lui sert alors de directeur de conscience l'a entraînée au pèlerinage de Notre-Dame-de-Bon-Encontre, près d'Agen. Même au château d'Usson, où son équipage est des plus réduits, elle entretient quatre aumôniers. Sur les trois mille ouvrages de sa « librairie » se trouvent beaucoup de traités de théologie, les œuvres de saint Augustin, de saint Thomas et des mystiques espagnols, alors à la mode. On la dit proche de la pensée néoplatonicienne des maîtres de la Réforme catholique. Elle sait être dévote et généreuse. Elle montre aussi de l'inclination, à l'exemple de son ami Antoine du Verdier et de quelques hauts dignitaires ecclésiastiques, pour l'ésotérisme et la kabbale[1].

Grâce à la confiance de Marie de Médicis, dont l'action politique en faveur du clergé romain n'est pas un mystère, elle est autorisée par le pape à créer une fondation sur son domaine parisien. Ainsi les Pères augustins réformés déchaux peuvent-ils dire la messe dans la chapelle des Louanges, « rehaussée d'une coupole et décorée d'une table noire portant une inscription à sa gloire ». Elle a baptisé ce

1. Janine Garrisson, *Marguerite de Valois, op. cit.*, p. 291.

futur monastère, selon la mode de la Contre-Réforme, du nom de la Sainte-Trinité. Elle paye de ses écus le père Amiot, abbé de sa fondation, qui prêchait pour la reine quand elle faisait l'honneur à Marguerite d'entendre la messe dans sa chapelle hexagonale.

Après l'office du matin et la prière aux saints intercesseurs, Margot visite quotidiennement les malades dans les hôpitaux et donne aux miséreux des sommes à vrai dire peu considérables, de l'ordre de 4 écus par jour, qui s'ajoutent aux distributions d'argent aux œuvres et aux institutions, jusqu'à atteindre la somme respectable de 5 700 livres par an.

Ni confesseur ni directeur de conscience, mais simple aumônier chargé de la distribution des secours, Vincent, à partir de 1610, est sans cesse en visite dans les hôpitaux, en compagnie de ses collègues Grosbois et Caillé. Il arrive à Margot, si l'on en croit le chroniqueur Pierre de L'Estoile[1], de faire arrêter son carrosse pour distribuer de l'argent aux pauvres de la rue. Il a vu « plus de cinquante-deux amassés [devant sa porte] se battre pour quelques testons ». Vincent sait que sa bienfaitrice donne quelquefois jusqu'à 40 écus pour des veuves dans le besoin ou des « pauvres honteux », dont l'indigence lui est signalée par quelque personne de qualité pratiquant la charité. Elle se montre particulièrement sensible au malheur des aveugles[2]. À l'hôpital de la Charité, tenu par les religieux des *Fate ben Fratelli* de Rome, dont il connaît le dévouement, il parcourt assidûment les salles où s'entassent les malheureux par groupes de dix ou douze autour d'un lit, grelottant de froid l'hiver faute de bois de chauffe, se partageant le maigre brouet du soir versé dans des écuelles.

1. Pierre de L'Estoile, *Journal pour le règne de Henri IV et de Louis XIII*, Paris, Gallimard, 1960, p. 241.

2. Janine Garrisson, *Marguerite de Valois, op. cit.*, p. 307 *sq.*

Vincent n'est pas associé aux mondanités, ni même aux exercices de piété de Margot. Il n'est pas sûr qu'il ait jamais suivi la reine quand elle passait la Seine pour faire ses dévotions dans les églises de la rive droite : ses laquais transportaient un banc de bois dans une barque et installaient Marguerite au premier rang des fidèles dans la nef de Saint-Merry et de Saint-Germain-l'Auxerrois pour qu'elle pût suivre confortablement les offices, quelquefois aux côtés de Marie de Médicis.

Pierre de L'Estoile raconte encore que, le 3 août 1610, « elle fit le pain béni magnifique à Saint-Étienne-du-Mont [elle l'avait fait cuire par son pâtissier] ayant voulu honorer de sa présence la célébrité de la fête de ladite église qui était à ce jour, auquel même elle posa de sa main la première pierre au fondement d'un portail qu'on y bâtissait, et y donna mille écus ». Cette « religion flamboyante » l'oblige à être présente sur tous les fronts de la dévotion, faisant dire des messes de fondation dans de nombreuses églises de Paris. Cela ne l'empêche pas de donner à son dernier amant, le très jeune Hector Regnault de Durfort, baron de Bajaumont, 1 470 écus de mars à septembre 1608, soit « autant sinon plus que le total des œuvres distribuées pour un an[1] », et de le faire nommer abbé de Bonne-Combe-en-Rouergue, sur ses terres.

Comment en effet ne pas être choqué par le scandale de la pauvreté, au spectacle de la rue dans Paris, qui abrite alors près de 500 000 habitants, dont la plupart s'entassent dans des quartiers sordides, dépourvus de toute hygiène ? Vincent connaît déjà la misère, pour l'avoir rencontrée dans la foule marseillaise où se mêlaient les bagnards au travail, les immigrés sans ressources, en proie aux fièvres, à la faim, les réfugiés slaves et grecs, les Arméniens faméliques.

1. Janine Garrisson, *Marguerite de Valois, op. cit.*, p. 312.

Il découvre à Paris la pègre de Notre-Dame, les mendiants du Temple, le désœuvrement des soldats sans guerre, des paysans sans terres, des errants de toutes origines que les libéralités des grands et l'assistance des clercs ne pouvaient satisfaire. L'absence de soins réels et de consolations religieuses dans l'hôpital de la Charité, si proche de l'hôtel de la reine Margot, lui donne à réfléchir, même s'il est témoin de la volonté royale de secourir les malades et les indigents. Henri IV encourage les institutions charitables et finance les constructions, comme celle du futur hôpital Saint-Louis, dont les murs sortent de terre. La peste exige alors des locaux toujours plus vastes, et l'Hôtel-Dieu est insuffisant. Sainte-Anne est en projet, au sud de Paris. Pendant les années 1604-1608, la peste a tué d'innombrables Parisiens, « elle jouait, écrit Pierre Chaunu, à cache-cache d'un quartier à l'autre ».

Le roi a eu pour premier souci de maintenir la paix civile et religieuse depuis l'édit de Nantes, contesté à la fois par les protestants et par les anciens ligueurs, ces ultracatholiques puissamment aidés par les curés de Paris et par quelques ordres religieux, tels que les Capucins. Le roi se doit de faire plus de concessions aux ultras qu'aux huguenots, parce qu'ils sont les plus agités, les plus dangereux. À l'extérieur, s'il maintient sa politique d'union avec les puissances protestantes d'Europe, il s'est rapproché des milieux ligueurs de la capitale, à qui il fait des grâces, leur promettant notamment le retour des Jésuites à Paris, qu'ils demandent avec insistance.

Telle sera la deuxième découverte de Vincent de Paul dans la capitale : si le service de Marguerite lui a fait toucher du doigt la misère de la rue et l'insuffisance des institutions de charité, il s'étonne qu'en 1610 la paix publique soit toujours menacée pour des raisons religieuses. Lui a-t-on raconté l'affaire de Marthe Brossier, survenue en mars

1599 ? Elle est, parmi d'autres, le signe alarmant de l'état d'agitation dans lequel vit l'opinion.

Rien de plus banal que la « possession » de cette jeune femme de 26 ans enlevée dans sa ville de Loches, parce qu'elle a « le diable au corps », et exorcisée à Sainte-Geneviève par les capucins et les médecins de la Faculté sous l'autorité de Gondi, l'évêque de Paris. Les cas de ce genre sont alors si nombreux que le roi a dû faire interdire les exorcismes par arrêt du Parlement, parce qu'ils menacent l'ordre public. Deux prédicateurs, le capucin Dupuys et le professeur de théologie à la Sorbonne Duval, ont protesté contre cet excès de pouvoir : « catholiques zélés », ils sont « admonestés ». Le Paris ligueur se réveille. La possédée n'a-t-elle pas entendu le diable lui dire : « Tu seras cause que je perdrai mes huguenots » ?

On craint alors un début d'agitation contre l'édit de Nantes, fondement de la paix religieuse. Les dévots, pour la plupart anciens ultras, témoignent avec fracas en faveur de la possédée exorcisée et veulent conduire la malheureuse à Rome. Le cardinal d'Ossat a dû intervenir pour empêcher qu'on la présente au pape. Un pamphlétaire d'occasion, Pierre de Bérulle, a pris parti contre le médecin Marescot, qui nie les cas de possession et particulièrement celui de Marthe Brossier. Il a attaqué ensuite le « sauf-conduit de la liberté publique » qu'est l'édit de Nantes, qui protège les hérétiques, ainsi que les « libertés de l'Église gallicane » qui asservissent les catholiques au roi. Cet écrivain alors peu connu du public considère comme dramatique le combat spirituel dans les cas de possession et tient les œuvres du diable pour responsables de la perte de la foi.

Vincent a-t-il lu son *Traité des Énergumènes*, qui évoque l'existence dans Paris d'un parti des dévots opposé au roi ? Ainsi, les catholiques « politiques » envoyés d'Henri IV à Rome, sincèrement attachés à la tolérance religieuse, ceux que Vincent a connus, ne représentent pas la seule tendance de la mouvance chrétienne orthodoxe. Par ce texte, on apprend que les catholiques modérés, les amis du roi, comptent de sérieux adversaires au sein du pouvoir et, dans la haute société, des ennemis assez puissants pour oser se manifester dans la capitale. La pensée religieuse nourrit donc des conflits secrets qui ne demandent qu'à s'étaler au grand jour et peuvent conduire plus tard peut-être, si le roi n'y prend garde, à de nouvelles prises d'armes. Ainsi, on critique fort les alliances européennes qu'il s'apprête à nouer avec les États protestants contre le roi d'Espagne et les Habsbourg d'Autriche, à propos de la succession de Clèves. Le front des ligueurs risque-t-il de se reconstituer ? Les « catholiques zélés » saisissent tous les prétextes pour manifester leur opposition, se disent scandalisés par la liberté de religion instaurée par l'édit de Nantes.

La politique d'Henri IV n'a pourtant pas changé, et il garde ferme sa volonté de désarmer les passions. Le « pape des huguenots », Duplessis-Mornet, son conseiller écouté, juge ainsi le roi : « Il est toujours lui-même, écrit-il, au fait de la religion, lui-même d'autre part pour ses plaisirs ; l'un me console, quand je vois qu'il n'est pas honteux de l'Évangile du Christ ; l'autre m'afflige, quand je vois qu'il fait honte à la profession de cet Évangile. » En fait, le Béarnais tente de concilier l'exigence de tolérance avec un appui de plus en plus marqué à la Réforme catholique. Il encourage sans vergogne les campagnes de conversion et s'intéresse de près au jeune Bérulle, qui entre en sa chapelle dès 1599, malgré la publication du *Traité des Énergumènes*. Le roi songe d'abord à s'attacher cet esprit brillant pour le mettre au service de sa politique.

Pierre de Bérulle, proche du père Coton, confesseur royal et protecteur des dévots, travaille alors dans l'ombre du puissant cardinal du Perron et tâche de convertir les gentilshommes protestants. Le roi le connaît suffisamment de réputation pour lui demander conseil et pour lui confier l'éducation religieuse du dauphin Louis. La politique d'Henri IV reste donc de faire confiance aux dirigeants de la Contre-Réforme inspirés par le pape et soutenus par Marie de Médicis.

Ainsi, dès le début des années 1600, bien avant la régence de Marie de Médicis et le règne personnel de Louis XIII, la Contre-Réforme catholique semble avoir pris possession de Paris, bien que le roi en surveille constamment les principaux acteurs pour éviter toute provocation et rasséréner ses anciens amis huguenots, ainsi que le parti des catholiques gallicans hostiles à l'intrusion dans le royaume des créatures et des mots d'ordre du pape.

Sans renoncer en rien à ses prérogatives de monarque dans les nominations ecclésiastiques, Henri IV soutient de ses crédits le mouvement de rénovation de l'Église, comme s'il jugeait qu'il était le seul à pouvoir rétablir pacifiquement l'unité religieuse du royaume, en opposant aux huguenots un clergé irréprochable, gagné aux principes de la réforme tridentine et susceptible de les convaincre de suivre son exemple et de revenir au culte catholique.

Dans ces conditions, Vincent ne peut qu'aimer le roi, qui souhaite rétablir en profondeur la paix de l'Église et qui a commencé à manifester son désir de concorde avec Rome en facilitant le retour des Jésuites. Il avait découvert, dans la ville papale, la puissance de la Compagnie de Jésus, qui n'avait pour tâche, selon ses dires, que la propagation de la foi, faisant profession de s'abstenir dans les États de tout engagement politique. Il était donc fort satisfait du crédit qu'accorde le Navarrais à ces soldats du Christ, un ordre créé par le pape, étroitement soumis à ses directives : n'est-il pas sur le point de devenir un allié du pouvoir à Paris ? Il veut croire que les Jésuites, comme jadis les Dominicains, n'ont pour but que de combattre les hérésies, alors qu'ils sont en fait un des pions majeurs sur l'échiquier de la politique intérieure, puisqu'ils permettent au roi d'espérer un retour définitif à la concorde par l'élimination des « catholiques zélés » ou par leur intégration, à condition que les bons Pères, dirigés par le général Claude Acquaviva, se soumettent franchement à son pouvoir. Quoi qu'il en soit, Henri IV accepte qu'ils reviennent en France afin de reconquérir pacifiquement la société et, par là même, permettre le retour à l'unité de la confession. Leur œuvre d'enseignement et de prédication, qui échappe à l'autorité des évêques, leur confère une grande liberté d'action. Cependant, le roi a pris la précaution, dans l'édit de Rouen de septembre 1603 qui les autorise à rentrer dans le royaume (en particulier dans certaines villes du ressort du parlement de Paris, qui mène la guerre contre eux), de préciser que leurs supérieurs doivent tous être français et jurer de n'entreprendre rien contre la paix publique. Ils sont en outre tenus de fournir au roi un envoyé permanent qui soit un prédicateur de talent. Le père Coton, choisi comme otage bénévole, fascine alors la Cour par la qualité de ses prêches, auxquels Vincent de Paul ne peut espérer assister, étant un inconnu dans Paris la grand-ville.

Le roi a ouvert solennellement, en 1604, le collège de La Flèche, qui comptera René Descartes parmi ses étudiants, et le collège de Clermont, où nobles et notables parisiens intriguent pour faire recevoir leurs enfants. Les Pères de La Flèche enseignent aux jeunes gens les pratiques de la charité, les menant « dans les chaumières, les hôpitaux, les prisons », répandant « de grandes aumônes ». Les collèges sont rétablis dans tout le royaume, et certaines villes comme Rennes, Moulins, Rouen, qui n'en avaient pas, s'en voient brusquement dotées grâce à la libéralité des notables et au soutien royal. Le parlement et l'université de Paris résistent de leur mieux, mais le roi impose ses décisions. Le retour des Jésuites, véritable amorce de la Contre-Réforme, est donc réalisé dès les années 1603-1610, avant l'assassinat d'Henri IV. Il leur est défendu de disposer de leurs biens ou de recevoir des héritages sans la permission du roi, cette disposition réduisant au silence la protestation des ordres et des chapitres qui craignent d'être dépossédés des précieux legs des fidèles. « Assurez votre général, dit Henri IV au père Barisone, que je suis jésuite au-dedans, je le suis de robe courte. » Les instructions données au père Coton par le général Acquaviva sont « d'éviter de passer dans l'opinion pour un homme dont le pouvoir est grand et qui gouverne à son gré le monarque ». Le roi a une telle confiance dans le père Coton qu'il l'a chargé, avec le marquis de Souvré, de l'éducation morale et religieuse du dauphin Louis, enfant du miracle dont la naissance a été saluée dans le royaume par des cris de joie, car il assure la pérennité de la dynastie des Bourbons.

Les Jésuites ont en charge la prédication et la reconquête en pays huguenot. L'extraordinaire dynamisme de la poussée catholique dans le Sud-Ouest est en partie leur œuvre : outre les établissements de la Compagnie à Toulouse et Bordeaux, s'ouvrent, les années passant, les collèges d'Agen, de Rodez, de Périgueux. Jean Gontery, jésuite de choc, prêche à Cahors. Rien n'est négligé pour reconquérir l'Aquitaine. Une nouvelle province de la Compagnie est créée à Toulouse en 1608, un noviciat s'ouvre à Bordeaux en 1611. Les évêques et archevêques du Sud-Ouest soutiennent le mouvement, nullement contrarié par les parlements. Valernod, l'évêque de Nîmes, appelle lui-même les Pères pour qu'ils combattent dans sa ville l'influence prépondérante, écrasante, de l'académie protestante.

Le mouvement gagne tout le royaume. Une dame d'œuvres, la marquise de Maignelais, sœur de l'évêque Gondi, offre 1 000 livres pour fonder un noviciat à Montmartre, où Ignace de Loyola et ses compagnons ont prononcé leurs premiers vœux. Madeleine Lhuillier de Sainte-Beuve la rejoint. Son confesseur, le père Gontery, se dépense sans compter pour prêcher dans toutes les provinces. Le roi intervient sans cesse pour réunir les fonds nécessaires. Ainsi est-il conduit à tancer le jeune évêque de Luçon, Armand du Plessis de Richelieu (sacré à Rome en 1607, à 21 ans) : « Souvenez-vous, lui dit-il en une autre occasion, que vous êtes appelé à travailler et non à prendre vos aises. »

Il lui demande de l'aider à trouver 12 000 livres pour ouvrir un collège à Poitiers, terre protestante. Il agit de même à Caen, où les huguenots sont nombreux et bien organisés. Il encourage les prédicateurs de la Compagnie à prendre la parole dans les réduits huguenots, à La Rochelle, à Dieppe et même, comme le père Bayle, dans le Béarn. Le Navarrais consent à laisser les prêtres revenir sur les terres d'Albret, naguère réformées par sa mère Jeanne. Il lui arrive cependant de recommander vertement la modération à leurs prédicateurs, quand ils sortent des limites de la tolérance. Ainsi, le jésuite Gontery a osé, devant la Cour, attaquer violemment les protestants, sans ménager le roi lui-même, ni son ministre huguenot Sully. Henri lui défend de prêcher dans Paris hors de sa présence.

Les Jésuites contribuent donc de tout leur poids à la Contre-Réforme et au développement des ordres religieux, particulièrement des Chartreux, des Dominicains et des Récollets. Le père Coton a demandé l'aide de la reine pour que ces derniers puissent fonder un couvent dans le faubourg Saint-Martin, à Paris. Grâce à leur soutien, une dévote fort active, Mme de Beauvilliers, réussit à faire réformer l'abbaye bénédictine de Montmartre, livrée jusque-là aux plus criants abus. Les Pères se mettent bientôt, la joie au cœur, à la disposition des fondateurs du Carmel français.

L'un des plus actifs propagateurs de la congrégation nouvelle est Pierre de Bérulle, l'auteur du *Traité des Énergumènes*, un ancien élève du collège de Clermont, agent de la Compagnie à Paris pendant son exil, à laquelle il a été affilié par le général Acquaviva en 1600[1]. Il a fait ses exercices spirituels en 1601 dans la maison des jésuites de Verdun, sous la direction du père Maggio. Le jeune prêtre, ami du père Coton, est alors considéré comme l'un des introducteurs des carmélites espagnoles dans le royaume, à l'instigation directe des Jésuites et de Rome.

Le Paris du début du siècle est en effet touché par une vague de mysticisme sans précédent, qui surprend les jésuites eux-mêmes, fidèles gardiens de la foi orthodoxe du concile de Trente. En 1604, six carmélites, dont certaines ont connu Thérèse d'Avila, s'y sont installées, porteuses de la mystique espagnole : un mouvement prend naissance, qui gagnera la France entière.

Depuis le XVe siècle, les confréries et les observances nouvelles multiplient dans la chrétienté les chemins de croix, la dévotion aux cinq plaies, et déjà, bien avant la Réforme, au cœur de Jésus. Depuis le XIVe siècle, l'approfondissement du christianisme intérieur est la règle dans certains cercles, en relation avec les chartreux de Cologne, Tauler, Suso, Ruysbroeck et Harphius. Ces religieux protestent contre le « carnage d'âmes » qui frappe les rangs des fidèles éloignés de la vraie foi par des pratiques indignes. Ils veulent très simplement restaurer la prière intérieure et ne sont pas sans influencer les jésuites en quête d'une nouvelle spiritualité. Mais cette tendance, comme celle des mystiques espagnols, n'a guère d'audience dans la masse des fidèles : elle concerne seulement les moines et les religieuses.

En Espagne, la lecture des œuvres d'Érasme pousse le mysticisme jusqu'à une dangereuse illumination, qui porte les âmes directement vers Dieu, sans considérer aucun lien

1. Jean Dagens, *Bérulle et les origines de la restauration catholique*, thèse de doctorat es-lettres, Paris, Desclée de Brouwer, 1952, p. 180.

temporel, pas même l'incarnation du Sauveur. En Italie, l'Oratoire de l'Amour divin provoque la naissance de nouveaux ordres qui se donnent la réforme du clergé pour objectif, et surtout l'engagement dans la lutte après Charles Borromée, le cardinal de Milan, et Philippe Neri, qui donnent le ton à la Réforme catholique et suscitent l'admiration passionnée des voyageurs français. Même si la Contre-Réforme romaine reste, comme le note Alphonse Dupront, « largement mondaine », élaborée « dans ces groupes pieux » qui ne sont pas « nécessairement légions[1] », certains cercles de fidèles sont profondément remués par le mouvement. Charles Borromée vient d'être canonisé quand Vincent de Paul entre dans le corps des aumôniers de Margot. L'idée commune aux Italiens, aux Rhénans et aux Espagnols est celle de l'« adhérence à Dieu ». Il n'est plus question de rechercher la foi dans une autre démarche que celle du pécheur décidé à « se perdre dans le Christ ».

Ainsi, l'« invasion mystique » (d'après les termes de Jean Dagens) qui touche la France en ce début du XVII$^{e}$ siècle vient de loin. Elle a pour source essentielle les traductions d'auteurs étrangers, allemands, italiens, espagnols, que Vincent peut consulter dans la bibliothèque de la reine Margot, toujours férue de livres de piété. À Paris même, Barbe Avrillot, fille de Nicolas, maître des comptes, et de Marie Lhuillier, parente d'un prévôt des marchands, a déjà gagné sa réputation de grande mystique. Elle a épousé un officier royal, Pierre Acarie, et lui a donné six enfants.

Fort engagé dans la Ligue (il était membre du conseil général de l'Union et le chroniqueur Pierre de L'Estoile l'appelle dans ses Mémoires le « laquais de la Ligue »),

---

1. Alphonse Dupront, « Autour de saint Philippe Neri », *Mélanges d'archéologie et d'histoire*, tome XLIX, p. 219-259.

l'homme a dû s'exiler à l'entrée d'Henri IV et ses biens ont été hypothéqués. Restée seule dans Paris pour y élever ses enfants, Barbe s'est orientée vers la spiritualité. Pendant l'exil de son mari, elle s'est installée, avec sa servante Andrée Levoix, chez sa riche et puissante parente, Mme de Bérulle, épouse d'un parlementaire, née Louise Séguier et nièce du futur chancelier de France. En 1597, le roi, soucieux d'apaiser les querelles et de désarmer les ligueurs par une politique de pardon, a autorisé Acarie à s'installer à Ivry, où son épouse l'a rejoint. Peu après, ils sont rentrés dans leur hôtel parisien, voisin de celui des Bérulle.

Barbe Acarie a beaucoup lu Ruysbroeck et s'est fait traduire les ouvrages de Thérèse d'Avila. Elle connaît elle-même des extases mystiques, et les religieux de son cercle la comparent à Catherine de Gênes. Le père Coton, qui a fréquenté assidûment son hôtel, a dit d'elle qu'« elle avait les stigmates en son corps, de telle manière qu'en certaines heures et signamment les vendredis, samedis, et jours de carême, elle sentait d'extrêmes douleurs ès pieds, ès mains, au côté et en la tête, comme qui les aurait percés et l'aurait suspendue ». Illustration du surnaturel, elle impressionne fort son entourage, bientôt inspiré par son exemple. Benoît de Canfeld, le capucin anglais, son premier directeur de conscience, et Dom Richard Beaucousin, un chartreux épris des mystiques du Nord, attachent une grande importance à ses expériences qu'ils cautionnent de leur immense prestige de contemplatifs.

Au cercle Acarie, ces moines réformateurs sont entourés de prêtres comme Gallemant ou Jean de Quintanadoine de Brétigny, mais aussi de professeurs de théologie comme André Duval, commentateur de saint Thomas, qui veut faire de la Sorbonne un centre actif de la spiritualité nouvelle, avec Eustache de Saint-Paul et Philippe Cospeau. Ces capucins et sorbonnards ont été fort engagés dans les combats de la Ligue, par fidélité au pape et par haine des huguenots.

Le père Coton, le ministre Villeroy et le futur ministre Marillac, introduits dans l'hôtel d'Acarie, ont travaillé à les réconcilier avec le pouvoir.

Pierre de Bérulle est naturellement devenu un familier des lieux. Il assiste en voisin aux séances de réflexion spirituelle et travaille à la grande œuvre de réformation des ordres. Il écrit alors, à l'instigation de Dom Beaucousin, un *Bref Discours de l'Abnégation intérieure* qui expose une méthode pour approcher du Christ par l'indifférence au monde, par un « anéantissement consenti ». Il décrit « une ascension spirituelle » qui conduit les âmes, « par voie de dépouillements successifs, à la réduction complète du moi humain et à l'union avec Dieu[1] ». Il est, selon la formule de Tauler, « comme un agneau devant celui qui le tond ». On peut penser que la doctrine réformatrice et la formulation nouvelle de la foi dont fait étalage le premier ouvrage du futur cardinal lui sont venues pendant les années où il a fréquenté assidûment le salon de Barbe Acarie.

Bérulle était aussi éloigné que possible, de par sa naissance et son milieu, du paysan Vincent Depaul, et les chances d'une rencontre entre ces deux personnages étaient des plus faibles. Le père de Bérulle était de noblesse de robe, mais l'un de ses ancêtres s'était illustré à la bataille de Crécy pendant la guerre de Cent Ans. Sa mère, Louise Séguier, était la fille d'un président à mortier. Au collège de Bourgogne, puis au collège des jésuites de Clermont à Paris, il a fréquenté les fils des plus riches et puissantes familles. À la Sorbonne, il a été l'élève de Duval et de Gamaches. Et, malgré son jeune âge, il entretient des relations personnelles avec le ministre Villeroy ou le père jésuite Maggio, qui l'associent à leur politique. Pour patronner la congrégation du Carmel, il a obtenu le

---

1. *Ibid.*, p. 144.

concours de Catherine d'Orléans, duchesse de Longueville. Par son milieu, il entretient des relations suivies avec les têtes aristocratiques de la Réforme, très souvent des femmes : Antoinette d'Orléans, marquise de Belle-Isle, avait ainsi réformé Fontevraud et fondé les Filles du Calvaire. Dans l'affaire des Carmélites, Pierre de Bérulle ne sera qu'un intermédiaire actif. Mais malgré son inexpérience, c'est lui qui conduira la négociation à la cour royale d'Espagne.

Il apparaît donc possible, au XVII^e^ siècle, de renouveler l'approche mystique de Jésus-Christ qu'ont connue les premiers croyants, les saints fondateurs de la foi, les missionnaires de l'antique chrétienté, comme Aldegonde et Martin. Le pouvoir thaumaturgique semble de nouveau à portée des hommes et des femmes. Le temps des saints est revenu. Il suffit de se mettre à l'écoute du Seigneur.

Pour attirer en France les religieuses carmélites d'Espagne, le capucin anglais Benoît de Canfeld, un anglican converti, ne manque pas de souligner que les visions de la « belle Acarie » sont bienheureuses, puisqu'elles lui permettent de voir la Vierge, le Christ... et sainte Thérèse. En 1601, Jean de Quintanadoine de Brétigny publie une traduction des œuvres de la carmélite espagnole, où chacun peut découvrir les phases de son illumination, décrites avec précision et simplicité : un chérubin « d'une très grande beauté » lui est apparu.

« Je voyais dans ses mains, écrit-elle, un long drap en or, avec au bout de la lance un peu de feu. Je croyais sentir qu'il l'enfonçait dans mon cœur à plusieurs reprises ; il m'atteignait jusqu'aux entrailles ; on eût dit qu'il me les arrachait en les retirant, me laissant tout embrasée d'un grand amour de Dieu... Ce n'est pas une douleur corporelle, mais spirituelle... c'est un duo si tendre entre l'âme et Dieu que je le supplie d'en donner un avant-goût à ceux qui penseraient que je mens », prenant soin de préciser, à l'intention des futures élues : « Il est clair que l'extrême perfection ne se trouve pas dans les régals intérieurs, ni dans les grandes extases, ni dans l'esprit de prophétie, mais bien dans une telle conformité de notre volonté avec celle de Dieu qu'il nous suffise de comprendre qu'il veut quelque chose pour que nous le voulions de toutes nos forces. »

Cette dynamique de la foi, inspirée par la volonté de communier avec le corps du Christ dans le mariage mystique, n'est rien d'autre, dit Thérèse avec simplicité, « qu'un commerce d'amitié où on s'entretient souvent et intimement avec Celui dont nous savons qu'il nous aime ». Pour atteindre cette perfection, la sainte a choisi la vie des moines retirés dans les grottes du mont Carmel, en Palestine, au XIIIe siècle. Établi rue Saint-Jacques en 1604, le premier carmel, dit de l'Incarnation, parle à l'imaginaire des dames du monde en mal d'extases.

Les religieuses, dont certaines ont prié avec sainte Thérèse, sont reçues en grande pompe par les demoiselles de Longueville et d'Estouteville, et par Mme Acarie accourue en carrosse. Bérulle est à cheval, « lequel avait une housse si bien équipée qu'il semblait bien un grand prélat ». Le père Coton demande aussitôt à la sœur Anne de Saint-Barthélemy, religieuse converse formée par sainte Thérèse, de prendre le voile noir au deuxième carmel, fondé à Pontoise. Elle a eu des visions : « Pendant neuf jours, déclare-t-elle, le Seigneur, d'une beauté ravissante, m'apparut deux ou trois fois. Il me dit... prends courage, il faut que la chose se fasse. » Anne de Jésus, autre sœur proche de Thérèse, ouvre un nouveau carmel à Dijon. Au premier bourg où elle a fait halte, elle se croit en pays huguenot, attendant presque le martyre. « Je vis le Très Saint Sacrement indignement traité, écrit-elle, la sainte hostie elle-même fourmillait de vers... Presque tous les habitants de ces villages étaient des hérétiques ; c'est ce qu'on voyait bien du reste à leurs visages, car ils avaient vraiment des figures de condamnés. »

Un mouvement est lancé, qui gagnera les élites de tout le royaume. La reine Marie de Médicis devient une habituée du carmel de la rue Saint-Jacques, où Judith de Bellefond, une dame de sa cour, prend le voile noir. Barbe Acarie elle-même sera carmélite, sous le nom de Marie de l'Incarnation. Gaston de Renty, le futur supérieur de la très influente Compagnie du Saint-Sacrement, aura pour directrice de conscience la mère Marguerite, du couvent de Beaune, et la sœur du futur chancelier Séguier entrera à Pontoise. Un réseau se constitue ainsi dans la haute société, où l'adhésion mystique va de pair avec la volonté, en créant des modèles, de susciter les adhésions, les dons et legs, les contributions de toutes sortes, afin d'avoir les moyens de convertir, de créer des dévotions et de regagner, de proche en proche, l'ensemble de la société au christianisme. Les mystiques servent ainsi de référence, par l'ardeur de leur foi, à tous ceux qui rêvent d'un puissant mouvement de reconquête des âmes, animé par la charité.

Les créations de monastères et de couvents, ou la réforme des anciens, sont l'œuvre des dames aristocrates qui couvrent de leur nom les fondations à l'instigation des Pères, souvent jésuites, de leur entourage. Elles délèguent parfois leurs propres enfants, entrés dans les ordres, pour les diriger, s'y retirent elles-mêmes à l'occasion, quand elles atteignent un niveau suffisant de spiritualité. Ainsi, la comtesse de Sainte-Beuve, inspirée par les jésuites et quelques pieuses personnes, permet d'introduire à Paris, en 1606, la congrégation des Ursulines, chargées de l'éducation des jeunes filles.

Certaines fondations sont aussi largement provinciales, et leurs animatrices ne se mêlent nullement à la vie parisienne : celle des Filles de Notre-Dame est l'œuvre de la Bordelaise Jeanne de Lestonnac. Nièce de Montaigne, elle est dirigée et inspirée par le jésuite Jean de Bordes qui prétend avoir reçu pendant le saint office un avertissement du ciel lui désignant clairement la jeune fille, agenouillée au pied de l'autel, pour créer un enseignement féminin. Le jésuite s'afflige vivement des ravages causés par l'hérésie parmi les filles de la noblesse, privées d'écoles catholiques, et, à son instigation, Jeanne se sépare des siens pour entrer en religion. Le projet est mené à bien, à Bordeaux, par le cardinal de Sourdis. Aucun secours ne vient de Paris, ni conseils, ni conseillers. Jeanne de Chantal, avec qui François de Sales fondera, en 1610 à Annecy, le premier monastère de la Visitation, est la fille d'un président au parlement de Bourgogne. Sans avoir jamais résidé à Paris, elle quitte Dijon pour suivre l'évêque en Savoie.

La foi est cependant la plus vive parmi les dames de la haute société parisienne, et le mouvement mystique y fait chaque jour de nouveaux adeptes. Angélique Arnauld, une abbesse de 16 ans issue d'un puissant milieu parlementaire parisien, refuse de recevoir ses parents en son monastère de Port-Royal-des-Champs, pour donner à ses consœurs l'exemple du respect de la « clôture », de la rupture avec le monde. La jeune fille n'est pas seule. Elle a pour conseillers, entre autres, le jésuite Jean Suffren et le capucin Archange de Pembroke. Cette « journée du guichet » du 25 septembre 1609 a défrayé la chronique et défini un nouveau modèle, en plein Paris.

Le roi encourage d'abord le mouvement : de même qu'il a laissé rentrer dans le royaume les Jésuites et rouvrir leurs collèges, il soutient l'installation des sœurs espagnoles, répondant ainsi aux vœux du pape qui souhaite une alliance des deux puissances catholiques. Il contente en même temps la demande pressante de l'évêque de Genève en résidence à Annecy, François de Sales, qui a prêché au Louvre le carême de 1602.

L'un des personnages phares de la dévotion moderne,

fort connu dans Paris, où il ne réside pas mais où il est un familier des dames d'œuvres en raison de ses livres de piété, est en effet François de Sales. Ce grand seigneur de l'Église, titulaire des meilleurs diplômes, ancien élève des jésuites du collège de Clermont et de l'université de Padoue, docteur en droit, s'est d'abord donné pour mission de « reconquérir Genève ». Militant de la Contre-Réforme, il a fait merveille en Bugey, au point qu'il est appelé à négocier à Paris le statut religieux de cette province que vient d'abandonner au roi le duc de Savoie. La Cour le découvre à cette occasion en 1602, comme lui-même découvre Paris.

Le roi aime la douceur de ses prédications et vante son « esprit solide, clair, résolutif, point violent, point impétueux ». Il tient que le retour à la foi doit passer par l'assistance aux pauvres, un discours qui aurait pu émouvoir Vincent, confronté quotidiennement au spectacle navrant de l'hôpital de la Charité. Pour triompher de la concurrence calviniste, l'ancien coadjuteur de l'évêque de Genève, évêque *in partibus* de Nicopolis, prévôt de Saint-Pierre de Genève, ville dont il devient le prélat en titre le 8 décembre 1602, est convaincu que seul un retour augustinien à la foi intérieure, profonde, dépouillée des oripeaux de la superstition médiévale et du célébralisme baroque, peut faire revenir le peuple à la messe. Il devait publier en 1608 l'*Introduction à la vie dévote*, convaincu que l'exemple, et non la controverse, permet les conversions. La société tout entière doit faire montre de vertu et s'amender au contact de l'Évangile. « C'est une hérésie, écrit François, de vouloir bannir la vie dévote de la compagnie des soldats, de la boutique des artisans, de la cour des princes, du ménage des gens mariés. Où que nous soyons, nous pouvons et devons aspirer à la vie parfaite. » Selon lui, seul l'engagement des laïques dans le mouvement de réforme peut assurer un succès aux armes du Christ. L'action des catholiques ne doit pas se borner à l'assistance aux offices, à la confession et à la communion. Ils doivent mener le combat sur les lieux de travail, dans la vie publique et même politique. « François de Sales est un de ceux qui ont contribué le plus efficacement à abaisser toute barrière entre le sacré et le profane[1]. » Il estime que de simples laïques, pourvu qu'ils soient entraînés à la pédagogie spirituelle, sont capables de répandre la bonne parole, les œuvres ou les livres pieux. Il ne recherche ni des conversions exceptionnelles ni la définition d'un itinéraire conduisant à la perfection et aux visions mystiques, et se contente plutôt de « simples regards », de paroles douces, l'oraison impliquant, à un niveau plus avancé, « un entier abandonnement » à la sainte volonté de Dieu. Cet « anéantissement » est alors prôné à la fois par les mystiques et par les réformateurs, au nom de la recherche de Jésus-Christ, préalable indispensable à l'action sur le monde laïque.

Il existe cependant un obstacle à l'engagement dans la société des Visitandines et des Ursulines : le concile de Trente a renforcé l'obligation de la « clôture ». Les moniales ne doivent, sous aucun prétexte, sortir des murs de leurs couvents. Même les sœurs grises de Lorraine, qui assistent les malades dans les hôpitaux, ont été cloîtrées. L'assistance, de même que l'enseignement, ne se conçoivent pas en dehors des enceintes. Aussi l'évêque de Genève doit-il renoncer à dépêcher ses Visitandines au service des pauvres. À quoi bon introduire dans Paris les épouses du Christ venues d'Espagne, les fiancées célestes du saint homme dans les murs de la citadelle calviniste, si elles ne peuvent jamais rencontrer la population souffrante ?

François de Sales fait école dans Paris. Dans ce contexte de profond renouveau mystique et religieux, la figure de

1. René Taveneaux, *Le Catholicisme dans la France classique*, Paris, Sedes, 1994, p. 405.

Pierre de Bérulle est incontournable. La fondation des Carmélites le fait en effet connaître et apprécier pour ses qualités de négociateur. On lui propose alors un évêché. Il hésite, demande conseil à Barbe Acarie, à la sœur Anne de Saint-Barthélemy, du Carmel. Il refuse finalement, après avoir consulté François de Sales. En fait, il a en tête la création d'un ordre nouveau, l'Oratoire, version française de l'ordre italien. Depuis 1605, il se demande s'il est possible de fonder une congrégation de prêtres qui puisse réformer en profondeur le clergé séculier. Alors que César de Bus et François de Sales ont renoncé à s'engager dans cette voie, Pierre de Bérulle s'y décide, bien que « son naturel soit fort opposé au commandement », comme le souligne Anne, la carmélite. Depuis 1608, il vit en communauté avec une poignée de prêtres et réfléchit avec eux. « Je ne manque pas de recommander votre affaire à Dieu, lui écrit Anne[1], je parle de la congrégation. Je crois très fermement que c'est l'affaire à laquelle Dieu vous veut employer, car il est visible qu'il a jeté les yeux sur vous. Je souhaite beaucoup que vous ne refusiez pas ce travail. »

Gondi, l'évêque de Paris, l'encourage dans ce projet. Anne de Saint-Barthélemy insiste également. Elle espère que sa fondation, le futur Oratoire, s'apparentera au Carmel. Elle affirme que dans une vision « d'une grande lumière » elle a vu des manteaux blancs, et Bérulle au pied de la Croix. Elle l'incite donc à se retirer du monde, et l'insistance de cette « âme illuminée » le décide, lui qui ne ressent pas l'inspiration divine.

Il estime avoir rassemblé les éléments d'une doctrine qui place le Christ, comme un soleil, au centre de tout. Sachant que les futurs prêtres de l'Oratoire auront à convertir, non seulement les protestants, mais aussi les catholiques « sus-

---

1. Jean Dagens, *Bérulle et les origines de la restauration catholique, op. cit.*, p. 220.

pects et mal sentants de la foi », il juge essentiel de leur apprendre la « science des saints », puisée dans la lecture de saint Augustin et des Pères. Bérulle n'est ni philosophe ni théologien, mais pénétré de la lumière du Christ, de sa « charité suréminente ». Cette science doit refléter l'obéissance des croyants aux vérités de l'Écriture et permettre de les initier au passage du visible à l'invisible. Les « lumières de l'oraison » sont des vérités intérieures, que chacun doit rechercher en lui-même. Au-delà de l'âme et de la raison, il s'agit d'atteindre la cime de l'âme, *apex mentis*, ce que les mystiques appellent le « cœur », « ce qu'il a de plus noble, de plus semblable à Dieu », à la fois raison et amour. La théologie bérullienne n'est pas dépourvue d'affectivité, elle recherche dans l'amour la « rosée céleste » qui descend de l'Esprit-Saint. Après saint Bernard et saint Bonaventure, il convient donc de simplifier la théologie, de la réduire drastiquement « aux données de la révélation[1] » et par là de revenir à la foi des premiers âges.

La connaissance de Dieu implique l'approfondissement de la foi par le retour à l'intérieur de l'homme : *in te redi*, disait saint Augustin, *in interiore homine habitat veritas*. Dieu n'est-il pas « image et semblance de l'homme » ? Bérulle estime que cette connaissance de soi n'est pas le résultat d'une réflexion philosophique, mais celui de « l'abnégation » du chrétien qui s'oublie lui-même en trouvant en lui le néant. Si l'homme est un miracle, un « abrégé des œuvres de Dieu », il est fange, produit de la faute originelle. Sa seule chance est dès lors d'adhérer au soleil du Christ par une « dévotion de la servitude », car « l'homme abandonné à lui-même est toujours vaincu ». Sans doute le Christ se serait-il incarné même si l'homme n'avait pas péché, parce que l'incarnation « importe à la perfection ».

1. *Ibid.*, p. 265 *sq.*

Le fils unique de Dieu est « le vrai soleil, la source de la grâce et le principe de la vraie vie ». Sa venue au monde est une nouvelle création et son « cœur nouveau » doit être un objet d'adoration. L'humilité du pécheur doit rejoindre celle du Christ dans l'abnégation. Dès lors, la méthode de l'oraison est simple : méditer sur la vie et les états du Christ, « adhérer » au créateur dans une humble identification, qui peut aller, chez les mystiques, jusqu'à la recherche des stigmates. Le christocentrisme de Bérulle est une nouveauté dans l'apologétique, qui place le prêtre au centre de la réforme. Il doit répandre le culte du Christ-Soleil et le faire adorer par les fidèles. L'Église atteindra ainsi l'ère « des derniers temps », celui du règne de Dieu sur terre. La mission est donc conquérante, et suppose l'engagement d'une série de batailles contre l'incroyance, livrées pour la gloire du Christ.

Pas de catastrophisme chez Bérulle, comme chez Luther ou Jansénius. La voie est tracée, la victoire certaine, Dieu est avec les chrétiens, à condition qu'ils recueillent sa grâce par leur anéantissement intérieur, et qu'ils lui consacrent leur « vie voyagière ». Ainsi les enfants du Dieu mort deviendront-ils les fils du Dieu vivant.

Trinité, incarnation, rédemption, puissance mystique de la Vierge et des saints, adoration du cœur de Jésus, tous les éléments du corps de doctrine sont en place pour lancer sur les chemins les missionnaires de la Contre-Réforme. Du peuple et du clergé, Bérulle écrit que « l'un reçoit la sainteté et que l'autre l'influe ». Les prêtres de l'Oratoire doivent être les héritiers de la tribu de Lévi. Pourtant, en 1611, Bérulle confesse à Anne de Saint-Barthélemy : « La congrégation manque d'ouvriers évangéliques. » Faudra-t-il renoncer, faute d'avoir trouvé dans Paris assez de jeunes prêtres touchés par la vocation de la mission ? C'est alors que Bérulle rencontre Vincent de Paul.

Pierre de Bérulle et François de Sales ont beaucoup de points communs : d'illustres familles, ils possèdent des armes, des blasons, des ancêtres. Leur enfance entourée de serviteurs les a bercés du sentiment de leur supériorité naturelle, mais aussi du devoir de leur ordre, celui de servir. Leurs scolarités sont complètes, brillantes : droit et théologie pour l'un, théologie et littérature pour l'autre, avec, en plus, l'escrime, l'équitation, la danse, les « arts de noblesse ». À peine sorti de la Sorbonne, Bérulle est envoyé en mission diplomatique et se tient dans les allées du pouvoir. Dès qu'il échappe à son père, qui rêve pour lui d'une carrière mondaine éblouissante, François de Sales est placé tout en armes au premier bastion de la chrétienté, avec la crosse et la mitre. Ils n'ont pas à solliciter des postes, des bénéfices, à intriguer pour réussir dans le monde, on les leur offre, on les prie d'accepter. Ils hésitent, non par stratégie de carrière, mais pour choisir au plus juste la place qui leur convient, et non celle qui leur revient de droit, afin de servir mieux, de donner le meilleur d'eux-mêmes. L'un et l'autre ont la foi chevillée au corps et ne connaissent de plus ambitieux service que celui de Dieu.

Leur force, leur savoir, leur puissance sociale et mondaine, ils les mettent à la disposition du Seigneur. Ils ont les moyens de s'offrir ce luxe, étant, dès le départ, dotés de toutes les grâces, auréolés du prestige de leurs maisons, à l'abri du besoin et des tâches médiocres. Ils n'ont eu, pendant leur jeunesse, d'autre souci que l'excellence, d'autre vision dans leurs familles que la perfection chrétienne. Le sens du devoir leur est naturel, mais ils exigent d'eux-mêmes davantage, le sacrifice de ce qu'ils ont et de ce qu'ils sont, pour la gloire du Christ devant lequel, par mode mais aussi par engagement profond, tant de seigneurs et de dames s'abîment. Ils courent au gouffre de la foi, au renoncement vainqueur, ils vont au-devant du Christ-roi, convaincus qu'en eux-mêmes, ils puiseront la force surnaturelle de se dévouer entièrement à leurs frères retrouvés dans la personne du Christ. Ils donnent l'exemple éblouissant de l'immolation, sachant qu'à ce prix ils seront suivis.

Vincent le laboureur s'agenouille devant Bérulle, le supplie d'accepter de diriger sa conscience. Il lui déclare qu'il a donné son bien aux pauvres de l'hôpital de la Charité, renoncé à tout héritage et aux quelques bénéfices qu'il possède, recherché les voies de la sagesse chrétienne, du renoncement et de l'humilité. Bérulle le convie à des réunions intimes, où le Gascon rencontre l'un de ses futurs collègues, pas encore ordonné prêtre, rude et rustique de contact, Adrien Bourdoise. Comme Vincent, celui-ci se flatte d'avoir gardé les troupeaux pendant son jeune âge, étant natif de Motterau, dans la Beauce. Manifestement, Bérulle a décidé de recruter des missionnaires parmi les jeunes clercs les moins frottés de corruption parisienne.

Il recherche en effet des hommes simples et vertueux, capables d'aider les paroissiens et de semer le bon grain dans les sillons de l'automne, pour qu'il germe au soleil du Christ. Avant d'accepter les jeunes gens qui se présentent, pour avoir l'honneur insigne, inestimable, d'entrer dans l'Oratoire qui doit former l'élite du clergé séculier, Bérulle les scrute, les met à l'épreuve. Il n'a que faire des ambitieux qui rêvent d'être évêques. La singularité de l'Oratoire tient dans l'excellence de la vocation.

Vincent est-il aussi sûr d'avoir entendu la voix de Dieu ? Est-il assez avancé dans le renoncement ? Une curieuse histoire rapportée par ses hagiographes permet d'en douter, même s'il est vrai qu'ils ont cherché à décrire par le menu ses doutes et ses difficultés pour rendre plus éclatante sa future conversion.

Un théologien, probablement rencontré sur les bancs de la Sorbonne, confie au futur saint qu'il est l'objet de tentations diaboliques. « Ce docteur, se voyant en ce fâcheux état, explique Vincent, s'adressa à moi pour me déclarer qu'il est agité de tentations bien violentes contre la foi, et qu'il a des pensées horribles de blasphème contre Jésus-Christ, et même de désespoir, jusqu'à ce qu'il se sente poussé à se précipiter par une fenêtre... Son imagination est si desséchée, et son esprit si épuisé, à force de faire des actes de désaveu de ses tentations, qu'il ne peut plus en produire aucun. Étant donc dans ce pitoyable état, on lui conseilla cette pratique que "toutes et quantes fois qu'il tournerait la main ou l'un de ses doigts vers la ville de Rome, ou bien vers quelque église, il voudrait dire par ce mouvement et par cette action qu'il croyait tout ce que l'église romaine croyait".

« Qu'arriva-t-il après tout cela ? poursuit Vincent. Dieu eut enfin pitié de ce pauvre docteur, lequel étant tombé malade, fut en un instant délivré de toutes ses tentations ; le bandeau d'obscurité lui fut ôté d'un coup devant les yeux de son esprit, il commença à voir toutes les vérités de la foi, mais avec tant de clarté qu'il lui semblait les sentir et les toucher du doigt. »

Ce récit est conforme à beaucoup d'autres, il s'inscrit dans une tradition apologétique : le saint homme est celui qui est sorti vainqueur des assauts diaboliques de la tentation. François de Sales a pu décrire la même épreuve, calquée de la vie des saints et intégrée à une pédagogie de l'humilité. Vincent s'offre à Dieu pour se charger des péchés du docteur. Il accepte les visions obscènes, les fantasmes les plus vulgaires, ceux qui mettent en question la dignité de la personne, il prend sur lui le mal. Et le docteur est guéri.

C'est Vincent qui tombe malade. Il essaye les divers remèdes de la mortification, et même les recettes qui permettent d'éloigner le malin : ainsi il coud sur sa poitrine les articles du *Credo*. Il conforte sa foi par un geste symbolique, en portant sans cesse la main à son cœur. En pure perte. Les visions diaboliques continuent, et l'indifférence bientôt s'empare de lui. Il doute de sa vocation, perd la foi, et doute de la retrouver jamais. Le malin s'est emparé de lui, l'accable de tentations comme naguère en Tunisie. Il n'ose sortir pour se présenter à genoux devant son confesseur, l'impitoyable Bérulle. Il a pourtant le courage de traverser la rue pour se rendre à l'hôpital de la Charité. Il voit les pauvres d'un œil nouveau : ils sont ses frères, ils l'attendent. Il est ainsi sauvé.

Il se lie alors d'amitié avec un prêtre qui entre à l'Oratoire. Ce François Bourgoing, de peu son cadet, est du tout petit nombre de ceux qui entourent Bérulle à la création de l'ordre. Vincent sera-t-il accepté parmi les six premiers élus ? A-t-il été sollicité ? Il ne le semble pas. Il n'est pas mûr pour réfléchir à la réforme des séculiers et prendre ses grades sur le terrain dans la carrière de la foi : il remplace donc Bourgoing à Clichy et fait ses preuves.

Bérulle est alors confronté à la bourrasque qui suit dans Paris l'assassinat du roi Henri IV en 1610. Il doit d'abord faire face à la consternation, au deuil, auxquels sont associés les jésuites. Le père Jacquinot, supérieur de la maison professe, reçoit à genoux le cœur du roi que lui présente le prince de Conti sur un coussin de velours noir recouvert d'une gaze de soie brochée d'or. Le « précieux dépôt » est transféré au collège de La Flèche par les soins du provincial, le père Ignace Armand. Cela n'empêche pas les jésuites d'être violemment attaqués et soupçonnés une fois encore de tyrannicide, puisqu'on leur reproche d'avoir inspiré le geste de l'assassin. Les universitaires gallicans relèvent la tête, rêvent de célébrer l'antique messe gallicane, à la manière de Grégoire de Tours, celle qui organisait la grande entrée des offrandes pendant que les fidèles chantaient les *Alléluias*.

À la Sorbonne, Richier s'en prend à Duval, refuse la supériorité du pape sur le concile, réaffirmant les droits de l'Église de France, si fière de ses privilèges. Les « zélés catholiques », dont Bérulle s'honore d'être, doivent trouver la force de répliquer, de rendre coup pour coup. Le père Coton, dénoncé dans un libelle venimeux, reste pourtant à son poste et continue de s'occuper de l'éducation religieuse de Louis XIII. Une série de consultations dans les universités confirme la tendance : la faculté de théologie de la Sorbonne établit le droit des jésuites à enseigner, mais seulement par 32 voix contre 28, et la faculté de droit, chère à Bérulle, décide de limiter l'autorisation aux seules chaires fondées avant le bannissement de la Compagnie par Henri IV.

Cependant, les jésuites n'abandonnent pas la partie. Le sacre du jeune roi à Reims, le 17 octobre 1610 (il a 9 ans), s'accompagne d'un prêche du père Coton. Il est de nouveau question d'un double mariage des enfants de France et des infants d'Espagne. La reine de France sera espagnole. Le traité, hâtivement signé par Marie de Médicis et Philippe III en avril 1611, indigne les protestants qui tiennent au respect des alliances traditionnellement conclues avec les princes d'Allemagne et le souverain d'Angleterre.

Le prince de Condé, leur chef militaire, dénonce les méfaits de la régence de la reine Marie de Médicis, qui livre la France à l'« Italien » Concini. Et il se retire, en 1614, à Châteauroux, retraite menaçante qui annonce une prise d'armes dans la tradition des guerres civiles. Le comte de Soissons part pour la Normandie, le duc de Bouillon se retranche dans Sedan. Les curés de Paris tempêtent, tonnent en chaire contre la clique de Concini. Les princes catholiques à leur tour menacent de s'armer et se retirent dans les provinces dont ils sont gouverneurs. Le marquis de Cœuvre entre dans Laon, et Vincent de Paul dans Clichy.

Il n'est pas douteux que Bérulle, comme la reine Marie, a pour drapeau celui du pape. Pour l'heure, Vincent reste silencieux, comme indifférent à la politique, et se consacre à l'urgence : rendre la foi aux six cents paroissiens très ruraux du bourg de Clichy. Ils ne sont pas parmi les plus pauvres, puisqu'ils vendent leurs fruits et légumes chaque matin aux Parisiens tout proches, apportant en charrette leurs produits sur les marchés de la capitale. Leur vie est dure, mais ils sont épargnés par la disette, les rapines des guerres, l'angoisse des moissons qui ne lèvent pas ou que d'autres saisissent à leur place. Vincent est surpris de leur indifférence religieuse. Ils ont négligé en effet leur église au point de la laisser tomber en ruine. Leurs enfants ne savent pas lire et leurs parents ont oublié les prières.

Le nouveau curé se met au travail, répare lui-même la chaire, consolide la charpente, remet des tuiles au toit. Le confessionnal vermoulu est l'objet de tous ses soins. Il monte en chaire, prêche simplement, apprend aux fidèles à chanter les psaumes. Et sa voix de Gascon, chaude et tendre, fait merveille. Se souvient-il encore de saint Augustin, si critique envers les beaux-arts dans leur usage religieux, qui admettait l'emploi des chœurs dans l'édification ? Il sait en tout cas que les protestants font avec profit réciter et chanter les psaumes : ainsi fait-il.

Un curé qui met la main au rabot, qui pioche et bêche son jardin, qui parle en chaire dans les termes les plus simples, qui fait preuve de bienveillance à confesse, est vite admis par les Clichois. Celui-là ne rêve pas d'un gras bénéfice, ne veut pas faire carrière chez les évêques, il est des leurs. Il se charge même de leurs enfants, qu'il reçoit dans son église pour leur apprendre à lire et à écrire. Devant lui, une douzaine d'élèves, dont Antoine Portail, qui figurera plus tard dans les rangs de ses missionnaires.

Une bénédiction pour le village, un don du ciel ! Il réconcilie les paysans avec la religion : « Lorsque je leur dis qu'il fallait venir à confesse les premiers dimanches du mois, écrit-il, ils n'y manquaient pas. Ils y venaient et se confessaient, et je voyais de jour en jour le profit que faisaient ces âmes. Cela me donnait tant de consolation et j'en étais si content, que je me disais en moi-même : mon Dieu ! Que tu es heureux d'avoir un si bon peuple. » L'évêque en tournée est le témoin de cette métamorphose. Pour la première fois de sa vie, Vincent de Paul exerce un ministère et peut faire la preuve de ses capacités. Il s'y emploie, chassant le malin, et retrouve son équilibre. Comment a-t-il pu douter, alors que tant d'hommes et de femmes l'attendaient pour retrouver les voies du salut ? « J'ai un si bon peuple, dit-il à l'évêque, si obéissant, que je pense en moi-même que ni le Saint-Père, ni vous, Monseigneur, n'êtes si heureux que moi. »

Cette réussite parvient aux oreilles de Bérulle. En est-il heureux ? Il lui paraît plutôt dangereux qu'un prêtre soit satisfait à l'extrême de ses débuts dans le ministère : il n'a pas encore trouvé la voie du renoncement, de la parfaite humilité, puisqu'il se croit utile et se conforte dans l'estime qu'il a de lui-même. Il le désigne alors pour une autre tâche : il sera précepteur des enfants de Philippe-Emmanuel de Gondi, général des galères du roi.

Les Gondi ne sont pas originaires du royaume : comme Concini, ils viennent de Florence, dans la traîne d'une Médicis. Quand Vincent est reçu dans l'illustre famille, en 1613, la fortune de Concini est au plus haut. Le jeune Florentin entré en France en 1600, majordome de la reine Marie en 1601, avait été nommé premier écuyer en 1608 parce qu'il avait belle allure à cheval et qu'il savait perdre au jeu du roi.

Pur produit de la culture de cour, il a pris son départ après la mort d'Henri IV, lorsque la reine l'a nommé presque en même temps conseiller d'État, gouverneur de Bourg-en-Bresse, marquis d'Ancre, gouverneur de Péronne, Roye et Montdidier, premier gentilhomme de la Chambre, lieutenant du roi en Picardie, gouverneur et bailli d'Amiens, la ville rebelle, qui a résisté à Henri IV. Haï et méprisé, redouté par les princes qui enragent de le voir s'emparer des forteresses et des gouvernements, il vient d'être nommé premier maître de l'hôtel et maréchal de France, à la barbe des Condés et des Longueville. La reine s'en remet à un aventurier de la défense des intérêts vitaux du royaume et compte sur lui pour mater princes du sang et grands seigneurs, dont les ancêtres étaient aux croisades.

Les Gondi ont fait oublier qu'ils doivent leur fortune à une promotion du même genre. Leur ancêtre commun, Antoine, d'une famille de banquiers florentins alliée aux Médicis, était entré en France dans la suite de la reine Catherine, épouse d'Henri II, avant d'être nommé maître d'hôtel du roi. Un confortable mariage avec la fille d'un receveur des domaines de Lyon lui avait permis d'introduire dans la noblesse son fils Albert de Gondi, né à Florence en 1522. Par son union avec une baronne de Bretagne, celui-ci peut se dire de Retz. Ambassadeur, gouverneur et maréchal de France, il a combattu dans l'armée royale à Renty, Saint-Quentin, Jarnac et Moncontour, suivi le duc d'Anjou, futur Henri III, en Pologne. Duc et pair depuis 1581, il est devenu l'éblouissant, le puissant maréchal de Retz, né Gondi, dont le frère Charles a été nommé général des galères, charge fort rémunératrice qui lui offrait, par Marseille et Toulon, l'ouverture vers l'Orient et les villes marchandes italiennes.

Son autre frère, Pierre de Gondi, a choisi la carrière ecclésiastique, où il a rapidement progressé, grâce à la faveur royale. Évêque de Langres, puis de Paris, il est cardinal depuis 1587. Il a franchi sans dommage le délicat passage du règne d'Henri III à celui d'Henri IV, sans jamais se marquer dans les rangs des ligueurs. Selon l'usage de l'époque, les sièges d'évêques se transmettent d'oncle à neveu : ainsi se sont succédé les Noailles à Dax et les Gondi à Paris. Pierre a renoncé à son siège, en 1598, en faveur d'Henri, son neveu, le fils d'Albert. Toujours de ce monde malgré son grand âge, il a assisté en chapeau de cardinal au mariage d'Henri IV et de Marie de Médicis, et baptisé Louis XIII en 1606. Il tient toujours le premier rang à chaque session des assemblées générales du clergé, position stratégique dans le premier ordre du royaume.

Cette stratégie de conquête du pouvoir par les alliances matrimoniales a admirablement réussi aux Gondi, d'autant qu'elle s'associe à une entreprise d'investissement des plus hautes positions religieuses. Le fils d'Albert, Henri de Gondi, est entré dans la carrière cléricale comme chanoine de Notre-Dame. D'entrée de jeu, il jouit des revenus de cinq abbayes de province, où il ne réside pas. Devenu cent douzième évêque de Paris après la démission de son oncle en 1598, il est promis aux plus hautes destinées, ayant présidé aux funérailles du défunt roi. Il piaffe d'impatience, dans l'attente du chapeau de cardinal. Son frère Jean-François le suit dans la carrière, nommé déjà chanoine au chapitre de Notre-Dame. L'Église de France est l'affaire des Gondi.

Ils comptent dans leur famille, souvent par alliance, de pieuses personnes. L'épouse de Charles, premier fils d'Albert qui a hérité du titre de général des galères et de marquis des îles d'Or, est Antoinette d'Orléans, fille du duc de Longueville et de Marie de Bourbon. Mariée à 16 ans, elle s'est retirée avec son mari dans sa terre de Retz, après la mort d'Henri III. Charles a été tué en duel en 1596. Elle est alors entrée en religion, aux feuillantines de Toulouse. Elle a participé, sur ordre de sa tante, l'abbesse Éléonore de Bourbon, à la réforme de l'abbaye de Fontevraud. Elle a également réformé le prieuré de Lencloître, à l'instigation de Richelieu évêque, et sous la direction d'un capucin influent, le père Joseph. Elle se prépare à fonder une nouvelle congrégation, celle de Notre-Dame-du-Calvaire. La sainte femme joue un rôle éminent dans la Contre-Réforme. Elle n'est pas la seule. L'épouse de Philippe-Emmanuel, troisième fils d'Albert nommé en 1598 général des galères, est la très pieuse Françoise-Marguerite de Silly, dame de Commercy, d'Enville et de Folleville. Marquis de Belle-Isle, baron de Montmirail, de Dampierre et de Villepreux, comte de Joigny, Philippe-Emmanuel de Gondi est un fort grand seigneur, influent et considéré, très concerné par les affaires religieuses, puisque son oncle Pierre est l'évêque de Paris et qu'il a deux tantes dominicaines, dont l'une est prieure d'un couvent. Vincent, en entrant dans sa maison, arrive dans un lieu de pouvoir où il peut enfin espérer une reconnaissance efficace...

Lieutenant général pour le roi des mers du Levant, en charge de la politique française dans la mer intérieure, Philippe-Emmanuel de Gondi assure avec ses galères la sécurité du trafic en Méditerranée, ce qui rappelle peut-être à Vincent l'épisode de sa capture par les Barbaresques. Philippe-Emmanuel a trois enfants, Pierre, âgé de 7 ans, Henri, 3 ans, et Jean-François-Paul, le futur cardinal de Retz, qui vient de naître. Il compte sur Vincent pour assurer l'éducation de ses deux aînés, il a toute confiance en Bérulle, qui lui a lui-même choisi un précepteur, dont il est le directeur de conscience.

À peine installé au château des Gondi, Vincent de Paul est alerté par la duchesse : Philippe-Emmanuel de Gondi veut se battre en duel. Finira-t-il comme son frère Charles, mort d'un méchant coup d'épée reçu à l'aube des mains d'un bretteur ? Le duel est interdit en France depuis 1602, mais le souverain accorde systématiquement la grâce aux vainqueurs[1]. C'est un réel fléau, puisqu'on estime le chiffre des victimes, d'après L'Estoile, à 7 000 en vingt ans. Bérulle condamne le duel, qui entraîne la mort de tant de gens bien nés pour des motifs futiles : en 1604, Merville a

1. François Billacois, *Le Duel dans la société française. Essai de psycho-sociologie historique*, Paris, EHESS, 1986, p. 114.

affronté Cognoscoli « sur quelque poussade en sortant de l'hôtel de ville, la veille de la Saint-Jean ». Monget en découd avec Termes, pour « rivalité amoureuse et coups de bâton entre officier noble et simple soldat ». On se bat pour un soufflet, pour un chapeau prêté et non rendu. On vide sur le pré des querelles d'ambition : Montbazon et Brissac s'affrontent, en 1610, pour le gouvernement de la Bretagne, Guise et Luz père en 1613 « contre l'autorité de la reine ». Le duel devient une dangereuse manie mondaine, où le « point d'honneur » pousse aux plus inutiles affrontements.

Vincent dit la messe au lever du jour, à la demande de son seigneur. Il sait que Philippe-Emmanuel doit se rendre sur le pré après avoir communié. Il se refuse à absoudre un père de famille qui risque l'avenir des siens pour suivre la coutume aristocratique. Il se jette à ses pieds, à la fin de l'office. « Monseigneur, lui aurait-il déclaré, permettez qu'en toute humilité je vous dise un mot. Je sais de bonne part que vous avez dessein de vous battre en duel. Je vous dis de la part de mon Seigneur que je vous ai montré maintenant et que vous venez adorer, que si vous ne quittez ce mauvais dessein, il exercera sa justice sur vous et sur toute votre postérité. »

A-t-il vraiment tenu ce noble langage ? En avait-il les moyens ? On peut en douter. Pourtant Philippe-Emmanuel de Gondi ne se rend pas sur le pré ce jour-là. On trouve la trace dans le journal d'Arnauld d'Andilly, en 1615[1], d'un duel entre un duc de Retz et un Montmorency « à cause de quelques amourettes ». Il ne peut s'agir de Philippe-Emmanuel, mais de son neveu Henri de Gondi, duc de Retz. Bon sang ne saurait mentir.

Si elle est exacte, l'anecdote montre que Vincent, qui a tout juste 32 ans, prenait fort au sérieux sa charge dans la

1. *Ibid.*, p. 414.

famille de Gondi, au point de présenter à son puissant maître des remontrances, inspirées sans doute par la duchesse, dont il est devenu rapidement le directeur de conscience. On peut penser que ses qualités d'enseignant, affirmées à Toulouse, font merveille auprès des enfants. L'autorité naturelle du jeune maître, sa vie irréprochable, sa capacité de convaincre et son langage simple sont de nature à lui assurer le succès.

Témoin de ses efforts, la duchesse est heureuse de prendre ses avis, et adroite à lui faire épouser sa cause. Mais, si tout dispose le jeune homme à assurer la meilleure éducation chrétienne aux enfants du duc, dont le deuxième est déjà destiné, malgré son jeune âge, à la carrière ecclésiastique, il est moins préparé à devenir le conseiller spirituel d'une femme du monde. Il n'en a jamais approché. Ayant jusque-là fréquenté, en position fort subalterne, les seuls salons des personnages d'Église, il découvre le train social d'une grande maison et la vie brillante que l'on mène au château de Montmirail.

Le parti qu'il prend alors de s'intéresser aux ruraux des villages voisins indique suffisamment qu'il ne se laisse pas prendre au jeu de l'ambition mondaine : le Gascon aux épaules carrées ne sera pas abbé de cour. Il catéchise les domestiques de la maison, s'intéresse aux vilains. Par chance, les Retz résident souvent à Montmirail, se rendent aussi en Bourgogne et en Picardie, sur leurs terres. Vincent suit l'équipage, heureux de découvrir des horizons nouveaux.

Les voyages forment sa conscience, renforcent sa foi et le mettent soudain sur le chemin de la conversion. L'illumination de l'hiver 1617 est toujours citée par les hagiographes de Vincent. Il est à Gannes, près de Folleville, en Picardie, dans une campagne de la seigneurie des Retz. Un paysan va mourir et demande les secours de la religion. Vincent accourt. Il le confesse. À l'article de la mort, le vieil homme avoue ses péchés, ce que le curé du village n'avait jamais pu obtenir. La duchesse n'est pas loin, qui attend. Quand Vincent a administré les sacrements, elle s'approche du mourant. « Sans cette confession, madame, lui dit-il dans un souffle, j'étais damné ! » Le bonhomme passe pour pieux. Si celui-là n'est pas digne de la « bonne mort » par ignorance totale des préceptes du Christ, aucun des habitants de Folleville ne l'est. C'est à désespérer des voies ordinaires du salut. L'expérience montre que l'évangélisation des campagnes est entièrement à reprendre pour que la foi devienne la voie royale de la conversion. Vincent a-t-il lui-même reçu la grâce, la vraie grâce de Dieu, celle qui conduit au paradis des saints ? Il n'en dit rien. La duchesse de Retz n'ose le troubler dans son recueillement, comme si elle pressentait, tout près d'elle, l'intervention du surnaturel. Si la confession du bonhomme n'est nullement un miracle, l'intervention de Vincent, son engagement sans réserve dans ce dialogue devant la mort est en soi un événement dans sa vie spirituelle : il trouve soudain, dans la plus grande humilité, la force d'entrer dans la vraie carrière, la sienne propre, celle de l'apostolat des pauvres.

CHAPITRE IV

# Les années de galère

En 1617, Vincent de Paul n'est plus un provincial à la recherche d'un état. En neuf ans, il a eu le temps de se forger des convictions sur les idées, les forces, les puissances qui dominent son temps. Intégré à la partie la plus vivante, la plus dynamique de l'Église, il porte sur le monde le regard d'un ecclésiastique de combat, celui de son maître Bérulle à qui il est désormais lié par l'estime et l'admiration. Il a eu l'occasion de se faire remarquer pour sa piété et la force de sa foi, capable de susciter des conversions collectives. Et Bérulle l'a introduit dans le saint des saints, à l'hôtel des Gondi, une des familles les plus puissantes de la capitale, celle de l'évêque et du général des galères.

Auprès de Françoise-Marguerite de Silly, titulaire de fiefs immenses, il découvre en même temps la misère et la possibilité de la secourir, offerte par les grands dispensateurs d'aumônes. La générale a en effet le pouvoir d'aider et d'obtenir toutes les facilités, toutes les franchises pour son obstiné missionnaire. À Joigny déjà, en juin 1616, il s'est préoccupé de donner aux paroissiens les secours de la religion. Il a écrit à Edme Mauljean, grand vicaire de l'évêque de Sens, pour lui demander l'autorisation de pratiquer sur ses terres une « confession générale ». Il faut croire que le premier serviteur de l'évêque connaissait déjà les mérites de Vincent puisqu'il lui répond alors : « J'ai tant d'assurance de votre suffisance, prudence, capacité, que très volontiers je vous accorde ce que vous demandez. » Il obtient le même privilège de l'évêque, au début de 1617, pour la paroisse de Folleville. Le 25 janvier, il y lance en chaire un appel à la confession générale : son langage est si convaincant que les paroissiens répondent d'enthousiasme. Ils se présentent même si nombreux au confessionnal qu'il faut engager au pied levé des prêtres et des jésuites d'Amiens pour aider Vincent.

Il comprend qu'il n'aurait pu réussir cette mission sans le secours de sa protectrice, qui le suit les yeux fermés, pourvu qu'il accepte de rester son directeur de conscience. Elle est déjà convertie, inspirée par l'esprit de dévotion que lui insuffle le prêtre ; il lui fait oublier ses angoisses, donne un sens à sa vie, l'aide à s'intégrer au grand mouvement de charité où s'activent déjà tant de dames de la haute société. Pourtant, quand Bérulle lui demande de partir pour la terre désolée de Châtillon-les-Dombes, au nord de Lyon, il accepte immédiatement. Il sait bien que sa vocation est désormais de missionner dans les déserts de foi.

Ainsi, alors que de 1617 à 1625 Vincent de Paul vit dans l'ombre de la maison des Gondi, au premier signal de Bérulle il quitte ce milieu privilégié pour se rendre dans une des paroisses les plus misérables du royaume. La puissance des Gondi ne le fascine pas en elle-même, mais pour ce qu'elle offre de possibilités à un prêtre missionnaire désormais convaincu que la misère est le plus grand ennemi du Christ, puisqu'elle fait perdre toute dignité, tout désir de sauver son âme.

La détresse du royaume, immense depuis la mort d'Henri IV, est due pour une part aux malheurs naturels : la peste réapparaît en 1612 puis en 1618 et 1619, et à nouveau en 1622, 1623, 1624 et 1625. Elle poursuit sa tragique partie de cache-cache dans les quartiers de Paris et frappe aussi la province. De surcroît, le temps n'est alors guère clément et les mauvaises récoltes se succèdent, entraînant la disette, particulièrement en 1615 et en 1625.

Le ciel est traversé de comètes, considérées à l'époque comme de tragiques présages annonçant la mort, programmée au ciel. La « comète chevelue » de novembre 1618 a particulièrement frappé l'imagination des contemporains : c'est l'année de la défenestration de Prague, celle du début de la guerre de Trente Ans en Europe, un implacable conflit entre puissances catholiques et protestantes qui causera la mort de millions d'hommes et de femmes.

La comète annonce-t-elle aussi la ruine du royaume de France ? Partout les villageois se plaignent à Vincent du retour des aides et des tailles, des excès des agents du fisc. Pourtant, le roi de la « poule au pot » semble avoir rétabli l'ordre, la sécurité, la prospérité, les campagnes n'ont pas connu de troubles depuis 1602, on a cru toucher au port, entrer dans une longue période de paix, grâce aux bons offices du ministre protestant Sully, qui, dans sa sagesse, a rempli à ras bord les coffres du Trésor.

Mais la régence de Marie de Médicis remet tout en question. On reproche à la reine les sommes fastueuses qu'elle attribue à son ministre favori Concini et à sa compagne, Leonora Galigaï. On ignore sans doute que les grands seigneurs ont obtenu, pour leur soumission, des pensions considérables qui ont mis le Trésor à sec. Les princes du sang, Henri II de Condé, Charles de Bourbon, comte de Soissons, le prince de Conti, sont les plus gourmands, parce que les deux premiers ont été capables de lever des armées dans leurs provinces et de menacer le pouvoir. Ils sont constamment au bord de la sécession, quand ils ne lancent pas dans leurs fiefs et gouvernements l'ordre de prendre les armes pour relancer la guerre civile. Ils veulent obtenir de la reine une participation au pouvoir central qui leur assure des revenus plus considérables encore. Ils sont riches à plus d'un million et demi de livres, mais il n'en faut pas moins pour entretenir l'armée de gentilshommes et la foule des clients d'un Condé ou d'un Rohan. Les princes « étrangers », les Clèves, les Gonzague-Mantoue, les Rohan et Lorraine, les Savoie-Carignan, sont aussi avides que les ducs et pairs ou que les princes de fortune récente, comme le duc d'Épernon ou le gouverneur du Dauphiné, Lesdiguières, et cette caste empoche des pensions colossales, bon an, mal an.

Henri IV a toujours soutenu qu'il revient en définitive moins cher à l'État d'offrir, de dispenser aux grands des pensions, plutôt que de leur faire la guerre. Il a pour sa part distribué plus de 3 millions de livres l'année de sa mort. Mais en 1612 le chiffre atteint 5 millions, et le trésor amassé par Sully n'y peut suffire. Henri payait les nobles pour qu'ils se tiennent en paix. Marie les paye, elle aussi, et ils lui font la guerre : elle a ainsi double dépense. Elle remet à Condé, après son insurrection de 1614, la coquette somme de 450 000 livres pour les frais occasionnés par sa prise d'armes. Pendant les états généraux de 1614, le tiers état, essentiellement composé d'officiers royaux, avait demandé une diminution de la taille de 4 millions de livres, obtenue par une économie de 5 millions de livres et plus sur les pensions : cet objectif n'a pu être atteint, pas plus que la suppression de la vénalité des charges. Les grands se révoltent de nouveau en 1615 et 1616, et la reine dépense encoure douze cent mille livres pour montrer le roi dans les provinces révoltées. En fait, le retour à la paix coûtera au Trésor 20 millions de livres : en 1616, il est à sec.

Pour le renflouer, on n'imagine pas d'autre moyen que l'impôt. Une troisième révolte des grands, de décembre 1616 à avril 1617, donne licence à leurs bandes de ravager le Nivernais, les Cévennes, le nord du Bassin parisien, la Champagne et l'Île-de-France. L'élimination de Concini, remplacé par Luynes, ne permettra nullement de rétablir la paix, mais provoquera au contraire les guerres aberrantes « de la mère et du fils », qui porteront les Épernon, Guises et Montmorency, alliés de la reine Marie contre Luynes et ses royaux. Ainsi, le Trésor doit une nouvelle fois entretenir les armées et payer les ralliements.

Vincent de Paul, de Joigny à Montmirail, parcourt des campagnes de nouveau livrées à l'angoisse de la guerre civile, même si les Gondi se tiennent soigneusement à l'écart des prises d'armes et maintiennent leur fidélité au pouvoir royal, d'abord à Marie de Médicis, puis au jeune Louis XIII devenu majeur. Henri de Gondi, cardinal de Retz, frère de Philippe-Emmanuel, siège avec le cardinal de La Rochefoucauld au Conseil du roi. Il n'a aucunement l'intention d'entrer en sécession et se dit fort satisfait de la politique religieuse de la reine mère, poursuivie, avant l'arrivée au pouvoir de Richelieu en 1624, par son fils Louis XIII. Si les fiefs du général des galères ne sont pas livrés en proie à la soldatesque, les habitants de Folleville souffrent cependant, comme tous les paysans de Champagne ou d'Île-de-France, des excès du fisc et des disettes des périodes de soudure, quand ils ne sont pas réduits à la misère par les mauvaises récoltes. De 1616 à 1618, les jacqueries deviennent fréquentes dans les campagnes, annonçant la tempête des années 1623-1624. Vincent sent-il se lever la révolte sur les terres des Gondi, en Bourgogne et en Champagne ? Il accepte tout de suite de se mettre en route quand Bérulle lui apprend que la paroisse de Châtillon-les-Dombes est infestée de calvinistes.

Le danger protestant vient de l'Est, de l'Allemagne en proie aux guerres de religion. En France, Condé et les princes huguenots, les Lesdiguières, les Rohan, les Soubise, engagent des soldats et fortifient leurs places, comme s'ils projetaient une prise d'armes. En 1617, le roi a signé un édit ordonnant aux « religionnaires » du Béarn de rendre les biens pris à l'Église, comme s'il méditait une expédition punitive. De plus, le projet de mariage de Louis XIII avec une princesse espagnole a alerté les huguenots français. Ils sont sur leurs gardes, constatant à Paris comme en province les progrès de la Contre-Réforme : en Poitou, le capucin Joseph se dépense sans compter pour obtenir des conversions, il ose même installer un couvent à Saumur, dans le fief de l'académie protestante, bravant l'autorité de Duplessis-Mornay.

Comme Bérulle, Vincent de Paul estime que la reconquête en pays huguenot ne doit pas se faire par la force mais par l'exemple. Et il est bien mandaté pour mettre en place le processus de conversion des réformés dans la région névralgique de Lyon-Genève. Châtillon-les-Dombes est une paroisse abandonnée par le clergé, ses prêtres indignes ont discrédité leur église : les huguenots y ont pris pied sans aucun mal, nul ne leur résistant. Vincent décide de les affronter sans violence. La cure étant dépourvue de presbytère, il s'enquiert d'un logement et accepte l'offre d'un huguenot non sectaire, Jean Beynier. Pour convertir par l'exemple, il juge expédient de se loger au plus proche de ses adversaires. Son logeur sera sa première cible.

Les anecdotes qu'il livre sur cette période de sa vie sont toutes édifiantes. Sans doute d'ailleurs, à l'instar de François de Sales qui a donné dans le Bugey le bon exemple d'un prêtre en pays huguenot, s'attache-t-il d'abord à éliminer la violence, à traiter humainement ses ennemis, à entrer naturellement en relation avec eux. Les gentilshommes, à quelque parti qu'ils appartiennent, sont les plus redoutables parce qu'ils sont prompts à tirer l'épée. On sait qu'à l'époque les jésuites de La Flèche obligeaient les jeunes gens (et aussi les enfants des familles nobles) à se défaire de leurs armes, qu'ils portaient habituellement depuis l'âge de 7 ou 8 ans, à l'entrée du collège. Vincent décide de faire un exemple spectaculaire en désarmant le plus fieffé bretteur de sa paroisse. Il évoquera ensuite cet exemple en conférence, comme pour démontrer la possibilité de ramener à Dieu les plus coriaces.

Si les ministres protestants condamnent le duel et

obtiennent des résultats, les curés ne doivent pas être en reste et jugent inadmissible que les seigneurs, qui sont des modèles pour l'ensemble de la société chrétienne, fassent passer l'honneur avant l'amour de Dieu. Le concile de Trente a donc condamné le duel, sous peine d'excommunication, et le clergé, dans ses assemblées, a prévu que les duellistes morts sur le pré seraient privés de sépulture chrétienne : se battre en duel, c'est désormais « se donner au diable[1] ». En 1602 et en 1609, des édits royaux contre le duel avaient bien été promulgués, mais ils n'ont pas été respectés et les officiers ont fermé les yeux. Une nouvelle déclaration de 1614 n'est pas plus entendue. Jamais les duels n'ont été plus fréquents. François de Sales lui-même montre de l'indulgence pour cet usage aristocratique : ainsi, il écrit à madame de La Fléchère, en 1614, que son mari n'est pas menacé d'excommunication parce qu'il ne s'est pas battu, quand bien même s'il avait l'intention de se rendre sur le pré.

L'insistance de Vincent de Paul à décrire la conversion du duelliste Rougemont répond donc à une interrogation de l'époque. Ce « franc éclaircilleur », qui s'est battu toute sa vie, doit renoncer à son épée : sa conversion sera édifiante. Le « gentilhomme de Bresse, grand, bien fait », est en excellente disposition pour se convertir. Il ne faut pas s'arrêter à son image de bravache. « Il a demandé à Monseigneur de Lyon de tenir le saint sacrement en sa chapelle. » Le gentilhomme, sentant sa fin prochaine, a déjà manifesté le désir de renoncer au monde, pour se faire plus tard capucin, mais il ne peut se résoudre, dit-il, « à se passer de cette chère épée qui m'a si bien servi en tant d'occasions ». Il est conscient que le duel est un péché mortel, qu'il offensera Dieu si de nouveau, par aventure, il est

1. François Billacois, *Le Duel dans la société française, op. cit.*, p. 140.

tenté. Vincent lui apporte ses secours spirituels, lui rappelle ses devoirs de chrétien, lui donne le courage de briser son épée sur un rocher. « Il descend de son cheval, prend cette épée, bat sur cette pierre, et tic et tac, et tic et tac ; enfin il la rompt et la met en pièces, et s'en va. » Voilà notre homme sauvé.

Ce Rougemont, petit seigneur des Dombes, doit comprendre, comme Philippe-Emmanuel de Gondi, protecteur de Vincent, que le duel est une offense à Dieu : la reconquête de la société nobiliaire est en cours, sous les canons de l'Église. François de Sales, très adroitement, donne des conseils aux épouses. Ainsi la mission de directeur de conscience est-elle essentielle, qui permet d'intervenir dans les familles, de ramener au devoir les duellistes impénitents. Vincent utilise le cas de Rougemont pour convaincre. Il s'attache à démontrer que le service exclusif de Dieu est le devoir de tous, et d'abord celui des nobles, et reprend à son compte une mission que jésuites, capucins, oratoriens considèrent alors comme primordiale : l'humanisation des mœurs, première étape de la pacification de la société.

Faire briser son épée à un duelliste est une conquête aussi magistrale de l'activité missionnaire que la conversion d'un huguenot. La première mission du serviteur du Christ est en effet de combattre la violence homicide au niveau le plus élevé de la hiérarchie sociale. L'interminable prolongation des guerres de Religion ne tient-elle pas à l'engagement des gentilshommes et gens de guerre ? Le père Joseph songeait déjà à les orienter vers la croisade, Vincent veut les convertir. Il est fier de sa réussite et la considère comme exemplaire.

Rougemont, le gentilhomme des Dombes, abandonne tous ses biens pour les secours aux pauvres. Mais les dons individuels suffisent-ils à combattre la misère ? Le bourg de Châtillon est dépourvu de réserves de vivres, la région est menacée par la disette. Vincent souhaite créer un véritable élan de charité collective, et saisit la première occasion qui se présente. « Un dimanche, explique-t-il, comme je m'habillais pour dire la sainte messe, on me vint dire qu'en une maison écartée des autres, à un quart de lieue de là, tout le monde était malade, sans qu'il restât une seule personne pour assister les autres, et toutes dans une nécessité qui ne se pouvait dire. Cela me toucha sensiblement le cœur. » Il en parle au prône et fait pleurer ses paroissiens qui sont « émus de compassion ». Puis un mouvement collectif des gens du village vers la chaumière isolée se forme en une sorte de procession caritative, comme s'ils apportaient des présents à la crèche du Christ. Une « assemblée chez une bonne demoiselle de la ville » est à l'origine de cette surprenante émotion. Une notable, qui porte le patronyme noble de La Chassaigne, prend la direction des secours. Tous discutent des meilleurs moyens de venir en aide à la famille éplorée, proposent des solutions, offrent des secours.

Vincent part seul, « après les vêpres », pour se rendre auprès de la famille malade, accompagné seulement « d'un honnête homme, bourgeois de la ville ». Il a pris soin de dire les vêpres avant de partir : aucun improvisation dans la démarche, elle suit une concertation des fidèles réunis autour du prêtre, une discussion collective, un premier rassemblement des secours. La surprise tient à la participation des paroissiens : Vincent est en effet largement débordé par la piété qu'il a suscitée. « Nous rencontrâmes, dit-il, sur le chemin des femmes qui nous devançaient, et un peu plus avant, d'autres qui revenaient. Et comme c'était en été et durant les grandes chaleurs, ces bonnes dames s'asseyaient le long des chemins pour se reposer et se rafraîchir. » Vincent découvre qu'il a été précédé sur la route par des « dames », parties spontanément sans avoir l'habitude de la marche. Il soupçonne ainsi le rôle éminent que pourront plus tard assumer les femmes dans la conversion caritative : elles sont les plus sensibles, les plus dévouées, il n'a pas besoin de les convaincre, de les chapitrer, il leur a suffi d'être émues au prône pour prendre la route.

Le premier souci du prêtre, dès qu'il a visité les malades, est de leur offrir le saint sacrement, « pour ceux qui étaient les plus pressés ». Il les confesse, leur donne la communion. Il est alors question « de savoir comment on pourrait secourir leur nécessité ». Vincent propose aux dames charitables « de se cotiser, chacune une journée, pour faire le pot, non seulement pour ceux-là, mais pour ceux qui viendraient après. Et c'est le premier lieu où la charité a été établie[1]. »

Il s'agit là d'un début d'institution : on prévoit l'avenir, on organise les secours de façon régulière, les paroissiens apportant leur contribution à tour de rôle pour chaque jour de la semaine. Aussi Vincent n'est-il pas seulement un prédicateur capable d'émouvoir ses ouailles pour parer au plus pressé, il a le souci, dès 1617, d'imaginer ses tout premiers cercles permanents de secours, quasi expérimentaux, disposant de moyens et de fonds modérés, mais surtout de bonnes volontés toujours disponibles. La charité ne se limite pas au don de vivres et d'argent, elle exige le service personnel, l'engagement dans un combat sans relâche, Vincent vient de le découvrir d'expérience.

L'institution va rapidement se mettre en place. Celui que l'on appelle encore « monsieur Depaul » rédige un texte d'association. Trois mois plus tard, il propose un règlement en bonne et due forme : c'est une société de femmes qui doit élire une présidente et des conseillères, sous le contrôle d'un procureur. Les tâches quotidiennes d'assistance sont détaillées très précisément, tel un cérémonial. Les femmes préparent les dîners servis à domicile aux pauvres. Elles

1. Saint Vincent de Paul, *Correspondance, entretiens, documents, op. cit.*, tome IX, p. 242.

doivent saluer en entrant « gaiement et charitablement » ; elles installent sur le lit des malades « une tablette... une serviette dessus, une gondole, une cuiller et du pain ». Elles lavent les mains des assistés, et quand ils le peuvent, leur font dire avec elles le bénédicité. Le potage fume dans l'écuelle, la bonne viande sur un plat. On convie le malade « charitablement à manger, pour l'amour de Jésus et de sa sainte mère ». On coupe sa viande, en lui disant « un petit mot de Notre Seigneur ». Point essentiel en effet : ne jamais oublier le devoir d'édification. Un détail souligne assez l'état d'esprit de Vincent, qui pense d'abord à l'apologétique : « Commencer toujours par celui qui a quelqu'un avec lui, et finir par ceux qui sont seuls, afin de pouvoir être auprès d'eux plus longtemps. » Ceux-là surtout ont besoin des secours de la religion : un scandale doit cesser en effet, celui qui enlève tout moyen de sauver leur âme à ceux qui sont frappés de l'humiliante misère du corps.

Le 24 novembre 1617, le grand vicaire de Lyon accepte au nom de l'archevêque, primat des Gaules, le règlement des « compagnies de Charité » proposé par Vincent Depaul. Le 8 décembre, jour de la fête de l'Immaculée-Conception, la confrérie est érigée dans la chapelle de l'hôpital. Si le curé de Châtillon-les-Dombes confère tant de solennité à la fondation, c'est qu'il espère que le mouvement ainsi initié fera tache d'huile et que ce groupement purement paroissial de femmes et d'hommes de bonne volonté sera le premier maillon d'une chaîne de solidarité. Les effets des épidémies et des disettes conjuguées sont tels que l'assistance habituelle ne suffit plus : des moyens plus importants doivent être apportés par les riches et les moins démunis. Il importe de les convaincre. Quant aux huguenots, l'exemple de la charité en marche suffira à les désarmer : plutôt que leur disputer les âmes navrées des malheureux, il faut leur prouver que la grâce divine touche ceux qui considèrent les pauvres comme le corps du Christ. Ainsi Jean Beynier, le logeur huguenot de Vincent, éperdu d'admiration pour l'œuvre entreprise par le curé des Dombes, abjure-t-il, comme naguère Henri IV.

Un homme capable d'animer un tel mouvement de charité ne peut être qu'habité par Dieu. Cependant, Vincent n'accepte pas cet hommage rendu à sa seule personne : le mérite de la conversion des paroissiennes de Châtillon-les-Dombes ne lui revient pas, il n'aurait pu soulever seul, dit-il, un tel mouvement de foi, sauver les âmes de l'indifférence où elles s'abîmaient, sans le secours du Christ lui-même. Il avance que la charité est la manifestation la plus évidente de la présence de Dieu, puisqu'elle attire irrésistiblement l'homme hors de son état pour le pousser vers autrui : elle est, par essence, surnaturelle et presque miraculeuse. S'il n'est pas dans la nature de l'homme de partager son bien ou de donner son temps ou son travail pour sauver son prochain, et qu'il s'y emploie pourtant avec une détermination singulière, c'est qu'il est habité par la grâce. En engageant les femmes du village sur le sentier de la charité, le curé Vincent est seulement le substitut inspiré du Christ. « Étaient-ce les hommes qui avaient mis dans les cœurs le désir de rendre [aux malades] une continuelle assistance ? Oh non, ce n'était point œuvre des hommes, il est clair que Dieu y opérait puissamment, car les hommes ne le pouvaient nullement. »

Rien de plus conforme à l'enseignement de Bérulle, qui place le Christ au centre de tout, et la charité au rang de vertu cardinale, capable d'engendrer le mouvement christocentrique des âmes animées par le feu divin, et le père Bence, de l'oratoire de Lyon, un bérullien convaincu, a encouragé et aidé le curé de Châtillon dans la création de sa Charité. Pourtant Vincent, qui aurait pu amorcer, tel François de Sales dans le Bugey, un mouvement régional se développant de proche en proche par l'entraînement de la vertu, en est soudain dissuadé par le père Bence, lui-même alerté par Bérulle : son devoir le rappelle auprès des Gondi.

Après son expérience miraculeuse d'août 1617 dans sa paroisse des Dombes, Vincent a écrit à Philippe-Emmanuel de Gondi pour justifier son absence auprès de son épouse et de ses enfants, qu'il avait abandonnés sans les prévenir autrement que par un court billet. « N'ayant aucune des qualités requises pour être précepteur dans une famille d'aussi haute noblesse [il] a quitté secrètement Paris avec l'intention bien arrêtée d'exercer le ministère paroissial où [il] se trouve. »

Le général des galères a informé son épouse, qui prend aussitôt la plume pour implorer son confesseur : « L'angoisse où j'en suis, lui disait-elle, m'est insupportable. » Elle le menace de perdre, à cause de lui, l'assistance de la religion dans le malheur où elle se trouve : « Je suis en état de ne rechercher ni recevoir assistance d'ailleurs, parce que vous savez bien que je n'ai pas la liberté pour les besoins de mon âme avec beaucoup de gens. » Il est le seul à pouvoir la consoler. Elle a alerté son mari, Pierre de Bérulle, l'évêque de Paris, la terre entière... elle ne peut se passer de Vincent. Elle le supplie, l'implore d'accourir ! « Si après cela vous me refusez, je vous chargerai devant Dieu de tout ce qui m'arrivera et de tout le bien que je manquerai à faire, faute d'être aidée. » Perspicace dans son malheur, menaçante dans son désarroi, elle l'accuse de toutes les charités qu'il abandonne, faute d'avoir recours à l'assistance dont elle ne lui a pas, dans le passé, mesuré les moyens. Pourra-t-il faire autant de bien dans la paroisse désolée des Dombes qu'il n'en ferait sur tous les fiefs des Gondi ? Qu'il mesure l'ampleur des secours auxquels il manque en persistant dans son absence. Peut-il prendre le risque immense de laisser la générale de Gondi mourir sans la foi ? Peut-il lui ravir sa « bonne mort » en l'abandonnant à son sort ? « Vous me mettez en hasard d'être en des lieux bien souvent privée de sacrements, pour les grandes peines qui m'y arrivent. Mon âme doit être assistée à la mort. »

Elle rappelle à son confesseur que le salut de son époux est également en question : « Monsieur le général a le même désir que moi [...] ne résistez pas au bien que vous pouvez faire en aidant à son salut, puisqu'il est pour aider un jour à celui de beaucoup d'autres. » Nouvel argument : Vincent pourrait, dans le sillage de Philippe-Emmanuel de Gondi, prodiguer le bien à tous ceux dont ce seigneur a la charge, galériens compris. Mais s'il renonce, il déserte son devoir, il ne trahit pas seulement son maître, mais tous ceux qui sont en son pouvoir. Comment un simple prêtre pourrait-il rester sourd au message comminatoire d'une des femmes les plus puissantes de Paris ?

La comtesse l'avoue sans fard : elle redoute la mort et craint l'enfer. Elle a besoin de son directeur. Rien n'est plus important, en 1618, que le souci d'une « bonne mort » qui assure le salut. La présence et la direction d'un prêtre inspiré par Dieu, qui a réussi sur le terrain social de spectaculaires conversions, est un secours dont une grande dame ne peut se passer. Dans la hiérarchie des âmes à sauver, elle estime avoir droit à des égards particuliers, en raison du très grand nombre d'âmes qui dépendent directement d'elle et dont le salut relève aussi de l'action de Vincent. Ainsi dans son plaidoyer à la fois vibrant et menaçant met-elle en avant le principe du privilège qui lui a permis d'être l'épouse de « monsieur le général ». En se rapprochant d'elle, en assurant son salut, Vincent reçoit les clés d'une ville spirituelle, celle de toutes les âmes dont sont peuplées les terres ou les charges des Gondi, et dont ils sont eux-mêmes comptables devant Dieu.

Vincent peut-il refuser le champ d'action offert par une puissante famille ? A-t-il le droit de se confiner à une entreprise certes exemplaire, mais marginale, aux frontières du royaume, alors qu'il est appelé en son cœur par la belle-sœur de l'évêque de Paris ? Il faut croire que Vincent est déjà très conscient de la force du pouvoir spirituel dont Dieu l'a chargé, puisqu'il refuse de se rendre aux raisons de la générale. Il lui conseille de se soumettre au bon plaisir de Dieu. Il est prêt à consoler et à soutenir, mais non à obéir. Ce refus ouvre une véritable confrontation des pouvoirs : Vincent pourra-t-il tenir la ligne des Dombes contre tant de puissances ? La dame ne se croit pas en effet vaincue pour autant, et utilise toutes les armes dont elle dispose, avec une singulière persévérance. Elle en appelle d'abord à la compassion, fait écrire ses deux fils aînés, les élèves de Vincent, dont il ne dit mot dans ses lettres. Elle demande à ses serviteurs d'intervenir à leur tour. Et pour être assurée de l'emporter, elle sollicite de nouveau son mari, ainsi que son beau-frère le cardinal-évêque, Bérulle lui-même. Tous écrivent. Mais Vincent ne répond pas.

Elle trouve finalement le moyen de le contraindre, par l'intervention de Bence, supérieur de l'oratoire de Lyon. Celui-ci soutient directement l'institution de charité fondée par Vincent dans les Dombes, il est son protecteur obligé. Sans doute lui parle-t-il le langage de la conciliation, puisque Vincent promet de se rendre à Paris pour « prendre conseil de ses amis ». Il songe à l'évidence aux prêtres de l'entourage de Bérulle, et peut-être à Bérulle lui-même. Il écrit dans ce sens à Charles du Fresne, secrétaire de Philippe-Emmanuel, et non au général en personne. Depaul avait connu ce Charles du Fresne, sieur de Villeneuve, dans la maison de la reine Margot. Il était devenu le secrétaire puis l'intendant des Gondi. Selon Abelly, il est l'« un des amis les plus intimes » de Vincent. Son avis est donc précieux. Mais ce serviteur zélé peut-il lui recommander autre chose que l'humilité et la soumission ?

En 1618, Vincent n'est plus celui que l'intendant de Gondi a connu à la cour de Margot, un jeune prêtre effacé, amer, peu sûr de son avenir et incertain dans sa foi. Charles du Fresne a devant lui l'un des combattants du « siècle des saints », qui a fait ses preuves dans l'édification, non seulement à Clichy, mais aussi sur les terres du puissant général des galères et plus récemment dans les Dombes, où sa mission a pleinement réussi. Pénétré des grâces du combat de charité, il est reconnu par les grands comme un ministre du Christ, et porte déjà au front le stigmate du chevalier de la foi. Il ne quémande plus des bénéfices, mais des champs d'action. Il ne supplie pas, il exige. Il trouve dans la foi le courage inouï de résister à une femme de cour. N'est-ce pas là le signe d'une profonde conversion ? S'il revient chez les Gondi, ce n'est pas en précepteur repentant, en directeur de conscience soucieux du salut de l'âme d'une grande dame, mais en combattant : il désigne son territoire futur, en définit les frontières avec cette humilité conquérante qui est la marque des héros de la foi nouvelle. On lui cède finalement sur tout : il sera aumônier des terres des Gondi et régnera spirituellement sur leurs vastes territoires, et Philippe-Emmanuel promet qu'il sera aussi l'aumônier des galères royales dont il a la charge.

Cette perspective le comble. Il peut accepter sans déchoir, sans renoncer en rien à sa véritable mission, qui n'est pas de réussir quelque carrière ecclésiastique dans l'ombre d'un grand mais bien de se servir au mieux de son pouvoir pour mener le combat du Christ, le seul qui lui importe désormais. Un Bérulle ne s'y trompe pas : il faut compter avec Vincent. Lorsqu'il était aumônier chez la reine Margot, Vincent avait entendu parler de François de Sales sans pouvoir l'approcher. Voilà qu'il va devenir son familier. Ce puissant personnage reçu dans Paris en 1618, dans la suite du cardinal de Savoie, est chargé de négocier le mariage du prince de Piémont avec la sœur du roi Louis XIII. L'évêque de Genève sait tout ce que le pape et la Contre-Réforme peuvent attendre d'une alliance solide entre la Savoie catholique, alliée de l'Espagne, et la France repentante, enfin désireuse de se joindre au bloc sans failles des nations en armes contre les protestants d'Europe. François est donc en mission de foi, au service du Saint-Siège. S'il ouvre sa porte au curé de Châtillon-les-Dombes, c'est qu'il a reconnu en lui un partisan convaincu de la reconquête des âmes sur le terrain social, par les œuvres militantes de charité. Bérulle et le cardinal-évêque de Paris s'en sont portés garants, ainsi que le supérieur de la mission de Lyon.

En créant une charité dans les Dombes, Vincent a ouvert une voie qui intéresse l'évêque de Genève, gêné dans son œuvre par l'obligation du cloître imposée à ses Visitandines. Dans la mesure où le clergé régulier est écarté par le respect des décrets du concile de l'action directe dans la société, c'est aux prêtres que l'avenir de la reconquête appartient, aux jeunes gens simples et bourrus comme ce Vincent Depaul. Plus de trente ans plus tard, Vincent rapportera le souvenir de la prédication de « feu monseigneur de Genève[1] » dans l'église Saint-Roch[2]. Son prestige était tel que toute la Cour était présente dans la nef. Il avait dû entrer en chaire en passant par une fenêtre, tant l'affluence était grande. « Chacun s'attendait, explique Vincent, à un discours selon la force de son génie, par laquelle il avait coutume de ravir tout le monde. » Puissance spirituelle de François de Sales : il parlait au nom de Dieu et pouvait se permettre de donner, comme plus tard Bossuet, une leçon d'humilité aux grands. « Que fit ce grand homme de Dieu ?

1. François de Sales devait mourir le 28 décembre 1622 dans son château, près de Thorens, en Savoie.

2. Dans une lettre au père de la Mission Martin, alors en poste à Gênes.

Il récita simplement la vie de saint Martin, à dessein de se confondre, devant tant de personnes illustres, qui eussent fait enfler le courage à un autre. » La force des saints est l'oubli de soi : il confère la grandeur, qui impressionne les plus puissants. « Il fut le premier, commente Vincent, à profiter de sa prédication par cet acte héroïque d'humilité. » Et Vincent d'ajouter : « Il [François de Sales] nous raconta cela bientôt après [il avouait ainsi, rétrospectivement, des liens de familiarité, sinon d'intimité, qui s'étaient établis entre l'évêque et lui], à Mme de Chantal et à moi, et il nous disait : "Oh ! que j'ai bien humilié nos sœurs [les Visitandines] qui s'attendaient que je dirais merveille en si bonne compagnie ! Une telle s'y est trouvée (parlant d'une demoiselle prétendante qui fut depuis religieuse) qui disait pendant que je prêchais : voyez un peu ce maroufle et ce montagnard, comme il prêche bassement ; il fallait bien venir de si loin pour nous dire ce qu'il dit, et exercer la patience de tant de monde !" » Voilà donc un prince de l'Église, doux et humble, qui défie la Cour et ses prestiges. S'il montre des vertus d'obéissance en se mettant au service de la Savoie et du pape, s'il est conscient de ses devoirs dans le siècle, en chaire sa mission est d'un autre ordre : il n'a le devoir que de convertir.

Vincent retient la leçon : pour accomplir cette tâche urgente, le secours aux pauvres des hôpitaux, il faut employer des voies nouvelles, créer d'autres institutions. Il doit néanmoins accepter l'offre de François de Sales et devient le supérieur des maisons de la Visitation installées à Paris en avril-mai 1619 et plus tard en province. Il est très officiellement nommé à cet office spirituel dont il ne saura jamais se défaire par Henri de Gondi, archevêque de Paris.

Le retour de Vincent à Paris se traduisit donc par l'immense satisfaction d'être chargé d'une sainte mission par l'évêque alors le plus respecté dans l'œuvre de reconquête de la société civile. Puisque la hiérarchie interdisait de faire sortir du cloître les Visitandines, François de Sales avait jugé expédient et prometteur d'introduire auprès d'elles un prêtre séculier, au contact du social. Ainsi ne seraient-elles pas coupées du monde. Il faut croire que François de Sales avait une confiance totale en Vincent, qui, à la mort de l'évêque en 1622, fut d'ailleurs choisi comme directeur de conscience par sa disciple dévouée, son inspiratrice et sa continuatrice, la mère Jeanne de Chantal. Trois futurs saints étaient ainsi réunis dans une communauté de foi. Vincent Depaul, le dernier venu, entrait dans le cénacle du pouvoir spirituel au plus haut niveau.

Philippe-Emmanuel de Gondi tient ses promesses : il introduit Vincent dans le milieu des galériens. Celui-ci demande d'abord à visiter les forçats de Paris : « Mes sœurs, dira-t-il plus tard, dans une de ses conférences, quel bonheur de servir ces pauvres forçats, abandonnés entre les mains des personnes qui n'en ont point de pitié ! Je les ai vus, ces pauvres gens, traités comme des bêtes ! » Il a du mal à faire comprendre à son entourage que ces condamnés aussi ont une âme, et qu'ils peuvent espérer, malgré leurs fautes, la rédemption et la « bonne mort ». Avec les galériens, Vincent s'ouvre la voie féconde de l'apostolat dans les communautés de réprouvés, dans les minorités souffrantes exclues des secours ordinaires, abandonnées à leur sort. Il aura toujours le souci de leur venir en aide, comme si le premier devoir de la charité était de se porter d'abord aux plaies ardentes, les plus cachées, les plus maudites. Avec les esclaves, les galériens sont en effet la honte de l'époque. Ils rament de conserve aux bancs des galères du roi, car la chiourme ne fournit pas assez de bras pour équiper la flotte du général, qui doit acheter des hommes sur les marchés méditerranéens.

La course des Barbaresques a repris en Méditerranée,

obligeant la flotte royale à multiplier les sorties pour assurer la protection des bateaux marchands. La guerre contre les corsaires d'Alger et de Tunis fait de nouveau rage depuis la mort d'Henri IV. Entre 1611 et 1613, les Marseillais ont perdu 18 millions de livres du fait de la course[1]. Des ambassadeurs algériens se sont rendus dans le port français pour négocier la paix, quand la prise d'une *polacre* et le massacre de son équipage par les corsaires ont déchaîné la colère des Marseillais, qui massacrent les ambassadeurs, malgré la protection des consuls. Les galères du roi ont donc fort à faire pour empêcher les captures en mer : plus de 8 000 marins français ont été pris et vendus comme esclaves. Aussi recherche-t-on partout des galériens pour armer la flotte.

Les condamnés de la justice royale sont honteusement maltraités dans les prisons où le « pain du roi » leur est chichement mesuré. Geôliers et guichetiers les exploitent, rognant sur la nourriture, distribuant sans cesse des coups de bâton. Aucune institution de bienfaisance ne s'intéresse à leur sort. Les condamnés marchent à pied, sur les routes de France, jusqu'à Bordeaux ou Marseille, où ils sont embarqués. Un « commissaire général des forçats de France », Georges Duport[2], est chargé en 1609 par lettres patentes, d'enlever les forçats dans les conciergeries de tous les parlements, un mois au plus après leur condamnation. Alors qu'il a la charge de les nourrir et de les convoyer, il retient l'argent des aumônes, « même dans le temps de la semaine sainte et des fêtes de Pâques ». En 1613, Claude Sollatye est nommé, dont le comportement n'est pas plus humain.

Non seulement leur condition rend les condamnés indif-

---

1. *Histoire du commerce de Marseille*, tome IV, Paris, Plon, 1954, p. 8.

2. André Zysberg, *Les Galériens*, Paris, Le Seuil, 1987, p. 21.

férents à toute préoccupation spirituelle, mais ils sont de surcroît sensibles aux discours de provocation de ceux qui maudissaient Dieu et ses serviteurs ; un curé est insulté quand il pénètre dans les prisons. Pour faire taire les forçats, on les fouette. Ils arrivent à Bordeaux dans un état déplorable. Beaucoup d'entre eux doivent être abandonnés à l'hôpital, où ils meurent. Les estropiés, les vieux, les malingres ne supportent pas la chiourme, et passent de vie à trépas sans avoir jamais pu recevoir les secours de la religion.

Ceux qui prennent la route de Marseille marchent tout le jour, sans repos, même par mauvais temps. Beaucoup meurent en chemin, chargés de trente livres de boulet et de chaînes. Et sur le chemin, ils ne reçoivent que méfiance et réserve hostile de la part de la population : les habitants des villages demandent parfois que l'on poste des gardes devant les maisons pour empêcher les vols, les enfants sont tenus à distance de ces brigands, les femmes refusent de remplir leurs écuelles d'eau. Les paysans craignent, sur le passage de la chiourme, les réquisitions de vivres ou de granges, et particulièrement les évasions, ces hommes risquant de se venger en assaillant les fermes isolées et en martyrisant leurs habitants des souffrances qu'ils ont subies, et d'attaquer les voyageurs sur les routes...

Pourquoi ont-ils été condamnés ? Tous les motifs sont bons. La plupart, en temps de guerre, sont des déserteurs, en temps de paix des contrebandiers du sel, ou gibier de droit commun, escrocs, voleurs, faux-monnayeurs, incendiaires, simples vagabonds. Les assassins sont la minorité, rares sont les blasphémateurs, sodomites et sacrilèges, tandis que les « jacques », ces révoltés des campagnes, risquent la galère pour coups et blessures, homicide, port d'armes et rébellion. À Paris, en consultant les registres de la prison, Vincent constate que certains galériens sont inscrits sans motifs, « sans dire pourquoi », et que beaucoup se retrouvent en casaque rouge pour des peccadilles.

La flotte des vingt galères armées en permanence à Marseille exige 6 000 galériens enchaînés aux bancs, bien audelà du terme légal de leurs peines, et livrés à des capitaines propriétaires des navires qui considèrent qu'ils ont droit de vie et de mort sur les rameurs. Les cachots, où ils sont ensuite enchaînés deux à deux, sont insalubres, obscurs, leurs paillasses rongées de vermine. Les capitaines protestent sans cesse contre le mauvais état des condamnés que leur livre la chiourme, et regrettent d'avoir à payer des rameurs volontaires, ou des esclaves.

Nommé en 1619 aumônier général des galères par la grâce de Philippe-Emmanuel, qui a obtenu la signature du roi lui-même, Vincent multiplie les visites à la chiourme, exigeant un traitement humain pour les bagnards. Il obtient qu'ils puissent recevoir des visites et des dons, et que les cachots soient ouverts à des missions de charité. Pour la première fois doté d'une charge officielle dans le royaume, le prêtre Depaul considère comme un ardent devoir de s'acquitter avec zèle de sa tâche, et prend le risque d'être hué, insulté, de recevoir crachats et coups, moins pour le service du roi que pour celui de Dieu. Il n'accepte pas qu'une catégorie d'hommes soit condamnée sans appel à l'enfer. Plus ils sont maltraités et plus exigeant encore est le devoir d'assistance.

Vincent prie pour leur âme, et finit par être entendu. Il cherche à obtenir que les forçats parisiens soient transférés dans une prison moins inhumaine, rue du Faubourg-Saint-Honoré, près de l'église Saint-Roch, où Portail et Bélin, ses confrères, rendent régulièrement des visites pour s'assurer que les condamnés seront traités en hommes. Vincent souhaite poursuivre sa mission dans tous les lieux où séjournent les victimes de la chiourme, et d'abord au port d'embarquement des galères.

Il ose en effet paraître en soutane au milieu des casaques rouges, sur ce quai de Marseille où il a naguère embarqué pour Narbonne avant d'être pris par les Barbaresques. À leur arrivée au port, les bagnards sont examinés par les maîtres des galères, de manière aussi brutale que les captifs des pirates de Tunis sur la place du marché. On jauge leurs muscles, on scrute l'état de leurs dents, les cales de leurs mains. On leur rase le crâne avant de les habiller et de les coiffer d'un bonnet rouge. Ils sont ensuite embarqués sur les galères amarrées le long du quai, à partir du « coin des Augustins ». Les barques de pêcheurs, les navires de commerce sont nombreux alentour, et la foule grouille sur le quai, toujours curieuse de voir les nouveaux arrivés du bagne, solidement tenus en main par les gardes qui accablent de coups de gourdin les traînards ou les défaillants. La population vit en quelque sorte dans la familiarité des galériens.

Les maîtres d'équipage ne veulent pas entendre parler d'un bagne, où les hommes seraient enfermés l'hiver quand les navires restent à quai, comme le réclament les dévots et les officiers municipaux, soucieux de l'ordre public. Les forçats couchent donc à bord des bâtiments désarmés, faisant leur lit en travers des bancs, protégés seulement par des toiles de tente, enchaînés jour et nuit et accompagnés en ville par des gardes armés quand ils partent travailler chez le bourgeois. Vincent ne visite donc pas les habitants d'une prison, comme à Paris, mais des hommes vivant en contact avec la population, au milieu de la pègre marseillaise.

Il connaît la ville, mais elle a changé depuis douze ans. Tous les peuples d'Orient s'y sont donné rendez-vous, fuyant la guerre, les pestes et la misère. Vincent découvre que les capitaines des galères achètent encore des esclaves, et que Philippe-Emmanuel de Gondi, le général, ferme les yeux sur ce trafic. Pendant un siècle, cette pratique se maintiendra, couverte par les plus hautes autorités. Les galères très catholiques de Malte et de Toscane capturent des Barbaresques et les affectent aux équipages. On saisit aussi bien les pêcheurs des côtes du Maghreb ou les barques de pèlerins gagnant La Mecque. André Zysberg[1] cite deux textes significatifs. Un commis de la marine écrit, beaucoup plus tard, en 1694 : « Tout homme qui a touché les terres du royaume est libre, et on ne se dispense de suivre cette loi que pour les Turcs et Maures qui sont envoyés à Marseille pour le service des galères, parce que, avant d'y arriver, ils sont achetés dans les pays étrangers où cette espèce de commerce est establi. » On ne peut libérer ces esclaves qu'en les rachetant. Le service du roi les enchaîne aux bancs. Telle est encore la règle à la fin du grand siècle, et personne n'y trouve à redire en 1619, pas même Vincent : cette pratique est conforme aux textes pontificaux.

Le second texte cité par Zysberg est un mémoire adressé à Colbert en 1674 : il souhaite que l'on inscrive dans les traités des capitulations régulièrement signés avec le sultan de Constantinople « qu'il sera permis d'acheter [sur les marchés turcs] et d'envoyer en France telle quantité de Grecs, Albanais, et *Russiots* que les Tartars vendent aux Turcs ». Il s'agit de chrétiens orthodoxes. Faut-il les libérer ? « Comme ils sont schismatiques et sujets du Grand Seigneur, répondra Colbert, je ne vois pas pour quelle raison ils peuvent être mis en liberté. »

D'après l'esprit de l'époque, Vincent n'a donc nul prétexte à s'indigner non pas seulement des prises de guerre, mais des achats d'esclaves même chrétiens sur les marchés turcs, d'autant que les pourvoyeurs de chiourme sont encore les chevaliers de Malte ou les consuls français, italiens, espagnols. Les armateurs et négociants de Marseille parti-

1. André Zysberg, *Les Galériens, op. cit.*, p. 59.

cipent à ce trafic, qui les enrichit. Chacun sait dans le port que les bourgeois, les artisans, les petits commerçants se procurent des serviteurs non rémunérés qu'ils ont eux-mêmes achetés pour les revendre avec bénéfice aux patrons de galères. On recrute aussi des volontaires parmi les réfugiés d'Orient, des Balkans surtout, qui fuient la guerre et les raids des pirates barbaresques ou l'occupation des Turcs : ceux-là, appelés *bonevoglie*, louent leurs bras comme rameurs, pour des salaires dérisoires.

Pendant l'hiver, cette population mélangée est continuellement en rapport avec les Marseillais. Les patrons demandent à engager à moitié prix cette main-d'œuvre docile et peu exigeante. Certains sont portefaix, tâcherons, livreurs de glace ou même musiciens dans les tavernes du port, quand ils ne sont pas utilisés comme ouvriers dans les tanneries et les savonneries. Les familles bourgeoises engagent fréquemment des esclaves turcs comme domestiques. Les galériens trafiquent dans des échoppes installées sur le quai toutes sortes d'objets qu'ils se sont procurés en ville ou encore offrent le produit de leur industrie, car on travaille aussi à bord des galères à des confections de vêtements ou de bourses. Le dimanche après-midi, la visite des ateliers de forçats est un but de promenade pour les Marseillais, particulièrement au début de l'été, avant que la flotte réarmée ne s'apprête à prendre le large.

Vincent Depaul a connu, à Tunis, un milieu interlope pareillement déchristianisé, tolérant à toutes les religions ou plutôt indifférent. Aussi est-il convaincu de la nécessité d'une mission. Pour sensibiliser les âmes pieuses qui peuvent fournir des secours, le thème de la misère des galériens est utilisé dans l'apologétique. Quelques confréries religieuses, les « bons hommes » de la ville, soucieux de résister à l'indifférence de la foule des bas quartiers et de convertir les nouveaux venus, lui proposent leur aide.

L'aumônier des galères se heurte à un premier obstacle :

les maîtres d'équipage. Une caste fermée se constitue en effet, qui pratique le vol, l'escroquerie, la rapine. Ils associent certains bagnards à leurs trafics, à leurs vices, profitent des vols qui s'effectuent en ville, ferment les yeux sur les activités des faussaires qui fabriquent dans les baraquements des galériens de la fausse monnaie et dérobent les vases sacrés dans les églises. Après leur libération, les rameurs deviennent marseillais, déjà intégrés à la société du crime qui a ses prostituées et ses trafiquants. On permet aux femmes des forçats de les rejoindre en ville et leurs enfants, très nombreux, errent sur les quais, en proie à toutes les tentations, sans que personne ne s'occupe de leur éducation religieuse. Plus tard, « on relève à bord des navires des cas de sodomie, de prostitution organisée par les argousins[1] ». Les échevins s'inquiètent, demandent à la police d'intervenir : en vain, le monde de la chiourme est impénétrable et les solidarités secrètes trop fortes. Vincent ne peut dénouer les liens solides qui protègent la pègre. Le plus grand port du Roi Très-Chrétien en Méditerranée n'est pas différent de Naples, de Barcelone, de Tunis et d'Alger : il est aux mains des brigands.

Un second obstacle vient s'opposer à la bonne volonté de Vincent : la brutalité de la discipline imposée par les maîtres de rangs, argousins, comites et sous-comites. Ils ont le pouvoir de décider du nombre de coups de bâton ou de fouet pour punir la moindre incartade. Les « exécutions » peuvent signifier de vingt à cent coups, et les fautes graves sont punies de pendaison. À bord, on peut condamner à la suspension au mât, à l'ablation des oreilles et du nez. L'arbitraire des peines est ressenti comme une injustice, et pourtant les mutineries sont rares parce que cruellement

1. *Ibid.*, p. 161.

réprimées. Le pain courant des bagnards est le fouet ou la corde mouillée.

Certes, ces pratiques, conformes aux usages des officiers de l'armée, aux châtiments ordonnés dans les villes par les prévôts, ne sont pas exceptionnelles. Vincent Depaul ne peut donc intervenir que sur trois points : d'abord, faire réviser l'injustice de certaines condamnations, ensuite empêcher le dépassement du temps de peine. Il réussit, à force d'insistance, à faire relâcher les hommes victimes d'abus manifestes, avec l'aide de leurs familles et des curés qui les protègent.

Il veut aussi exiger – troisième point de son action – un traitement humain des prisonniers, alors que, sans cesse injuriés et frappés, ils ne peuvent qu'entretenir des sentiments de révolte contre l'ordre social qui les accable et rester sourds à la voix du ciel. Ainsi, au nom des intérêts de la foi, l'aumônier peut espérer obtenir du commandement le respect de la dignité des hommes. Mais autant ces règles d'humanité peuvent être imposées à quai, pendant les périodes d'hivernage, quand les argousins et les comites peuvent être mis sous surveillance, autant il est vain d'espérer un changement de la discipline en mer, qui ne dépend que du maître d'équipage. L'intervention de l'aumônier est donc forcément limitée.

Vincent Depaul obtient cependant la construction à Marseille d'un hôpital des galères. Cette solution a l'avantage de convaincre de l'efficacité d'un remède institutionnel à la violence et aux mauvais traitements : les hommes frappés ou brimés pourront être reconnus et soignés, ils seront régulièrement visités par des agents du pouvoir hospitalier et par des membres du clergé. Il sera ainsi possible de songer à leur salut.

Alors que Vincent Depaul s'efforce d'humaniser le régime des galères, il sait qu'en revanche il ne peut pas lutter contre l'esclavage, qui n'a jamais disparu des rivages de la Méditerranée, malgré le christianisme. Il subsiste en Russie, et par Byzance il a gagné la Grèce, puis Venise et les ports italiens. La reconquête chrétienne de l'Espagne et de l'Italie du Sud a permis la constitution d'un véritable marché des esclaves de guerre au Moyen Âge. La course barbaresque a pris le relais. Dans tous les ports de la Méditerranée, le trafic des esclaves n'est nullement aboli, même s'il est en régression. Les seigneurs corses et les Sardes pratiquent aussi la course et vendent leurs esclaves au marché de La Spezzia. Impossible de supprimer ces pratiques sans éteindre un fructueux marché, défendu par ses bénéficiaires. Des intermédiaires s'enrichissent dans les rachats d'esclaves, de part et d'autre, ou dans les échanges. Certains consuls français en Barbarie ont ainsi réalisé de scandaleuses fortunes.

Les papes ont longtemps été complices de ces pratiques. Ainsi, en 1487, le roi d'Espagne a envoyé en cadeau à Sa Sainteté cent prisonniers maures qui devaient défiler dans Rome avant d'être offerts en présent aux cardinaux[1]. Colomb a dépeuplé les petites Antilles en expédiant des esclaves dont il vantait les mérites en Espagne. On razzie encore, au XVII$^{e}$ siècle, musulmans et juifs sur les côtes de Barbarie. Des vagues d'esclaves bulgares, grecs, albanais, bosniaques se sont succédé en Occident, par l'intermédiaire des marchands vénitiens. Ceux-là étaient de religion chrétienne orthodoxe, et considérés aussi comme prises de guerre. Sont venus ensuite les Noirs vendus par les Arabes et les Portugais, et les Russes ou Caucasiens, souvent esclaves volontaires, véritables réfugiés des zones menacées par les invasions.

Une tradition d'évangélisation des esclaves est installée dans l'Église, abbés et prêtres les achetant et les convertis-

---

1. *Ibid.*, p. 55.

sant avant de les affranchir. En 1525 encore, l'archevêque de Séville possède une centaine d'esclaves descendants des prises de guerre de la Reconquista. Les Dominicains et les Franciscains se sont tout particulièrement attachés à la conversion des infidèles, souvent facilitée par l'insertion sociale des esclaves dans les maisons catholiques. Les papes veillent à ce que les esclaves convertis ne soient ni rendus aux Turcs ni rachetés par eux, mais ils ne peuvent empêcher les exportations prohibées d'esclaves chrétiens vers les pays de l'Islam. On a découvert un contrat de vente, daté de 1677, d'esclaves turcs vendus à Gênes, Livourne, Civita Vecchia, Naples, en Sicile, en Sardaigne[1]. Il en allait certainement de même à Marseille.

Les enfants abandonnés par les femmes esclaves sont recueillis en Italie par des hôpitaux spécialisés et par des confréries. Un office spécial s'occupe à Gênes du rachat des chrétiens de Barbarie. Les marchands de Marseille se chargent également de ces opérations négociées, contre fructueux bénéfice, grâce aux legs, aux aumônes, aux dons de toute sorte. Trinitaires et Mercédaires quêtent constamment en France pour les pauvres esclaves. Les religieux du Carmel, ordre fondé en Palestine, s'emploient à faire disparaître progressivement l'esclavage dans les familles chrétiennes d'Occident.

Les cas d'affranchissement se sont multipliés à Marseille depuis le XV^e^ siècle, en particulier pour les esclaves domestiques. Mais l'esclavage demeure aux galères, où les maîtres d'équipage recrutent 20 % de leurs rameurs sur les marchés. Ces Turcs, ces Orientaux, embarqués avec des bagnards catholiques et des volontaires de toutes les races, encouragent à bord l'indifférence religieuse, que ne combattent nullement comites et argousins, eux-mêmes fort

1. Jacques Heers, *Esclaves et domestiques au Moyen Âge dans le monde méditerranéen*, Paris, Fayard, 1981, p. 122.

éloignés des pratiques catholiques. Les galères sont donc, au premier chef, une terre de mission.

En développant dans les rangs des galériens une intense activité missionnaire, Vincent souhaite créer un mouvement de foi et d'espérance, en donnant aux bagnards le sentiment qu'ils sont protégés, sécurisés, suivis. Une première mission dans le port s'est révélée encourageante : en tenant un langage religieux à des gens qui ne l'ont pas entendu depuis longtemps, Vincent s'est efforcé de sauver le bon grain.

Une tâche de conversion peut être efficace dans les rangs des orthodoxes, et même des musulmans, mais tous ces gens ne se laisseront gagner qu'à condition qu'une organisation d'assistance puisse être réellement mise en place. Vincent doit donc imaginer des charités, des associations pieuses, peut-être un ordre nouveau chargé des secours aux galériens, bagnards ou esclaves. En 1622, il commence à poser des jalons, et devant l'ampleur d'un phénomène qui déborde le site de Marseille puisqu'il touche les deux rives de la Méditerranée, se promet de revenir. Convertir les galériens est du même ordre que protéger la foi des chrétiens de Barbarie : ce sont les mêmes hommes qui doivent s'en charger.

Reste la chiourme, et le désastre moral et physique des transports de bagnards vers Marseille. En 1623, Vincent décide d'intervenir à Bordeaux, où les pires excès lui sont signalés. Il y est particulièrement sensible, parce que les bagnards viennent de chez lui, de Navarre, du Béarn, de l'Aunis et de la Saintonge, de tous les pays de Guyenne. Relégués à Bordeaux et à Toulouse pendant des semaines, dans un effroyable enfermement qui leur a fait perdre figure humaine, mal nourris, assommés de coups de bâton, couchant dans des cachots voûtés, ils attendent leur départ, craignant de mourir sans revoir le jour. Comment rendre leur âme à ces réprouvés ? La distribution des secours d'urgence ne peut suffire, ils ont trop souffert pour pouvoir retrouver en quelques heures leur dignité perdue. Une action de longue durée s'impose. Et pour solliciter le concours des bonnes volontés, Vincent décide de frapper l'opinion, de donner un exemple pour l'apologétique future.

On a contesté l'épisode de Bordeaux. Rapporté par Abelly, il est pourtant à l'origine d'une tradition culturelle : de nombreux récits, gravures et même tableaux célèbrent en effet l'épisode[1]. Vincent se plaint des brutalités dont sont victimes les bagnards, et veut empêcher un garde de bastonner cruellement l'un d'eux, qui semble à bout de résistance. Le garde se rebiffe : « Vous qui parlez si bien, lui répond-il insolemment, si vous voulez prendre sa place... » Et dans un mouvement de « charité héroïque », Vincent libère le forçat et prend ses chaînes, assis à son banc, traînant son boulet au pied.

Ce geste est-il authentique ? Il n'a pas été repris, sans doute faute d'attestations, dans la bulle de canonisation. Il cadre si bien avec le personnage, toujours prompt à se charger de la souffrance des autres, toujours soucieux de précipiter les conversions par des gestes symboliques qui frappent les imaginations, qu'il est naturellement transmis par la légende du saint[2]. Quoi qu'il en soit, la mission de Bordeaux, sans provoquer de résultats spectaculaires, a sans doute attiré l'attention du cardinal François IV d'Escoubleau de Sourdis[3], qui va s'intéresser depuis lors à la création d'associations de charité en faveur des galériens.

---

1. Le dernier en date est l'œuvre du peintre Léon Bonnat, né à Bayonne en 1833. Représentant saint Vincent de Paul prenant la place d'un galérien, le tableau décore l'église Saint-Nicolas-des-Champs.

2. Jusqu'au film de Maurice Cloche, *Monsieur Vincent*, dialogué par Jean Anouilh (1947), avec Pierre Frenay.

3. Consacré depuis 1599 par François de Joyeuse, frère de l'évêque de Maillezais Henri, et qui développe dans sa région une intense activité pour favoriser le retour à la foi.

La charge d'aumônier des galères est si lourde que son titulaire juge de son devoir d'entreprendre chaque année une mission. Vincent doit susciter les concours du général, des évêques et du clergé concerné : le secours qu'il sollicite engage les chrétiens dans un effort héroïque d'évangélisation. Si le Christ est aussi parmi les bagnards, s'il souffre de leurs chaînes, l'élan vers ces misérables, ces réprouvés, est indispensable : il doit manifester que la nouvelle Église n'accepte pas l'existence de marges d'incrédulité, de mares obscures de désespoir. Pas une seule âme ne doit être abandonnée, et celles des larrons moins que les autres. La place de Dieu est aussi dans les bagnes.

Une fois encore, Vincent a changé. Il n'est plus le missionnaire chargé de donner la « bonne mort » sur les terres de Gondi, celui qui sollicite de l'archevêque de Sens la permission de pratiquer la « confession générale » dans ses villages. Le titre qu'il a obtenu par l'intermédiaire de son protecteur est signé de la main du roi, il a sa place dans la hiérarchie de l'État catholique, et son devoir particulier de convertir les galériens de la flotte et les bagnards de la chaîne est officiellement reconnu. Il reçoit des gages de 600 livres par an, et tient le même rang que les officiers de la marine royale.

En 1619, Richelieu, d'abord renvoyé dans son diocèse dont il ne pouvait sortir, puis exilé à Avignon, a été rappelé pour négocier la paix d'Angoulême entre la reine mère et son fils. Il doit réussir la même opération l'année suivante, et faire signer la paix d'Angers. Il est ainsi très bien placé pour solliciter prochainement le chapeau de cardinal, mais n'influe pas encore sur la politique. Les chauds partisans de l'introduction en France des principes du concile de Trente et de l'alliance avec l'Espagne, le cardinal de Retz, frère de Philippe-Emmanuel de Gondi, et le cardinal de La Rochefoucauld, sont au Conseil royal. Ils conseillent au roi une politique de force contre les protestants, à l'extérieur comme à l'intérieur du royaume. Pendant que Vincent visite les galères, en 1622, le roi guerroie dans l'Ouest, puis gagne le Sud-Ouest, Agen, Moissac, Saint-Antonin et Toulouse, avant d'assiéger Montpellier. Une coalition catholique vient alors de l'emporter sur les princes protestants d'Europe à la bataille de la Montagne Blanche en 1620. Les Habsbourg d'Autriche s'unissent à ceux d'Espagne, appellent le roi de France à entrer dans la danse. Louis XIII reste prudent : l'invasion par les impériaux de la Valteline, une province suisse qui unit les empires catholiques de l'Ouest hispano-italien et de l'Est austro-allemand l'a beaucoup inquiété. Il ne s'engage pas encore dans le conflit européen et se borne à envahir le Béarn avec son armée, pour y rétablir la foi catholique.

En 1623, alors que Vincent de Paul visite le bagne de Bordeaux, Louis XIII installe un parlement à Pau. Il ne peut se résoudre à faire entrer au Conseil Richelieu, qui a fait partie du ministère de Concini et qui est sans doute déjà partisan d'une politique réaliste de rapprochement avec les princes protestants d'Allemagne, plus conforme aux intérêts français. La politique de soutien à Rome, inaugurée par Marie de Médicis pendant sa régence, est donc toujours d'actualité.

Protégé des Gondi, distingué par une royale nomination, Vincent peut penser qu'il a sa place dans l'impérieux mouvement de reconquête catholique qui court en Europe, sans que rien ne vienne encore troubler l'union des puissances alliées au pape. Il n'a pourtant nullement la politique en tête, mais le salut des âmes. Ses entretiens avec Pierre de Bérulle, puis avec François de Sales, ont orienté son action en marquant sa foi d'une présence continuelle du Christ, dont l'imitation est le principe d'évangélisation. Il est « la chair vive » que l'on retrouve dans la chair meurtrie des forçats. « Je ne dois pas considérer, dit Vincent, un pauvre paysan ou une pauvre femme selon l'extérieur, ni selon ce qui paraît de la portée de leur esprit, d'autant que, bien souvent, ils n'ont presque pas la figure ni l'esprit de personnes raisonnables, tant ils sont grossiers et terrestres. » C'est encore plus vrai des visages marqués par la souffrance et la longue pratique du crime qu'il découvre dans les bagnes ou à bord des galères. « Mais tournez la médaille, ajoute-t-il, et vous verrez par les lumières de la foi que le fils de Dieu qui a voulu être pauvre nous est représenté par ces pauvres... Ô Dieu, qu'il fait beau voir les pauvres, si nous les considérons en Dieu, et dans l'estime que Jésus-Christ en a faite. » Comment ne pas reconnaître dans le « chiffre lumineux » qui éclaire la réalité visible, par la présence invisible du Christ, la méditation bérulléenne, mais transposée sur le terrain de la souffrance, sur les blessures du tissu social ? C'est dans cet esprit qu'il se rend aux galères.

Il revient des bagnes de Paris, de Marseille, de Bordeaux à chaque fois illuminé, comme s'il y avait rencontré le Christ ou les signes visibles de sa chaleureuse présence dans le malheur des hommes. La découverte de cette mission sacerdotale ne lui laisse plus de répit. Il est heureux d'avoir reçu du roi un titre qui lui ouvre la porte des bagnes, qui lui permet de laisser filtrer dans l'obscurité des cachots la douce lumière de l'amour. Les galériens et les bagnards ne sont-ils pas les égaux des paysans misérables de Champagne devant la miséricorde du Dieu fait homme ? « Nous vivons en Jésus-Christ, dit-il encore, par la mort de Jésus-Christ et nous devons mourir en Jésus-Christ par la vie de Jésus-Christ. » Jésus est « dans tous les états », « père en son père... frère en ses frères... pauvre en les pauvres, riche en les riches ». Il le voit aussi chez les réprouvés, dont le repentir peut attirer la grâce. Il est partout. « Il se sert de nous, si nous nous donnons à lui. »

Vincent a fait don de lui-même, sans esprit de retour. Il

a choisi de dépouiller « le vieil homme » pour renaître à l'amour de Dieu, après lui avoir abandonné tous les instants de sa vie. Cette conversion progressive, cette immersion dans le surnaturel lui fait croire aux miracles du Christ. N'est-il pas intervenu en personne pour sauver la visitandine dont il parle en 1623, Claire-Marie Amavry, possédée par le diable ? Cloîtrée depuis six ans au faubourg Saint-Jacques, à Paris, « elle était travaillée d'une horrible tentation d'aversion contre Dieu, contre le saint sacrement et contre tous les exercices de la sainte religion ». Il était impossible de l'empêcher de blasphémer, elle disait à la supérieure qu'elle n'avait pas d'autre Dieu que le diable. On avait consulté des prêtres, des évêques, des médecins, mais rien ne pouvait la guérir. La Mère supérieure a alors l'idée de lui appliquer le rochet de l'évêque de Genève qui vient de mourir en de saintes dispositions. L'application du mal augmente, « ce qui arrive ordinairement aux guérisons miraculeuses », mais elle est ensuite « guérie en un instant », grâce à la miséricorde de Dieu, par les mérites de ce bienheureux évêque Gondi, archevêque de Paris « illustrissime et révérendissime », qui a envoyé Vincent visiter la possédée dans le monastère. Il porte témoignage de sa guérison miraculeuse. François de Sales, habité par le Christ, a réussi son premier miracle *post mortem*. Vincent ne doute pas qu'il ne soit un saint. Jésus l'a appelé auprès de lui.

Le surplis d'un évêque habité par la présence de Dieu peut faire un miracle : quelle puissance humaine peut approcher de cette grâce ? Que Vincent n'a-t-il encore les moyens de rendre la sérénité aux visages des galériens hantés par les démons ! Il n'est qu'au début de son chemin de croix, il n'a pas encore assez longtemps vécu les états du Christ. Il doit aller plus loin dans le dépouillement, abandonner tous les liens qui l'unissent au monde, même les plus chers à son cœur. C'est dans cet esprit qu'en 1623, après son séjour dans le bagne de Bordeaux, il entreprend un voyage vers la Chalosse. Craint-il d'y retrouver ses parents avec trop de bonheur, sa mère surtout, à qui il a écrit tendrement ? Au retour des geôles de Bordeaux, la campagne bucolique de Pouy lui apparaît pleine de charmes, de tentations discrètes. Il revoit la maison de son enfance, les anciens, assis en un cercle paisible dans l'*ériaou*, le père toujours solide malgré les ans, les frères harassés par leur journée de travail, les sœurs entourées d'enfants. Revient-il prendre sa place parmi eux ? Le curé de Pouy l'espère.

Vincent entraîne les siens, pieds nus, au pèlerinage de la vierge du Buglose. Il dit le bénédicité au repas de retour, quand le père a marqué le pain d'une croix avec la pointe de son couteau. Puis il leur parle dans leur belle langue d'oc de son entier dévouement au Christ, qui lui commande de rompre ses liens les plus chers. Il ne peut rien pour eux que les remettre à la providence divine. Il leur demande de se détacher autant qu'ils le peuvent des biens de ce monde et d'ouvrir grandes les portes de leur âme au Christ. Sa mère comprend qu'il ne reviendra plus et ses yeux s'embuent de larmes. Il a laissé à ses frères et sœurs tous ses droits sur l'héritage du père, et même une métairie qu'il possédait en propre. Il part les mains vides, après avoir tout abandonné. Mais, au petit matin, à cheval sur la route de Dax, il laisse éclater sa douleur : « Je ne fis que pleurer tout le long du chemin, écrit-il, et quasi pleurer sans cesse. » Il regrette d'avoir pris la décision de ne plus aider les siens. « Je fus trois mois dans cette passion importune d'avancer mes frères et mes sœurs. » Sans doute en a-t-il désormais les moyens, approchant des grands. « Parmi cela, quand je me trouvais un peu libre, je priais Dieu qu'il eût agréable de me délivrer de cette tentation, et je l'en priais tant qu'enfin il eût pitié de moi ; il m'ôta ces tendresses pour mes parents. »

Il écrit cette lettre à la fin de sa vie[1], quand il a mesuré le prix du détachement du monde, qu'il recommande constamment aux missionnaires et aux filles de Charité. Il s'adresse en 1653 à un prêtre de sa Mission pour le féliciter d'avoir renoncé à rendre visite à son père : « Je ne doute pas que monsieur votre père ne reçût un grand contentement de votre visite ; mais aussi la gloire que vous donnez à Notre-Seigneur, en demeurant là où il vous a mis, mérite d'être préférée, non seulement en tant qu'il nous conseille le renoncement des parents, mais en ce que, par cet acte de vertu, vous attirez sa protection sur les vôtres et plus de grâce sur votre personne. » Il a donné l'exemple du renoncement déchirant, et il entend qu'il soit suivi par ses disciples.

Comment accepter de garder des biens terrestres, alors que tout ce qui lui appartient est désormais propriété des pauvres ? Il ne doit rien conserver devers lui, et pas même sa solde d'aumônier des galères, en dehors de ce qui lui permet d'assurer modestement son gîte et sa nourriture. Tout argent accaparé est de l'argent volé aux pauvres. Il le répète sans cesse aux filles de Charité, qui sont entrées dans sa maison porteuses de biens de famille, et qui y ont renoncé pour toujours, sans pouvoir revenir sur cet engagement sous peine de péché mortel. En dehors des sentiments de tendresse qui poussent les clercs et les filles de la religion vers leurs parents, le renoncement est d'abord matériel ; la pauvreté doit être leur lot.

Une conférence du 26 août 1657 reviendra avec insistance sur ce thème : « Le vœu que vous avez fait, dit-il à ses filles, ne vous permet pas de rien réserver, ni de dis-

1. Saint Vincent de Paul, *Correspondance, entretiens, documents, op. cit.*, tome XII, p. 219-220.

poser de quelque chose sans permission, quand vous auriez quantité de biens. – Mais monsieur, voilà un de mes parents qui vient à Paris pour plaider ; il est en grande nécessité ; ne pourrais-je point lui donner un petit quelque chose pour l'aider ? – Non, vous ne pouvez rien lui donner, pas seulement un double sans offenser Dieu. » Et de citer saint Matthieu : « Cherchez premièrement le royaume de Dieu et sa justice, et tout le reste vous sera donné. »

Ainsi, le renoncement à l'affection de la famille, au soin de ses frères et sœurs, aux biens personnels, est le premier devoir de celui qui se consacre à Dieu. Il ne s'agit pas pour autant de renoncer à accumuler des biens, mais exclusivement au service des pauvres. S'il s'impose en effet à lui-même le renoncement, le souvenir du malheur entrevu sur les quais de Marseille lui a enseigné qu'il doit s'employer à obtenir des riches et des puissants les « charités » indispensables à une action profonde et durable dans les milieux les plus humbles, les plus démunis, les plus menacés par la perte de toute espérance.

Vincent, ainsi conduit à remplir son office chez les Gondi, convainc l'épouse du général qu'il lui revient d'animer le puissant mouvement de charité dont elle doit donner l'exemple sur ses terres. Elle ne demandait qu'à être confortée dans l'efficacité de son engagement caritatif aux côtés de Vincent. Il lui montre le dénuement des paysans exténués, incapables de prier parce qu'ils manquent de prêtres.

Le délabrement du clergé rural, ses églises abandonnées, devenues de lamentables ruines, l'ignorance des prêtres, l'indignité de quelques-uns, tout commande aux missionnaires de prendre la route, deux par deux, comme l'ont fait jadis les régents huguenots, afin de prêcher la bonne parole. Il faut, en plus, soulager les misères aveuglantes, celles qui font douter de la miséricorde du Ciel. La rencontre avec le protestant de Montmirail, en 1620, est à cet égard significative. « Regardez les campagnes, avait-il dit à Vincent. Les pasteurs sont vicieux, ignorants, sans zèle. En conséquence, les fidèles, laissés sans instruction, ne connaissent même pas quels sont leurs devoirs ; si quelqu'un leur demandait ce qu'est la religion chrétienne, beaucoup se trouveraient embarrassés pour répondre. Tournez seulement les yeux vers les villes : elles sont pleines de prêtres. À Paris seulement, il y en aura dix mille. Tandis que tant de prêtres perdent leur temps, les pauvres gens des campagnes se damnent à cause de l'ignorance où ils sont laissés. »

Avec un autre prêtre, Vincent lance une mission dans la région de Montmirail, et le huguenot se convertit. L'anecdote est en fait suggestive, car elle indique la deuxième voie de son apostolat. Il ne se contente pas de se dévouer aux maudits, aux réprouvés, il estime urgente une action pastorale dans les campagnes, confiée à de bons prêtres. Or il en connaît dans Paris, les Portail, les Bélin, Calon, Coqueret et Duchesne, assis sur les bancs de l'Oratoire de Bérulle, qui ne demandent qu'à se dévouer. Il suffit de créer un mouvement. Vincent excelle dans cette tâche, en raison de ses qualités d'ouverture aux plus démunis, mais aussi de direction et d'encouragement à l'équipe des nouveaux régents qu'il commence à envoyer sur les routes. Organiser la charité au niveau des paroisses, montrer du doigt les secours que les pauvres espèrent, réunir les concours, demander à l'un son travail, à l'autre des biens en nature, des vivres pour l'aumône, tout cela, il sait le faire. Mais il souhaite aussi supprimer les causes de la pauvreté. Sa tâche n'est pas seulement de sauver les âmes, mais de permettre aux gens accablés par le malheur de retrouver leur conscience. À Mâcon, il a réussi, en 1621, à retirer trois cents mendiants des rues en leur fournissant du travail. Il affirme que des charités créées dans les villages permettraient d'accroître la richesse en distribuant des semences, des outils, en augmentant le cheptel. Mais pour réussir cette tâche, il faut de l'argent. Mme de Gondi répond toujours aux appels et alimente de ses deniers les caisses des institutions caritatives de villages.

Vincent cherche à obtenir plus de moyens encore, en faisant la preuve qu'il peut éliminer la misère et instruire chrétiennement les paysans libérés de leur condition précaire, qui ont en effet besoin d'être assistés efficacement dans leur production de biens matériels. La charité ne saurait se résoudre à de simples distributions d'aumônes, elle doit permettre aux communautés de revivre, en se mettant à l'abri du besoin, pour s'ouvrir à la parole de Dieu.

Vincent médite sur ces idées nouvelles dans une retraite qu'il accomplit à Soissons, et dans une autre à Valprofonde. Son engagement dans la lutte contre la pauvreté est réfléchi. Il est ainsi convaincu que l'aumône généreuse des Gondi n'est pas un remède suffisant, et que pour réussir une œuvre durable il faut d'abord se doter d'institutions permanentes : le pèlerin de la charité est déjà un organisateur de l'assistance, qui esquisse les grandes lignes de son ministère social. Sans création de fraternités permanentes, pas d'espoir d'amélioration durable.

Un autre souci concerne la qualité des missionnaires : les nominations de prêtres dans les paroisses menacées par l'indifférence ou l'hérésie ne suffisent pas. Les secours de véritables envoyés spéciaux de la conversion sont nécessaires. Ceux-là ne doivent pas s'attacher à lancer un défi de controverse aux protestants ; les paysans n'attendent pas de saintes paroles, mais des actes : qu'on leur montre concrètement qu'on les aime en les aidant. Il connaît l'esprit des villages et sait qu'un missionnaire peut, par son exemple, redresser les situations les plus désespérées quand il réussit à s'appuyer sur une assemblée convaincue, sur des « bons hommes » décidés à faire revenir la foi dans l'église. Le concours des laïques est en outre essentiel ;

encore faut-il savoir leur parler simplement et répondre à leur attente. Vincent est prêt, il n'attend que les moyens de mener à bien son œuvre décisive : l'organisation de missions régulières, grâce à la création d'une congrégation de prêtres spécialement formés, choisis et motivés. Il a besoin, plus que jamais, des immenses ressources des Gondi qui dépensent sans compter pour ses missions, convaincus du caractère miraculeux de ses interventions dans les campagnes. Mais peut-être soupçonne-t-il, dès ces années 1624-1625, celles où Richelieu prend le pouvoir, que l'ampleur de la tâche dépasse les moyens d'une seigneurie, si vaste et puissante soit-elle. Aussi est-il déjà, dans sa tête, un ministre des missions au service du Roi Très-Chrétien.

CHAPITRE V

# Saint-Lazare

De 1624 à 1633, deux hommes aussi différents l'un de l'autre que le loup et l'agneau tiennent en France la vedette, se distinguent en engageant le pays dans des voies nouvelles. Tous deux sont gens d'Église, mais pas de la même espèce : l'un tient pour l'Église d'État, l'autre pour celle du Christ. Ils assoient leur pouvoir ces années-là, en triomphant des embûches et des cabales, dans un climat de guerre, de peste et de famine. Ils ne s'opposent pas, mais se complètent, figurant dans des parties distinctes du tableau gigantesque de la Contre-Réforme : le premier est en gloire, dans la lumière du siècle, le second dans l'ombre, arrachant ses conquêtes une à une, dans l'obscure humilité du combat pour la charité. L'un s'appelle Richelieu, l'autre Vincent de Paul.

Après deux lustres d'efforts acharnés, Vincent finit par trouver son saint patron : Lazare. Le hasard en dispose, c'est le nom du prieuré parisien où il est enfin autorisé à s'installer, le 8 janvier 1632, avec les prêtres de sa mission. On peut admirer qu'ils se flattent d'être des « lazaristes ». Le saint n'était-il pas l'ami du Christ, ne l'avait-il pas reçu chez lui, en Béthanie ? La résurrection de Lazare est le dernier et le plus important des miracles du Christ. Il a rendu la vie à un homme, montré son pouvoir sur la mort. Lazare renaît, comme le Christ, par un miracle de la foi. Qui est plus digne que lui d'inspirer une communauté se fixant pour but de faire renaître le Christ dans toutes les chaumières du royaume ?

Pendant une décennie, Vincent va mener seul le combat

pour la reconnaissance des Lazaristes : ses protecteurs, les Gondi, ne sont plus là pour l'aider. Il leur doit cependant ses premiers succès : Françoise-Marguerite de Silly, épouse de Philippe-Emmanuel de Gondi, frappée depuis les conversions de Folleville en janvier 1617 par les pouvoirs miraculeux de Vincent, s'est en effet employée à convaincre son mari, fort pieux et ami de Bérulle, de permettre à son protégé de fonder une mission de prêtres dont le seul but serait l'évangélisation des campagnes. Le général des galères a consulté son frère archevêque et l'a facilement rallié au projet. Un collège des Bons-Enfants était disponible pour installer la nouvelle société, son principal n'assumant plus aucun rôle religieux et recevant en pension des écoliers de l'Université dans des locaux délabrés. Pourquoi ne pas le persuader, contre espèces sonnantes, de quitter les lieux ? Il ne sera même pas nécessaire de le supplier : de lui-même il offre son local.

Cette première installation dans Paris ne manque pas de susciter la méfiance de Bérulle. Maître de l'Oratoire, juge-t-il cette concurrence inopportune, au moment où l'arrivée au pouvoir de Richelieu risque de mettre son clan en difficulté ? Il ne cache pas ses réserves, mais peut-il empêcher la pieuse Françoise-Marguerite, qui attribue à Vincent un pouvoir thaumaturgique, d'établir le futur saint sur un grand pied ? Elle signe, en même temps que Philippe-Emmanuel, un contrat attribuant au nouveau principal du collège des Bons-Enfants une somme de 37 000 livres pour la fondation de la Mission d'assistance aux pauvres des campagnes. Le document a été rédigé rue Pavée, dans la paroisse Saint-Sauveur. Jamais Vincent n'a eu à sa disposition une somme de cette importance : il rayonne.

Pourquoi cette spécialisation rurale, alors que le siège de l'œuvre était à Paris ? Il s'en explique d'abondance : « Les pauvres gens des champs, écrit-il, sont à peu près abandonnés, tandis que les villes, pour leurs nécessités religieuses, ont quantité de docteurs. » Comment cette entreprise n'aurait-elle pas été du goût de Richelieu ? Que Vincent de Paul se distingue de l'Oratoire de Bérulle, ce haut lieu de spiritualité fondé par un ami de Marillac et du cercle de Barbe Acarie, n'est sans doute pas pour lui déplaire, surtout si l'entreprise a pour but l'évangélisation des campagnes, dont, évêque de Luçon, il avait souligné l'urgente nécessité.

Dès 1608, Richelieu s'était en effet efforcé de suivre sur ses terres l'exemple milanais de Charles Borromée, qui avait commencé par réformer son clergé avant d'entreprendre la reprise en main des laïques et la conversion des hérétiques. L'évêque de Luçon était connu pour son ardeur tatillonne dans les visites pastorales au cours desquelles il dénonçait les curés non résidents qu'il remplaçait à la première occasion. Ses statuts synodaux, publiés en 1613, ordonnaient aux prêtres « de s'adonner soigneusement à la piété et à la vertu et de s'étudier à acquérir la science requise de leur ordre ».

Il a ainsi ouvert la voie dans laquelle s'avancera, plus de dix ans plus tard, Vincent et beaucoup d'autres. Il avait prévu des amendes pour les curés qui feraient du commerce aux foires, qui joueraient aux cartes ou aux dés dans les tavernes, qui oublieraient de revêtir leur soutane. Il leur avait commandé d'exiger la fermeture des débits de boisson pendant la messe et de ne pas les fréquenter eux-mêmes sous peine d'être suspendus. Il leur ordonnait d'apprendre à leurs ouailles le catéchisme et de lire en chaire les édits du roi. Il avait tempêté, menacé. Ignorait-il alors que ses curés ne savaient pas lire le latin, qu'ils ignoraient jusqu'à l'acte de contrition, jusqu'aux formules d'absolution ? Vincent, lui, le sait. Il estime avec lucidité l'ampleur du combat à mener : il ne suffit pas, pour ramener les gens des villages à Dieu, de donner des ordres, il faut d'abord qu'ils sentent qu'ils sont aimés.

À peine la mission des futurs Lazaristes est-elle fondée que Françoise-Marguerite de Silly trépasse, le 23 juin 1625. Dans l'immédiat, l'avenir semble assuré : le cardinal-archevêque de Paris François de Gondi, frère d'Henri décédé en 1622, est fermement décidé à soutenir une œuvre qu'il juge nécessaire. Depuis son sacre à Notre-Dame le 19 février 1623[1], François s'est intéressé de très près à la réforme de la discipline du clergé et à l'éducation religieuse des prêtres. Il approuve donc la congrégation de la Mission de Vincent de Paul, le 24 avril 1626. Encore faut-il obtenir l'accord du roi et du pape, et le fondateur ne semble pas pouvoir compter longtemps sur l'appui des Gondi. En effet, Philippe-Emmanuel, sans doute affecté par la mort de son épouse, entre à l'Oratoire de Bérulle, pris d'une fièvre mystique. Si l'on en croit André Dodin, « il ne parle rien moins que de retirer l'argent qui a servi à la fondation missionnaire[2] ». En outre, Bérulle, dont l'influence à Rome est certaine, réussit à jeter le trouble dans l'esprit du pape. À deux reprises, les congrégations romaines refusent de reconnaître la fondation. Un ami de Vincent, Jean Duvergier de Hauranne, qui vient d'être nommé abbé de Saint-Cyran-en-Brenne, s'emploie à dissuader Gondi de retirer ses fonds.

Les deux compatriotes se connaissent depuis longtemps et sont de plus exactement contemporains. Originaire de la capitale de l'Adour, Duvergier de Hauranne tutoie Vincent et lui parle en langue d'oc. Curé d'Itxassou, il est, comme le jeune homme de Pouy, un émigré dans la capitale. Il a beaucoup voyagé, puisqu'il a étudié chez les jésuites d'Agen, puis à la faculté des arts de Paris, avant de soutenir

1. Il est le premier archevêque de Paris en titre. Son frère n'était qu'évêque. Par la bulle *Universi Orbi Ecclesiis*, le pape Grégoire XV a détaché de la province de Sens les quatre évêchés de Paris, Chartres, Meaux et Orléans pour créer cette nouvelle circonscription.

2. André Dodin, *op. cit.*, p. 31.

chez les jésuites de Louvain une thèse qui l'a brillamment installé au cœur du cercle fermé des théologiens flamands. Moins attiré par le mysticisme que par la réflexion sur les textes sacrés, il s'est lié à Cornelius Jansen, qui a latinisé son nom en Jansénius, et qui n'a pas son pareil pour commenter saint Augustin.

Une certaine lecture platonicienne de ce Père de l'Église inquiète les gardiens de la foi romaine. Selon lui, l'imprévisible de la grâce frappe le pécheur comme l'*aletéia* de Platon le chercheur, subitement, et sans raison raisonnante, sans considération pour le mérite, la vertu et la confession des péchés. Il y a une sorte d'injustice – du point de vue humain – dans le surgissement de la grâce qui est dévoilement dans la joie, pure illumination, intrusion soudaine du surnaturel (Platon disait de l'éternel) dans la temporalité, transformant l'instant en extase. Ainsi s'extasient les amis, quand Cornelius, à Camp-de-Prats, près de Bayonne, voit le soleil plonger, par-delà les derniers plis de la montagne, dans la mer éternelle. Vincent a-t-il été convié à ces agapes platoniciennes ? Il est trop aquitain pour y demeurer insensible, trop romain et terrien pour ne pas s'en défier. Il a applaudi à l'élévation de son ami Jean, devenu, par la grâce de l'évêque augustinien de Poitiers, monseigneur de La Rocheposay, abbé de Saint-Cyran-en-Brenne. Il a à peine 30 ans et prend le patronyme de son bénéfice, ce que Vincent n'a pas osé faire quand il s'est rendu titulaire de Saint-Léonard.

Saint-Cyran est en cour. Aumônier de la reine Marie de Médicis, il approche au plus près du pouvoir depuis 1622 et connaît fort bien Bérulle, qu'il reçoit en son logement du cloître Notre-Dame. Partage-t-il les idées du clan romaniste alors en place, des évêques amis du pape et soucieux d'appliquer intégralement les décrets du concile de Trente ? Sans doute ce Poitevin de récente affectation a-t-il des rapports avec l'évêque de Luçon tout proche, qui sert aussi la reine mère, et la réconcilie, à deux reprises, avec le roi. L'abbé a, parmi les premiers, soutenu la nouvelle politique étrangère que Richelieu a conçue pour la France, un retour inévitable aux alliances réalistes avec les pays protestants. Saint-Cyran défend cette politique affirmée dès novembre 1624[1].

Il y a quelque mérite à s'engager ainsi dans une voie qui prévoit rien de moins qu'un mariage de Charles d'Angleterre et d'Henriette de France, un rapprochement avec la Hollande, l'expédition d'argent et de soldats à Mansfeld, général de l'Union protestante d'Allemagne, et l'envoi d'un ambassadeur auprès du roi du Danemark, qui doit entrer en guerre, l'année suivante, aux côtés des princes de l'Allemagne du Nord. Les jésuites multiplient les pamphlets contre Richelieu, affirmant que la guerre qui se prépare contre l'Espagne est « contre Dieu et directement contre son Église[2] ». Il est vrai que la Sorbonne et l'assemblée du clergé ont, à la demande du cardinal ministre, censuré tous les pamphlets, qui ont été brûlés place de Grève. Jean Duvergier de Hauranne n'est pas de ceux qui ont prêté leur plume pour écrire des contre-pamphlets louant la nouvelle politique ; pourtant il a accepté de préfacer un ouvrage écrit contre le jésuite Garasse, où il a pris délibérément le parti de Richelieu.

La querelle est décisive par ses conséquences politiques : afin d'être véritablement le maître des affaires étrangères, le cardinal vient d'organiser un secrétariat d'État à sa convenance. Il a brisé un premier complot espagnol ourdi

1. Richelieu, à peine au pouvoir, au mois d'août, avait déclaré au Conseil le 25 novembre : « Les affaires d'Allemagne sont dans un tel état que si le roi les abandonne, la maison d'Autriche se rendra maîtresse de toute l'Allemagne et ainsi assiégera la France de tous côtés. »

2. *Admonitio ad Regem Ludovicum XIII*, pamphlet écrit par le père André Eudaemon Johannes, proche du cardinal Barberini.

par la reine mère et Gaston d'Orléans, avec la complicité du maréchal d'Ornano et du comte de Chalais. Le cardinal tranche dans le vif : d'Ornano mourra en prison, Chalais sera décapité. Un jésuite italien, Santarelli, a publié un traité établissant la supériorité des papes sur les rois. Le livre est brûlé place de Grève et le parlement de Paris demande à nouveau l'expulsion de la Compagnie.

Contre le parti des « bons Français », des gallicans, qui soutiennent Richelieu, une faction des « catholiques zélés » s'est levée autour de Michel de Marillac et de Pierre de Bérulle, et la reine mère, qui compte Saint-Cyran parmi ses aumôniers, s'est engagée à leurs côtés. Richelieu comprend le danger de cette levée de boucliers romains, et il écrit au roi en février 1627 : « Il faudrait être fort mauvais théologien pour ne connaître pas que le roi ne relève sa couronne et le temporel de son état que de Dieu seul. » Il ne dépend de l'Église et du pape que pour le spirituel. Ainsi est affirmée la primauté du roi, et l'indépendance de sa politique.

Cette conception, Saint-Cyran l'accepte bien qu'il ne soit pas gallican. Il se distingue ainsi de Bérulle et de Marie de Médicis, et manifeste nettement sa distance. Pourtant, il est aussi attaché à la foi nouvelle et à la reconquête des âmes. Le 7 mai 1625, il prêche pour la première fois à Port-Royal-des-Champs, devant la mère Angélique, introduit par Robert Arnauld d'Andilly. Son prestige de théologien est tel qu'il est alors intouchable, à une époque où le cercle de Port-Royal ne sent pas encore le souffre. Vincent de Paul ne prend pas parti dans la querelle de politique étrangère, et grâce à Saint-Cyran il conserve les fonds de sa mission. C'est donc à un futur hérétique qu'il le doit.

Jamais le besoin de secours en milieu rural n'a été plus fort que dans les années 1625-1626, qui, pourtant, ne sont marquées par aucun passage de troupes ou fait de guerre dans le royaume. Au moment où Vincent s'efforce de franchir l'un après l'autre les obstacles qui l'empêchent d'organiser son œuvre, les villages crient famine. Les mauvaises récoltes et la disette provoquent des scènes déchirantes dans les campagnes et jusque dans les bourgs ruraux. Les paysans s'endettent à des taux usuraires pour survivre, pour payer les impôts du roi, que Richelieu commence à augmenter, quand ils ne sont pas obligés de partir et d'aller dans les villes, où ils grossissent la plèbe des mendiants et des assistés.

La misère des campagnes s'accroît dès 1623 et les révoltes rurales se multiplient, notamment dans le Quercy, quand le cardinal prend le pouvoir. *La Nouvelle Défaite des croquants en Quercy* par M. le maréchal de Thémines, une brochure de l'époque[1], affirme que les bandes réunies par les assemblées de villages groupent 16 000 hommes armés de fourches, de bâtons et de faux qui protestent contre la levée de la taille par les « élus ». Ils sont conduits par des « soldats en retraite » et arborent parfois « des mousquets et des lances ». Ils détruisent les biens des « élus », mettent le feu aux fermes, coupent les arbres fruitiers après avoir pillé les granges. Les paysans s'en prennent aux riches, dévastent les biens ruraux des parlementaires, pénètrent de force dans les villes, et finissent par assiéger Cahors et Figeac.

Les seigneurs répondent alors à l'appel du gouverneur Thémines pour courir sus aux croquants qui « se laissent tuer comme des bêtes, sans aucune résistance ». Les soldats du gouverneur ne font pas de quartier : « Si Monsieur le Maréchal de Thémines n'eût crié qu'on ne tire plus, toute leur armée y eut demeurée [*sic*] sur la place. » Les chefs sont pendus ou décapités. La morale de l'histoire, en fin de brochure, est édifiante : « Qui s'oppose au roi s'oppose à

1. Voir Boris Porchnev, *Les Soulèvements populaires en France au XVII^e^ siècle*, Paris, Flammarion, 1972, p. 51.

Dieu, c'est son oint, qu'il nous a donné pour être notre Dieu en terre lequel (après Dieu) nous devons craindre, honorer et lui obéir avec toute fidélité. »

La révolte du Quercy a été brève, violente. Dans les fiefs bourguignons et briards des Gondi, où les paysans souffrent aussi des mauvaises récoltes et de la pénurie, point de jacquerie, point d'émeutes. Cependant, dans beaucoup de provinces, les révoltés des campagnes gagnent les villes. En 1626, Vincent de Paul apprend par les curés des Dombes que Lyon est livrée aux émeutiers. La pénurie de pain dans les campagnes compromet le ravitaillement des gros bourgs, où rôdent les réfugiés. À Troyes, non loin d'un des fiefs des Gondi, la ville s'insurge contre la vie chère et la fiscalité du roi.

Qui songe alors à améliorer les rendements, à mieux organiser les rotations des sols pour pratiquer une agriculture savante à la hollandaise ? Au cours de ses missions rurales, Vincent doit lui-même demander que l'on fournisse aux pauvres des semences et des outils de culture. Ne résidant pas, la plupart du temps, sur leurs fiefs, les seigneurs ne songent qu'à percevoir leur rente. Certes, quelques esprits éclairés lisent les écrits d'Olivier de Serres qui souhaite répandre en France le mûrier pour que l'industrie de la soie ait des matières premières. Un Barthélemy de Laffemas ne raisonne pas autrement, qui défend l'idée que l'agriculture doit contribuer, avec l'industrie, à la richesse du royaume, en limitant les importations de vivres et en exportant en quantité. Mais, généralement, on a l'impression que l'édit d'Henri IV est oublié : « Le plus grand et légitime gain des peuples, avait-il déclaré, procède principalement du labour et culture de la terre, qui leur rend avec usure le fruit de leur travail[1]. » Non seulement les paysans

1. Édit de Fontainebleau, 8 avril 1599.

du roi Louis XIII ne gagnent rien et ne peuvent se procurer le peu d'argent qui les aiderait à subsister, mais sur une terre aussi grasse que la Brie, où les Gondi ont leurs domaines, ils survivent à grand-peine. Et les seigneurs ne les aident pas. Les bénéfices des domaines ne sont pas utilisées à l'amélioration de l'outillage et des espèces, mais investis en rentes, qui rapportent du 12 ou 13 %, ou bien encore consacrées à l'achat d'offices, véritable folie française qui permet d'acquérir, contre espèces sonnantes, une partie des pouvoirs de justice, d'administration, de police, de se procurer des régiments ou des galères. Les bourgeois procèdent de même afin d'obtenir un anoblissement attaché à la fonction. Cette frénésie officière, ajoutée à la dot des filles aînées en âge de trouver une position, absorbe, avec les frais considérables d'un train de vie élevé, les ressources de la noblesse. Pas d'investissement dans le grand commerce, la navigation, encore moins dans la colonisation. « À quoi bon l'Amérique ? remarque plaisamment Chaunu, l'État en France est une Amérique[1]. »

Le souci de ces porteurs d'offices ou de rentes est d'assurer la stabilité de la monnaie, la livre tournoi, pour que les intérêts soient régulièrement versés. Ils ne partagent guère le rêve maritime de Richelieu. Le modèle hollandais ne les attire pas. Ils jugent même chimériques les investissements du Cardinal outre-mer. Et Gondi abandonne à regret les galères avant que le ministre ne décide de construire une grande flotte et d'en prendre en personne la direction, supprimant la charge de grand amiral pour devenir « grand maître, chef et surintendant général de la navigation et commerce en France ». Gondi est sans doute de ceux qui réprouvent sa politique d'engagement dans le Maghreb, inspirée par un négociant corse de Marseille,

1. Pierre Chaunu et Richard Gascon, *Histoire économique et sociale de la France*, tome I, vol. 1, Paris, PUF, 1977, p. 223.

Sanson Napollon : il s'agit d'ouvrir un comptoir fortifié près de La Calle, Bastion-de-France, pour y exploiter le corail. Il ne croit pas aux rêveries du père Joseph sur la relation commerciale avec la Perse par le nord de la Russie et le Danemark. Il préfère donc faire retraite pour ne pas voir le ministre du roi s'emparer de la flotte des galères et mener avec elle la plus aventureuse des politiques.

Il n'approuve pas davantage les désordres du budget, conséquence de l'appauvrissement du royaume. Pour créer des richesses nouvelles et préparer la guerre, il faut dépenser, et cependant les tailles ne peuvent être augmentées. Les bourgeois, rentiers et seigneurs feudataires des années 1620, n'ont cure de la récession du moment qu'elle ne risque pas de détruire ou de réduire la rente. L'exposé du chancelier de Marillac, un proche des Gondi, devant l'assemblée des notables réunie par le roi en 1626-1627 exprime bien cet état d'esprit : il faut équilibrer les recettes en réduisant les dépenses, à commencer par les charges inutiles. La mort de Lesdiguières permet opportunément de « retrancher » celle de connétable. Avec la charge d'amiral, elle coûtait au Trésor la somme de 400 000 livres par an. En taillant et rognant dans les pensions, jusqu'à en réduire le total de 7 à 2 millions de livres, en supprimant les garnisons des places fortes inutiles, on peut engager 30 000 hommes dans l'armée et construire une flotte à voiles dans les ports de l'Atlantique. Richelieu ne pense en effet qu'à la guerre et laisse aux seigneurs le soin de réprimer avec la plus grande violence les émeutes de la faim et les troubles de la taille. Quand les puissants comprendront-ils enfin que, pour prévenir la colère populaire, ils n'ont d'autre ressource que la charité ?

Sur le problème de l'assistance aux pauvres, Vincent de Paul a l'expérience heureuse de ses charités, qui lui ont permis d'étonner les Gondi sur leurs fiefs, et Pierre de

Bérulle dans les cures de Clichy et de Châtillon-les-Dombes. Pour réussir, il a besoin du concours des laïques, dans le cadre des associations cultuelles, qui, pour la plupart, existent déjà ; ainsi les missions se fondent-elles avec les confréries du Saint-Nom-de-Jésus, du Très-Saint-Sacrement ou du Rosaire. Vincent a mis au point une technique d'encadrement des paroissiens pratiquant l'assistance aux pauvres. Il est prêt à étendre ce modèle à toutes les campagnes en péril.

Les règlements sont rédigés depuis 1618, il suffit de les adapter aux nouvelles paroisses, de créer des confréries d'hommes à côté de celles des femmes (car il n'est pas bon qu'elles soient mixtes). Ces sociétés démocratiques pratiquent l'élection de leurs membres et prennent leurs décisions à la majorité. Les règlements prévoient l'établissement et le contrôle de la liste des pauvres, car il faut s'assurer, par des visites, qu'ils ont réellement besoin de secours. Dans un premier temps, on limite l'assistance à ceux qui ne possèdent rien. Avec la pénurie de 1623 et des années suivantes, la liste est étendue à tous ceux qui possèdent quelques biens, un lopin de terre, mais n'ont pas de quoi manger en période de disette et, même en temps normal, ne peuvent vivre de leurs biens ou de leurs bras. On recherche aussi les « pauvres honteux », ceux qui ne veulent pas avouer qu'ils ont le plus urgent besoin de secours.

Si les dons, le produit des quêtes, les legs et dotations, les taxes établies par les seigneurs et les municipalités sur le commerce ou sur les fournitures de paille parviennent à répondre aux besoins en année normale, cela n'est plus suffisant pendant les famines. Aussi demande-t-on aux riches des livraisons de blé, de bois ou de vivres. Pendant les missions, Vincent couche lui-même sur la paille et se prive ordinairement de toute nourriture alléchante, pour donner l'exemple. Il interdit en outre à ses compagnons de recevoir le moindre don personnel au cours des tournées de collecte des fonds.

Ces charités sont fondées solennellement dans les églises, au chant du *Veni Creator*, mais remises entre les mains des laïques, qui sont ainsi invités à prendre en charge eux-mêmes l'assistance, secourant non seulement les malades des campagnes, mais aussi les prisonniers dans les bourgs. La charité s'acquitte de tous les frais, en tenant un compte ponctuel, depuis les honoraires des médecins et des gardes-malades jusqu'à l'achat des meubles, des moutons dont la laine, vendue en ville, permet d'acheter des médicaments et des vivres. Les moribonds sont assistés jusqu'au terme, à la différence des incurables, des paralytiques, des contagieux, dont une confrérie spéciale, dite Charité des pestiférés, se charge, en période normale. On établit des ateliers dans des immeubles loués pour réunir les pauvres sans terres et les faire travailler. De 8 à 20 ans, les jeunes gens sont nourris, logés, instruits. L'éducation religieuse et la pratique sont obligatoires, ils doivent se confesser, communier régulièrement et jurer d'apprendre plus tard leur métier aux jeunes qui se présenteront à la confrérie. Par cette méthode, Vincent a résorbé la mendicité à Mâcon, avec l'appui des échevins et des officiers du roi. Les pauvres, assemblés dans l'église Saint-Dizier, ont reçu du bois et des vivres, à condition de faire la preuve de leurs pratiques religieuses. Ceux qui ont refusé ont été rayés des listes d'assistance.

Ainsi l'aide distribuée va-t-elle de pair avec l'édification. Quand Vincent visite les missions, il rencontre fréquemment des huguenots qu'il doit convaincre. Il est souvent assisté par des théologiens venus de Paris, qui cherchent à la fois à s'informer et à juger de l'orthodoxie de l'édification. Celle-ci présente des lacunes, parce que les prêtres instruits manquent, et c'est d'abord dans le but d'en former un grand nombre que Vincent veut créer sa Mission de

Saint-Lazare. Les secours aux malades et aux prisonniers vont au plus pressé, mais le but essentiel des missions reste de rétablir la pratique religieuse dans les paroisses. La fondation des confréries, œuvre du parti dévot, répond largement à cette ambition.

Vincent a la passion de l'organisation : il veut une action concertée, définie par des textes, approuvée solennellement par les intéressés, pour qu'elle devienne permanente et efficace, et que de véritables unités de conversion soient mises en place partout dans le royaume. Aussi a-t-il le dessein de former lui-même les futurs apôtres de la reconquête. Richelieu ne peut qu'approuver une si pieuse initiative, au moment où il projette de réduire par la force la différence huguenote.

Le processus assez long de la fondation de la Mission rencontre l'opposition de Rome et des curés de Paris, réputés ligueurs et dévots. Ainsi, en mai 1627, le roi signe les lettres patentes rendant la congrégation légale en dépit du refus du Saint-Siège. Étienne Le Tonnelier, curé de Saint-Eustache et syndic des curés de Paris, proteste solennellement devant le Parlement avant l'enregistrement des lettres. Il craint que la Mission n'empiète sur les droits des prêtres bénéficiaires, ne leur enlève des ressources, ne leur cause un préjudice. Vincent doit promettre qu'il n'exigera pour ses missionnaires aucun salaire, aucune rétribution, et que ceux-ci n'entreront dans les églises que « par mission expresse de l'évêque ». Pour s'assurer de ses ressources, il unit à la Mission les biens et les charges du collège des Bons-Enfants, dont il est, en tant que principal, le bénéficiaire. Nullement découragé par les refus de Rome, il a expédié sur place le père du Coudray, un des trois prêtres qui l'entouraient aux débuts de l'entreprise. Il considère la tâche de formation des missionnaires comme prioritaire, enrage de n'être pas immédiatement suivi par les autorités romaines et par le cardinal de Bérulle, une des têtes du parti dévot.

Richelieu, de son côté, ne fait rien qui puisse le gêner, bien au contraire. Il se flatte, en engageant la lutte contre les protestants de l'intérieur – à laquelle les prêtres de la Mission contribueront largement –, de désarmer l'opposition des chefs du parti des dévots, particulièrement du garde des Sceaux, Michel de Marillac, puissant personnage qui doit toute sa carrière à sa compétence administrative et financière. De famille très religieuse, né à Mauriac, dans le Cantal, il est neveu de Charles, archevêque de Vienne, et de Bertrand, évêque de Rennes. Son frère Louis, maréchal de camp depuis 1620, commande l'armée royale, attendant la nouvelle campagne contre les protestants avec impatience.

Un autre de ses frères, également prénommé Louis, vivait à Ferrière-en-Brie, petit bourg dont il était l'humble seigneur avec le titre d'« enseigne d'une compagnie de gendarmes et des ordonnances du roi ». Il n'a guère connu sa fille Louise, née de son premier mariage, très vite envoyée comme pensionnaire chez les dominicaines de Poissy. Âgée de 13 ans à la mort de son père en 1604, elle a songé à entrer au couvent, prise d'une fièvre mystique, mais son oncle et tuteur, le garde des Sceaux Marillac, l'a recueillie à son domicile et mariée au secrétaire des commandements de la reine Marie, Antoine Le Gras, qui devait mourir en 1625. Veuve, désemparée, elle rencontre alors François de Sales, puis Jean-Pierre Camus, l'évêque de Belley, qui soutiennent sa foi ardente avant qu'elle ne se confie à Vincent de Paul. Il l'oriente alors vers les œuvres de charité et, très vite, elle ne peut plus se passer de ses conseils. Elle se plaint même de ses absences à son tuteur Michel de Marillac dès que son directeur de conscience, pris par le devoir de ses charges, quitte Paris...

Passant de Françoise-Marguerite de Gondi à Louise de

Marillac, Vincent ne quitte par le parti dévot, et se rapproche au contraire du garde des Sceaux, qui le tient en haute estime. Le fondateur de la Mission sait-il que le tuteur de Louise affronte déjà à mots feutrés le cardinal de Richelieu au Conseil ? Que Michel de Marillac soit hostile, comme tous les dévots, à la nouvelle politique étrangère du cardinal de Richelieu est connu de tout Paris. Mais on attend le Cardinal sur le terrain de la politique intérieure, pour laquelle il a besoin de la compétence de Marillac. Celui-ci travaille au *Code Michau*, qui doit rendre au royaume sa santé économique en neutralisant l'opposition que les parlementaires manifestent envers le gouvernement centralisé des intendants, en promettant d'éliminer de coûteux privilèges comme la vénalité des offices. Pour l'heure, Marillac reste au pouvoir.

Son frère Louis, officier du roi, est présent lors du siège de La Rochelle. Buckingham et Charles d'Angleterre ont pris l'initiative des opérations, en débarquant dans l'île de Ré. Ils bénéficient du concours des protestants français, cependant que Richelieu, pour assurer ses arrières, a conforté son alliance avec la Hollande, mais tout en concluant un accord avec l'Espagne, à la grande joie des dévots du clan Marillac. La victoire obtenue à Ré contre Buckingham est bruyamment célébrée dans les églises de Paris et le ministre très dévot loue en cette affaire « le zèle et le soin » du Cardinal.

L'armée et le roi lui-même, tombé gravement malade, ont souffert des lenteurs du siège de La Rochelle entrepris par Richelieu qui s'est personnellement ruiné pour construire à grand renfort de main-d'œuvre une digue interdisant l'accès du port à une flotte de secours anglaise. Louis de Marillac a en vain tenté de surprendre les Rochelais en pénétrant dans la ville par les égouts. Quand la place tombe enfin, en octobre, ses murailles sont rasées, ses habitants convertis de force, les temples rendus au culte catholique.

La reprise d'une guerre de religion doublée d'une intervention étrangère tourne ainsi à l'avantage de Richelieu, dont l'ambassadeur vénitien Zorzi écrit en 1628 : « Si le roi est le monarque de la France, le cardinal en est le patron. » À la fin de 1628, Richelieu peut espérer avoir enfin désarmé l'opposition des catholiques favorables à Rome et obtenu leur ralliement dans l'enthousiasme. Il charge alors Vincent d'une mission de conversion en pays rochelais. L'extinction de la « secte huguenote » semble en bonne voie, à la grande satisfaction de Marillac et de ses amis.

Pourtant, le Cardinal s'engage à l'extérieur dans une politique hostile aux puissances catholiques, en contradiction avec sa politique intérieure : il intervient une première fois en Italie pour régler la succession de Mantoue au profit du duc de Nevers, contre l'avis exprimé en Conseil, le 29 décembre 1629, par Michel de Marillac et par le cardinal de Bérulle, l'allié fidèle, presque inconditionnel, de Marie de Médicis, toujours bien vue en cour de Rome. Le clan dévot prend son mal en patience et se félicite, quand l'armée royale est intervenue en Italie, d'être resté sur l'Aventin, sans s'opposer plus fermement à la politique du Cardinal. À son retour, en effet, cette armée a enfin pu réduire la rébellion de Rohan, prince des villes protestantes du Languedoc. La contradiction de la politique du cardinal de Richelieu éclate de nouveau pendant l'été de 1629, quand le roi décide d'une seconde intervention en Italie : les Espagnols se montrent arrogants dans l'affaire de Mantoue. Il est décidé à les châtier.

Plus que jamais, l'opposition à cette politique extérieure se manifeste à la Cour. Au château de Fontainebleau, la reine mère, en septembre 1629, a adressé à Richelieu une sorte d'« algarade publique ». Elle est alors fort irritée des projets de mariage de Gaston, frère du roi, avec l'héritière de Mantoue, étant depuis longtemps hostile au duc de Nevers, le père de la jeune fille. On rend Marillac et Bérulle responsables de l'attitude de la reine. Bérulle, écrit un diplomate vénitien, « était très lié avec l'ambassadeur d'Espagne. Il manifestait le plus grand intérêt pour les affaires du Roi Catholique ». Bérulle meurt subitement le 2 octobre 1629 en célébrant la messe. Richelieu, qui le tenait pour un piètre politique, ne manque pas d'en être satisfait. Il connaît l'opposition sourde de Marillac à la seconde expédition italienne et s'en méfie désormais. Dans sa marche au pouvoir, le Cardinal est à la veille de l'épreuve finale.

Vincent de Paul n'a vraiment rien à redouter de la disparition de Bérulle : ce dernier ne s'était-il pas opposé à la reconnaissance de sa congrégation par le pape ? Dans la mesure où il n'est pas lié personnellement à Marillac, mais seulement à la nièce de celui-ci, et que son protecteur, Gondi, est retiré des affaires, il n'est pas marqué dans la cabale des dévots. Il regrette pourtant la reprise de la guerre civile contre les protestants, qui a ruiné l'Aunis et le Languedoc, et redoute les conséquences de l'intervention française en Italie. Il n'est pas loin de penser, comme Marillac, qu'elle risque de conduire la France dans la guerre européenne et d'accroître ainsi la misère. Sans l'avouer publiquement, il est déjà partisan de la paix.

La première intervention en Italie était-elle maudite, comme le pensait Bérulle, par le Ciel ? Elle a eu pour conséquence immédiate une redoutable peste, apportée à Lyon par les troupes du marquis d'Huxelles, venues de Bourgogne. La maladie a fait rapidement des ravages. Le Lyonnais et le Dauphiné ont été contaminés, les campagnes pillées par les troupes rendues furieuses par les pertes dues à l'épidémie. La guerre entraîne le malheur. L'édit de grâce d'Alès du 28 juin 1629 suffira-t-il à rétablir la paix religieuse ? On peut en douter. Le roi garantissant le libre exercice du culte protestant, l'organisation militaire des rebelles est détruite. Ils ne comptent plus dans l'État. Mais Vincent pense, comme François de Sales, que les conversions forcées sont inutiles. Chaque fois qu'il a été confronté à ce problème, il a choisi d'agir par l'exemple et la compassion, et obtenu des résultats si étonnants qu'on est tenté de lui faire confiance. Il reste profondément convaincu que les missionnaires formés à l'ardente nécessité de donner la bonne parole sont les seuls à pouvoir durablement assurer l'unité de la religion dans le royaume.

Aussi s'acharne-t-il à constituer sa Mission. Il s'est engagé à fournir aux Gondi six ecclésiastiques, « libres de tous liens du côté des bénéfices, charges et dignités », qui devront « s'appliquer entièrement, sous le bon plaisir des évêques, au salut du pauvre peuple des champs par la prédication, les catéchismes et les confessions générales ». Le but, clairement défini, est l'évangélisation des campagnes : aux confréries laïques de charité revient l'assistance, le rôle des prêtres étant l'édification. Ils doivent accepter la vie en commun sous la direction de Vincent de Paul, mais peuvent se voir attribuer une cure, après huit ou dix ans d'apostolat. Leurs missions sont gratuites et de fréquence définie : tous les cinq ans, par roulement continuel sur les terres de Gondi, outre l'assistance religieuse aux forçats. Elles durent un mois et se préparent pendant douze jours, d'octobre à juin. Pendant l'été, saison de grands travaux agricoles, les missionnaires doivent se mettre à la disposition des curés, pour apprendre le catéchisme par exemple.

Au début, trois prêtres seulement suivent Vincent, car rares sont les volontaires quand les missions sont désintéressées, sans aucune promesse de bénéfices, dans les villages ruraux déshérités. Il a pris soin de se les attacher par acte notarié enregistré au Châtelet, pour être sûr de ne pas les perdre. Jean de La Salle, venu de la Somme comme François du Coudray, né à Amiens, spécialiste d'hébreu et destiné à une carrière universitaire, sont du lot des recrutés. Le troisième est Antoine Portail, un sorbonnard venu de

Beaucaire, peu familier de la prédication. Deux autres les rejoindront : Bélin, à qui Vincent écrit : « Je vous regarde comme un perpétuel et très parfait missionnaire », et Louis Calon, curé d'Aumale, qui ne restera pas longtemps au collège des Bons-Enfants, en raison de ses infirmités. Les clauses de recrutement sont en effet draconiennes, et ne peuvent se rompre que pour raison d'incapacité. Pour recruter de nouveaux membres, Vincent impose une période préparatoire d'un an et exige des admis qu'ils affirment leur intention « de persévérer jusqu'à la mort ». L'impulsion donnée par Vincent, son exemple, son ardeur à la tâche sont cependant tels que les concours s'offrent peu à peu et que la fidélité des prêtres s'affermit.

Ils apprennent à parler simplement devant un public qui n'entend ni le latin ni le français, auquel il faut s'adresser dans les langues locales. Les paysans sont convoqués de grand matin, avant l'heure du travail, et entendent ainsi des sermons sur des sujets qui les touchent directement, tels que la superstition, les péchés et la colère du Ciel, l'intempérance, le culte de Marie et des saints, la contrition et la communion et surtout le secours de Jésus, qui peut atteindre chacun, pourvu qu'il en soit digne. Les enfants sont réunis sans cérémonie dans le « petit catéchisme ». Le prêtre ne monte pas en chaire, il parle et chante avec eux. « Le fruit qui se fait à la mission est par le catéchisme », dit Vincent. Les « personnes âgées qui ont le cœur dur » sont touchées par le soin que prend le missionnaire des enfants préparés à la communion. On leur confie, au jour solennel, des aubes et des surplis. Écrivant aux missionnaires qui évangélisent, Vincent déconseille de recourir à des costumes trop recherchés : « Si le curé trouve à redire à la solennité de la procession, qu'on la fasse le plus simplement qu'il se pourra, sans éclat, et sans habiller certains enfants en forme d'anges. » Il est en outre essentiel de les confesser l'un après l'autre avant la cérémonie de communion, et non publiquement.

L'ardeur des missionnaires est telle que Richelieu est intervenu lui-même pour exiger que les travaux soient interrompus au moins une fois par semaine, afin de laisser un jour de repos au peuple des campagnes qui se presse devant les confessionnaux, les yeux rougis de larmes, convaincu, en dépit de son dénuement, que Dieu lui ouvre les portes du Ciel. Les missionnaires réconcilient les curés avec leurs ouailles, quand ils en sont mal vus, et ramènent par la douceur les huguenots au bercail comme ils le feront, en 1630, dans le diocèse de Montauban. À cette date, Vincent est accablé d'appels et de fondations. On demande partout ses secours, comme s'il était le seul à pouvoir apporter la paix dans les régions accablées de troubles. Ceux qu'il a recrutés, les Portail, les Lucas, les Tholard, se dépensent sans compter. Le mouvement est lancé, même s'il lui manque toujours la reconnaissance officielle de Rome. Le cardinal de Richelieu regrette qu'il ne se trouve pas dans le royaume des centaines de Vincent pour parfaire la pacification religieuse que l'édit de grâce d'Alès rend indispensable.

Richelieu n'a pas triomphé de l'opposition de cour, de la coalition nouée autour de la reine mère, peut-être inspirée par Rome, et qui a juré sa perte. Marie de Médicis en est l'âme, entourée par la comtesse de Soissons, la princesse de Conti, fille d'Henri de Guise dit le Balafré, la duchesse d'Elbeuf et la duchesse de Guise, toutes acharnées à la ruine du Cardinal, sa victoire à La Rochelle excitant encore leur courroux. La deuxième expédition d'Italie conduit Richelieu au bord de l'abîme : on l'accuse d'avoir risqué la vie d'un roi sans héritier dans une région où sévit la peste. Marillac plaide sans relâche un arrangement avec l'Espagne : l'état du royaume ne permet pas, assure-t-il, les dépenses monstrueuses du conflit. 20 000 hommes guerroient en Italie, offrant aux Espagnols, selon le mot du roi, « la guerre, jusqu'à la gueule ». La prise de Pignerol, en mars 1630, encourage néanmoins les Français à poursuivre leur entreprise, mais la reine Marie et Anne d'Autriche, installées à Lyon avec Marillac, attendent la paix avec impatience. Le roi décide cependant de soutenir Richelieu, et de ne pas se contenter d'un accord boiteux après un premier succès. Marillac a écrit un long mémoire à propos de la négociation. Il est lu en Conseil, mais n'est pas retenu. Aussi, devant l'obstination du roi, Marie de Médicis doit-elle reculer.

La maladie du souverain à Lyon remet tout en question. La Cour croit qu'il va mourir, son confesseur, le jésuite Suffren, s'apprête à l'administrer, le clan des Guises attend la fin avec impatience et Richelieu songe à s'enfuir dans les États du pape. Le père Joseph, son homme de confiance, doit accepter de signer avec les ambassadeurs du roi les propositions de paix de Ratisbonne qu'offre l'empereur Habsbourg : les Français abandonneront l'Italie.

Au Conseil, en l'absence du roi, Marillac et Richelieu s'affrontent violemment. Guerre ou paix ? Marillac plaide en vain le soulagement des peuples, la fin des aventures coûteuses, le retour au bercail des nations catholiques. L'intervention du nonce du pape Mazarin devant la forteresse de Casal empêche de justesse la reprise de la guerre et permet de conclure un accord honorable.

La Cour rentre à Paris, et Richelieu se rend en voisin (il est logé au Petit-Luxembourg) chez la reine mère, qui occupe le palais du Luxembourg. Il se doute qu'un nouvel assaut se prépare en Italie, et qu'il sera décisif. L'intervention du légat du pape a montré que le Saint-Siège redoute désormais une présence espagnole trop puissante dans la péninsule, souhaite l'équilibre des grands États. La politique de force prônée par Richelieu risque d'aboutir à un recul de la marée espagnole au-delà des frontières, et il touche au but. En face de lui, le clan Marillac s'appuie sur le constat de la précarité de la paix civile en France et du mécontentement engendré par les impôts de guerre. À l'évidence, les armées ne seront pas licenciées si l'on ne décide pas une fois pour toutes de s'abstenir du grand conflit européen.

Qui l'emportera ? La « journée des dupes » en décide. Richelieu se voit retirer hautainement par la reine mère le soin de sa maison. Il sort alors de son hôtel, après le roi qui gagne Versailles. Pendant l'après-midi du 11 novembre 1630, tout Paris croit à la disgrâce du Cardinal. On félicite Marillac, dont le frère Louis vient d'être nommé commandant en chef de l'armée d'Italie.

Mais le garde des Sceaux est arrêté quelques heures plus tard : le cardinal de Richelieu a rejoint Louis XIII et s'est vu confirmer ses pouvoirs. La révolution est accomplie, il est désormais le seul maître du royaume. Le roi en a décidé ainsi. Marillac est invité à demeurer dans sa résidence au village de Glatigny, où il doit rendre la cassette contenant les sceaux de France dont il portait la clé à son cou, selon l'usage. Il entend la messe avant d'être interné au château de Caen.

On redoute encore l'intervention de son frère Louis, gouverneur de Verdun, qui a recruté 7 000 Lorrains fidèles dans son armée. Il est finalement interpellé sur lettre de cachet, jugé sommairement et exécuté en place de Grève le 8 mai 1632. La reine mère, qui a la surprise d'apprendre qu'elle est exilée à Moulins, refuse de se soumettre, passe la frontière des Pays-Bas espagnols en juillet 1631 et finit sa vie onze ans plus tard, à Cologne, son amant Bassompierre étant enfermé à la Bastille, et ses confidentes en exil.

Cette révolution de palais ne touche pas Vincent de Paul,

occupé à ses missions, mais lui fait pressentir que le gouvernement de Richelieu ne promet aux sujets du roi que la guerre sans fin et l'accroissement de la misère. Ayant perdu tous ses anciens protecteurs, il lui incombe donc, plus que jamais, d'assurer seul son propre pouvoir.

Reste le cardinal de La Rochefoucauld, toujours membre du Conseil royal. Une question de foi se présente en 1630, qui concerne le clergé du Nord, en contact avec les mystiques des Flandres et les illuminés espagnols. Deux capucins prêchent d'étranges doctrines à Reims et à Montdidier. Un Laurent de Troyes, un Rodolphe de Paris enflamment les foules en leur faisant miroiter l'espoir de rencontrer mystiquement le Christ et la Vierge par des pratiques appropriées. D'autres les imitent dans les villages picards, entre Roye et Montdidier. Bucquet, curé de Saint-Pierre, et Pierre Guérin, curé de Saint-Georges à Roye, sont dénoncés au Parlement, arrêtés, longuement interrogés.

Le père Joseph, créature de Richelieu et capucin lui-même, est saisi de l'affaire. On parle de 60 000 illuminés dans les villages et les bourgs de Picardie, au moment où la frontière des Pays-Bas espagnols est si peu sûre : quelle aubaine pour les impériaux, si une déviation religieuse grave oblige la force publique à intervenir dans les zones contaminées ! Ces « guérinets » vivraient « en secret, avec de mauvais sentiments », liraient les auteurs de la mystique rhénane qui enseignent le détachement de soi et des biens de ce monde, Tauler, Harphius, Ruysbroeck et Benoît de Canfeld, l'inspirateur de Barbe Acarie. Leurs frères viennent d'être condamnés en Espagne, parce que la recherche de l'extase les a conduits à l'abandon de toute pratique chrétienne, à la confession. Le père Joseph veut obtenir condamnation et répression. Vincent est choisi comme examinateur-arbitre. Le roi lui-même aurait écrit dans ce sens au cardinal de La Rochefoucauld[1] : « Selon votre zèle accoutumé, vous travaillerez volontiers à la connaissance des faits des nommés Charles Bucquet [...], Anthoine Bucquet [...], et Pierre Guérin [...] accusés d'avoir semé [des] fausses doctrines, même d'aucunes assemblées et conventicules illicites, ce pour donnés en garde au nommé Vincent, principal du collège des Bons-Enfants de ma bonne ville de Paris. » La lettre est datée du 15 septembre 1630, de Lyon.

Vincent de Paul est en effet connu du roi. Il lui a été recommandé pour juger des sentiments chrétiens des accusés de Picardie, et fait figure d'autorité en matière d'orthodoxie, comme François de Sales. On se fie à son jugement pour apprécier la situation, savoir s'il convient ou non de considérer les « guérinets » comme de dangereux illuminés, capables d'étendre l'hérésie sur les frontières du Nord. Disposant de ce capital de confiance, Vincent n'a rien à redouter du ministère de Richelieu. Le Cardinal et le père Joseph l'écouteront. Sollicité par La Rochefoucauld, il absout les « guérinets », avec l'aide de Duval, le théologien de la Sorbonne, pour lequel il nourrit une admiration particulière : proche de Rome, strictement orthodoxe, défenseur ardent des textes du concile, « le bon monsieur Duval », professeur royal, ne saurait se méprendre.

Vincent a naguère connu Duval dans le cercle de Bérulle, et l'a choisi comme confesseur. Entre le théologien adversaire du gallican Richer, favorable à la supériorité spirituelle du pape sur le concile et sur le roi, et le cardinal de La Rochefoucauld, ami de Marillac, la filiation est certaine. Vincent de Paul n'a pas changé de clan.

Il est, en 1630, directeur de conscience de Noël Brûlart de Sillery, alors en disgrâce, un chevalier de Malte,

---

1. André Dodin, *Initiation à saint Vincent de Paul*, Paris, Cerf, 1993, p. 150.

commandeur de Troyes, ancien écuyer de la reine mère, issu d'une famille riche et puissante d'ambassadeurs, de parlementaires et de grands officiers royaux qui vient d'éprouver les rigueurs de la politique du Cardinal : le père de Noël, le chancelier Nicolas Brûlart, marquis de Sillery, s'est retiré avec son autre fils Pierre, marquis de Puisieulx, dans sa terre de Sillery. Les Brûlart sont, comme les Marillac et pour les mêmes raisons, des victimes de Richelieu. Noël Brûlart mettra son immense fortune à la disposition de Vincent, qui conserve alors, à l'évidence, toute la confiance du clan papiste. La nouveauté, en 1630, c'est qu'il jouit également de la confiance spirituelle du roi et qu'il est à l'abri, si mal en cour que soient ses bienfaiteurs, des entreprises de Richelieu. En tranchant en faveur des « guérinets », il décourage d'avance toute campagne répressive d'importance du capucin botté, le père Joseph. Finalement, quelques arrestations seront opérées, mais après d'assez longs examens les suspects seront relâchés.

Cette chaude alerte attire l'attention sur l'urgence de multiplier les missions. Il faut envoyer dans les campagnes des curés instruits, rompus à la doctrine chrétienne, décidés à porter la parole du Christ sur les terres les plus ingrates. Les missionnaires œuvrent déjà dans les fiefs des seigneurs, comme Lucas à la mission de Berry. Vincent l'a-t-il connu à la Sorbonne ? La faculté de théologie, qu'il a lui-même fréquentée, fournit la plupart de ses recrues : beaucoup de ses premiers disciples sont des docteurs. Entré en 1626 dans la Mission, Lucas est ordonné prêtre deux ans plus tard et se joint, comme ses deux frères Benoît et Hubert, à la Mission.

De la Sorbonne vient aussi Louis Callon, héritier d'une fortune de 60 000 livres qu'il mettra à la disposition des œuvres en créant en 1629 une fondation de missions : deux prêtres de Vincent parcourront ainsi, tous les deux ans, le doyenné d'Aumale dans le diocèse de Rouen. Louis Callon prêche lui-même, donnant l'exemple sur ses terres. Jean-Joseph Brunet, originaire de Riom, est envoyé par Vincent dans le Bordelais pour répondre aux conditions du contrat d'une autre fondation. Les missions sont constituées à la demande des maîtres des fiefs, des évêques, des églises même, en fonction des moyens. Mais, pour recruter de nouveaux missionnaires, Vincent a besoin de faire approuver ses statuts par le Saint-Siège.

Du Coudray, envoyé à Rome pour obtenir l'approbation du pape à l'œuvre des missions, la seule qui manque encore, est, dit Vincent[1], « bien harassé par le chemin de trente milles » qu'il a fait « à pied ». « Vous fûtes contraint, lui écrit-il, de coucher sur la dure et de travailler tout le lendemain avec l'ardeur du soleil pour entrer dans la ville. » Quelle est sa mission ? « Vous devez faire entendre que le pauvre peuple se damne, faute de savoir les choses nécessaires à son salut, et faute de se confesser. Que si Sa Sainteté savait cette nécessité, elle n'aurait point de repos qu'elle n'eût fait son possible pour y mettre ordre, et que c'est la connaissance qu'on en a eue qui a fait ériger la Compagnie pour, en quelque façon, y remédier. »

La première demande expédiée par Vincent avait été rejetée par la congrégation romaine de la Propagande, bien que soutenue par une lettre du roi. Une intervention du cardinal de Bérulle avait alerté les Pères de la foi : l'entreprise de Vincent risquait de nuire à l'autorité des évêques et donc à l'esprit du concile de Trente. Par lettre au père Bertin, son représentant à Rome, Pierre de Bérulle condamnait « le dessein [...] de ceux qui sollicitent l'affaire des missions par voies diverses et, à mon avis, obliques ». Vincent, après la mort de son ancien protecteur, en 1629, instruit une nouvelle demande, insistant alors sur le devoir

1. Lettre du 20 juillet 1631.

d'évangélisation des campagnes : les prêtres doivent aller « de village en village, de bourg en bourg, prêchant, exhortant, enseignant en public et en particulier les mystères de la foi nécessaires au salut, que la plupart ignorent complètement, disposant les fidèles à faire une confession générale de toute la vie en les entendant au tribunal de la Pénitence, convertissant les hérétiques, mettant fin aux procès (entre particuliers), apaisant les haines, les discordes et les inimitiés, établissant la confrérie de la Charité où elle est nécessaire, pour le bien corporel et spirituel des pauvres malades ».

Les missions sillonnent déjà les routes de Champagne, de la Beauce et de la Brie, de la Bourgogne et de la Picardie, sans que les missionnaires attendent « aucune récompense ou compensation temporelle ». Les évêques sont rassurés, et ne tardent d'ailleurs pas à formuler eux-mêmes des demandes de missions. Vincent souhaite seulement qu'on l'autorise à recevoir les dons et les legs pour établir partout ses « maisons ». Après avoir consulté, sur ce point, André Duval, comme il le fait d'ordinaire avant de prendre une décision, il recommande à du Coudray de ne rien changer au texte de la fondation. « Baste pour les paroles, dit-il, excédé, mais pour la substance, il faut qu'elle demeure entière. Autrement l'on n'y pourrait rien changer ni ôter qui ne portât un très grand préjudice. Cette pensée est de lui seul [de Duval] sans que je lui en aie parlé. Tenez-y donc ferme et faite entendre qu'il y a longues années que l'on pense à cela et qu'on a l'expérience. »

Rien ne vient. Vincent s'exaspère. Il multiplie les lettres à du Coudray. « Un grand personnage, lui écrit-il le 4 septembre 1631, en doctrine et en piété [s'agit-il de Duval ou de l'archevêque de Paris ?], me disait hier qu'il est de l'opinion de saint Thomas : que celui qui ignore le mystère de la Trinité et celui de l'Incarnation, mourant en cet état, meurt en état de damnation. » Vincent a peur d'être damné lui-même « pour s'être incessamment occupé à l'instruction du pauvre peuple. Qui nous excusera devant Dieu, s'indigne-t-il, de la perte d'un si grand nombre d'hommes qui peuvent être sauvés par le petit secours qu'on peut leur donner ? » Aussi « solitaire à Paris que les Chartreux », il attend l'autorisation du pape pour reprendre la route. Il reste proche du clan Marillac, correspondant constamment avec Louise. Il pleure la maréchale, qui meurt de la peste en 1631, sans avoir revu son époux emprisonné[1]. Les hôpitaux de pestiférés sont pleins cette année-là. Un prêtre vient de mourir à Saint-Louis. On demande des secours de partout. Qu'attend donc le pape ?

Du Coudray supplie Vincent de faire intervenir les puissants. Il redoute un nouvel échec. Il demande qu'on fasse rédiger des mémoires. « Qui dit les choses tout bonnement, répond Vincent, comme elles sont, et se soumet, Dieu agrée, comme je crois, ce procédé. La vérité et l'humilité s'accordent bien ensemble. » Il répond encore en juillet 1632 à François du Coudray qui sollicite de nouvelles interventions : « Dès que j'aurai reçu les témoignages que la congrégation désire de monseigneur le nonce du pape [Bichi] et de monseigneur l'archevêque [Jean-François de Gondi], je vous les enverrai, si tant est que nous puissions les obtenir. » Vincent est pessimiste. Il se sent isolé, peut-être calomnié. « Il est vrai, dit-il, on tâche à nous brouiller, et cela jusqu'à la personne de laquelle nous devrions espérer la plus grande assistance après Dieu. » Gondi a-t-il changé de camp ? « Les artifices m'étonnent », ajoute Vincent, sans préciser. L'opposition ne vient pas de Charles de Condren, qui a succédé à Bérulle à la tête de l'Oratoire. Celui-là promet d'écrire aux cardinaux, aux ambassadeurs. Vincent recommande l'humilité à du Coudray. Pour « ceux

1. Lettre du 13 septembre 1631.

qui nous embarrassent, dit-il, je ne leur ai point d'aversion [...] je les honore et je les chéris davantage [...] Que si l'on nous veut empêcher nous autres, il faut prier, s'humilier, et faire pénitence ». Cette attitude est finalement récompensée puisque la Mission est enfin reconnue à Rome par la bulle *Salvatoris Nostri* du 12 janvier 1633.

Le cardinal de Richelieu n'a pas fait obstacle. Il n'en a du reste pas les moyens, accaparé qu'il est par des tâches qui le dissuadent d'intervenir dans des affaires aussi mineures. Que Vincent de Paul fonde, avec l'accord du pape, un ordre nouveau lui paraît conforme à l'esprit du concile de Trente, dont il ne conteste nullement les textes. Il est vrai cependant qu'il n'est en rien intervenu pour faciliter la reconnaissance de l'œuvre, dont il n'a pas eu l'initiative.

Plus que jamais Richelieu combat pour renforcer l'absolutisme du roi et la centralisation de son pouvoir. Il est contraint d'engager beaucoup d'argent dans le recrutement militaire, pour faire face aux révoltes armées des princes, ourdies par Monsieur, frère du roi, Gaston d'Orléans, seul héritier de la couronne en raison de la stérilité de la reine. Les impôts augmentent d'autant, et les révoltes des taillables recommencent, particulièrement pendant l'année 1631, tandis que Vincent ne cesse d'écrire à Rome pour dire l'impatience où il se trouve de porter secours aux gens des campagnes qui meurent de la faim et de la peste sans consolations religieuses.

Plusieurs villes ont connu des « émotions » notables : Aix et Marseille, Bordeaux, Orléans, Poitiers. Pendant que Gustave-Adolphe, roi de Suède, ravage l'Allemagne, la France est de nouveau livrée à la guerre des princes. Monsieur a pour allié naturel le duc de Lorraine, dont il a épousé secrètement la sœur. Il compte sur le duc de Guise, gouverneur de Provence, qui sera intimidé par Condé, dépêché par Richelieu. Monsieur est plus heureux dans sa tentative de subornation des gouverneurs de province auprès d'Henri de Montmorency, l'époux de Marie-Félicie des Ursins, fort hostile au cardinal-duc qui bénéficie désormais de toutes les grâces royales. Le « maréchal général des camps » s'est laissé entraîner dans la révolte. L'exécution de Louis de Marillac, le 10 mai 1632, ne lui a pas servi de leçon. Il s'appuie sur son gouvernement du Languedoc, où l'opinion est fort hostile au roi parce qu'il veut imposer à la province le renoncement de ses privilèges d'État pour faire lever la taille, comme en Bourgogne, par des élus. Monsieur et Montmorency sont vaincus par l'armée du roi près de Castelnaudary, le 1er septembre 1632. Gaston d'Orléans signe un accord à Béziers avant de s'enfuir aux Pays-Bas espagnols. Montmorency, condamné à mort, est exécuté à la hache le 30 octobre dans la cour fermée du Capitole, à Toulouse, et son épouse entre aux visitandines de Moulins.

Le clergé du Languedoc est partagé : si l'évêque de Mende est resté fidèle au roi, ceux de Saint-Pons, Uzès et Lodève ont suivi Monsieur. Ils savent qu'ils n'ont rien à attendre du Cardinal. Comme pour le comte de Chalais, pour le duelliste Boutteville, et plus récemment pour Marillac, le roi a avancé la raison d'État pour refuser de pardonner. « Le bien de l'État, dit-il dans les larmes, voulait que M. de Montmorency payât l'erreur qu'il avait faite. » Le peuple de Toulouse demande grâce. Les grands seigneurs, les dames de la Cour, le pape lui-même supplient. Le roi reste intraitable. Les cours européennes sont stupéfaites devant cette affirmation intransigeante de la supériorité de la raison d'État sur tout sentiment chrétien et chevaleresque d'indulgence attendue du prince après sa victoire.

Richelieu avait pourtant développé sa conception de l'État en termes non équivoques : « La France n'a plus d'autre religion que celle de l'État, fondée sur les maximes de Machiavel », écrivait en 1630 le polémiste Mathieu de

Morgues. Dans son testament politique, Richelieu devait avancer une théorie de la providence divine qui avait choisi la France pour maintenir l'équilibre des États en Europe, empêcher la prépondérance espagnole. Le roi est bien encore le serviteur de l'Église et même le propagateur de la Contre-Réforme dans ses provinces ; mais s'il aspire à l'unité religieuse de ses sujets, son premier devoir n'est pas de s'engager derrière l'Espagne, contre les États protestants du Nord et du Centre, mais de servir d'abord l'intérêt de la nation française, qui seule peut assurer la paix de Dieu sur le continent. Richelieu a-t-il déjà la prescience de la décadence économique et politique de l'Espagne ? Il admire, il veut imiter dans leur développement naval les nations de l'Europe du Nord-Ouest. Les corsaires anglais prennent de haute lutte les galions de Cadix, les vaisseaux hollandais commercent jusqu'aux ports barbaresques. L'avenir appartient aux États-nations, ceux qui parviennent à mobiliser toutes leurs forces sans se perdre dans l'interminable et ruineuse guerre de religion européenne, appelée plus tard guerre de Trente Ans. Si la France est contrainte de s'y engager, qu'elle se contente d'assurer ses intérêts propres en tâchant de retirer du conflit tous les avantages possibles et en conjurant tout esprit de croisade.

Les amis et protecteurs dévots de Vincent ont beau déplorer les effets dévastateurs de la « raison d'État », Richelieu mène aussi le combat dans l'opinion publique pour justifier sa politique, et ne leur laisse pas la parole. *Le Prince*, ouvrage de Guez de Balzac, fait l'éloge d'une politique d'« utilité publique », celle de Richelieu. Jean de Silhon, pamphlétaire à la solde du Cardinal, fait l'éloge, dans *Le Ministre d'État*, de ce « Chrétien politique ». François de Colomby, dans l'*Autorité des Rois*, indique « qu'il faut obéir aux ministres des rois comme aux rois eux-mêmes ». Théophraste Renaudot, le journaliste à gages, défend dans sa *Gazette* la politique étrangère du Cardinal, avec un vif succès.

Qui pourrait lutter contre cette affirmation si souvent répétée de la raison d'État ? Vincent de Paul se contente de plaindre la maréchale de Marillac. Il écrit à Louise : « Ce que vous me mandez de M. le Maréchal de Marillac me paraît digne de grande compassion et m'afflige. Honorons là-dedans le bon plaisir de Dieu et le bonheur de ceux qui honorent le supplice du Fils de Dieu par le leur. Il ne nous importe comme quoi nos parents vont à Dieu, pourvu qu'ils y aillent. Or, le bon usage de ce genre de mort est un des plus assurés pour la vie éternelle. Ne le plaignons donc point ; ainsi acquiesçons à l'adorable volonté de Dieu[1]. » Il plaide l'entière résignation à la fille de la victime. On ne trouve pas dans les lettres, assez nombreuses, de ces deux années tragiques la moindre prise de position politique. Il ne songe qu'aux pauvres.

Vincent n'est pas encore assuré de l'approbation de sa Mission par le Vatican qu'il cherche déjà à quitter le collège des Bons-Enfants pour s'installer dans le vaste espace du couvent de Saint-Lazare-lès-Paris. Richelieu sait parfaitement qu'il travaille depuis 1628, à l'instigation de monseigneur Potier, évêque de Beauvais, à la formation des ordinands. Comment le Cardinal ne verrait-il pas d'un bon œil une entreprise destinée à assurer le recrutement de bons prêtres dans les paroisses de la campagne, alors qu'il a toujours recommandé cette politique quand il résidait dans son évêché de Luçon ? Les ordinands sont des candidats à la prêtrise qui attendent de leur prélat le droit d'être ordonnés. Vincent est reçu à Beauvais par l'évêque Potier, l'un des adeptes convaincus de la Contre-Réforme. Il a constamment fait appel à Vincent de Paul, ainsi qu'à Bourdoise qui

1. Lettre de mai 1632.

vient de réunir les prêtres de paroisses en séminaire à Saint-Nicolas-du-Chardonnet. Potier reçoit en son palais les ordinands. Vincent lui a préparé un règlement écrit pour leur instruction. Ils doivent faire retraite spirituelle pendant quinze jours. Vincent décrit ainsi son séjour à Beauvais à François du Coudray : « Il y a trois jours que nous sommes arrivés en cette ville, en bonne disposition, Dieu merci... L'ordre était que les ordinands vivront et logeront ensemble au collège[1]. » Parmi eux, Bernard Duchesne, ancien de la Sorbonne et membre de la communauté de Bourdoise, comme Louis Messier, archidiacre de Beauvais. Vincent, qui recommande aux ordinands la pratique du « petit Bécan » (un manuel de controverse pour la conversion des huguenots), s'emploie à convertir lui-même trois hérétiques. Il recommande dans cet exercice « la douceur, l'humilité et la patience ». Il répugne aux conversions de force, celles des capucins du père Joseph. Il est heureux de rendre service à l'évêque Potier, de prendre la parole devant les ordinands pour leur parler du Décalogue. Il les conquiert par son éloquence simple, efficace, précise et chaleureuse, et les engage à participer au grand combat de la reconquête des âmes dans les campagnes ravagées par la disette et qui redoutent la contagion de la peste.

La réussite est si frappante que la formule est adoptée à Paris, et que monseigneur de Gondi souhaite disposer d'un local pour y rassembler les prêtres, sous la direction de Vincent. Le prieuré de Saint-Lazare est disponible, et son prieur, Adrien Le Bon, disposé à l'offrir. Mais la situation juridique de l'institution est très compliquée. La vaste demeure a été fondée au XII^e^ siècle. Il s'agit alors d'une léproserie dirigée par les chevaliers de Saint-Lazare. La confrérie accueillait les malades de Paris, particulièrement

1. Lettre du 15 septembre 1628.

les boulangers, plus exposés que les autres à la lèpre et qui, par reconnaissance, offraient un petit pain par boutique aux pauvres en période de disette. Saint-Lazare était alors une seigneurie ecclésiastique, avec blason, bailli, droit de haute et basse justice, prison, poteaux et carcans. Les rois, les reines, les papes honoraient le lieu. Au XVIe siècle, les chevaliers de Saint-Lazare avaient abandonné le prieuré aux chanoines de Saint-Victor, qui appartenaient à l'ordre des Augustins. Ils ne sont plus guère qu'une poignée dans la place en 1632, mais sont en conflit avec Le Bon, leur prieur. Leurs ressources sont coquettes, en raison des biens qu'ils possèdent en dehors de leur enceinte, qui couvre 92 arpents de terre ensemencée de blé, de luzerne et d'orge, construite de petites maisons, d'une église, d'une prison, d'une grange avec étable, colombier, moulin à vent, écuries et boucheries, enfin du bâtiment des chanoines. Mais les frais d'entretien sont fort élevés, et les constructions, faute de vigilance, tombent en ruine.

Quand Adrien Le Bon prend l'initiative de proposer à Vincent de Paul de s'installer dans les lieux, le curé de Saint-Laurent, Guillaume de Lestocq, l'encourage dans cette voie. Mais Vincent fait la sourde oreille. « Nous sommes de pauvres prêtres, dit-il, nous vivons dans la simplicité. Toute notre ambition est de servir les pauvres gens des champs. » Il ne voit pas l'intérêt de réunir dans Paris un grand nombre de prêtres alors qu'il n'a qu'un désir : leur faire prendre au plus tôt la route.

Les récits (celui d'Abelly, celui de Coste) soulignent toujours le désintéressement de Vincent dans cette affaire, comme pour répondre aux critiques formulées par l'*Histoire des chanoines réguliers de la Congrégation de France*, qui accusait Vincent d'intrigues auprès du cardinal de La Rochefoucauld et du père Faure, abbé et prieur de Sainte-Geneviève. Vincent lui-même écrit à Guillaume de Lestocq, curé de Saint-Laurent, pour bien préciser son rôle et les conditions du contrat[1]. Il reçoit son correspondant six mois après la première visite. « Nous venons de naître et nous ne sommes qu'une poignée, lui a-t-il dit, nous n'aimons ni le bruit, ni l'éclat ; je vous en conjure, songez à d'autres que nous. » Les démarches sont renouvelées à plusieurs reprises dans les six mois suivants. Vincent ne s'est pas même dérangé pour visiter les lieux, il semble indifférent. Le Bon le lui reproche : a-t-il le droit de refuser une aide ? Vincent n'en prévoit que trop les difficultés et les charges. Il finit par s'en ouvrir à son conseiller habituel, André Duval, le professeur à la Sorbonne, qui lui conseille d'accepter – sans doute parce qu'il espère le développement de l'œuvre des missions et des retraites aux ordinands. On prépare le contrat, destiné à régler la vie quotidienne des deux communautés au prieuré, celle des nouveaux missionnaires et celle des onze génovéfains, qu'il n'est pas question d'évacuer. Vincent veut occuper le dortoir, réserver aux chanoines les chambres individuelles, bien isoler son monde pour que rien ne vienne troubler son recueillement. Il est d'accord pour accepter une pension de 200 livres annuelles de chacun des religieux hébergés. C'est la vie en commun qui l'inquiète : « Nous observons le silence, explique-t-il, depuis le soir après la prière jusqu'au lendemain après le dîner, nous avons une heure de récréation ; et depuis la récréation jusqu'au soir après souper, auquel temps nous avons encore une heure de récréation, laquelle achevée nous rentrons dans le silence. »

Une vie monastique, qu'il ne veut pas troubler. Que les chanoines prennent les chambres « avec cheminées », il n'y voit pas d'inconvénient. Ils auront du « linge et de la vaisselle, ou 50 livres chacun pour en avoir ». Mais le dortoir sera aux missionnaires. Il refuse aussi tout changement dans

---

1. Pierre Coste, *Le Grand Saint du grand siècle, Monsieur Vincent*, Paris, 1932, tome I, p. 137.

le vêtement ecclésiastique aux offices. S'il accepte que « ces messieurs » occupent les premiers rangs, il ne veut pas que ses prêtres portent « le domino et encore l'aumusse », le camail noir des moines et la fourrure que les chanoines portent à leurs bras. Il craint « la confusion et le soupçon que le Parlement aurait que nous commencerions à devenir chanoines, et par conséquent que nous renonçons tacitement à notre dessein de travailler incessamment pour le pauvre peuple des champs ». Il ne veut pas chanter l'office en compagnie des chanoines fourrés.

Par l'initiative de leur supérieur le père Faure, les génovéfains font opposition. Ils veulent réserver aux Augustins un bien qui leur appartient. Vincent consulte de nouveau Duval, qui l'encourage à se rendre chez le père Faure et le cardinal de La Rochefoucauld, puissant personnage dont dépend la décision. L'archevêque Gondi, qui doit trancher en dernière instance, estime que les évêques de Paris ont toujours eu le privilège de désigner le prieur de Saint-Lazare et qu'il s'estime en droit d'imposer Vincent de Paul. Au demeurant, la congrégation de Saint-Victor, dont dépend le prieuré, s'est déclarée dissoute en 1625. Il peut donc en disposer comme il l'entend, par exemple pour l'assistance spirituelle du « pauvre peuple de la campagne, éloigné des villes, infecté de la lèpre du péché[1] ».

Le contrat est donc signé le 7 janvier 1632. Adrien Le Bon conserve son titre de prieur et la jouissance des lieux, ainsi que la terre de Rougemont qu'il léguera plus tard à la communauté. Le prieuré est entre les mains du Saint-Père, « pour être uni, annexé et incorporé à perpétuité à la congrégation des Prêtres de la Mission », à charge pour les missionnaires – qui doivent être au moins douze – de se consacrer gratuitement à une ou deux missions par an, selon

1. Cité par Pierre Coste, *op. cit.*, tome I, p. 199.

les besoins, dans le diocèse de Paris. Ils auront également la charge de recevoir et d'instruire les ordinands envoyés par l'archevêque. Les lettres patentes du roi sont obtenues sans difficulté, ainsi que l'approbation du prévôt et des échevins de la ville.

Pourtant Vincent ne peut entrer dans ses meubles : il écrit à François du Coudray, le 2 mars 1632, pour lui demander d'intervenir, « à cause des oppositions qui nous sont faites », qui n'ont rien de politique. Dans les questions religieuses de ce temps, les ayants droit sont si nombreux que la moindre opération suppose d'interminables délais. Ils ne lassent pas Vincent. Une fois engagé, il est bien décidé à aller jusqu'au bout. Il bénéficie des conseils avisés d'André Duval, de l'approbation de l'archevêque qui ne se dément pas, peut-être aussi de la bienveillance du cardinal de La Rochefoucauld. Le Parlement ne peut enregistrer les lettres patentes du roi en raison d'une opposition de l'abbé de Saint-Victor qui a rameuté les curés de Paris et de ses faubourgs ainsi que l'abbé de Quincy, Louis de Mesgrigny. En dépit de la réponse donnée par l'archevêque, il prétend plaider. « Vous savez bien, écrit Vincent à un ami, que les religieux de Saint-Victor nous contestent Saint-Lazare. Vous ne sauriez croire les devoirs de soumission que je leur ai rendus, selon l'ordre de l'Évangile, quoique, en vérité, ils ne soient pas fondés en raison, à ce que M. Duval m'a assuré, et à ce que me disent toutes les personnes qui savent de quoi il s'agit. Il en sera ce qu'il plaira à Notre-Seigneur[1]. »

Est-il résigné, abattu ? Dans l'action, il se révèle tenace, prend la peine de se rendre au Palais pendant le procès, se recueille dans la Sainte-Chapelle pour prier Dieu. Le Parlement lui donne raison, et ordonne, le 7 septembre, l'en-

1. Louis Abelly, *La Vie du vénérable serviteur de Dieu, Vincent de Paul*, Paris, F. Lambert, 1664, et 1986, 1, III, p. 278.

registrement des lettres royales. Peut-on trouver dans cet arrêt un vice de forme, comme le prétendent ses adversaires ? Il s'en ouvre à son ami Saint-Cyran. Celui-ci intervient aussitôt auprès du premier président du Parlement, Le Jay, et de l'avocat général Bignon. Vincent rend une nouvelle visite au cardinal de La Rochefoucauld. Il estime insupportable cette querelle procédurière au moment où les campagnes réclament à grands cris des missionnaires.

L'accord du Saint-Siège est-il de surcroît nécessaire ? Une procédure nouvelle risque de s'engager si Rome formule quelque opposition. Il a eu tant de mal à faire reconnaître sa Mission qu'il redoute le pire. Il raisonne le prieur pour qu'il déclare solennellement que son bien dépend de l'archevêché de Paris, non du pape. Cet acte remet quand même en question toute la procédure française. Qu'importe, les autorisations sont demandées et accordées de nouveau. Vincent s'y emploie, heureux d'avoir échappé à une nouvelle consultation romaine. Il reste à obtenir de l'archevêque de Paris qu'il renonce à son droit de visite du prieuré pour le contrôle annuel du temporel. Cette coutume risque d'être tatillonne, peut-être vexatoire. Mais Gondi, si bien disposé soit-il, doit tenir compte de son administration. Il résiste, argue de l'usage établi. Vincent plaide interminablement, menace de se retirer s'il n'obtient pas satisfaction : « Il est difficile aux missionnaires, explique-t-il, qui vont et viennent, d'écrire au juste ce qu'ils dépensent à la ville et aux champs, parce qu'ils font divers menus frais inévitables qui sembleraient superflus aux auditeurs du compte. » Il veut être maître chez lui, disposer de ses moyens en pleine responsabilité. Il l'obtient.

Il hérite à Saint-Lazare de quelques aliénés qu'il se promet de visiter régulièrement, et s'efforce de se conduire avec patience et attention avec les anciens occupants du lieu. Il prend le risque d'assister le vice-prieur Maheut, atteint de la peste, et de prendre fréquemment ses repas avec Le Bon, dont la susceptibilité est redoutable. « Je pense qu'il m'a vu plus de cinquante fois à ses pieds », dit-il. Il lui demande de pardonner les manques de respect des missionnaires impatients, les écarts des jeunes ordinands. Le Bon finit par s'en accommoder, non sans rechigner. Pour faire face aux frais d'installation et de remise en état, la Mission manque de fonds. La Providence y pourvoit : Nicolas Vivian, conseiller du roi et maître des comptes, remet 10 000 francs à Vincent pour financer des missions régulières en Aquitaine et en Provence.

Monsieur Vincent est enfin chez lui à Saint-Lazare. Depuis l'installation de sa poignée de fidèles, les concours affluent de partout. Il n'abandonne rien des activités du lieu, admet à l'asile de nouveaux malades, et même un lépreux. La prison reste en place, et les prêtres visitent régulièrement les internés. Les ordinands se multiplient, en raison de l'activité des nouveaux curés formés à l'école de Bérulle et de Bourdoise. Le cardinal de La Rochefoucauld exprime sa satisfaction et Jean-François de Gondi multiplie les demandes de missions dans son diocèse.

Les premiers missionnaires ne manquent pas de besogne. Vincent, qui prend lui-même la route aussi souvent qu'il le peut, leur écrit sans relâche pour les encourager dans leur œuvre, au besoin pour les réprimander. Les interventions de ce genre sont nombreuses dans sa correspondance : il parvient en 1632 à diriger le commandeur Noël Brûlart de Sillery jusqu'à la prêtrise. Il lui fait visiter les cellules de la prison de Saint-Lazare et les autres prisons de la capitale, lui suggérant d'assister les prisonniers, de leur ouvrir les voies du Ciel. Il lui fait découvrir l'atrocité des salles d'hôpitaux et le persuade d'employer sa fortune à rendre les salles de soins plus humaines. Le commandeur décide bientôt, inspiré par son confesseur, de consacrer tous ses biens à l'assistance. Il l'appelle « son unique père » et lui manifeste, en toute occasion, sa reconnaissance appuyée.

Vincent répond aux demandes de mission formulées par Gondi, par l'évêque Potier de Beauvais. Il expédie Antoine Portail à Croissy, le félicitant d'avoir eu le courage de monter en chaire, malgré sa timidité. Il accueille volontiers les retraites d'Adrien Bourdoise à Saint-Lazare, et s'efforce de le conseiller au mieux pour la nomination des prêtres dans les cures vacantes.

Il met en garde son cher Antoine Portail, qui missionne désormais dans les Cévennes et ne s'entend guère avec Lucas, son compagnon de route. Comme naguère les huguenots, les apôtres de la Contre-Réforme marchent deux par deux, et il est donc essentiel qu'ils s'accordent. « Au nom de Dieu, Monsieur, gronde Vincent, que ce soit là votre grand exercice ; et parce que vous êtes le plus ancien, le second de la compagnie et le supérieur, supportez tout, je dis tout, du bon Monsieur Lucas ; je dis encore tout, de sorte que, vous déposant de la supériorité, ajustez-vous à lui en charité. C'est le moyen par lequel Notre-Seigneur a gagné et dirigé les apôtres, et celui seul par lequel vous viendrez à bout de Monsieur Lucas. » Il faut éviter surtout de donner au public le sentiment d'un désaccord : « Vous êtes là sur un théâtre sur lequel un acte d'aigreur est capable de tout gâter. » Les missionnaires sont entourés de huguenots, d'ennemis qui guettent leur moindre défaillance. Toute discorde remettrait en question la Mission. Voilà Portail averti, et solennellement tancé. Vincent gourmande de même Jean de La Salle, en mission au Mesnil, qui a le front de refuser la charité de Gondi. Il lui demande d'accepter, et de présenter des excuses. « C'est notre fondateur, nous n'avons pas le droit de refuser ce qu'il nous donne pour l'amour de Dieu, non plus que de quelqu'un d'autre qui ne serait pas du lieu où l'on fait la mission. Saint Paul en usait ainsi et ne prenait jamais au lieu où il travaillait ; mais il prenait des autres églises pour travailler aux nouvelles. »

Vincent est contraint de demeurer à Paris plus qu'il ne le souhaiterait, en raison du succès de ses entreprises de piété. Inaugurant des « exercices » à Saint-Lazare, il n'exclut aucun « exercitant » de bonne volonté. En juin 1632, il compte parmi les assistants « un évêque nommé, un premier président, deux docteurs, un professeur en théologie et M. Pavillon ». Jeune prêtre, ce dernier s'est mis spontanément à la disposition de la Mission. Il va et vient, aux ordres de Vincent, à quelque tâche qu'il lui assigne, et surtout aux séances de catéchisme. Il missionne à Rueil, selon le désir du cardinal de Richelieu qui a demandé des secours à Saint-Lazare, comme le roi lui-même, pour la région et la ville de Saint-Germain-en-Laye. Les prêtres recrutés doivent passer d'une besogne à l'autre, d'une mission à une charité, d'une séance de catéchisme à l'assistance des malades, d'une prédication dans Paris à des secours distribués à Rueil ou au Mesnil. François Renar, un des prêtres favoris de Vincent, se tient à la disposition des pénitentes qui viennent se confesser dès l'aube. Il fréquente les hôpitaux de Paris, car l'archevêque exige des missions *intra muros*. Renar confesse aux Quinze-Vingts, à la Pitié, à la Chapelle ou au Refuge. Il donne des entretiens aux ordinands de Saint-Lazare, mais il prend à l'occasion la route de Champagne et de Bourgogne, dès que le besoin d'une mission est exprimé.

Vincent n'oublie pas ses galériens, dont il reste l'aumônier général. « La charité vers ces humbles forçats est d'un mérite incomparable devant Dieu », écrit-il en 1632 à Louise de Marillac. Il avait loué pour eux la maison du faubourg Saint-Honoré. Il obtient de Louis XIII et des échevins de Paris l'aménagement d'un hôpital pour galériens dans une tour désaffectée, près du pont de la Tournelle, entre la porte Saint-Bernard et la Seine. Les prêtres de Saint-Nicolas se dévouent aux malheureux, en concurrence avec ceux de la Mission, constamment dépêchés sur place par Vincent.

Il reste fidèle à la famille de Gondi, bien que son protecteur, Philippe-Emmanuel, entré à l'Oratoire, n'ait pas été choisi par Richelieu comme général de l'ordre avec le chapeau de cardinal. La famille reste immensément riche et conserve sa puissance sociale, bien qu'elle soit écartée des affaires politiques. La charge de général des galères devait passer en 1635 du fils aîné de Philippe-Emmanuel, Pierre, à un neveu du cardinal de Richelieu, François de Vignerod, marquis de Pont de Courlay. Le jeune frère de Pierre, Henri, marquis des îles d'Or, est mort accidentellement à l'âge de 12 ans, mais son cadet, Jean-François-Paul, est destiné à l'état ecclésiastique : il sera plus tard le cardinal de Retz.

Voici donc le directeur de la Mission installé dans Paris, dans ce prieuré de Saint-Lazare qu'il doit, certes, à la générosité de ses bienfaiteurs, mais aussi à son mérite. L'argent n'aurait pas suffi à la fondation : il y fallait le prestige, l'éclat d'une œuvre commençante, la réputation de dévouement du fondateur, son efficacité sur le front de la foi. Obtenir le ralliement du roi, des échevins de Paris, du Saint-Siège, se protéger du tir concentré des curés de la capitale, des Augustins, des Génovéfains, triompher à Rome de l'opposition de Bérulle, sans recourir à l'entremise des ambassadeurs officiels, sans rien demander à la Cour ni au gouvernement, recourir aux amitiés les plus désintéressées – André Duval, Duvergier de Hauranne – pour défendre l'œuvre contre l'indifférence ou l'égoïsme des privilégiés, imposer une institution nouvelle dans le lacis enchevêtré des pouvoirs, grands et petits, installés autour du palais du Louvre, cela supposait une activité politique de tous les instants, des concours sollicités inlassablement, des énergies à réveiller, des vocations à inspirer.

Au début de l'année 1633, Vincent de Paul a réussi à devenir Monsieur Vincent. Il est reconnu de tous, du roi, qui lui concède immédiatement ses lettres patentes, de Richelieu, qui lui demande des missions, du cardinal de La Rochefoucauld, à qui il doit son installation à Saint-Lazare, de l'archevêque de Paris, de Jean-François de Gondi, qui utilise ses missionnaires partout où il l'estime nécessaire. Il est vénéré par les plus ardents apôtres de la Contre-Réforme, et ne manque jamais de se faire accompagner par les théologiens, anciens élèves de Duval, dans les tournées qu'il entreprend aux environs de Paris. L'évêque Potier, un des rares roturiers de l'épiscopat, l'a conduit à créer l'œuvre des ordinands. Il a réussi à maintenir les meilleures relations avec Adrien Bourdoise, cet apôtre concurrent, maître de la communauté de Saint-Nicolas-du-Chardonnet, en dépit de l'opposition sournoise que Bérulle lui avait ménagée avant de mourir. Il est parvenu à se ménager le soutien de son successeur, le père Charles de Condren, fils d'un huguenot converti, ancien élève des jésuites au collège d'Harcourt et docteur de la Sorbonne. Confesseur de Monsieur, frère du roi, Condren était au cœur du parti dévot, mais Richelieu ne s'était pas opposé à sa nomination, le préférant à Gondi. Condren est attentif aux conseils du père François Bourgoing, qui a cédé sa cure de Clichy à Vincent. Celui-ci n'a plus d'ennemis à l'Oratoire, qui passe encore pour un des lieux les plus inspirés de la Contre-Réforme dans Paris.

Il a pris sa place sans éclat, avançant de son pas sûr de paysan dans les ruelles encombrées de la capitale. S'il dispose des amitiés du parti dévot, où figurent tant de ses bienfaiteurs attitrés, il ne s'est pas impliqué dans les querelles politiques, même s'il connaît tout le prix d'un soutien du pouvoir pour l'œuvre d'édification et d'assistance. Les circonstances sont trop troublées, les factions trop ardentes pour qu'il se mêle à ces luttes d'influences, qui ne le concernent pas. Il doit sa réputation à sa foi profonde, incontestable au point qu'il a été consulté dans les périodes de crise, comme celle des guérinets. On recourt à ses méthodes de conversion des huguenots, douceur et humilité, ni violence ni controverse, l'exemple d'abord, le bon exemple, celui qui suscite l'adhésion du cœur. Non point mystique ou illuminé, mais ardent à défendre en toutes circonstances la cause du Christ, et d'abord sur le terrain de la misère. Il en est le produit direct : la luxuriance imprévisible de ses œuvres tient au terreau malade qui les supporte et les appelle, comme une réponse de la nature au cumul des calamités du siècle. Rien n'indique l'éclaircie, nul ne voit l'arc-en-ciel sous l'orage, bien au contraire : l'une des plus puissantes monarchies d'Europe entre dans la crise sans rémission, sans espoir apparent d'accalmie, et les agitations du monde politique ne sont que le signal d'un trouble plus profond, celui qui remue les populations rurales accablées des maux convergents de la crise économique, de la sous-production agricole à laquelle on ne sait pas remédier, du désordres des monnaies, de la réorientation rapide des circuits commerciaux vers le nord-ouest du continent. Dans les sociétés démunies, désorientées, le sous-emploi, l'errance des exclus des campagnes, la malnutrition et la famine font des ravages.

La comète annonçait d'autres calamités, qui ne manquent pas de surgir en rafales : les pestes, redoutables à Lyon et dans le Dauphiné mais aussi à Paris en 1631, la guerre des princes et celle que le roi fait aux protestants. La reprise des guerres étrangères avec l'intervention en Italie, blâmée par le parti dévot. Que ce dernier soit exclu du pouvoir et que le Cardinal fasse l'objet de toutes les attentions royales indique à l'évidence que l'engagement est irréversible : si les puissances d'avenir en Europe sont celles du Nord-Ouest, Angleterre, Hollande et Suède, l'empire espagnol et son jumeau d'Autriche, même sur le déclin, risquent de prolonger le conflit convulsionnaire de l'Europe centrale et d'y entraîner la France. Le Cardinal déjà s'y prépare. Vincent comprend parfaitement que le terrain de la misère est illimité.

Est-ce la volonté divine ? La Providence est là pour secourir. À condition qu'on travaille d'arrache-pied à mettre en place un réseau de résistance, avec asiles, hôpitaux, charités, missions, séminaires, institutions. Vincent a maintes fois fait la preuve, par sa chaleureuse assistance, de sa capacité à convaincre et à convertir. Il lui faut encore organiser dans la durée les positions de conquête, afin de faire face aux nouveaux dangers. Chez lui l'apôtre se double d'un organisateur. Il aura besoin de toutes ses forces pour faire face à la nouvelle station de son chemin de croix : celle de la guerre étrangère, pendant les dix dernières années du ministère de Richelieu. Il sait désormais qu'il peut compter sur un concours puissant, jusqu'ici négligé, celui des femmes.

CHAPITRE VI

# Les femmes

Richelieu tient sa guerre. Au début de 1633, il s'y prépare en méditant une action militaire contre le duché de Lorraine qu'il annexe, occupe, équipe, garnit de soldats et de canons. Fort de cette position stratégique, il peut narguer le Habsbourg de Vienne, lui interdire d'entrer en France, avancer ses propres intérêts jusqu'au Rhin, occuper aussi l'Alsace. Le 19 mai 1635, les hostilités sont également engagées contre le Habsbourg d'Espagne, maître des Pays-Bas, un État-tampon entre la Hollande et la France. Richelieu a sauté le pas : le héraut d'armes fleurdelisé s'est rendu à Bruxelles pour déclarer, au nom de son maître Louis XIII, la guerre à Philippe IV d'Espagne. Une lutte ruineuse va se poursuivre pendant un quart de siècle, jusqu'en 1659. Vincent de Paul meurt en 1660 : les années qui lui restent à vivre seront marquées par cet interminable conflit.

Les expéditions italiennes avaient été coûteuses, mais avaient épargné le territoire français, sauf dans les régions de passage des armées comme la Bourgogne, le Lyonnais et le Dauphiné. L'entreprise du Cardinal en Lorraine en 1633 s'était soldée par la prise facile de Nancy, avait entraîné de grands dommages, mais dans une province qui n'était pas française, livrée en proie non seulement aux royaux et aux Suédois leurs alliés, mais encore aux soldats de Charles IV son duc, qui étaient, certes, lorrains, mais aussi bien allemands, croates et hongrois. Les capitaines avaient pour maxime « frappe fort, prends tout et ne rends rien ». Les meurtres, les pillages, les incendies avaient sinistré le pays. Le bourg de Saint-Nicolas, où les jésuites avaient un petit collège, avait été pillé par les impériaux, puis par les soldats du duc de La Force au service du roi Louis XIII. Les Suédois, qui étaient arrivés trop tard, déçus de ne pas trouver de butin, avaient multiplié les atrocités, éventrant les femmes enceintes, massacrant jusqu'aux nouveau-nés. Les couvents de Pont-à-Mousson avaient été saccagés, les saintes espèces profanées, les Pères jésuites assassinés. Le duché fut occupé jusqu'en 1659 par une armée impressionnante, bien décidée à ne pas lâcher prise. La Lorraine avait beaucoup souffert, mais c'était une terre étrangère. Le royaume avait été jusqu'alors préservé.

Le conflit qui s'engage en 1635 est d'une autre nature. Il implique immédiatement le risque d'invasion du royaume. D'abord sur la ligne du Nord, celle des Pays-Bas espagnols. Les « tercios » de Philippe IV d'Espagne bataillent sans cesse à la frontière de Hollande, du côté de Maastricht. Cette excellente troupe peut retourner ses piques contre les Français et s'emparer des villes du Nord, mais aussi prêter main forte, sur le Rhin, aux armées catholiques de Ferdinand II d'Autriche et du duc Charles IV de Lorraine, chassé de ses États par Richelieu. En septembre 1634, cette coalition réussit à battre les forces protestantes commandées par Bernard de Saxe-Weimar à Nördlingen. Ainsi, les Habsbourg sont solidaires. Déclarer la guerre à l'Espagnol, c'est avoir l'Autrichien sur le dos.

Les troupes de Louis XIII, retranchées en Lorraine, aventurées en Alsace et sur les deux rives du Rhin, croient tenir les deux rives du fleuve grâce à la présence des Suédois. L'alliance de la France avec la Suède protestante est confirmée en avril 1635 par le traité de Compiègne, mais son armée n'est plus aussi solide depuis la mort du roi Gustave-Adolphe, et vient d'être vaincue à Nördlingen. Du côté du Rhin, le danger est donc immense, même si la frontière semble mieux assurée. Richelieu voit venir le temps où les armées impériales, lasses des guerres de religion en Allemagne, débarrassées de la menace suédoise et protestante, secondées peut-être par les très catholiques Bavarois, se retourneront contre la France et franchiront le pont de Kehl. Si Richelieu se trouve ainsi contraint de mobiliser toutes ses forces pour repousser l'invasion des Habsbourg d'Espagne et d'Autriche sur ses frontières du Nord et de l'Est, comment tiendra-t-il les positions qu'il a si laborieusement aménagées en Italie du Nord pour empêcher la jonction des armées impériales et royales ? Il est encore plus incertain qu'il puisse faire face à une offensive de Philippe IV en Navarre ou en Catalogne, et défendre la ligne des Pyrénées. Les côtes maritimes de Provence et de Languedoc, ouvertes à l'invasion, ne disposent, pour se protéger, que d'une vingtaine de galères. Le Cardinal, en déclarant la guerre à l'Espagne, a pris le risque considérable d'ouvrir son pays, son territoire, d'offrir sa population, à l'invasion étrangère.

Le 15 août 1636, l'année du *Cid*, la place de Corbie est enlevée par les Espagnols, ouvrant grande la porte du royaume sur la rivière Somme. En acceptant de s'allier en Allemagne avec les protestants, Richelieu se trouve, s'il entre en guerre, condamné à la victoire. Seul le succès peut en effet faire pardonner une alliance avec le diable. On lui demandera des comptes, en cas d'échec, sur les roueries de sa politique d'équilibre et de savants calculs. Même si le pape Urbain VIII a donné l'exemple du machiavélisme en favorisant la cause française en Italie du Nord pour faire contrepoids à la puissance des Habsbourg – aux yeux des catholiques français, la guerre contre le roi d'Espagne, allié et parent du très dévot empereur Ferdinand II, ne peut manquer d'apparaître comme une trahison de la cause de la sainte Église, puisque l'Europe est engagée dans une inexpiable guerre de religion. Richelieu ne peut plus mettre en avant l'intérêt national pour justifier son entrée dans le conflit, si la preuve est faite que la France n'a pas les moyens de protéger ses frontières. La défaite militaire risque donc de susciter des troubles politiques violents et peut-être la reprise de la guerre civile. Pour Vincent de Paul, plus que jamais décidé à considérer les événements comme les manifestations de la colère divine, l'année de Corbie est celle du malheur.

Loin de chanceler, le pouvoir de Richelieu se durcit sous la menace. Le Cardinal fait sortir du royaume des sommes considérables pour financer sa diplomatie, promettant au roi de Suède un million de livres par an, fournissant régulièrement des subsides aux alliés protestants d'Allemagne. Les alliances coûtent cher et se soldent par des prises de positions stratégiques qu'il faut fortifier et garnir en soldats. Lucide et bien informé, Richelieu sait qu'il ne peut pas compter outre mesure sur l'outil militaire. Il a assumé de telles dépenses pour assurer ses alliances en Allemagne qu'il manque de fonds pour rassembler une armée de qualité aux mains de professionnels. Le Trésor crie famine, et les bons mercenaires sont déjà engagés par l'ennemi, dont les finances semblent inépuisables. Les troupes françaises sont loin d'avoir la valeur des *tercios* d'Espagne ou des lansquenets allemands : commandées par des chefs inexpérimentés ou trop âgés, constituées de régiments appartenant à des officiers propriétaires de leurs régiments qui ne s'intéressent à la guerre qu'en ce qu'elle peut rapporter un butin, elles souffrent gravement de l'irrégularité de paiement des soldes, et se trouvent toujours menacées de désertion. En cas d'urgence, les surintendants des finances avancent au roi les sommes qui permettent de solder les compagnies, mais récupèrent ensuite l'argent sur les malheureux taillables. Les munitionnaires, chargés de ravitailler les armées, sont constamment défaillants ; quant aux blessés, ils ne sont ni secourus ni administrés religieusement quand ils décèdent. Dès septembre 1636, Louis XIII exige l'envoi au front de chirurgiens et de prêtres.

Le désastre de Corbie a montré l'impréparation et l'inefficacité de l'armée : faute de pouvoir se nourrir sur l'habitant, les troupes aventurées au début de la campagne dans les Pays-Bas espagnols ont fondu de 20 000 à 6 000 hommes, péniblement évacués par mer sur Calais. Pourtant Richelieu décide de lever à n'importe quel prix de nouveaux soldats ; il espère porter ses effectifs à près de 200 000 combattants, afin de renforcer les fronts de Picardie, d'Italie et du Rhin. Condé est chargé d'attaquer Dole dans le Jura. L'empereur Ferdinand II, dont dépend la Franche-Comté[1], s'estime agressé, et entre officiellement en guerre contre Louis XIII, qui a ainsi contre lui les forces des deux Habsbourg réunis.

Les places fortes du Nord ne résistent pas. Le roi accuse les défenseurs de lâcheté et les condamne, par contumace, à être écartelés à quatre chevaux, leurs biens vendus à l'encan, leur noblesse abolie. En vain le père Joseph assure-t-il qu'une apparition de la Vierge annonce le redressement, les Parisiens ne font plus confiance au comte de Soissons qui bat en retraite sur l'Oise à la tête de l'armée royale, puis sur l'Aisne. Les réfugiés du Nord se pressent à la porte de la ville, racontant que les reîtres et les lansquenets allemands au service de l'Espagne brûlent les villages, tuent les curés, pillent les maisons, sans aucun respect pour la religion.

Les bourgeois de Paris font atteler pour prendre la route de l'exode, celle des villes sur la Loire. Les notables, les privilégiés accablent Richelieu de reproches. Les parlementaires relèvent la tête, osant envisager de députer au roi, de lui parler finances. « Je vous défends de continuer votre délibération et d'entreprendre d'être mes tuteurs en vous mêlant de mes affaires », leur répond Louis XIII, ajoutant : « Je vois qu'il en est parmi vous qui sont espagnols. » La

1. La Franche-Comté est alors terre d'Empire, mais possession directe du roi d'Espagne.

menace suffit pour intimider les marchands de la ville. Quant aux gens du peuple, très souvent sur le point d'entrer en révolte ou déjà engagés dans les mouvements régionaux de résistance au fisc, ils sont sur le moment saisis par l'extraordinaire sursaut de la noblesse du royaume qui répond à l'appel du roi. Le Conseil décide de lever immédiatement 30 000 hommes pour le front du Nord. Richelieu, qui se montre constamment sous faible escorte dans les rues de la capitale, lève le ban et l'arrière-ban, sort de leurs gentilhommières les nobles inactifs, ses anciens adversaires. Les gouverneurs arment les vieilles bandes et saisissent les chevaux. À Paris, on recrute jusqu'aux laquais, jusqu'aux vagabonds. Les recrues partent au front couvertes de fleurs, par compagnies de cent mousquetaires et piquiers.

Richelieu ordonne de fortifier Pontoise, de relever l'enceinte de Paris, de consolider les portes et de nettoyer les fossés. Chacun a conscience de ses devoirs. Les convois de blé viennent renforcer les stocks de la capitale promise au siège, et les habitants enfoncent des pieux dans le lit de la Seine pour y bâtir des moulins. Dans la grande galerie du Louvre, le roi réunit tous les corps de métier, même les savetiers, embrasse les jurés. Sautant à cheval, il rejoint le front, après la prise de Corbie. La bataille décisive s'annonce dans un climat d'enthousiasme, et non de résignation. Louis XIII ne manque pas d'en appeler à Dieu et à la Vierge Marie. Chacun peut prier à Notre-Dame, devant la lampe perpétuelle allumée devant l'autel. Les curés en chaire supplient le Ciel d'accorder la victoire aux armes du roi. Les dévots se dévouent. L'invasion a rendu leur courage aux Français, que l'énergie de Richelieu, seul responsable dans Paris, a, l'espace d'une campagne, dressés et unis.

Le Cardinal s'est acharné à obtenir l'intervention du prince protestant d'Orange, qui a consenti à marcher sur

Bruxelles avec une armée hollandaise de 28 000 hommes. La retraite des Espagnols est alors assurée : dès le début de septembre 1636, les paysans picards réfugiés derrière l'Oise repassent le fleuve avec leurs charrettes afin de relever leurs villages en ruines. L'Espagnol abandonne Corbie, assiégée par le maréchal de Châtillon, éminent poliorcète. « C'est un coup de Dieu ! » hurle Richelieu. Voilà l'idée de croisade totalement abandonnée par les deux belligérants. Il est clair que ni la France ni l'Espagne ne sont entrées en guerre pour des raisons religieuses. Dieu peut-il ainsi choisir entre deux nations très catholiques, préférer l'une à l'autre ? Ses voies sont impénétrables, il a décidé d'accorder sa grâce au plus pieux des souverains, celui qui lui adresse ses prières par l'intercession de la Vierge. Qui le contesterait ? Il y va du salut de la France. Comment ne pas attribuer au miracle un redressement aussi inespéré ?

Condé n'a pas réussi à prendre Dole, et malgré la résistance de Saint-Jean-de-Losne, la Bourgogne est envahie. Manquant de généraux, Richelieu doit faire appel à Henri II de Condé, ce grand seigneur colérique, fort infatué de ses privilèges, filleul d'Henri IV. Le roi lui avait naguère donné pour épouse la très jeune Charlotte de Montmorency, dont il était lui-même follement amoureux. Ce catholique de stricte obédience, fils et petit-fils de huguenots, avait donné de la tablature à la régente Marie de Médicis, qui l'avait alors couvert d'or pour obtenir sa soumission. Il se montre depuis lors fidèle au roi, participant aux campagnes contre les protestants. Gouverneur du Berry depuis 1616, il est à la tête de l'armée de Bourgogne, bien décidé à résister aux impériaux.

Après la Picardie, une deuxième province française est ainsi ravagée par les gens de guerre. Des renforts arrivent du Rhin, notamment Bernard de Saxe-Weimar, à la tête de ses mercenaires allemands. Le colonel de Rantzau réussit à dégager la place de Saint-Jean-de-Losne et à provoquer la retraite des impériaux. La Bourgogne est sauvée, mais sera accablée pendant dix ans par le passage de troupes régulières ou irrégulières qui pilleront systématiquement les villages. Les Suédois, dont l'occupation est des plus redoutables, abandonnent les pays du Rhin pour se cantonner dans la lointaine Poméranie, mais l'Alsace est sans cesse parcourue par les troupes des deux partis. Si la Provence et le Languedoc n'ont pas été touchés par la guerre, la flotte espagnole a cependant débarqué des soldats dans les îles de Lérins, à proximité des côtes.

À l'extérieur des frontières, Rohan, après avoir livré une succession de combats heureux, évacue finalement en Italie la Valteline. Richelieu enrage : il a fait confiance à cet ancien chef protestant qui a conduit toutes les guerres des gens de son parti contre le roi jusqu'à l'édit d'Alès. Après un exil à Venise, il est rentré en grâce et commande l'armée qui a permis d'enlever la province stratégique de la Valteline aux Espagnols. Richelieu attribue sa retraite à sa faiblesse pour les protestants des Grisons. Sa présence à la tête d'une des armées du roi signifie néanmoins, à l'évidence, que dans les rangs français le clivage religieux ne joue plus : on peut servir le roi sans aller à la messe. Le duc reprend du service dans l'armée de son ami de Saxe-Weimar, sans que Richelieu y trouve à redire. Le prince protestant n'est-il pas un allié de la France ?

La présence d'un Soissons, d'un Condé, d'un Rohan, à la tête des royaux peut apparaître comme le signe de la réconciliation des factions dans le sursaut national qui vient de se manifester devant l'invasion. En fait, il n'en est rien : à peine le danger conjuré, les princes reprennent leurs querelles. Elles sont désormais sans danger : fils de Charles de Bourbon, petit-fils de Louis Ier de Condé, le comte de Soissons peut intriguer à son aise à Sedan où il s'est retiré après sa médiocre participation à la campagne. Monsieur, duc d'Orléans, n'a pas été plus brillant : il s'est cantonné à Blois, dans son fief, et a consenti à signer un traité de soumission dès que l'armée royale s'est manifestée sur la Loire. Les gentilshommes de l'entourage de Soissons et de Monsieur ont ourdi un complot pour s'emparer à Amiens de la personne du Cardinal, et peut-être l'assassiner. Les présomptions contre eux sont assez fortes pour qu'ils choisissent une prudente retraite. L'intrigue de la reine et de la duchesse de Chevreuse, qui tend à rétablir la paix en Europe, a tourné court, sa correspondance avec les Espagnols ayant été saisie par les espions du Cardinal. La reine a fait amende honorable et tout est rentré dans l'ordre après le départ en Espagne, puis en Angleterre, de l'intraitable duchesse de Chevreuse.

L'intervention du père Caussin, le jésuite confesseur du roi, gêne davantage Richelieu. Le Père dénonce la guerre impie et le malheur du peuple. Finalement, le roi lui-même consent facilement à ce qu'il soit remplacé par un autre jésuite. Si la faction dévote n'a pas désarmé, elle est réduite à l'impuissance. Quant aux huguenots, ils servent le roi sans défaillance et n'ont aucune raison de le trahir, puisqu'il a pour alliés les protestants de Hollande, de Suède et d'Allemagne.

Ainsi la guerre peut s'installer pour longtemps, sans plus susciter d'opposition dans le royaume, ni mettre en question le patriotique élan qui pousse les parlementaires eux-mêmes à consentir au financement des armées. Non seulement Richelieu obtient l'entrée en guerre contre l'Espagne, mais il étend, affermit son pouvoir en se posant en indispensable et infatigable organisateur de la résistance du royaume à l'invasion. Pour mieux assurer ses desseins, il n'hésite pas à prétendre à la protection divine, à utiliser au mieux l'élan de foi, très vif dans toutes les classes de la société, en raison de l'impulsion donnée par la Contre-Réforme, pour le faire contribuer à l'effort de guerre. Sans cette intervention désirée de l'Église et de ses nouveaux apôtres, sans l'activité incessante des Vincent de Paul et de tout l'appareil de la charité, comment peut-il espérer maintenir l'union sacrée devant la montée du mécontentement qui se manifeste dans les provinces ?

Car les méfaits de la guerre étrangère se doublent des « brouilleries du dedans », des révoltes incessantes des sujets du roi contre le fisc. La guerre ne fait qu'ajouter au désordre des finances royales, depuis longtemps obérées par une dette trop lourde. L'augmentation de l'impôt était inévitable depuis les années 1620 pour que l'État puisse simplement faire face à ses charges ordinaires.

La taille est passée à 24 millions de livres en 1631, contre 19 en 1623. Les rentrées fiscales ne peuvent nullement être compensées par un accroissement du profit et de la circulation monétaire en France. Pierre Chaunu a montré[1] que les entrées d'argent d'Amérique enregistrées à Séville sont tombées à 41 tonnes annuelles, alors que les besoins de l'État français en monnaie précieuse sont quatre ou cinq fois supérieurs. Force est d'accroître les impôts, pour engranger les ressources cachées des ménages, obliger les Français à sortir leurs espèces pour contribuer à l'effort de guerre : la taille grimpe à près de 40 millions de livres en 1636, 43 en 1640. Le fisc royal arrache cette année-là plus de 300 tonnes d'argent, « directement aux paysans ». Si l'on ajoute les aides et gabelles, c'est à 1 000 tonnes d'argent fin qu'il faut estimer le prélèvement. Aucun État en Europe n'est alors capable d'offrir de telles sommes à la guerre ; on a calculé qu'elles sont l'équivalent de 15 millions d'hectolitres de blé, de quoi nourrir toute l'Europe[2].

1. Pierre Chaunu, *op. cit.*, p. 186.
2. *Ibid.*, p. 188.

« Le royaume a failli en mourir », commente Chaunu. Monnaie plus rare, argent plus cher, usure aux taux scandaleux, dépression des prix. Les prélèvements sont tels qu'ils cassent la machine : 2 millions de rentrées fiscales en moins de 1639 à 1640. Les levées royales ne peuvent se poursuivre qu'au détriment des droits seigneuriaux : voilà les nobles associés à la révolte, et des provinces entières passent dans le « maquis fiscal ». La ville de Dax, chère à Vincent de Paul, se révolte contre les élus du district de Lannes. Les documents du garde des Sceaux Séguier étudiés par Porchnev[1] montrent que les impôts ne peuvent pas rentrer dans les régions parcourues par les troupes, à moins d'employer la violence. En Bourgogne, « non seulement l'ennemi dévaste villages et bourgs, mais les recruteurs et collecteurs d'impôts en font autant ». L'enthousiasme pour la cause du roi ne peut donc être que de très courte durée dans cette province où « l'armée allemande apporte la peste », qui décime Auxonne et Dijon en 1637. L'armée royale vit dans le pays aux dépens des habitants.

Il en va de même en Picardie. Amiens est dévastée. On sort des caves des cadavres de paysans et des bestiaux morts. La Normandie, le Bourbonnais, la Provence sont touchés. Dans le Lyonnais, les passages continuels de troupes ont rendu impossible la levée de la taille. Même en Auvergne, l'intendant écrit à Séguier en 1636 que « le passage ordinaire des gens de guerre ou de ceux qui marchent pour servir le roi, passant à discrétion sans payer, est la peste et le poison qui envahira et détruira cet État ».

L'entretien des troupes est si lourd qu'il rend impossible le paiement de l'impôt dans les régions concernées. En Languedoc, le gouverneur d'Épernon refuse le passage

1. Boris Porchnev, *op. cit.*, p. 55 *sq.*

d'une troupe royale qui se rend en Guyenne sur la frontière espagnole. Les émeutes éclatent dès 1635 dans la plupart des villes du Sud-Ouest ; en mai 1636, avant Corbie, elles gagnent les provinces du Centre et de l'Ouest, tous les pays situés entre la Garonne et la Loire. Des troupes sont détournées du front pour mater les croquants, particulièrement dans le Périgord et le Quercy. Le duc de La Valette dirige la répression, qui est sans pitié, d'autant que les bagaudes de 1636 recommencent en 1637 et que les négociations du pouvoir avec les représentants des paysans insurgés n'aboutissent pas. Les agents des finances sont de nouveau assassinés, les fermes de la gabelle pillées.

Les révoltés ne s'en prennent nullement au régime, pas particulièrement à Richelieu. Ils protestent seulement contre le fisc et les passages d'armées qui épuisent les campagnes, déshonorent les familles par les viols répétés des femmes et des filles. Ils crient en Périgord : « Vive le roi sans la gabelle ! Vive le roi sans la taille ! » Le « général des croquants », Antoine du Puy de La Mothe, seigneur de la Forêt, organise ses unités combattantes en une armée de 10 000 hommes qui fait profession de dévouement au régime et de protection des biens privés. L'armée de La Valette rétablit finalement l'ordre. En 1638, un puissant mouvement se déclare à Saintes, un autre, celui des « nu-pieds », en Normandie dès 1639. En Auvergne, un rapport d'intendant indique qu'à Issoire « quelques prêtres ont appelé dans leurs sermons à ne payer ni les subsistances militaires ni les arriérés de la taille, un d'eux se trouve entre les mains du tribunal ». Certains gentilshommes sont signalés à la tête des émeutiers, en Normandie, dans le Rouergue. Comprenant que les passages d'armée et les impôts du roi empêchent les paysans de payer les droits seigneuriaux et les rentes de la terre, ils se mettent à leurs côtés.

Dans les villes, les mouvements de révolte éclatent en

1636 à Châlons-sur-Marne, non loin du fief des Gondi, à Amiens et Abbeville, sur le front de guerre, en 1637 dans diverses villes du Midi, en 1639 dans les cités normandes, en 1640 dans le Centre. Jusqu'à la fin de sa vie, Richelieu va connaître l'agitation continuelle des provinces, et les paysans, 80 % au moins de la population, les misères de la guerre, les passages de troupes et les recrutements forcés d'impôts. Ces mouvements sont inévitables, non récupérables par les grands seigneurs factieux qui veulent renverser le Cardinal et faire la paix. Les croquants et les émeutiers ne s'en prennent ni au roi ni à sa politique, mais seulement aux collecteurs de tailles et de gabelles et aux officiers de l'armée. Ils se soulèvent pour ne pas mourir.

Par la rigueur de la répression et l'abandon des terres de culture, leur révolte accentue la misère. Une nuée de soldats doit être expédiée dans les provinces de l'Ouest, du Centre et du Sud-Ouest pour lever les impôts par force, en place des élus et des gabeliers écorchés vifs, torturés, brûlés à petit feu. Des violences inouïes relatées par les intendants dans les campagnes rappellent le temps des guerres de Religion. La taille est mal supportée, mais plus encore les droits indirects qui taraudent leurs victimes au jour le jour. Ainsi les droits sur le vin en Guyenne, pays grand producteur et exportateur, ou l'impôt sur le sel que l'on veut étendre au Cotentin alors qu'il est produit en franchise par les « nu-pieds » de la baie du Mont-Saint-Michel ; ou l'impôt du sol, la livre, qui frappe la consommation, et que l'on accuse en Picardie d'engendrer le chômage, les gens n'achetant plus que le minimum sur les marchés. Le roi ayant confié la levée des impôts indirects à des fermes, c'est aux employés des financiers que s'en prennent les révoltés ainsi qu'aux élus de la taille. Les droits, dans les régions insurgées, sont levés par la troupe avec la dernière brutalité.

Les bourgeois des villes, qui se croient à l'abri de ces

exactions, ne le sont pas toujours : sur la ligne de front, les villes sont pillées et incendiées, même dans les régions de guerre civile. Quand ils sont de condition modeste, ils protestent contre la hausse des indirects, mais sont souvent exemptés de taille. Ils n'hésitent pas à apporter leur contribution au budget du roi en consacrant leurs économies à l'achat de rentes, sans cesse dévaluées, mais surtout à l'acquisition d'offices qui confèrent la noblesse à leur famille et les rendent détenteurs d'une parcelle du pouvoir royal. Roland Mousnier a calculé[1] que la part des offices dans la couverture des dépenses de l'État est de 10 % sous Henri IV, et de 52 % en 1633. Même si le malaise économique et la crise des monnaies ont provoqué un mouvement de baisse, les offices comptent encore en 1639 pour 37 % des ressources du roi : ils concernent une population de quelque 50 000 personnes. Si l'on compte qu'une charge de conseiller au parlement de Paris vaut en 1637 120 000 livres (contre 21 000 au temps d'Henri IV), on imagine la fabuleuse réserve de richesses dont peut alors disposer le roi de France pour faire la guerre. Il lui suffit de miser sur la vanité de ces bourgeois, sur leur appétit d'honneurs et de puissance, mais aussi d'argent, car les bons offices rapportent gros.

La multiplication des offices est en effet un des moyens de financer les opérations militaires quand le peuple ne peut plus payer. À la fin de 1635, le roi a signé 42 édits portant création d'offices, présentés au parlement de Paris, dont les présidents à mortiers font grise mine, mécontents de partager l'autorité officière, de l'émietter, de lui faire perdre son efficacité et son prestige. Pour accroître leur insatisfaction, on augmente les gages des offices existants, obligeant les titulaires à payer au Trésor l'équivalent des plus-values.

---

1. Roland Mousnier, *Les Hiérarchies sociales de 1450 à nos jours*, Paris, PUF, 1969.

Ces emprunts forcés assortis d'un intérêt dissimulé sous la forme de gages payés par le roi ne sont pas du goût des notables. Ils rechignent, on les contraint d'enregistrer par lit de justice.

Le roi les convoque à Versailles le 27 mai 1637[1] : « Toutes mes affaires se perdent faute d'argent, leur déclare-t-il. Si vous saviez ce que fait un soldat quand il n'a point d'argent, vous ne vous comporteriez pas comme vous le faites. L'argent que je vous demande n'est pas pour jouer ni pour faire de folles dépenses. Ce n'est pas moi qui parle, c'est mon État, c'est le besoin que l'on en a. Ceux qui contredisent mes volontés me font plus de mal que les Espagnols. »

Il a besoin de 15 millions de livres pour faire la guerre. Les riches doivent payer comme les pauvres. La monnaie est dévaluée pour faire face aux charges et aux dettes, au détriment des débiteurs de l'État. Toutes ces mesures soulèvent l'émotion des possédants, déjà inquiétés par les révoltes rurales sur leurs domaines, très souvent aux mains de bourgeois de robe et d'office. Si le roi puise dans leurs réserves, ampute leur fortune, les bourgeois et les nobles riches ont tendance à restreindre leurs dépenses, et particulièrement leurs charités. Au lieu de développer les liens de solidarité, la guerre et les misères qu'elle engendre renforcent les égoïsmes, dont ne se rendent pas seuls coupables les financiers et fermiers généraux maintes fois dénoncés par les fauteurs de troubles comme les responsables de la détresse du peuple parce qu'ils réalisent, dans la levée des impôts et dans l'achat pour le compte du roi de matériel, de munitions et de vivres pour la guerre, les plus scandaleux profits. Leur fortune est certes choquante, mais elle n'est pas de nature à condamner le système : les hauts sei-

1. Cité par Pierre Chevallier, *Louis XIII*, Paris, Fayard, 1979, p. 511.

gneurs de cour et les ministres eux-mêmes sont pour partie intéressés aux compagnies financières. Où Richelieu a-t-il trouvé les moyens de financer « sur sa cassette » les premiers versements de la campagne de 1636 ? La constitution de grandes fortunes personnelles est alors considérée comme normale chez les gens de pouvoir, installés au sommet d'un régime seigneurial et privilégial. Aucune critique ne leur est d'ailleurs adressée, pas même par les gens d'Église, qui en profitent comme eux.

Ces derniers sont pourtant le seul recours du roi pour maintenir l'ordre social et Richelieu attend d'eux qu'ils déploient toute leur influence, moins pour mettre en cause les inégalités excessives que pour encourager l'assistance aux plus misérables. Encore faut-il que le clergé soit bien convaincu que la politique du Cardinal réponde à la volonté de Dieu. Richelieu a donc recours aux méthodes les plus éprouvées des jésuites de la Contre-Réforme pour déployer dans le royaume une imagerie catholique militante, destinée à manifester concrètement le parti que prend le Ciel dans la bataille que livre la France pour sa survie. En mai 1636, il supplie le roi de faire un vœu à la Vierge pour la victoire de ses armes.

Ce recours n'est pas original : la mère du Christ figurait sur les drapeaux des impériaux, et les Suédois protestants représentaient à la tête de leurs colonnes d'assaut des Vierges éventrées pour répandre l'effroi dans les rangs des catholiques. Le recours à la Vierge protectrice des armées va dans le sens de l'imagerie allemande et espagnole de la Contre-Réforme. Elle marque que le Très-Chrétien mène le combat de Dieu sous sa protection, qu'il n'est pas l'ennemi du Ciel, bien qu'il combatte le roi d'Espagne. Une opération de vaste ampleur est conçue pour faire savoir à tous les sujets du royaume que Louis XIII « reconnaît avec une humble gratitude les bienfaits du Dieu qui élève les rois au trône de leur grandeur ». Dieu a voulu, explique-t-il, « prendre un soin si spécial de notre personne, que nous ne pouvons considérer le bonheur du cours de notre règne, sans y voir autant d'effets merveilleux de sa bonté, que d'accidents qui nous pouvaient perdre... L'artifice des hommes et la malice du diable ayant suscité des divisions, il lui a plu en détourner le mal avec autant de douceur que de justice. »

Dans cette action de grâces du 10 février 1638, que le Parlement a dû enregistrer comme un « acte solennel de l'autorité royale », le roi attribue à Dieu tous les succès de sa politique. Par voie de conséquence, toutes les victimes innocentes de ses entreprises ont droit à la miséricorde de Dieu, les soldats morts sans soins, les paysans expulsés et pillés, les agonisants des champs de bataille, les pesteux et les affamés. L'action de grâces absout le peuple de Dieu et lui promet le bonheur éternel. Le roi n'a-t-il pas mené des guerres justes, purificatrices ? « La rébellion de l'hérésie ayant formé un parti dans l'État, Il s'est servi de nous pour en abattre l'orgueil. Si les plus grandes forces des ennemis de cette couronne se sont ralliées pour en conspirer la ruine [il désigne les grands seigneurs] il a confondu leurs ambitieux desseins pour faire voir à toutes les nations que, comme la Providence a formé cet État, sa bonté le conserve et sa puissance le défend. » Comment ne pas être reconnaissant devant la manifestation de « tant de grâces si évidentes » ?

La Vierge est chargée de l'intercession. Le recours à la piété mariale n'est pas innocent, il est au contraire lourd de multiples significations politiques. En consacrant « particulièrement notre personne, notre État, notre couronne et nos sujets » à la Vierge, le roi exclut du royaume ceux qui ne reconnaissent pas sa sainte médiation, les huguenots. Ils se placent eux-mêmes hors des rayons de la grâce divine, puisqu'ils n'acceptent pas de s'agenouiller avec le roi devant la reine des cieux.

Les jésuites accueillent l'initiative « avec une indicible joie », et derrière eux le parti dévot. Le vœu de Louis XIII est d'ailleurs peut-être en partie leur œuvre. Il est destiné à réconcilier avec le Très-Chrétien tous ceux qui s'opposent à sa politique de guerre, à ses alliances douteuses avec les infidèles, Turcs, huguenots ou luthériens. En 1637, le roi récite un acte ordinaire de consécration à la Sainte Vierge parmi les congréganistes de la maison professe de Saint-Louis. Le culte marial est d'intégration : de même qu'il se place lui-même humblement parmi les jésuites en prière, le souverain demande à son peuple entier de s'agenouiller à ses côtés pour supplier la Vierge souveraine. Elle est la patronne de la réconciliation, de l'union mariale dans la foi retrouvée.

Troisième fonction, la guerre. La Vierge était déjà aux côtés du roi et de ses armées quand il est venu à bout des protestants en France. Pour rendre grâces, le roi a posé la première pierre de l'église des Petits-Pères, qui deviendra Notre-Dame-des-Victoires : comme les Athéniens adoraient au Parthénon Athéna Niké, le roi place une femme à la pointe de la dévotion, non pas l'humble Marie de la mère de Villon, celle qui intercède pour les pauvres, mais la Vierge triomphante des batailles, celle qui inspire la victoire. Elle a reçu mission de Louis XIII de « défendre avec tant de soin ce royaume [...] qu'il ne sorte pas des voies de la grâce qui conduisent à celles de la gloire ».

Élu de Dieu, victorieux par sa grâce, le roi qui porte le nom de Louis IX le Saint doit figurer en bonne place dans les représentations iconiques diffusées par l'Église. Il jure de reconstruire l'autel de Notre-Dame, le premier du royaume, « avec une image de la Vierge qui tiendra entre les bras celle de son précieux fils descendu de la croix ». Louis XIII sera « représenté aux pieds du Fils et de la Mère, leur offrant [sa] couronne et [son] sceptre ». Le 15 août, jour de la cérémonie, jour de l'assomption de la Vierge, sera désormais commémoratif. Une procession générale partira de l'église, clergé en tête, « dans toutes les villes, bourgs et villages, le soir après vêpres ». Les corps constitués seront naturellement tenus d'y paraître.

Le roi n'est pas à Paris au jour du 15 août 1638, où la cérémonie étale ses fastes, mais à Abbeville, citadelle-frontière secouée par des troubles populaires deux ans plus tôt, dans un grand concours de soldats. Il fait ses dévotions dans l'église des Minimes, placée sous l'invocation de la Vierge, et l'après-midi, après les vêpres et le sermon, il assiste à la procession conduite par son premier aumônier, l'évêque de Meaux, Dominique Séguier. La même cérémonie se déroule dans la France entière, et d'abord dans les provinces les plus agitées. Il est partout question de réaffirmer la fidélité du peuple au Roi Très-Chrétien, et nul ne songe à se dérober à ce devoir.

De la sorte, la consécration du roi à la Vierge apparaît bien comme une opération politique de haute ambition : redire solennellement, par la voix de la Sainte Vierge, au même jour, à la même heure, que le roi, élu de Dieu, est intouchable et sacré. Les pieuses femmes du royaume ne manqueront pas de lui rendre des grâces, comme il rend lui-même grâces à la Vierge et au Seigneur. À l'exemple de la Vierge, les femmes agenouillées devant la procession royale reçoivent pouvoir d'intercession, elles prient pour la gloire de Louis XIII et pour la naissance du dauphin.

Le saint sacrement est exposé sur l'autel dans toutes les églises de Paris. En effet, la reine, longtemps stérile malgré ses dévotions à saint Fiacre et à saint Norbert, est sur le point d'accoucher. Si elle ne met pas au monde un enfant mâle, l'avenir de la politique de Richelieu est compromis, car le trône revient à Gaston d'Orléans. Les espions du

Cardinal le renseignent heure par heure : la reine a 38 ans, et les médecins de la Cour craignent le pire. Ainsi la naissance de son premier enfant, le 5 septembre 1638, est-elle célébrée dans le royaume comme un miracle, et le futur dauphin prend le nom de Louis Dieudonné.

Quelle occasion rêvée de renouveler les manifestations de piété collective ! Vincent de Paul y participe à Saint-Lazare. Il avait ordonné aux prêtres de la Mission « de prier et faire prier pour la grossesse de la reine », et fait célébrer la naissance par des prêches appropriés. On chante dans les églises le *Te Deum*. Les fontaines répandent des flots de vin, des feux de joie éclairent les places publiques. Les jésuites donnent des fêtes avec spectacles édifiants dans leurs collèges de Reims et de Paris, des ballets, des concours de poésie où sont associés les élèves les plus illustres, particulièrement le duc d'Enghien, fils d'Henri de Bourbon, prince de Condé. Le jeune Louis doit solliciter la faveur d'être admis dans la congrégation de la Sainte-Vierge.

Les jésuites répandent ainsi le culte marial, mais dans le strict cadre de leur société de notables et d'élèves mâles. Ils ne s'adressent en effet qu'aux hommes, à Henri de Lorraine, second fils du duc de Guise, le gouverneur de Provence, à Henri de Maurepas, le futur évêque du Puy, à Jacques Bénigne Bossuet, alors élève du collège de Dijon. Corneille, Descartes sont de leurs disciples. Le cardinal de La Rochefoucauld demande au pape de déposer la mitre et la pourpre pour mourir dans leurs rangs. On l'accepte seulement comme congréganiste de la Sainte-Vierge. Il accomplit ses dévotions aux côtés de François Sublet de Noyers, secrétaire d'État de la Guerre, qui a demandé la même grâce. Dans tous les collèges, ces sociétés rassemblent élèves et pères d'élèves, gagnent de proche en proche la population mâle des élites urbaines, engagent les hommes à se vouer au service du Seigneur. Quarante élèves de la seule classe de rhétorique du collège de Clermont, en 1632, quittent le monde pour entrer en religion. Ces congrégations de la Sainte-Vierge sont « pour messieurs » du monde et de la société installée, jusqu'aux marchands et artisans. Elles ont pour but, selon la méthode des jésuites, de convertir par le sommet, et par le prestige de l'excellence, ce qui ne leur interdit pas la pratique de la charité, ni des missions de conversion.

Richelieu s'appuie sur les jésuites, recourt à leurs services pour organiser des missions. En 1638, il prend en charge cinquante Pères pour les engager dans tout le royaume, avec l'appui des évêques. Ils sont à Lyon, à Aix, à Embrun, Mâcon, Die, se répandent dans les villages, enseignant la doctrine chrétienne. Le père Parra évangélise la région de Rodez. Le père Jean-François Régis commence à répandre la bonne parole du Christ en 1632, autour de Montpellier et de Sommières. En 1633, il est appelé par l'évêque de Viviers, en 1634 dans le Velay, et meurt en odeur de sainteté, le 31 décembre 1640. Les pèlerins en foule assistent aux miracles qui se multiplient sur sa tombe de La Louvesc, devenu lieu de culte. Le père Julien Maunoir part alors pour ranimer la foi en basse Bretagne, autour de Quimper, où il fait merveille, « convertissant cinquante mille âmes ». Les jésuites s'associent souvent, et soutiennent de tout leur poids les congrégations de femmes, particulièrement celles du Verbe incarné et des Dames de la Miséricorde, qui ont pour but l'aide aux indigents. Mais ils encouragent surtout la fondation d'hommes de la Compagnie du Saint-Sacrement. Le père Fouqueray[1] remarque que dans toutes les villes où la nouvelle institution crée des antennes, de 1632 à 1644, existent des collèges ou des rési-

---

1. Père Henri Fouqueray, S.J., *Histoire de la Compagnie de Jésus en France, des origines à sa suppression, 1575-1762*, 5 vol., Paris, 1913-1925, tome V, p. 274.

dences de Pères jésuites, de Toulouse à Aix, de Metz à Dijon et Grenoble, d'Orléans à Poitiers, de La Rochelle au Puy. Il est vrai que le Père le plus intéressé à ces créations est Jean Suffren, qui a suivi dans son exil la reine Marie de Médicis. Cette société d'hommes qui mène « les gens du monde, par la sanctification personnelle, à l'accomplissement de leur devoir social », compte aussi parmi ses membres Vincent de Paul.

La Compagnie privilégie le culte du Cœur de Jésus, et non la Vierge. Elle recrute des hommes, non des femmes. Les dévotes de la haute société, la duchesse d'Aiguillon, la marquise de La Baume, connaissent les confrères, les aident, mais ne sont pas des leurs. À plusieurs reprises, certains proposent de créer « des assemblées de dames ». Ils ne sont pas suivis, malgré l'insistance de ceux de Marseille[1]. Certains organismes, créés à des fins précises, peuvent faire appel aux femmes, notamment pour l'enseignement des filles, la charité, l'organisation, comme à Toulouse, de « bouillons » pour les pauvres, de soins dans les hôpitaux, mais « il n'y eut pas d'équivalent de la compagnie » pour les femmes. Elles n'y seront jamais admises, parce que cette proposition « fut rejetée tout d'une voix comme absolument contraire à l'esprit de la compagnie ».

Quel esprit ? Son originalité est le recours aux laïques, bien que ses membres, pour près de la moitié, soient des clercs. Les compagnons tiennent qu'il n'est pas nécessaire de porter l'habit des réguliers (ceux-ci sont d'avance exclus) pour prêcher dans le monde et porter la parole du Christ. Mais la compagnie n'est pas une confrérie, elle fait du secret une vertu : point de défilés ni de bannières, des

1. Alain Tallon, *La Compagnie du Saint-Sacrement*, Paris, Cerf, 1990, p. 48.

correspondants anonymes dans chaque ville du royaume pour faire le bien sans vanité et pour agir avec efficacité. Le secret est le moyen du succès. L'union des frères, l'autre atout : elle est aussi profonde que celle des premiers chrétiens et exige un dévouement sans limite. Cette unité est mystique, et tire son efficace du « ciment du précieux sang de Jésus-Christ » et de la continuité entre les frères vivants et les morts. Entre eux, les membres pratiquent la « correction fraternelle », qui leur permet de conserver l'esprit original, « l'élan premier », « l'esprit de grâce ». Ainsi peuvent se réaliser des miracles sur la tombe des nouveaux saints laïques de l'Église régénérée. Ils ne s'en flattent pas, ils constatent seulement que leur démarche mystique est légitime. Ils n'ont pas choisi en vain « la voie étroite du salut dans le monde ».

Sont-ils les continuateurs des ligueurs du XVIe siècle ? Sans doute les fondateurs (le duc de Ventadour, le capucin Philippe d'Angoumois, le jésuite Suffren et l'oratorien Condren) ont-ils donné comme tâche aux frères la lutte contre les hérétiques et les « mal-croyants ». Mais les partisans du Cardinal sont nombreux parmi eux et leur rôle n'est point politique, mais social. Le Richelieu vainqueur des huguenots de La Rochelle peut à merveille servir leur dessein. Les officiers, directeurs, conseillers et secrétaires sont des membres élus, qui tiennent registre et assurent la correspondance. Parmi eux, des prêtres, des évêques, ou de futurs évêques comme Louis Abelly, le biographe de Vincent. Les membres sont parfois de haute noblesse, rarement de cour, le plus souvent des officiers du roi possesseurs de charges, des parlementaires, mais aussi des bourgeois marchands, des médecins, des consuls municipaux. Rien qui gêne directement le pouvoir politique. Les évêques réformateurs les plus actifs s'inscrivent volontiers sur les registres. Antoine Godeau, très bon prélat de Grasse, est un poète remarqué par Richelieu qui l'a fait entrer à l'Académie française. Il travaille à implanter les compagnies en Provence. Alain de Solminihac, l'évêque de Cahors, y établit une antenne en 1639. Il est fort lié à Vincent de Paul, à qui il a demandé des missions et bien vu du pouvoir politique, bien qu'il soit l'ami des dévots.

La compagnie est armée pour l'action, par le renseignement qu'elle recueille à la source et qu'elle transmet par correspondance. Les lettres de confrères permettent à l'état-major de se faire une idée exacte de l'état des miséreux dans le royaume, par les rapports sur la population hospitalière et les relations policières des faits divers urbains. On suit ainsi à la trace l'application de l'édit de Nantes dans les régions acquises au protestantisme, on relève les moindres manquements. « Posséder un tel réseau de renseignements était une arme, écrit Tallon, que les dévots surent utiliser dans les deux sens, communiquer au pouvoir des informations sur la société, et assurer le maximum de publicité aux décisions de ce pouvoir. » De ce double point de vue, ils sont précieux à Richelieu.

Leur correspondance les informe aussi de l'état du monde. Ils connaissent aussi bien les misères de l'Irlande persécutée que celles de la Picardie envahie, les événements politiques de Chine ou du Moyen-Orient, l'état des missions au Canada. Ces Français informés ne peuvent manquer d'intéresser le pouvoir, dont beaucoup de membres sont proches. Vincent de Paul n'a ainsi aucune raison de les rejeter : beaucoup de frères s'inscrivent d'ailleurs à Saint-Lazare pour y suivre les conférences. Cinquante membres de la compagnie parisienne sont en outre docteurs de la Sorbonne et très proches de Duval, l'inspirateur de Vincent. Ils rencontrent au prieuré un François Fouquet, conseiller d'État, très lié à Richelieu, un Godeau, un Abelly, sans compter René de Voyer d'Argenson, qui sera nommé ambassadeur à Venise.

Que les frères se donnent pour tâche principale le soulagement de la misère ne gêne nullement Vincent de Paul. Ils se consacrent au peuple des villes, et lui au peuple des champs. Ils sont une société d'hommes : il a le projet de lancer sur les voies de l'action sociale des compagnies de femmes. Ils adorent le Cœur de Jésus : Vincent y ajoute le culte de la Vierge. Ils ne sont donc pas en concurrence, à ceci près que Vincent ne tolère pas que, dans leur souci de se répandre au-delà des mers, ils se fassent appeler « missionnaires », considérant que le terme lui revient de droit...

Le Cardinal fait flèche de tout bois, exige de l'Église le plus de services possibles. Les jésuites jouent leur rôle, dans la mesure de leurs moyens et pour atteindre la cible précise qui leur est assignée, la reconquête sociale par l'élite. Pourquoi la Compagnie du Saint-Sacrement ne serait-elle pas utilisée aussi par le pouvoir, puisqu'elle se donne pour finalité de contrôler les mouvements sociaux et de trouver, par les voies qui lui sont propres, des remèdes à la subversion ? Cette société de clercs et de laïques agit par des voies secrètes, informe au mieux, fait la preuve de son efficacité en obtenant la création d'hôpitaux et d'hospices. Elle peut contribuer à soigner les troubles ou à les prévenir en tissant sur les villes de province un tissu social serré, solide, qui résiste aux chocs par l'exemple et la pratique des charités. Pourtant l'action des confrères reste juridique, institutionnelle, ils s'efforcent d'organiser les secours et de les diligenter en assumant en même temps une mission de surveillance très intransigeante : seuls doivent bénéficier des secours les « bons » pauvres, ceux qui acceptent le modèle du chrétien repenti. Toujours prêts à dénoncer les déviations, les erreurs, les comportements sournois, et à sévir chaque fois qu'ils ont l'occasion de découvrir des hérétiques, particulièrement vigilants à l'égard des huguenots, libertins et mal-pensants, les « messieurs du Saint-Sacrement », en bons officiers royaux qu'ils sont le plus souvent, n'agissent que dans les villes et selon des procédures strictes, utilisant au mieux leurs relations sociales et leur connaissance approfondie des dossiers des hôpitaux, de la police et des administrations consulaires.

Après Corbie, la situation des provinces du Nord et de l'Est exige plus qu'un redressement moral et religieux de zones déshéritées : il s'agit d'intervenir dans des villages ravagés, dont la population est au seuil de l'enfer. Ces secours d'extrême urgence ne peuvent dépendre ni de l'institution hospitalière débordée ou inexistante, ni même des groupes missionnaires constitués à la hâte pour pallier la déchristianisation du royaume. Les prêtres de Vincent eux-mêmes n'y suffisent pas, quelle que soit leur disponibilité. Envoyés pour prêcher et instruire, ils sont détournés de leur tâche par l'urgence des soins. Ils demandent assistance. Qui leur envoyer ? Les blessés de Corbie sont morts sans consolations religieuses. Les missions envoyées au front par Vincent et par les ordres sollicités – les Capucins et même, en Lorraine, les Jésuites – ont été débordées par l'ampleur du désastre. Pont-à-Mousson, où les frères de Saint-Ignace tiennent un collège, ne reçoit pas de véritables secours avant 1640. Les prêtres de la Mission qui s'y sont rendus y ont découvert « quatre ou cinq cents pauvres, qui la plupart étaient de la campagne, et si défigurés qu'ils ressemblent moins à des hommes qu'à des squelettes faiblement animés ; ils étaient languissants, exténués jusqu'à ne pouvoir plus prendre de nourriture, et plusieurs moururent en mangeant. Il y a, outre cela, une centaine de malades, cinquante ou soixante pauvres honteux, des religieuses dans une nécessité étrange[1] ».

Les missionnaires de Vincent secourent les malheureux au péril de leur vie, et ils prennent alors l'habitude de se

1. *Les Communes de la Meurthe. Journal historique*, par Henri Lepage, Nancy, 1853, tome II, p. 545.

faire accompagner sur les routes : « Un homme seul y eût été en danger, parce qu'il y avait une multitude de loups. La crainte de ces bêtes féroces bloquait dans leurs propres maisons un grand nombre de femmes et d'enfants des bourgades voisines. » La faim fait rage dans les villages. Un procès verbal de l'Ordinaire raconte qu'« un enfant, s'étant approché de quelques jeunes gens d'un âge un peu plus avancé, fut par eux mis en pièces et dévoré à belles dents ». On cite de nombreux cas d'anthropophagie. La région de Pont-à-Mousson a dépassé les limites de la disette. « Il y a deux ans que la récolte a manqué, écrivent les officiers de la ville à Vincent de Paul. Les troupes ont fait manger nos blés en herbe. »

Saint-Mihiel, qui a résisté au roi de France, est rasée, ses habitants mâles envoyés aux galères. En 1635, le village de Frouard ne compte plus que cinq ou six habitants sur cent ménages[1]. Plus de quatre-vingts villages ont été entièrement détruits, leur population massacrée par les « cravates » (ainsi appelait-on les éclaireurs croates de l'armée de Charles IV, duc de Lorraine). Cette année-là, deux missionnaires envoyés par Vincent à Toul, à la demande du futur évêque Charles Chrétien de Gournay, racontent ce qu'ils ont vu : « Les chemins étaient parsemés de corps morts : l'un était crevé, l'autre rôti, l'un la tête coupée, l'autre, la langue, les bras jetés çà et là. Les pendant par les pieds en haut des cheminées, les faisant mourir à l'étouffée de la fumée ; les autres, morts dans les fours, après que ces malins les avaient chauffés, ils les jetaient dedans tout vifs pour les rançonner. »

Les gens ont fui cet enfer pour échapper aux supplices et à la mort. Metz compte cinq mille réfugiés, sans doute autant à Nancy. On dit que le maire de Saint-Avold a été

1. Voir Jean-Marie Cuny, *La Revue lorraine*, n° 44, février 1982, p. 80.

dévoré par ses administrés rendus fous par la faim. Vincent s'efforce d'expédier des secours, plus importants en 1637, réguliers à partir de 1638. L'année suivante, il envoie six missionnaires en renfort, deux à Bar-le-Duc, autant à Verdun et à Nancy. En 1640, deux autres Pères partent pour Saint-Mihiel, puis pour Pont-à-Mousson. À Metz, l'évêque Henri de Bourbon, le fils naturel d'Henri IV, peu concerné par le devoir d'assistance, reçoit néanmoins deux envoyés de Vincent de Paul, appelés par le vicaire général. Jusqu'en 1643, la Lorraine est terre de mission.

Où trouver l'argent pour sauver les affamés, les concours pour soigner les familles, apporter les derniers secours aux mourants ? Les hommes, par équipes de deux, se dévouent jour et nuit. Il n'est pas question pour eux d'évangéliser, de répandre la foi, ni même de reconstruire les églises dévastées, de rétablir les cultes abandonnés, mais d'apporter les premiers soins, de soulager les plus grandes misères. Ils sont très vite débordés, confinés à l'impuissance. Qui pourrait les aider dans leur détresse ? « Des femmes », pense alors Vincent.

Il songe à leur vertu d'humilité, celle dont avait fait preuve, la première, Marie, la mère de Jésus de Nazareth. L'extrême détresse de la Lorraine saccagée lui inspire le retour à la terre, *humus*, les secours au ras du sol, ceux dont ont besoin en priorité les victimes de la guerre du roi. Les hommes et les femmes chutent, on retrouve leurs corps dans la boue, il faut les recueillir, les laver, les ensevelir, comme Marie l'a fait, accompagnée des saintes femmes, à la descente de croix. Comment ne pas inciter les femmes par milliers à suivre en Lorraine la Passion du Christ ?

La Vierge que prie Vincent n'est pas celle du roi Louis. Elle ne donne ni la gloire ni la victoire, mais la consolation. Montrer son image immaculée sur les terres ensanglantées du crime est l'œuvre des femmes. Vincent se souvient de

Charles Borromée, de François de Sales, les apôtres de l'immaculée conception. Il en appelle aux confréries de la Vierge et du Rosaire, il sollicite tous les concours, comme il l'a fait en 1617, quand il a créé la charité de Châtillon-les-Dombes. Que les pieuses femmes se mettent en marche vers la Lorraine martyrisée, comme elles étaient parties vers la masure du malade abandonné. Qu'elles regardent le visage de la Vierge, son infinie miséricorde, celle « qui avait une si grande modestie, dit-il, que, quoi qu'elle fût saluée d'un ange pour être Mère de Dieu, néanmoins sa modestie fut si grande qu'elle se troubla sans le regarder ». Une Vierge de paix, de dévouement, de consolation. Elle est « celle qui parle pour ceux qui n'ont point de langue et ne peuvent parler », les Lorrains particulièrement. L'image immaculée de la Vierge est un exemple pour celles, très nombreuses, qui brûlent de se dévouer au Christ. Elle a su faire le vide en elle-même pour recevoir le fils de Dieu. « Il fallait que son fils prît une chair humaine par une femme digne de le recevoir, femme qui fut illustrée de grâces, vide de péchés, remplie de piété. » Elle fut ainsi l'« élue » du Seigneur. « Il se proposa de toute éternité de lui disposer ce logis [...] afin que ce fût un temple de la divinité, un palais digne de son fils. » Ornée de toutes les grâces, elle est un réceptacle du « grand mystère ». Ainsi Vincent peut-il exhorter les filles de charité à se montrer dignes de ce divin modèle : « Accourez, leur dit-il, à la Sainte Vierge, la priant qu'elle vous obtienne de son fils la grâce de participer à son humilité, qui l'a fait se dire la servante du Seigneur. » Qu'elles soient, comme la Vierge, « pleines de grâces », habitées par le Saint-Esprit qui permit la « conception sans péché » ! Ainsi seront-elles les « visitandines » des pauvres, parce qu'elles auront elles-mêmes été « visitées » par le Seigneur, à l'exemple de la Vierge. Elles iront sans crainte au-devant des sinistrés de Lorraine. Si elles réussissent à « faire le vide en elles » pour y recevoir le Christ, elles n'auront plus aucune crainte sur les chemins de l'assistance.

Vincent a une pratique déjà longue de l'instruction des femmes, depuis que François de Sales et Jeanne-Françoise Frémiot, veuve de Chantal, l'ont chargé, avant de mourir, de la direction de leurs visitandines du faubourg Saint-Marceau, puis Saint-Michel, enfin rue du Petit-Musc, entre la Bastille et l'île Saint-Louis. Ces filles astreintes au devoir de clôture déménageaient sans cesse, à la recherche dans Paris d'un logis convenable. Dans leur première installation, elles lavaient leur mouchoir à la fontaine et s'asseyaient par terre, faute de bancs ; elles vivaient de dons et d'emprunts, puis reçurent très vite, en raison du prestige spirituel des fondateurs, quantité de soutiens, parmi les dévots fortunés de la capitale.

Vincent de Paul apprécie à sa mesure la capacité des femmes des grandes familles à la charité et au don. Sa première tâche, comme aumônier des visitandines, serait de veiller à la pureté spirituelle du lieu, marqué par les prières augustiniennes de François de Sales, à sa réputation de sainteté. Il racontera plus tard qu'à la mort de Jeanne de Chantal[1] une singulière vision s'est imposée à son esprit, un « petit globe de feu qui s'élevait de terre et s'allait joindre, en la supérieure région de l'air, à un autre globe plus grand et plus lumineux ; et les deux, réduits en un, s'élevèrent plus haut, entrèrent et se resplendirent dans un autre globe plus grand et plus lumineux que les autres ». Le premier est l'âme de Chantal, l'autre celle de François de Sales, le troisième celui du Christ. Il a eu cette vision à deux reprises et s'en est confié à un Père supérieur de Nancy, en lui recommandant la discrétion. Depuis le pas-

1. Saint Vincent de Paul, *Correspondance, entretiens, documents*, *op. cit.*, tome II, p. 212.

sage à Paris de François de Sales et de Jeanne de Chantal, les maisons de visitandines se sont multipliées, en raison des dons pieux qui affluent, la réputation des saints fondateurs étant assurément la source de cette manne de donations.

La dot de sœur Hélène-Angélique Lhuillier permet d'acheter en 1621 le confortable hôtel du Petit-Bourbon, rue du Petit-Musc, à Jean Zamet, baron de Murat. Ce personnage, maréchal de camp du roi, mort à la guerre contre les protestants, est le fils du financier lucquois Sébastien Zamet, qui prêtait de l'argent au roi et affichait comme maîtresse Madeleine Le Clerc du Tremblay, parente du père Joseph. L'hôtel qu'il vend est-il trop luxueux pour des sœurs consacrées à la pauvreté ? « L'hôtel de messieurs Zamet, a écrit François de Sales n'est, ce me semble, que trop beau ; néanmoins, faute d'un assez beau, il faudra se contenter d'un trop beau. » Ne l'était-il pas « trop » pour un Zamet, qui avait lui-même acheté celui des Cossé, gens de vieille noblesse ?

Les filles de la haute société sont souvent envoyées dans les maisons religieuses, qu'elles aient ou non la vocation. Ainsi le veulent les règles sociales du temps. Le marquis d'Attichy, apparenté aux Marillac, est tué à la guerre en 1637. Il laisse quatre sœurs, dont deux seulement peuvent être civilement dotées, malgré l'immense fortune de la famille. Des deux restantes, l'une, Henriette, entre au Carmel, la dernière Madeleine, aux Ursulines. Elles n'y sont pas reçues sans dots, parce que « la profession religieuse est [alors] assimilée au modèle social du mariage[1] » et que l'« obligation de la dot », généralisée à partir du XVI^e^ siècle, contribue « à réserver l'entrée des cloîtres à la bonne société », même si les dotations des religieuses sont bien

1. Geneviève Reynes, *Couvents de femmes*, Paris, Fayard, 1987.

moindres que celles des filles destinées aux unions mondaines.

Hélène-Angélique est riche elle-même, puisqu'elle est la fille de François Lhuillier, secrétaire du conseil d'État et des finances, et la nièce d'un président à la chambre des comptes. Sa sœur Jeanne épouse le fils d'Étienne d'Aligre, garde des Sceaux puis chancelier de France qui doit sa carrière au comte de Soissons et perdra sa situation lors du complot de Monsieur et du maréchal d'Ornano en 1626. Mais son fils, Étienne II, conseiller d'État, est allié aux Le Tellier, qui sont dans la familiarité de Richelieu. Il a défendu les intérêts du gouvernement dans la levée des impôts de Normandie, de Provence et du Languedoc, avant d'être nommé, plus tard, directeur des finances. Une sœur aînée d'Hélène-Angélique, a été mariée à 15 ans à Claude Marcel, seigneur de Villeneuve-le-Roi, riche maître des requêtes et barbon respectable, plus âgé de trente ans que sa femme et friand des plaisirs de cour. Une fois veuve, Marie, dirigée par le père Suffren, alors aumônier de la reine mère, crée le premier monastère de la Visitation-Sainte-Marie, puis le second. Elle s'attire le concours généreux des femmes d'œuvres, et recrute volontiers des sœurs dans les plus grandes familles, mais aussi parmi les dévotes fortunées de plus basse extraction, comme cette Marie de Gournay, fille d'un marchand drapier, qui a épousé un marchand de vins, mais « fournisseur de la cour ». Patronne d'un café-restaurant de la porte de Buci, ses occupations ne l'empêchent pas de recourir à des directeurs de conscience qui la mettent sur les voies de la dévotion et de la charité.

La famille Villeneuve-Lhuillier, apparentée aux Le Tellier, est donc la base d'un recrutement social prometteur de femmes jeunes ou très âgées, qui ne détestent pas de prier dans la superbe chapelle, dessinée par Mansart et ouverte en 1634, de l'hôtel de la rue du Petit-Musc. La règle douce de l'ordre des Visitandines permet d'accueillir dans les maisons de Paris de riches veuves et même des malades ou des personnes fort âgées. Depuis que monseigneur de Marquemont, l'archevêque de Lyon, a refusé au fondateur, François de Sales, l'autorisation pour les visitandines de rendre visite aux malades hors de leurs murs, elles sont vouées aux oraisons. Vincent connaît leur dévouement à la charité. Il ne néglige nullement sa tâche de directeur de conscience, sachant d'expérience, dans le passage difficile que traverse le royaume, que la générosité des femmes reste intarissable. Elles sont à la source de l'œuvre d'assistance, grâce aux moyens financiers parfois très importants qu'elles savent se procurer, même s'il leur est interdit, quand elles choisissent d'être cloîtrées, de secourir les pauvres en personne.

À partir de 1633, Vincent de Paul a de plus en plus besoin des femmes pour développer ses œuvres de charité. Une seule condition est nécessaire pour qu'il souscrive à leur engagement : la foi profonde et l'amour du Christ, confirmés par une longue pratique de la confession ou par une formation appropriée. Sa correspondance avec Louise de Marillac montre que de longues années de réflexion, d'approfondissement, d'oubli de soi sont nécessaires pour faire d'une simple dame d'œuvres une missionnaire.

Rien ne prédisposait la veuve d'Antoine Le Gras à grimper dans la diligence de Champagne, entourée de ses gens porteurs de vivres. Mais d'une nature ardente et angoissée, elle est préoccupée de son salut : il lui arrive de douter de sa foi. Vincent a fait l'expérience de la conversion à la charité active grâce à la belle et sensible Françoise-Marguerite de Gondi, qui le poursuivit au début de leurs relations de ses incessantes demandes d'assistance spirituelle avant de devenir, à son instigation, maîtresse d'œuvres dans tous ses fiefs. Il laisse venir à lui Louise de Marillac, la tient à la longue corde d'une direction apaisante. Il l'observe, elle le fascine. Faute de pouvoir engager dans les charités les religieuses cloîtrées, force est de recruter des dévotes, à condition qu'elles soient pures de cœur et solides dans leur engagement au Christ, plus sûres peut-être que les visitandines, qui se reposent sur la quiétude, la « suavité » de leur institution.

Louise a un fils. Fidèle à sa pratique, Vincent l'aide à s'en remettre à Dieu de son éducation, et le place au séminaire de Bourdoise : elle doit rester seule devant le Christ. Elle vit comme si elle était cloîtrée : levée à cinq heures l'été, six heures l'hiver, ses journées se passent en prières et oraisons. Elle communie quatre fois par semaine, visite les pauvres, porte une ceinture de poil de cheval fort rude que Vincent fait d'ailleurs changer pour « une ceinture plus douce de petites rosettes d'argent ». Il lui impose des adoucissements, l'empêche d'adorer « l'humanité de Jésus-Christ » trente-trois fois par jour en souvenir des années terrestres du Seigneur. Il l'observe et la contient, pour qu'elle soit réceptive à la vraie parole de Dieu, celle des Évangiles, et de l'*Imitation de Jésus-Christ*, les seuls livres qu'il tolère chez elle. Il l'oriente tout doucement vers la charité, lui demande de tisser des vêtements et de préparer des paniers de vivres pour les malades. Il encourage ses dévotions pour la Vierge, l'immaculée conception et l'assomption. Il se garde pourtant de précipiter son évolution et attend patiemment qu'elle ait d'elle-même la révélation de sa véritable mission.

Une lettre non datée, probablement de 1628, écrite par Vincent de Paul indique que Louise a franchi le pas : « Oui, enfin, lui dit-il, je le veux bien. Puisque Notre-Seigneur vous a donné ce saint sentiment [...]. Je m'imagine que les paroles de l'Évangile vous ont fort touchée [la parabole du Christ sur le bon et le mauvais arbre]. Oh ! Quel arbre vous avez paru aujourd'hui aux yeux de Dieu, puisque vous avez produit un tel fruit ! À jamais puissiez-vous être un bel arbre de vie produisant des fruits d'amour, et moi, en ce même amour, votre serviteur. » Des années de patience ont été nécessaires avant que la servante du Seigneur ne récolte elle-même les fruits de son ascèse pour les offrir aux pauvres. Vincent n'attend pas davantage : « Il lui mit en main, assure le père Coste[1], un règlement des charités, ainsi qu'un mémoire sur la manière de les établir, de les visiter, de les organiser. » Louise sort de sa longue solitude, elle est spirituellement prête pour la Mission.

La voilà dans le coche, en route pour les fiefs des Gondi, où Vincent a installé de simples confréries de charité. Louise descend dans les hostelleries, paye tout ce qu'elle dépense, y compris le voyage. Dans chaque village, elle réunit les membres de la confrérie, hommes et femmes, pour stimuler leur zèle et leur foi, pour ouvrir, chaque fois qu'il est possible, une école chrétienne. Comme un missionnaire, elle enseigne les prières, le catéchisme à la main. Elle se rend partout où les charités disparaissent, faute de dévouement et parce que la dureté des temps ferme les cœurs à l'entraide chrétienne. Elle est à Soissons et à Meaux, à Montmirail et à Beauvais, à Châlons et à Chartres. Vincent lui a recommandé, au cas où les curés la recevraient mal, de leur obéir en tout. Elle doit s'excuser de ne pas avoir averti officiellement de sa venue celui de Villepreux. L'évêque de Châlons est-il « surpris » qu'elle organise la charité et l'enseignement dans son diocèse ? Il faut lui rendre visite : « Vous devez le regarder comme interprète de la volonté de Dieu », recommande Vincent. Il avertit Louise, qui se rend à Montreuil au printemps de 1631, de solliciter humblement l'aide du curé, car « la quête se fera difficilement par le village... Ils sont moqueurs en ce pays-là, et les femmes pourraient tout quitter. »

Pas de conflits avec les autorités religieuses, telle est la règle imposée à Louise de Marillac. Vincent lui-même s'y

1. Pierre Coste, *op. cit.*, tome I, p. 241.

est soumis. Quand il avait réglé, pour l'évêque Potier, l'assistance aux pauvres dans la ville de Beauvais, en mobilisant les femmes disponibles, il s'était heurté au lieutenant de police du roi, qui voyait d'un mauvais œil ces mouvements insolites. « Il aurait fait assembler, écrit ce dernier, un grand nombre de femmes auxquelles il aurait persuadé de se mettre en confréries, à laquelle il donne le nom de [...] Charité, et laquelle il désire ériger et fournir de vivres et autres nécessités aux pauvres malades [...] il aurait reçu 300 femmes ou environ, lesquelles [...] s'assemblent souvent ; ce qui ne doit pas être toléré. » Le procureur fut saisi de l'affaire, mais il faut croire que l'évêque intervint, à la demande de Vincent, puisque le trop zélé lieutenant dut tolérer ces rassemblements de femmes. Comment les empêcher d'ailleurs ? Louise jouit d'une réputation miraculeuse. Acclamée par la foule réunie à la sortie de la ville, sa voiture passe sur le corps d'un enfant. Elle implore le Ciel. Dieu l'entend et rend aussitôt la vie à la victime.

Sa réussite est manifeste. Sous ses directives, les sœurs assistent partout les malades et les préparent aux derniers sacrements. Elle loge désormais volontiers chez l'habitant, où elle est bien accueillie. À Verneuil, elle descend chez un boulanger, et non au château de la marquise, qui n'est sollicitée que pour des secours en argent. Elle écrit tous les jours à Vincent pour le tenir au courant des moindres problèmes de l'assistance. Elle l'avertit que les charités n'ont pas assez de moyens pour secourir les pauvres qui possèdent un bien, même quelques misérables arpents de terre : « Les propriétaires, écrit-elle, peuvent se tirer des embarras ; s'ils ont un champ, qu'ils vendent leur grain avant la moisson ; s'ils ont une maison, qu'ils cherchent un acquéreur, s'y réservant un logement leur vie durant, et que, sur l'argent touché, ils s'acquittent de leurs dettes, l'excédent leur restant pour vivre. » À Paris, elle établit une charité dans son quartier. Mais comment demander aux nobles dames de la confrérie de Saint-Nicolas de faire cuire elles-mêmes et de porter à domicile la viande des pauvres ? Vincent la conseille sur ce point : « Si maintenant vous ôtez le soin à chacune de la charité de faire cuire la viande, jamais plus vous ne le pourrez remettre. » Impossible, pense-t-il alors, de déléguer ce soin à d'autres, de payer les services beaucoup trop onéreux de cuisiniers et de servantes. Les associées doivent secourir les malades à leurs propres frais, et se charger elles-mêmes de tout.

En 1631, année de peste, Louise se dévoue pour approvisionner les isolés. Vincent, qui n'est pas à Paris, demande des informations. Au cours d'une quête faite à domicile pour les pestiférés, on a accepté les draps, le linge où se cachent les puces redoutables. L'Hôtel-Dieu, l'hôpital Saint-Louis, celui de Saint-Marcel subissent la contagion, et les malades meurent par milliers. Vincent a écrit à un prieur pour lui signaler qu'il n'est pas du devoir des filles de charité d'aller rendre visite aux contagieux. Il leur suffit de leur apporter des vivres, « en quelque endroit, de telle distance du lieu où ces pauvres gens se sont retirés qu'elles ne soient pas en danger de prendre le mal ».

Comme une fille de la charité est atteinte, Vincent écrit à Louise de Marillac qu'il se trouve empêché d'aller la voir et le regrette. Pour les pestiférés, alors que d'ordinaire il prêche la prudence, il ne recommande à Louise aucun ménagement, comme si elle était de la même trempe que lui : « Non seulement, lui écrit-il, je visitai feu M. le Prieur de Saint-Lazare [Nicolas Maheut] qui mourut de la peste, mais même que je sentis son haleine et néanmoins ni moi, ni nos gens qui l'assistèrent jusqu'à l'extrémité n'en avons point eu de mal. » Pourtant Marguerite Naseau, recrutée pour l'ardeur de sa foi à la charité de Saint-Nicolas, en est morte : « Pauvre vachère sans instruction », originaire de Suresnes, qui a eu l'imprudence de faire coucher une pestiférée dans son lit, à l'hôpital Saint-Louis. Vincent rassure

Louise : si elle est trop inquiète, qu'elle aille prendre l'air de la campagne !

Mais elle est de plus en plus occupée dans Paris, qui compte six charités de paroisse, de Saint-Sauveur à Saint-Nicolas-du-Chardonnet, de Saint-Eustache à Saint-Merry, de Saint-Sulpice à Saint-Benoît. Des femmes et des filles dévouées et croyantes se présentent pour s'engager au service des malades. Elles viennent de la campagne, de Beauvais, de Montdidier. Il est nécessaire de les former, et de donner une règle commune à toutes les institutions créées dans les villages. Elles doivent se soumettre à l'autorité d'une supérieure, qui n'est autre que Louise de Marillac.

Pour la première fois, une femme laïque est préparée à assumer la tâche des missionnaires. Le luxe de détails que donnent les hagiographes sur la formation très particulière qu'elle a reçue montre assez le prix qu'on attache à cette nouveauté. Louise de Marillac sera, par la grâce de Vincent, la première religieuse sans ordre.

L'institution nouvelle n'a rien à voir avec la communauté fondée en 1618 par Robert de Montry, marchand de Paris, pour les filles débauchées repentantes qui veulent vivre ensemble et servir les pauvres. La marquise de Maignelais, sœur des Gondi, avait acheté une maison pour les héberger et les avait dotées d'une rente annuelle de 3 000 livres. L'établissement de la Madeleine avait été approuvé sans difficulté par le roi et le pape. Mais les filles sont enfermées, certaines sont là malgré elles, par décision de la justice royale et prévôtale. Les repenties, après des années de probation, prennent la tenue grise et deviennent religieuses augustines. Leur communauté est régie par des visitandines choisies par l'archevêque Gondi. L'organisation est l'œuvre de Vincent de Paul, mais elle ne peut servir de modèle aux filles de la charité, qui ne sont pas cloîtrées.

Pourtant, depuis le 29 novembre 1633, quatre filles choisies par Vincent sont logées au domicile de Louise de Marillac et forment un noyau solide, soumis à probation spirituelle, mais non encore reconnu par les autorités. Les juristes consultés expriment leur étonnement : étranges religieuses que ces femmes qui ne portent pas l'habit, dont la supérieure n'est pas appelée Mère et qui iraient entendre la messe en vêtements laïques à Saint-Eustache ou Saint-Nicolas ! Des filles de paroisses, rien d'autre !

Il faut désarmer les censeurs. Qui a créé la compagnie ? Vincent ? Non pas. « Oh ! non mes filles, dit-il aux sœurs, je n'y pensais pas... Dieu y pensait pour nous ! C'est lui, mes filles, que nous pouvons dire auteur de votre compagnie. »

Les filles de la charité, « des servantes des pauvres malades des paroisses », n'ont rien de commun non plus avec les dames de la charité de l'Hôtel-Dieu de Paris, même si les unes et les autres doivent leur institution à l'action de Vincent. Le mouvement caritatif rendu nécessaire par la guerre et ses misères porte les dévotes, nobles et bourgeoises, à se dévouer personnellement aux pauvres et aux malades. Les insuffisances et les désordres de l'Hôtel-Dieu de Paris, administré par les chanoines, servi par des religieuses augustines, ont émus les messieurs de la Compagnie du Saint-Sacrement qui se proposent de le réformer et exigent la participation à l'assistance spirituelle des malades des religieux des communautés parisiennes. La présidente Goussault, fille, veuve et mère de présidents à la Cour des comptes, liée par ses nombreux enfants à la haute administration du royaume, qui consacre aux œuvres sa fortune considérable et son activité ardente à Paris et à Angers (dont son grand-père était originaire), fait appel à Vincent de Paul pour organiser une charité à l'Hôtel-Dieu, dont les pauvres malades sont particulièrement démunis de soins.

Il refuse d'abord pour ne pas entrer en conflit avec les

chanoines de Notre-Dame. Mais l'archevêque de Paris intervient, et il réunit finalement dans l'hôtel de Goussault, rue du Roi-de-Sicile, les principales intervenantes, toutes dames du meilleur monde et d'une fortune reconnue, qui attirent à leur tour princesses et marquises, baronnes et comtesses, ou les épouses du chancelier Séguier et du surintendant Fouquet. Vincent est directeur perpétuel, sous la présidence de la riche veuve Goussault. Il a mis en place la confrérie, organisant les visites des dames, « habillées simplement », dans l'hôpital. Elles prodiguent des consolations aux malades, leurs distribuant chapelets et livres de piété avec des vivres d'une grande qualité, de la confiture (c'est-à-dire des pâtes de fruits), des biscuits et du pain blanc. Dès juillet 1634, la mode aidant, la compagnie compte les plus grands noms de France, et plus encore après le début de la guerre. À la « servante » Goussault (c'est le seul titre qu'elle accepte) succéderont, au poste de présidente élue par ses consœurs, Mme de Souscarrières et Madeleine de Lamoignon, puis la duchesse d'Aiguillon, nommée en 1652. À partir de 1636, quatorze de ces altières et fortunées femmes du monde prennent soin de préparer les malades à la confession générale et leur donnent chaque semaine quelques heures de leur temps, vêtues de tabliers de toile. Dans cette tenue, elles parcourent les salles, offrant les poires cuites et les plats de pommes à des gens qui « parfois les jetaient à terre[1] ». Elles distribuent un traitement de 40 écus annuels, prélevés sur leur cassette, aux prêtres qui ont bien voulu accepter, sur l'insistance de Vincent, d'être attachés à l'hôpital.

Flattées de recevoir des conversions de « protestants ou turcs », elles sont toutes présentes aux harangues de Vincent, qui excelle à stimuler leur zèle : « Il y a huit cents

1. *Ibid.*, p. 328.

ans ou environ, leur dit-il, que les femmes n'ont point eu d'emploi public dans l'Église ; [la] Providence s'adresse aujourd'hui à quelques-unes d'entre vous pour suppléer à ce qui manquait aux pauvres malades de l'Hôtel-Dieu. » Les privilégiées deviennent les « servantes des pauvres », à l'image de leur présidente. Elles sont engagées à agrandir le cercle des bienfaitrices en faisant appel à des dames pieuses qui ne fréquentent « ni le jeu, ni la comédie, ni d'autre passe-temps dangereux ». Elles seront jusqu'à deux cents à revendiquer ce privilège, derrière Louise de Gonzague, la mère du Grand Condé, les duchesses de Nemours, de Sully, de Verneuil, les comtesses de Brienne et de Bragelonne, les baronnes de Renty et de Mirepoix. Louise de Marillac les assiste, sollicitant sans cesse des secours en argent ou en vêtements de sa cousine du Fay.

Les démarches pour la création de l'œuvre sont lentes à dessein : Vincent veut s'assurer de l'efficacité de ses recrues. Il n'obtient les lettres patentes du roi qu'au début du règne de Louis XIV en juillet 1643, et l'approbation de Gondi plus tard encore, en avril 1652. Il attache la plus grande importance à la confrérie : d'abord, les dames du meilleur monde, en s'engageant au service des pauvres, deviennent un exemple pour toute la société. Le privilège d'être recrutée implique un devoir : elles doivent faire preuve de la plus grande piété et du plus absolu dévouement. En ces temps de misère et de bourses serrées, leur contribution est indispensable. Elles peuvent seules financer les institutions qui envoient les sœurs d'un nouveau genre sur le terrain de la misère, les vraies filles de la charité.

Celles-là constituent une autre confrérie, liée à la précédente, alimentée de ses dons, mais indépendante et d'un recrutement social très différent : les filles engagées pour le service des pauvres sont elles-mêmes des pauvres, qui ne répugnent à aucune besogne. De la sorte, Vincent associe à la même œuvre le plus haut et le plus bas niveau de la société, sans mettre en question la hiérarchie. Pour les filles de plein vent qui ne portent pas encore la cornette blanche, la charité n'est donc pas un privilège mais une vocation.

Voilà donc Vincent à nouveau entouré de filles de la campagne. Au 31 juillet 1634, elles ne sont encore qu'une douzaine. Vincent les connaît toutes, les traite familièrement. Elles vivent en communauté, à Paris, sur leur lieu de formation, car elles doivent recevoir une instruction complète, et d'abord religieuse, avant de retourner dans les villages.

Louise de Marillac s'en charge. Elle les loge d'abord chez elle. Pourquoi pas à Saint-Lazare ? Vincent n'y était pas prêt. Il redoute les polémiques. A-t-il le droit de recruter des sœurs sans les enfermer ? « Nous sommes au milieu de gens qui regardent tout et jugent tout. » La présidente Goussault leur procure une maison en location à la Chapelle. La petite communauté du quartier Saint-Nicolas s'y transporte, en attendant mieux.

Leur bagage est vite fait, les sœurs ne possèdent rien. La maison est rapidement trop petite. Il faut de nouveau partir. La duchesse d'Aiguillon a reçu une promesse de 45 000 livres de rente de la Lamoignon. Vincent a les moyens de faire louer, puis d'acheter, pour 12 000 livres dont la moitié comptant, deux maisons avec étable, cour et puits, situées entre l'église Saint-Laurent et l'église Saint-Lazare. L'acte de vente est signé non pas par les filles de charité, qui n'ont pas d'existence légale, mais par la congrégation de la Mission.

Malheureusement, l'installation n'est guère satisfaisante, et seules des filles de la campagne peuvent s'en accommoder. Le puits n'est pas suffisant. Il faut obtenir une concession d'eau, pour éviter que les filles n'aillent à la fontaine « où elles entendent les discours sales et vilains qui se tiennent entre les porteurs d'eau lesquels leur disent souvent des injures et les maltraitent et empêchent d'approcher pour puiser de l'eau[1] ».

Qui les recrute ? Les missionnaires, à la demande de Vincent. « Si vous trouvez des filles saines et robustes, dit-il à Delville, disposées pour la charité, de vie irréprochable, résolues de se bien humilier, de travailler à la vertu et de servir les pauvres pour l'amour de Dieu, vous pourrez leur donner espérance qu'elles seront reçues. Il faut qu'elles aient pour le moins dix-huit ou vingt ans et qu'elles apportent de quoi s'habiller pour la première fois avec leur linge et leurs petites hardes, ensemble quelque argent pour s'en retourner, en cas qu'elles ne puissent accommoder à la manière de vie de cette compagnie, ou qu'elles ne les jugent pas propres. » On ne recrute pas de femmes mariées ou de veuves chargées de famille. Il faut des célibataires, jeunes et solides de préférence. Point de riches, « ils veulent que toutes choses aillent noblement et que rien ne manque », remarque Vincent. Il n'a pas de quoi les satisfaire. « Dieu veut, précise-t-il, que la compagnie soit formée de pauvres filles de village. »

Mais si les filles viennent de la ville, de Beauvais ou d'Abbeville envahies ? « S'il venait des demoiselles ou des dames, il faudrait craindre et les bien éprouver pour voir si c'est l'esprit de Dieu qui les y veut. » Les filles se présentent d'elles-mêmes. Elles sont aux portes de la maison, dont elles ont entendu parler par les missionnaires en Lorraine ou en Picardie. Elles demandent d'abord un refuge. Louise de Marillac les reçoit chez elle et leur distribue des secours. Elles sont mortes de faim et de froid. Elle les conseille, les jauge, les éprouve pour déceler les vraies vocations. Celles qui ne sont pas dignes d'entrer repartent avec un viatique.

1. Archives nationales, série Q1, 1200.

Les autres doivent se soumettre aux épreuves, apprendre à vivre en communauté, recevoir des rudiments de lecture et d'écriture, puis l'enseignement religieux du catéchisme.

Certaines sortent du lot et deviennent vite, aux yeux de Vincent, des silhouettes familières. Elles trouvent rapidement une affectation, tant le besoin d'aide est grand dans la capitale. Madeleine, « une bonne grosse fille[1] », est recrutée avec deux ou trois de ses consœurs à l'Hôtel-Dieu, où les dames de charité ne peuvent pas faire face aux lourdes tâches. Un ecclésiastique en expédie trois autres d'Argenteuil, et trois encore du village de Colombes, envoyées par l'institutrice Jeanne Lepeintre. Elles sont saines, solides, très attachées à leurs familles. Faut-il les décourager de revoir leurs parents ? « Je ne vois pas grand inconvénient, écrit Vincent à Louise de Marillac, à ce que Jacqueline aille aux noces de son frère. Marguerite, de Saint-Paul, en fera de même. »

Il suit de près les vocations, et les affectations. Il tient Marie Joly, affectée aux dames de Saint-Sauveur, de Saint-Paul, de Saint-Germain, de l'Hôtel-Dieu, pour une assistante précieuse, toujours prête à se dévouer pendant les périodes de crise, quand affluent les réfugiés du Nord, ou dans les quartiers assiégés par la peste. Elle pourrait être au front à soigner les soldats. Sa santé à toute épreuve la rend constamment mobilisable, ce qui n'est pas le cas de la chétive et dolente Marie. Barbe Angiboust, recrutée à 29 ans, est une fille montée en graine, devenue maîtresse femme, qui vole au secours des fondations de province chancelantes, et les redresse avec foi et courage. Son dernier poste est l'hôpital de Châteaudun. Elle en est la supérieure. Jacqueline, Madeleine, « la grande Jeanne », ne sont pas égales en patience et en résignation. Il faut les raison-

1. Saint Vincent de Paul, *Correspondance, entretiens, documents, op. cit.*, tome I, p. 235.

ner, parfois les renvoyer, le plus souvent s'accommoder de leurs défauts quand elles aiment les pauvres et les servent de tout cœur.

Ni promesse ni vœux perpétuels : elles peuvent entrer et sortir librement de la communauté. Elles portent un habit ordinaire, celui-là même qu'elles avaient en entrant ; parfois un simple mouchoir sur la tête, ou un voile, ou un toquois, sorte de bonnet qui cache les cheveux. Elles ne doivent en rien se distinguer des filles du peuple à l'église. Dans la rue, elles marchent deux par deux, pour que les garçons ne soient pas tentés de leur adresser la parole. En 1639, Louise de Marillac, qui ne supporte pas le vent, paraît à la messe au jour de Pentecôte coiffée d'une cornette de toile blanche. Innocemment, elle lance la mode. Les ailes de la cornette blanche, comme celles des mouettes, feront le tour du monde.

Vincent de Paul les considère comme ses filles. Il est leur père spirituel, invente à leur intention le discours d'édification, modèle de simplicité et d'efficacité. Il se donne à elles de toute son âme, parle d'elles constamment dans sa correspondance si nourrie avec Louise de Marillac. Elles sont aussi chères à son cœur que ses missionnaires. Elles doivent rendre service tout de suite, sans attendre, aller au plus pressé, quand la misère est à son comble, dans les années tragiques qui suivent 1636. Sans bénéficier d'aucune reconnaissance officielle, elles sont à la pointe du combat contre la pauvreté, escadrons volants de la charité d'extrême urgence.

Louise de Marillac est chargée de les instruire, mais Vincent veut lui-même leur parler, afin qu'elles le reconnaissent en toutes circonstances comme leur père et brûlent de se montrer dignes de lui. Il les admoneste sans ménagement, connaissant les paroles qui les touchent. Louise de Marillac a noté, presque mot pour mot, ses entretiens. Il parle en patron des principes et du règlement, faute de pouvoir invoquer des règles précises et reconnues par les autorités. Il ne veut pas que ces filles quittent la charité pour être cloîtrées dans un monastère. Et, pour les en dissuader, il met constamment l'accent sur l'originalité de la communauté. Quelle chance ont-elles d'avoir été choisies par Dieu, comme les chrétiens de l'Église primitive, leur dit-il le 31 juillet 1634, après avoir prié lui-même à genoux ! Quelle grâce inouïe que d'être au service du Christ ! Se jugent-elles ignorantes, indignes ? Il connaît « une bonne fille de village qui est maintenant une des plus grandes âmes ». Pour trouver et garder Dieu, il faut respecter les règles, qui ont leur nécessité dans la pratique de la foi. Ainsi, se lever à cinq heures devient une grâce si l'on songe que toutes les autres sœurs, où qu'elles soient, se lèvent en même temps « pour le service de Dieu ». Le lever à heure fixe permet d'approfondir la communauté, de renforcer l'union. Il faut offrir la journée à Dieu, par l'oraison, après avoir fait son lit. Chaque jour doit apporter une résolution, que les sœurs doivent échanger très simplement entre elles, car ces promesses sont des « reliques » qu'il faut « ramasser soigneusement pour les mettre en pratique ».

L'accent est mis sur les exercices spirituels, selon le calendrier de la journée. Après la messe, le service des pauvres. « Vous devez regarder Dieu en leur personne », leur dit-il, et il ne faut pas qu'ils meurent sans les sacrements. Il les exhorte à provoquer des confessions générales. Elles jouent ainsi un rôle spirituel, comme les prêtres de la Mission. Il faut « supporter les petites humeurs » des pauvres et même « pleurer avec eux », explique Vincent, car « Dieu vous a constituées pour être leur consolation ». En fin de journée, un examen de conscience s'impose, car « le plus juste tombe sept fois par jour ». A-t-on lâché quelque parole « dissolue et trop gaillarde », répugné à la besogne, parlé à la messe ? Que l'une des sœurs tienne lieu de supérieure aux autres, sur chaque lieu de travail, pour que chacune se sente encadrée, contrainte à l'obéissance. Les « fruits » de leur nouvelle vie seront abondants, et d'abord, au terme, le paradis, promis aux fidèles du Christ, mais aussi le salut de « dix mille personnes » peut-être, sauvées grâce à elles. Il faut qu'elles se disent : « Pour ce que je ne suis rien, Dieu m'a choisie pour lui rendre un grand service. Dieu l'a voulu. » Il faut craindre le châtiment, à l'heure de la mort, si l'on a oublié son devoir, et provoqué ainsi, à la longue, la ruine de la compagnie. Il faut à tout prix suivre ce « petit règlement » qui commande l'union des âmes, la disponibilité aux tâches demandées par le Christ, le « détachement parfait de père, mère, des parents, et des amis », pour « être à Dieu seul ». Il ne faut pas redouter l'avenir. La Providence pourvoit à tout : « Jamais ceux qui veulent dépendre entièrement de Dieu ne seront en pauvreté. » Les résolutions, les bonnes intentions ne sont rien sans la grâce de Dieu qui vivifie et se fait reconnaître dans l'invisible. Chercher dans leurs bonnes actions le Dieu caché doit être l'objet de leurs quotidiennes méditations : pour mériter ce miracle de la présence du Christ, il faut prier et se réjouir sans vanité d'avoir été choisie.

Les filles déclarent alors « vouloir se soumettre aux avis entendus et pratiquer le règlement donné », ajoute Louise de Marillac. Chacune s'agenouille pour recevoir la bénédiction du père, qui revient les voir chaque année, en juillet, à l'occasion d'une assemblée générale. Il les cultive, les arrose de l'eau du baptême, arrache les mauvaises pousses, écrête les branches trop fortes, pour ne garder que les bourgeons prometteurs de grâces. Il promet, en 1640, de les réunir tous les quinze jours pour leur parler, parce qu'il a « des remords de conscience » de ne pouvoir les visiter plus souvent. Ne sont-elles pas « pauvres filles de villages gardeuses de pourceaux comme moi » ?

Il leur explique, le 19 juillet, qu'elles ne sont pas des

religieuses, mais qu'elles doivent néanmoins se comporter comme telles, et pratiquer les trois vertus des ordres mendiants réguliers : pauvreté, obéissance et chasteté. Il donne la parole aux sœurs qui se plaignent. Pourquoi se lever si tôt quand on a passé une mauvaise nuit ? « Il arrive souvent que je ne dors pas les nuits, répond Vincent ; mais, à moins que la fièvre ne m'oblige à me faire suer, je me lève tous les jours à quatre heures, car j'ai l'expérience que je m'habituerais facilement à me lever plus tard. » L'importance des règles est essentielle à la maîtrise de soi : « Nos corps, leur dit-il, sont comme des ânes ; accoutumés à un chemin, ils y vont toujours. » Est-il permis, demandent les sœurs, de manquer les oraisons pour recevoir des pauvres, quand le temps presse ? Il cite l'exemple d'un président du Parlement qui trouve dans l'oraison la force de ne pas se laisser corrompre. La prière est des plus simples : elles doivent, chaque matin, promettre de servir les pauvres. « Il ne faut pas faire oraison pour avoir des pensées relevées, des extases et ravissements qui sont plus dommageables qu'utiles. » Leur seul souci doit être de servir le Christ.

Comment faire alors qu'elles ne peuvent lire ses paroles dans l'Évangile ? « La science n'est point nécessaire, reprend Vincent en citant saint Bonaventure, mais il suffit de bien aimer Dieu. » Celles qui ne savent pas lire doivent regarder « les images un peu grandes des mystères principaux de la vie et des passions du Christ ». Comment faire, demandent certaines, pour ne pas s'endormir en oraison ? Le remède est simple : rester debout, et baiser de temps en temps la terre. Il ne faut pas se laisser mener par son corps. Comment éviter les murmures des sœurs mécontentes ? Leur représenter que leur comportement est à l'égard de la communauté comme celui d'un assassin. Les sœurs doivent pratiquer « la correction fraternelle », se dénoncer l'une devant l'autre, et si le remède ne suffit pas, prévenir Vincent ou Louise de Marillac. « Quant à moi, dit-il humblement, c'est M. Dehorgny qui doit m'avertir des fautes que je ferai. Qu'il en soit de même de vous autres. »

Il a réponse à tout et à toutes, sans se lasser jamais. L'année du jubilé, en 1641, il recommande de prier à l'intention de l'Église, selon le vœu du pape. Prier aussi « pour la paix entre les princes chrétiens et la conversion des pécheurs ». Les sœurs doivent être attentives aux malheurs de la guerre et se rendre d'autant disponibles aux malades et aux affamés. En Lorraine, six cents religieuses meurent de faim. « Leur habit ne peut presque être reconnu. Elles sont rapetassées de tous côtés de vert, de gris, de rouge, il leur a fallu prendre des sabots. » Dans certaines régions, comme le Limousin des croquants, « on vit la plupart du temps de pain fait de châtaignes ». Les sœurs doivent imiter les vertus de sainte Geneviève, fille de la campagne, et faire de la pauvreté un don du ciel. Peuvent-elles se rendre compte du privilège insigne qu'elles ont reçu ? « Jusques à présent, les filles appelées au service de Dieu étaient toutes filles de maison et riches [...]. Dieu a choisi [désormais] les pauvres pour les rendre riches en foi. Elles n'ont point de seigneurs, hormis les pauvres. »

Prises dans leur robe de serge grise, elles sont les élues du Christ. En mars 1642, Vincent, après une longue période probatoire, autorise enfin les vœux perpétuels selon la formule d'une communauté hospitalière d'Italie. « Je fais vœu et promets à Dieu de garder, toute ma vie, la pauvreté, la chasteté et l'obéissance et de servir nos seigneurs les pauvres. » Louise de Marillac, Barbe Angiboust et trois autres sœurs s'engagent pour la vie, après avoir entendu la messe. Elles sont affectées aux hôpitaux parisiens et aux forçats, ainsi qu'aux établissements de province. Leur reconnaissance officielle viendra plus tard. L'archevêque de Paris ne sera sollicité qu'en 1645 pour donner son approbation à la compagnie des « servantes des pauvres de la

Charité ». Les sœurs ont pour tâche d'organiser et de ranimer les charités de villages en confréries, obéissent à une administration présidée par Vincent lui-même et dirigée par Louise de Marillac, la supérieure élue pour trois ans, entourée de trois officières.

L'approbation civile viendra plus tard encore : des lettres patentes, signées par le roi en novembre 1657 et enregistrées au Parlement en décembre 1658, consacrent définitivement l'existence de la compagnie, qui n'est pas une congrégation et n'a pas vocation à l'être. Telle quelle, l'œuvre de la Charité est une création aussi originale que celle de la Mission. Ses règles doivent être respectées avec d'autant plus de rigueur que ses filles marchent librement hors des murs, livrées à leur seule foi. Aussi importe-t-il qu'elles soient constamment soumises à la « correction fraternelle ». Leur survie ne dépend que de leur vigilance. Vincent ne peut que prodiguer des conseils et chasser les indignes, il n'a pas le pouvoir de se substituer à elles, pas plus que Louise de Marillac. Seul son exemple peut les servir, en stimulant leur foi. Aussi les visite-t-il aussi souvent qu'il le peut.

Il leur recommande d'être humbles et chastes comme les « filles des champs » qu'elles ne doivent pas cesser d'être. Celles-ci ne se vantent pas, elles n'ont pas d'ambition affichée. Elles se contentent, après leurs longues journées de travail, « de pain et de potage » ; elles savent manger pour vivre. La Vierge et le Christ se nourrissent-ils d'autre aliment que le pain ? Tempérantes, ces filles sont chastes, comme sainte Geneviève. Elles se gardent d'être « seules avec les hommes » et même de toucher les mains des pauvres. Elles ne sont pas au service des riches et ne doivent « entrer dans les maisons des grands que si elles [ont] à y faire pour le service des pauvres ». L'une d'elles refuse les demandes d'aide très personnelle d'une grande dame. Vincent l'en félicite. Libres et responsables de leurs actes, elles n'ont de comptes à rendre qu'à Dieu, qui les jugera souverainement. Aussi doivent-elles l'avoir sans cesse à l'esprit. Et la surveillance dont elles sont l'objet est destinée à les aider, non à les contraindre.

Elles ont en charge toutes les charités, celles de Lorraine et de Picardie, celles de Paris et des régions de peste et de famine. Elles partent à la demande, deux par deux, quand on les appelle en secours d'urgence. Elles prennent le coche ou la voiture sans murmure, comme Louise de Marillac elle-même, couchant au hasard des étapes, se dévouant aux hôpitaux de province, organisant les soins dans les villages sinistrés. Leurs charités deviennent en Lorraine non seulement des centres de soins, mais aussi des refuges pour les femmes perdues fuyant les soldats, des magasins de vivres pour les affamés. « Elles auront pour monastère, dit Vincent en 1633, les maisons des malades et celle où reste la supérieure. Pour cellule une chambre de louage. Pour chapelle, l'église paroissiale. Pour cloître, les rues de la ville. Pour clôture, l'obéissance. Pour grille, la crainte de Dieu. Pour voile, la sainte modestie. Pour profession, la confiance continuelle dans la Providence, l'offrande de tout ce qu'elles ont. »

Ces fausses religieuses sont en même temps de fausses laïques, car, souligne Monsieur Vincent, à quoi leur servirait-il de porter Dieu en elles si elles ne font que soulager les souffrances physiques des pauvres ? En leur apportant leurs soins, elles veillent à leur salut et participent ainsi à l'œuvre de pénétration de la société civile par la religion. Elles sont les agents privilégiés du Seigneur, les plus proches des victimes de la rigueur des temps, celles qui doivent être secourues d'abord. La pauvreté rend leur mission urgente, exige d'elles un service sans merci, de jour et de nuit, un dévouement total. La souffrance est sainte puisqu'elle rapproche du Seigneur. En assumant cette tâche dont elles ont le privilège, elles assurent ainsi leur propre salut.

En bousculant les usages et les règles, mais non la hiérarchie sociale et le devoir d'obéissance, Vincent de Paul vient de donner aux femmes une place royale dans la société caritative qui se moque bien de la distinction des ordres religieux, soucieuse seulement de l'égalité dans le malheur. Pour avoir lancé sur les chemins de la charité tant de pieuses personnes, alors que le royaume était en grand danger, il était logique que Vincent de Paul finisse par se voir assigner une place au cœur de l'État.

CHAPITRE VII

# Monsieur Vincent

Les gens d'Église appartiennent en France au premier ordre du royaume, parce que l'institution assume le rôle essentiel de défense de la foi, mais aussi, dans la société, les fonctions d'assistance et d'enseignement. Il n'est de collèges et d'écoles que religieux, et la plupart du temps catholiques, même si l'on tolère encore, depuis l'édit d'Alès, les académies et collèges des huguenots. Bien qu'aucun secrétaire d'État ne soit expressément chargé au Conseil royal des affaires de foi, elles sont au premier chef le souci du cardinal-ministre.

Sa préoccupation est double. Apparaître d'abord comme le défenseur de l'orthodoxie conçue à la française, biffer les outrances du gallicanisme des évêques, des parlements, du roi lui-même, pour faire sa part à l'influence romaine, en acceptant l'application en France, bien que leur publication ne soit pas autorisée, des décrets du concile de Trente. Affirmer hautement par ailleurs que le soin de la religion appartient à l'État et que le premier devoir de l'Église est de servir le Roi Très-Chrétien.

Il a ainsi soutenu et conduit lui-même la politique royale de répression du sécessionnisme protestant, non du point de vue de la foi – il ne remet pas en question l'édit de Nantes signé par Henri IV – mais aux plans politique et militaire. Il n'a pas toléré qu'une faction prenne ses quartiers dans le royaume afin de peser sur les décisions du pouvoir. C'est ainsi qu'il a désarmé le parti adverse, en prenant garde de ne pas le désespérer. Il tient toutefois que l'œuvre de conversion entreprise par les Capucins et les

Jésuites dans les provinces contaminées par l'hérésie est essentielle, et s'emploie à la soutenir par des voies pacifiques. Il approuve et aide, malgré les oppositions persistantes, tenaces, des catholiques ultras et gallicans, l'œuvre éducative des Jésuites, qui veulent rallier le royaume à l'orthodoxie en faisant d'abord la conquête des enfants des classes dirigeantes. De la même manière, il n'a nullement combattu la société du Saint-Sacrement, qui se préoccupe de renforcer l'institution cléricale dans le contrôle de l'assistance et intervient notamment dans les hôpitaux et les prisons. Il estime que les dévots peuvent, aux moindres frais pour l'État, rassembler les donations nécessaires à l'action caritative et les pousse à s'engager dans cette voie, multipliant pour sa part les fondations pieuses et suivant ainsi l'exemple de la reine Anne d'Autriche, fort attachée à développer en France l'œuvre de la Contre-Réforme.

Mais la guerre, les luttes sociales, les conflits politiques et leur cortège de misère rendent l'Église singulièrement impuissante devant l'ampleur de la tâche. L'institution semble défaillante. La réforme du clergé marque le pas, malgré les efforts de Bérulle et de ses successeurs, le curé Bourdoise et bientôt Olier, qui n'a commencé son action qu'en 1641. Or elle est indispensable si l'on veut fournir aux paroisses le personnel compétent pour la grande œuvre d'alphabétisation des campagnes, qui permettra d'initier le peuple aux Écritures saintes et de l'arracher à la séduction des régents huguenots.

Vincent de Paul, précisément, a, dans la mesure de ses moyens, participé à la création de « petites écoles », sous l'égide de ses missionnaires et plus encore des saintes femmes des charités. Si son action marginale, entreprise avec des moyens nouveaux et exceptionnels, est nécessaire, c'est que les serviteurs ordinaires de l'Église se sont montrés impuissants.

Plus impressionnante encore est la carence de l'institution religieuse dans sa mission d'assistance. L'afflux des réfugiés, le gonflement des effectifs de miséreux dans les villes, des errants sur les chemins, la misère croissante des campagnes sont le résultat des troubles et des guerres, dont on rend Richelieu responsable. Les initiatives de Vincent de Paul dans ce domaine sont connues de tous, approuvées sans réserve. Il a nettement distingué des ordres réguliers, et même du clergé séculier bénéficiaire de cures, ses missionnaires itinérants qu'il a toujours pris grand soin de placer sous la protection des évêques. Leur action, jointe à celle des filles de la charité, est en marge des institutions et pourtant reconnue et acceptée par l'autorité.

Leur utilité est si peu contestable qu'on a eu constamment recours à Vincent, simple prêtre de Saint-Lazare, simple directeur de la Mission, pour parer au plus pressé. Qu'il ait eu comme souci principal d'évangélisation de rallier à la foi catholique le plus grand nombre des Français, les habitants des campagnes, l'a placé à la pointe de l'effort de reconquête, mais a servi en même temps les desseins du Cardinal en fournissant une réponse significative au besoin nouveau d'aide exprimé par les provinces victimes de la guerre et des autres calamités.

De la sorte, son personnage s'est peu à peu imposé. Marchant dans les rues de Paris, dans la boue des campagnes ou dans les poussières estivales des chemins, il est connu et aimé des pauvres de la capitale, qu'il ne manque pas de visiter dans les hôpitaux, mais aussi des paysans épuisés de Champagne et de Picardie, plus loin encore des Lorrains et des Bourguignons accablés par la guerre.

Il a, en 1640, près de 60 ans. Les années ont passé trop vite à son gré, bien que son énergie soit intacte. À peine ses cheveux ont-ils blanchi. Pour la plèbe urbaine, il est déjà le saint des pauvres. Pour les élites dévotes, il est Monsieur Vincent, le pourvoyeur de secours, l'organisateur de la lutte contre la misère et la faim, un simple prêtre pourvu d'une sorte de magistère moral. Il ne lui manque, pour que sa silhouette désormais familière aux gens des rues acquière une stature officielle et qu'il soit enfin reconnu par l'État comme un interlocuteur obligé, que d'être aussi le défenseur de la foi catholique, le nouveau Bérulle des docteurs, le promoteur de la réforme romaine. Il consentirait sans doute, malgré son humilité, à jouer ce rôle essentiel. Pourtant, nul ne le sollicite encore. On lui demande, chaque jour davantage, de rendre des services, non d'assumer une fonction. Mais se doute-t-il qu'il met ainsi le pied, sans y prendre garde, sur le chemin du pouvoir ?

Son installation officielle à Saint-Lazare, le prestige qu'il s'est acquis dans le monde par l'action missionnaire de ses hommes et de ses femmes dévoués et de foi ardente lui fournissent les moyens de s'engager à son tour dans la réforme du clergé, au niveau le plus élevé de la formation des ministres du culte. Il rejoint ainsi Bourdoise, seul survivant connu et déjà reconnu du cardinal de Bérulle et de l'œuvre de l'Oratoire. N'a-t-il pas été lui-même le disciple, et pendant quelques années le protégé, du fondateur de l'ordre ?

Des gens influents lui ont souvent demandé de faire des retraites à Saint-Lazare, qui a déjà reçu très officiellement, par bulle du pape, la mission d'organiser les retraites des ordinands, et Vincent les a volontiers accueillis dans ses « conférences ». « Je pense que vous faites bien d'assister aux Ordinands, écrit-il en 1643 à l'un de ses missionnaires. Chacun reconnaît ici que le bien qui se voit aujourd'hui à Paris vient principalement de là. » L'hospitalité offerte aux clercs est gratuite : Vincent a trouvé les fonds nécessaires pour les recevoir et les éduquer. La présidente de Herse a su intéresser la reine à l'œuvre. Elle a promis d'assister en personne aux exercices, que suit déjà Gondi, l'archevêque de Paris. Les curés Olier, Perrochel et le futur évêque d'Alet, Nicolas Pavillon, aident de leur mieux. Grâce à l'excellence des prédications, Vincent réussit à faire de Saint-Lazare un centre de spiritualité. La Cour s'intéresse à l'œuvre parce que la réputation de piété de Vincent est telle qu'on attend de sa parole qu'elle révèle la foi. L'évêque Potier l'avait dit à Beauvais : il est celui qui sait le mieux pénétrer l'esprit des ordinands pour leur inspirer la vocation.

Vincent est convaincu que la réforme du clergé dépend de la formation des nouveaux prêtres. Il est essentiel de leur fournir une formation rapide, parfaitement conforme au catéchisme établi selon les décrets du concile de Trente et fleurant bon la discipline du dogme. Ils doivent dire la même messe, utiliser les mêmes formules pour la confession, adopter la même liturgie, pratiquer le chant grégorien et savoir prêcher sur les grands thèmes bérulléens de la vie spirituelle, sur le culte du Christ et de Marie. De ces jeunes prêtres dépend l'avenir de l'Église : « Il ne faut pas songer, dit Vincent à Potier, à ramener dans le chemin du devoir les prêtres qui ont vieilli dans l'habitude du vice ; ce serait courir à un échec certain. Mieux vaut appliquer le remède à la source même du mal, enseigner les devoirs de leur état à ceux qui veulent entrer dans les ordres, et refuser impitoyablement tous ceux qui n'auraient pas cet esprit et ne connaîtraient pas ces devoirs. »

« Laisser entrer », « refuser », Saint-Lazare devient un centre d'examen, de probation de la foi chez les futurs ministres de Dieu. Vincent juge, conseille, devient une autorité dont on sollicite les avis. N'a-t-il pas l'expérience des hommes et la lucidité devant l'œuvre accomplie ? S'il croit à la formation accélérée des ordinands, il n'est pas convaincu de l'utilité des premiers séminaires : ceux qui s'étaient mis en place au XVIe siècle avaient été autant d'échecs. Celui de Reims avait si fort dégénéré qu'on appelait ses clercs des « caudataires », parce qu'ils portaient la queue de la robe des chanoines dans le chœur. Or, les conciles de l'Église, depuis le début du siècle, recommandent la création de nouveaux séminaires. L'oratorien Bourdoise a réussi à former, en petit nombre, des prêtres de qualité en les rassemblant dans des communautés, à l'exemple de son séminaire de Saint-Nicolas-du-Chardonnet qui vient d'être approuvé par le roi et l'archevêque de Paris. Mais les locaux de Bourdoise sont trop exigus pour accueillir des postulants en plus grand nombre. De là vient l'obligation imposée par l'archevêque à Vincent de Paul d'accepter les séminaristes de Bourdoise au collège des Bons-Enfants, dont il est encore le principal.

Les retraites de Saint-Lazare attirent finalement tous les clercs du diocèse et même ceux des évêchés voisins. Les prédicateurs sont très souvent recrutés parmi les docteurs de la Sorbonne et choisis jusqu'en 1638 (date de sa mort) par Duval. Bourdoise et Vincent lui-même déplorent que le temps de formation soit trop court. Ainsi, ces conférences amorcent un mouvement que l'institution d'un nouveau type de séminaires doit confirmer : « Faire une mission, dit Bourdoise, c'est comme donner un repas à un pauvre affamé, mais faire un séminaire, c'est prétendre le nourrir toute sa vie. »

On a d'abord songé, selon les décrets du concile, à former aux Bons-Enfants de très jeunes candidats à la prêtrise dont on conduirait jusqu'au bout les études. Mais les résultats sont décevants. Une fois éduqués, les jeunes gens désertent le séminaire. « Nous en avons vingt-deux, écrit Vincent à Bernard Codoing, supérieur de la Mission à Rome, dans notre séminaire des écoliers des Bons-Enfants, entre lesquels l'on n'en voit que trois ou quatre qui soient passables, ni qu'on espère qu'ils persévèrent, quelque soin qu'on y apporte, dont j'infère la raison de douter, pour ne pas dire la conséquence vraisemblable, que la chose ne réussira pas comme l'on se le propose[1]. »

Pourtant le cardinal de Richelieu y tient. Il aide les Oratoriens et les Eudistes ; il appuie toutes les initiatives, exige des résultats. Si l'on en croit Abelly[2], la décision de créer des séminaires d'un type nouveau proviendrait d'une conversation entre Richelieu et Vincent de Paul : ce dernier aurait suggéré, pour avoir très vite des prêtres de qualité, de dispenser la formation religieuse non pas à des jeunes enfants dont l'avenir est incertain, mais à des clercs confirmés, des diacres et sous-diacres, des prêtres sans cures qui, pendant deux ans, auraient été initiés aux connaissances indispensables à l'exercice de leur ministère, non point, donc, à la théologie dogmatique, mais à la morale, aux commentaires de l'Écriture et à l'enseignement du catéchisme.

Pas de dictées ni de notes, un enseignement oral, pratique, apprenant à prêcher et à réciter les bonnes prières, à dire la messe sans erreur en recourant à l'*Explication de la Messe*, une brochure rédigée par Olier, à adopter des pratiques cultuelles rigoureusement identiques. Richelieu aurait remis 1 000 écus à Vincent pour amorcer l'expérience.

Un grand séminaire, distinct du petit, celui des écoliers, est aussitôt organisé à Saint-Lazare à partir de janvier 1642. Douze clercs y sont reçus et entretenus pendant deux ans. Vincent envisage déjà d'installer les enfants à part, de les retirer du collège pour les accueillir au « petit Saint-Lazare », baptisé Saint-Charles. L'expérience se révèle positive, mais les réalisations vraiment durables et efficaces se succéderont plus tard, de 1643 à 1660. La machine sera longue à mettre en route – il n'importe, elle est lancée.

1. *Ibid.*, tome II, p. 459.
2. Louis Abelly, *op. cit.*, p. 303.

Dans l'immédiat, Vincent doit faire face à la multiplicité des problèmes posés aux nouveaux curés. Certes, il est urgent qu'ils relèvent les églises, le matériel du culte, qu'ils paraissent aux yeux des fidèles comme des modèles de sainteté par leur conduite exemplaire. Mais la dureté des temps exige du simple curé qu'il acquière la mentalité des missionnaires, qu'il soit convaincu, à leur contact, qu'en tant que prêtre il doit pouvoir faire face à toutes les situations : Pierre Fourier, curé de Mattaincourt dans le diocèse de Toul[1], répond ainsi aux religieuses de Châlons qui lui demandent de quitter sa paroisse où la peste fait rage : « Mes bonnes sœurs, si vous saviez ce que c'est que d'être curé, c'est-à-dire pasteur de peuples, père, mère, capitaine, garde, guide, sentinelle, médecin, avocat, procureur, intermédiaire, nourricier, exemple, miroir, tout-à-tout, vous vous garderiez bien d'approuver que je m'absentasse de cette paroisse pendant cette saison. » Les curés de Lorraine, de Franche-Comté et de Bourgogne, ceux de Brie, de Champagne et de Picardie sont entièrement pris par les devoirs d'assistance. Il est donc indispensable de les faire seconder par des jeunes prêtres qui auront eu le loisir d'acquérir les recettes de la spiritualité, pour que la parole de Dieu, dans la chaleur de l'action sociale, ne soit pas totalement oubliée.

Vincent imagine de recourir à des conférences spirituelles périodiques pour assurer le suivi de la formation et insuffler régulièrement l'esprit nouveau. Dans plusieurs diocèses, les prélats organisent eux-mêmes ces rencontres pour conforter leurs prêtres dans la théologie morale. Sourdis, le cardinal-amiral qui a fait merveille contre la flotte espagnole de l'Atlantique, a inauguré cette méthode dans son diocèse de Bordeaux. D'autres ont suivi. Mais Vincent

1. Cité par René Taveneaux, *op. cit.*, tome I, p. 163.

estime insuffisantes de simples retraites annuelles. Avec les meilleurs de ses ordinands, il constitue un groupe de prêtres qui accepte de se réunir à Saint-Lazare tous les mardis pour confronter leurs expériences, discuter des méthodes et des exemples précis d'édification, pour parvenir à définir des règles d'action spirituelle qui soient communes à tous les prêtres. Ainsi se constitue l'association sacerdotale qui réunit les meilleurs des jeunes curés de la province.

Cette « conférence des mardis » est une nouvelle institution à l'actif de Vincent. Parmi les habitués, plus de vingt, dont Bossuet, Fouquet, Godeau, Perrochel et Pavillon deviendront plus tard évêques. Tous se flattent d'être les disciples de Vincent de Paul dont ils disent que la parole est « un oracle de Dieu ». « Il était l'âme de ces saintes assemblées, écrira plus tard Bossuet. Jamais il n'y parlait, que chacun de nous ne l'écoutât avec une insatiable avidité et ne sentît que Vincent était ce ministre, qui, selon l'expression de saint Pierre, parle de Dieu d'une manière si sage, si relevée que Dieu lui-même semble s'exprimer par sa bouche. »

Comment attribuer à d'autres causes qu'à cette présence de Dieu dans ses moindres paroles l'extraordinaire engouement dont il est l'objet dans les dernières années du consulat de Richelieu ? On se dispute sa présence, il doit refuser des directions de conscience à des personnes considérables, il puise dans les effectifs de la « compagnie des mardis » pour fournir des missionnaires à la demande des grands et de la Cour, mais aussi des dames d'œuvres : ses « lazaristes » prêcheront constamment dans les hôpitaux et même devant la reine Anne d'Autriche. Vincent reste fidèle à sa méthode : l'élite des jeunes prêtres doit répondre à toutes les urgences, se faire à chaque besogne. Passer d'une mission à l'autre est un exercice salutaire, recommandé, obligé.

Sa légendaire humilité n'y peut plus rien : Vincent passe

pour un maître. La multiplicité de ses charges le place inévitablement au centre de toutes les affaires religieuses, qu'il le veuille ou non : à Saint-Lazare, il vient de prendre la tête du mouvement de formation des prêtres et des futurs évêques dans le cadre de la stricte orthodoxie tridentine, telle qu'elle est enseignée par les théologiens les plus romains de la Sorbonne, choisis par Duval en personne. Il est donc un recours de foi, quand un procès douteux réclame un arbitrage. Rien n'est plus sûr que le jugement de Vincent, car on le sait à l'abri de toute autre considération que la justice et l'indulgente justesse.

En sélectionnant les promotions d'ordinands pour rassembler les meilleurs, il a acquis une connaissance des hommes et une capacité d'appréciation de leurs caractères et de leurs sentiments religieux qui, sur ce plan, le posent aussi en arbitre, à la disposition du pouvoir politique qui a la charge de nommer les évêques. Richelieu a pour souci constant de renouveler l'épiscopat en choisissant d'abord les meilleurs esprits, les plus actifs, les plus ardemment réformateurs. Il a pour cela besoin des lumières d'un conseiller spécial qui ne soit pas juge et partie, pris par le jeu aristocratique de la distribution des bénéfices majeurs entre les grandes familles. Comme il connaît individuellement tous les jeunes candidats aux offices, Vincent peut lui rendre les plus signalés services dans le renouvellement de l'épiscopat, mais aussi des cures de villes et de villages.

Choix des hommes, mais aussi recherche des moyens. La faveur confirmée de la Cour permet à Vincent d'accroître ses capacités. Il intervient directement auprès du Cardinal pour que les prêtres qu'il fait nommer soient soutenus dans leur action. Accablé à la fin de 1638 par le souci de la guerre, Richelieu écrit au chancelier Séguier pour lui recommander un prêtre ami de Vincent qui veut obtenir l'amélioration du traitement des prisonniers pour dettes[1]. Sa correspondance montre la sollicitude dont le directeur de la Mission entoure les meilleurs prêtres, ceux qu'il a lui-même choisis. Il a manifestement acquis un prestige suffisant pour orienter et soutenir leur carrière.

Il a d'autant accru son influence auprès des personnes d'œuvres, qui alimentent ses fondations de leurs dons et legs. De donatrice, Louise de Marillac, est devenue missionnaire, mais d'autres bienfaitrices se présentent à lui. Il a conservé des fonctions d'aumônier dans quatre monastères des religieuses de la Visitation-Sainte-Marie, ceux de la rue Saint-Antoine, de Saint-Denis, du Faubourg-Saint-Jacques et du Refuge-Sainte-Madeleine, qui accueille les filles publiques. Il sera, jusqu'à sa mort, le directeur de conscience de Jeanne de Chantal. Il reste aumônier général des galères, dans la mouvance de la famille Gondi, qui a financé sa Mission et demande sans cesse des missionnaires pour ses fiefs. Par Louise de Marillac et les Gondi, il est en contact avec le milieu dévot de la capitale, et la fondation des Dames de Charité de l'Hôtel-Dieu lui a permis d'entrer en relation avec les plus riches donatrices et bienfaitrices, particulièrement Louise-Marie de Gonzague, future reine de Pologne, avec qui il entreprendra une correspondance régulière. La fortune et l'influence des Goussault sont à sa disposition, comme celles de la cousine de Louise de Marillac, du Fay, à l'inépuisable générosité. Il suffit qu'il demande pour qu'on lui donne, car on sait l'usage qu'il fait de l'argent.

Il est également membre de la congrégation de l'Exaltation-Sainte-Croix pour la propagation de la foi, du capucin Hyacinthe, qui se donne pour tâche la conversion des hérétiques. Une maison dite des Nouvelles Catholiques a

1. Voir Pierre Chevallier, *Louis XIII, op. cit.*, p. 564.

été aménagée pour recevoir les converties et les protéger contre leurs familles huguenotes. Ainsi ne peut-il être accusé de tiédeur dans la reconquête religieuse, d'indulgence envers les protestants. Il aide de tout son pouvoir l'œuvre de Marie Lhuillier de Villeneuve, l'Institut des Filles de la Croix, constitué avec la collaboration des institutrices réfugiées de Roye qui fuient l'occupation espagnole. Il aide également Charlotte de Herse, fille spirituelle « très aimée » de François de Sales, et bien introduite à la Cour, à fonder sur ses terres une maison de filles de la charité. Il a régulièrement recours à sa générosité. Il recevra également dans la compagnie des Dames de Charité la propre nièce de Richelieu, Marie de Wignerod de Pontcourlay, marquise de Combalet et future duchesse d'Aiguillon, une dame de cour. Pour tisser sa toile des charités, il a dû s'installer au centre du pouvoir social.

Mais il est aussi à sa périphérie, sur le terrain de la lutte, dans les hôpitaux et prisons des villes, dans les campagnes dévastées, les provinces sinistrées. Chaque mois, chaque jour ouvre un nouveau chantier à l'action d'assistance, en raison des circonstances de la guerre et du désordre intérieur. En 1637 se renouvellent les révoltes des croquants du Périgord. L'année suivante, les créanciers de l'hôtel de ville de Paris manifestent pour exiger le paiement de leurs rentes. Cette rébellion de parlementaires et de bourgeois dégénère en émeute. En 1639 éclate en Normandie la révolte des Nu-Pieds, autour de Rouen. En 1640, la ville de Moulins est à feu et à sang, ainsi que Clermont, Poitiers et Aurillac. Le menu peuple de Bayonne s'insurge l'année suivante, en même temps que les habitants d'Angers, Grenoble et Limoges. Le gouvernement de Richelieu n'a pas un mois de répit. Les impôts rentrent de plus en plus mal, et l'argent manque à la guerre. Le chancelier Séguier doit envisager de taxer les terres nobles non soumises à l'exploitation directe et tire du clergé un subside de 4 millions pour payer l'alliance suédoise, ce qui suscite la protestation de certains évêques. « Nous sommes maintenant au fond du pot », écrit le surintendant des finances Bouthilier, qui craint que « la guerre étrangère ne dégénère en guerre civile ». Richelieu souhaite-t-il conclure la paix ? Il l'assure au chancelier Séguier, mais il veut une paix de victoire, signée sur le tambour, et l'adversaire n'a pas désarmé, bien que son trésor de guerre soit épuisé. Malgré ses embarras financiers, Richelieu trouve, au prix d'émeutes sanglantes, le moyen de lever des impôts supplémentaires pour construire une flotte d'une quarantaine de vaisseaux sur l'Atlantique, chargée de couper les communications avec l'Espagne, et promet de nouveau aux Suédois le versement d'une somme d'un million de livres par an pendant trois ans, à compter de 1638, pour prix de leur alliance. La prise de Brisach en Alsace par les troupes du condottiere Bernard de Saxe-Weimar, également payé par Richelieu, ferme la route de terre aux Espagnols. Ils ne pourront plus envoyer de renforts d'Italie à leurs unités isolées dans les Pays-Bas, et pas davantage par mer depuis le désastre infligé à leur flotte par l'amiral hollandais Tromp. Les Français se conduisent bien à la frontière du Nord, mais perdent pied à Fontarabie et laissent béante la porte occidentale des Pyrénées.

Richelieu n'a toujours pas les moyens d'imposer la paix et une nouvelle province, la Guyenne, souffre des horreurs de l'occupation militaire et des passages de troupes. Il en sera bientôt de même de la Catalogne, dont les habitants, voulant rompre avec l'Espagne, demandent les secours des Français. La carte de guerre tourne à leur avantage, dans le Nord par la prise d'Arras, mais aussi dans le Sud, puisqu'ils occupent en grande partie le Roussillon et menacent en Italie le Milanais. L'armée du roi doit prendre de nouveau les routes de Champagne pour châtier la rébellion du comte de Soissons, du duc de Bouillon et de Charles IV de Lorraine.

La mort de Soissons à la bataille de La Marfée, sous Sedan, met fin à l'aventure, mais les provinces sont de nouveau dévastées par la guerre en cet été de 1641, et particulièrement la Lorraine de nouveau occupée par les troupes royales et soumise aux atrocités. L'année suivante, le Cardinal, las, épuisé, mais acharné à poursuivre la victoire, part pour la campagne de Catalogne, parvient en même temps à gagner une nouvelle province à la France et à déjouer la conspiration du dernier favori du roi, Cinq-Mars, et de son ami de Thou, où trempent Gaston d'Orléans et le duc de Bouillon. Ces derniers ont osé signer avec les Espagnols un traité secret d'alliance en bonne et due forme promettant une paix blanche immédiate entre les deux pays. Ce traité est tombé aux mains d'un espion du Cardinal. La trahison est claire : le roi ne peut gracier.

Au cours d'une chasse, Louis XIII se plaint des malheurs de la guerre à l'ambassadeur de Venise Angelo Correr : « Les victoires et les défaites, lui dit-il[1], n'aboutissent toutes également qu'à la destruction des peuples, à la désolation des pays et à des calamités déplorables qui ne peuvent que déplaire aux princes justes. » Pourtant, jusqu'à son dernier souffle, il poursuivra la guerre qu'a décidée Richelieu. Plus que jamais, Vincent de Paul et ses missionnaires courent les routes de Champagne et de Lorraine pour secourir les nouvelles victimes.

Ils ne ménagent pas leur peine pour porter la parole du Christ sur les lieux les plus désolés, et d'abord aux armées, où ils sont priés d'envoyer des prêtres pour assister les mourants. À la demande du chancelier Séguier, Vincent a dû improviser une aumônerie militaire. Il écrit à Antoine Portail, qui s'inquiète de ne pas recevoir de renforts dans les villages dévastés : « Il nous est impossible de vous

1. *Ibid.*, p. 585.

envoyer si tôt ces missionnaires que vous attendez, parce que ceux que nous avions préparés ont été commandés de suivre les régiments qui étaient à Luzarches, à Pont, Saint-Leu et à la Chapelle-Orly [localités de l'Oise] et de camper avec eux dans l'armée, où déjà quatre mille soldats ont fait leur devoir au tribunal de la pénitence, avec grande effusion de larmes. J'espère que Dieu fera miséricorde à plusieurs par ce petit secours, et que peut-être cela ne nuira pas au bon succès des armées du roi[1]. »

Pierre Séguier, qui se rend lui-même à Amiens, demande l'assistance d'un prêtre de la Mission. Vincent lui envoie Robert de Sergis, à qui il donne des conseils protocolaires pour bien dire la messe devant ces importants personnages. Sergis devra d'abord s'occuper des pauvres d'Amiens, ville en révolte endémique contre le fisc. « Usez, lui dit-il, de toutes les précautions que votre emploi vous permettra dans la confiance de celui qui, de toute éternité, vous a choisi pour l'assistance des pauvres de ces quartiers-là. » Pour remédier aux besoins, Vincent se promet d'intervenir auprès du père Descléaux, « confesseur de monseigneur le cardinal ». Il recommande surtout à son missionnaire de se garder « de s'enquérir des nouvelles de l'État », connaissant la duplicité des espions du Cardinal.

L'année de Corbie, en 1636, Vincent transforme Saint-Lazare en caserne. « Le tambour, dit-il, commence à y battre, quoiqu'il ne soit que sept heures du matin, de sorte que depuis huit jours, il s'est dressé céans soixante douze compagnies [...]. L'étable, le bûcher, les salles et le cloître sont pleins d'armes, et les cours de gens de guerre. » Se plaint-il ? Les nouvelles recrues du roi ne restent pas longtemps à la caserne. « Nous voici, dit-il, dans les armes qu'on distribue céans aux soldats. » La première intention

1. Saint Vincent de Paul, *Correspondance, entretiens, documents, op. cit.*, tome I, p. 347.

de Vincent est bien d'obéir à l'archevêque de Paris, qui lui recommande d'expédier ses prêtres dans les provinces du Midi, afin qu'ils échappent à l'invasion. Trop de réfugiés du Nord encombrent la capitale et les Espagnols ne sont qu'à douze lieues. Mais Vincent est saisi d'étonnement et peut-être d'admiration devant l'efficacité de la résistance. Il soutient à sa manière l'effort de guerre, sans trop se poser la question de la légitimité du conflit. Contre l'envahisseur, il n'est qu'un devoir : résister. Il écrit à Robert de Sergis, qui a finalement suivi un régiment de cavalerie comme aumônier à Luzarches, qu'il ne peut satisfaire à la demande de Séguier (il exige vingt prêtres), mais qu'il en enverra aussitôt « douze ou quinze », dont du Coudray, en qui il a confiance. Il se rend lui-même à Senlis, où le roi a dressé sa tente, pour lui offrir ses services. Un missionnaire sera sur place en permanence pour assurer la liaison avec ses collègues détachés dans les corps. Le roi est sensible à ce zèle.

Mais Vincent veut d'abord soutenir les victimes, particulièrement en Lorraine. Il prend un soin particulier à faire cuire du « bon pain » à Toul, où les réfugiés et les malades sont nombreux. Il prévoit de faire transporter et soigner à Montmirail le frère Mathieu Régnard, qui s'est dévoué en Lorraine au point d'y tomber malade. En 1639, les secours sont organisés dans cette province occupée. Vincent a entendu parler des méfaits des soldats et des brigands. Il multiplie les quêtes à la Cour, dans les maisons princières et bourgeoises, et ordonne à ses missionnaires de transporter de l'argent, des outils pour que les paysans puissent retourner à leurs terres et les ensemencer. Des centres d'accueil sont prévus à l'arrière du front pour héberger les filles et les femmes menacées par les régiments de passage et par les bandes de routiers déserteurs. Deux mille livres par mois sont expédiées aux missionnaires pour les secours urgents.

Vincent de Paul encourage la formation à Paris d'une association qui se donne pour but de secourir les nobles de Lorraine totalement ruinés par la guerre. Son appel est aussitôt entendu par un des frères les plus influents de la Compagnie du Saint-Sacrement, dont Vincent fait partie : ce baron de Renty a déjà transformé en hôpital son château de Bény. Il trouve très rapidement les concours nécessaires pour financer l'aide aux nobles lorrains, établit une liste des pauvres, estime lui-même le degré de pauvreté de chacun des assistés et distribue les secours de mois en mois, en vérifiant dûment l'emploi des fonds. Il lui semble intolérable que l'élite d'une province soit aux abois. Vincent est en relation épistolaire permanente avec ces missionnaires de Toul, Nancy, Verdun et Bar-le-Duc. Leur tâche est de soutenir « le pauvre peuple des champs retiré dans ces villes », qui a abandonné ses cultures et vit de charité. Il envoie tous les mois 500 livres pour acheter du pain en chaque ville – « par la grâce de Dieu, cela n'a pas manqué, dit-il, jusqu'à présent ». Il demande que l'on évacue vers la France les femmes seules d'abord, particulièrement les sœurs perdues hors de leurs monastères, ainsi que les enfants trouvés.

Les relations des missionnaires sur les malheurs de la Lorraine affluent dans la capitale, celles du père Guérin sur la population de Saint-Mihiel sont particulièrement frappantes : « Plus de cent, écrit-il, semblent des squelettes couverts de peau et paraissent tellement affreux que, si Notre-Seigneur ne me fortifiait, je ne les oserais regarder. Ils ont la peau comme du marbre basané et tellement retirée que les dents leur paraissent toutes sèches et découvertes, et les yeux et le visage tout refrognés [...]. Ils cherchent aux champs de certaines racines, qu'il font cuire et qu'ils mangent. Plusieurs demoiselles périssent de faim. » Vincent reçoit une nouvelle lettre de Saint-Mihiel, pendant l'été de 1640, qui l'émeut particulièrement. Tous sont touchés par la famine dans la ville et dans les campagnes, aussi bien les nobles que les gens du peuple. Le père Dehorgny raconte qu'« une femme veuve, n'ayant plus rien à manger pour elle-même ni pour ses trois enfants [...] écorcha une couleuvre et la mit sur les charbons pour la rôtir et la manger ». Des nobles dames se partagent de la viande de cheval mort. Les prêtres en sont réduits à s'atteler à la charrue avec les villageois : « Il ne faut plus aller en Turquie, dit Dehorgny, pour voir les prêtres condamnés à labourer la terre, puisqu'ils s'y réduisent eux-mêmes à nos portes. » La misère n'est pas moindre à Bar-le-Duc, où le missionnaire de Vincent, Montevit, « est toujours parmi les pauvres et ne respire pas d'autre air que leur puanteur ». Il s'épuise à les secourir, attrape leurs maladies, en meurt. « Ils sont six à sept cents qui accompagnèrent son corps, chacun un cierge à la main, et qui pleuraient aussi fort que s'ils eussent été au convoi de leur père. » À Bar-le-Duc, on doit laver, nourrir, soigner et vêtir les réfugiés, leur enlever les teignes qui les rendent chauves. La ville est encombrée de fugitifs des campagnes. Ils sont plus de cinq mille dans Metz, fuyant les loups et les brigands. Les plus heureux arrivent jusqu'à Paris et se rendent tout droit à Saint-Lazare, dont ils ont l'adresse. « Il faut que Monsieur Vincent soit lui-même lorrain pour faire tant de bien aux pauvres Lorrains », disent-ils.

Les secours continuent jusqu'en 1643. Pour trouver des fonds, Vincent fait distribuer par les dames de charité dans les hôtels particuliers et les palais de la capitale les lettres des missionnaires et les témoignages de reconnaissance des assistés. Le roi et la reine sont parmi les principaux donateurs, ainsi que la duchesse d'Aiguillon. À Saint-Lazare, le pain blanc a disparu de la table des missionnaires pour que des ressources supplémentaires soient réservées aux Lorrains. Vincent retire une obole communautaire aux versements en argent qu'il reçoit. Il a donné un jour 300 livres, dont il avait besoin pour changer de cheval, sa vieille rosse étant à bout. L'aide aux réfugiés le ruine, il n'en a cure, vidant ses caisses au profit des Lorrains.

Frère Mathieu, qui mourra d'épuisement, part sur les routes sa besace remplie d'argent, quelquefois sur un simple chariot chargé de sacs de blé. Il transporte jusqu'à 35 000 livres par mois. Quand les brigands s'approchent, il cache l'argent dans les broussailles et le récupère ensuite. Il est ainsi victime de dix-huit embuscades, mais parvient toujours à s'échapper et à passer avec lui de Lorraine en France des voyageurs terrorisés ainsi que des réfugiés. Ses exploits deviennent vite légendaires. On assure qu'une providence spéciale veille sur lui. C'est pourquoi la comtesse de Montgomery le prend dans son carrosse pour se rendre de Metz à Verdun : « Votre compagnie, lui dit-elle, me sera une sauvegarde plus assurée que tous les passeports du monde. » Anne d'Autriche entend parler du saint homme. Elle veut le connaître : « Je dois aux prières de Monsieur Vincent, dit à la reine le frère Mathieu, la protection invisible qui me suit partout. »

Les missionnaires distribuent les secours en tenant un compte parcimonieux des dons, et appliquent un règlement précis. Dans cette région d'occupation, Vincent recommande de ménager les autorités et de consulter d'abord les curés avant d'entreprendre les distributions. Il montre un souci particulier de venir en aide aux sœurs des monastères qui songent à abandonner la clôture, faute de ressources. Il va devenir sans doute nécessaire d'évacuer les visitandines et les carmélites de Nancy, et de remplacer dans les paroisses les prêtres disparus...

Il n'est pas question de remplir à Toul les obligations de la Mission, dont le contrat a été signé le 17 mars 1637 avec l'évêque Charles-Chrétien de Gournay, exigeant alors l'organisation d'exercices pour les ordinands. À peine arrivés, les deux prêtres envoyés par Vincent sont chargés du soin de deux cures sans vacataires et de l'hôpital de la ville submergé de miséreux. Plus tard, les missions de prédication pourront reprendre, pour prêcher dans les campagnes contre l'avarice, les superstitions, la brutalité des mœurs, l'ignorance, mais dans l'immédiat il n'est question que de lutter contre la famine et de soulager les victimes des exactions des gens de guerre et de brigandage. À Toul comme à Nancy, à Verdun comme à Saint-Mihiel ou à Metz, Monsieur Vincent apparaît ainsi, aux yeux de la Cour et de Richelieu, comme le meilleur ambassadeur de France en Lorraine.

Il ne néglige nullement ses devoirs envers le roi et son ministre, et règle avec le plus grand soin les missions demandées par les souverains. En retour, Richelieu fait nommer trois des familiers de la Mission évêques le même jour : Antoine Godeau à Grasse, François Fouquet à Bayonne et Nicolas Pavillon à Alet. Ce dernier se juge trop malade pour accepter le siège, veut se jeter aux pieds de Richelieu pour s'en faire excuser, mais Vincent le raisonne, il se confesse de sa faute devant tous les prêtres de la Mission réunis en cercle à genoux autour de lui et sera sacré à l'église de Saint-Lazare par Gondi en personne le 22 août 1639.

En 1638, le roi choisit Nicolas Pavillon pour diriger la mission organisée par Vincent à Saint-Germain-en-Laye, où réside la Cour. Il assiste lui-même au prêche du saint homme, qui donne aux dames de la Cour des conseils de vertu et obtient des résultats spectaculaires et immédiats : elles boudent les courtisans, s'inscrivent à la charité, s'habillent modestement pour visiter les malades. Les beaux seigneurs persuadent le roi, toujours hanté par les épidémies, qu'elles risquent la mort à fréquenter des pesteux et qu'elles peuvent attenter à la vie de la reine, mais Anne d'Autriche les défend et obtient que les mousquetaires ne s'approchent pas trop près des dames de charité. Vincent est satisfait de l'expérience. « Il en est peu, de la maison du roi, dit-il, qui n'ait fait son devoir avec le peuple et avec une dévotion digne d'édification. La fermeté contre les gorges découvertes a donné lieu à cet exercice de patience. Le roi a dit à M. Pavillon qu'il était fort satisfait. »

Quant au Cardinal, il assigne à Vincent l'organisation d'une mission importante à Richelieu, la ville qu'il avait fait bâtir par Lemercier. Vincent doit arracher à Romans son meilleur missionnaire, Bernard Codoing, pour lui demander de se rendre incessamment en Poitou. Par contrat signé à Rueil, le 4 janvier 1638, le Cardinal garantit à Vincent 4 550 livres, à charge pour lui d'expédier sur place sept prêtres dans l'immédiat et trois dans les deux ans. Leur but est de missionner dans l'évêché de Luçon, de préparer les ordinands et de former les curés aux exercices spirituels. Vincent ne peut se dérober, en dépit de l'insuffisance de ses effectifs, consacrés alors en priorité à l'assistance contre la misère et les conséquences dramatiques de la guerre.

La correspondance du futur saint avec Codoing en dit long sur les buts réels de la mission. Le Cardinal a entendu parler des heureux effets des méthodes de Vincent par sa nièce, la future duchesse d'Aiguillon (elle reçoit ce titre en 1638), qui a conclu le 18 août 1637 un contrat précis d'engagement. Le but était d'évangéliser quatre fois l'an dans les paroisses du fief de l'Agenais ; les prêtres avaient établi une résidence à Notre-Dame-de-la-Rose, près de Sainte-Livrade, où ils s'étaient installés tour à tour à chaque période de mission. En 1642, leur activité s'étendrait, sous les auspices de l'évêque, aux comtés d'Agenois et de Condomois, avec la bénédiction de l'évêque de Condom. La duchesse avait abondamment témoigné de la valeur des prédications dans un terroir imprégné d'hérésie.

Le Cardinal compte que les missionnaires feront la même besogne sur ses terres. Codoing est choisi pour ses qualités d'orateur dans la « disputation » avec les régents huguenots. « Ô Monsieur, lui écrit Vincent, que de nécessités spirituelles en ce pays-là, où il y a quantité d'hérétiques, faute d'avoir ouï parler de Dieu, disent-ils, à l'église des catholiques ! C'est en ce pays-là, où l'hérésie a été premièrement répandue, dilatée, et plus obstinément défendue. C'est de là qu'elle a tiré ses principales forces pour le renversement de notre sainte religion et de l'État même, si elle eût pu. Ô ! Que Satan y a eu et y a encore un grand empire ! » Il multiplie les conseils : « Tout le fruit, dit-il, vient du catéchisme, qu'il faut aborder deux fois par jour en apportant des exemples de moralité pour toucher. » Avec les protestants, refuser la polémique. Les envoyés de Vincent « ne vont pas là pour les hérétiques, si néanmoins, chemin faisant, l'occasion d'instruire quelqu'un se présente, qu'ils le fassent doucement et humblement, montrant que ce qu'on leur dit vient des entrailles de compassion et de charité, et non d'indignation ».

Le Cardinal demande des comptes. Le missionnaire Lambert lui écrit qu'on entend les bergères « chanter aux champs les commandements de Dieu et [...] les ouvriers [...] chanter des hymnes pour le roi ». Plusieurs protestants célèbres dans la région, le chirurgien Aubert, le sculpteur Lespagnandelle, se convertissent. Vincent n'a qu'un regret : un des prêtres de la Mission a malencontreusement déclaré en chaire que des filles de Chinon, qui ont fait l'objet d'un procès en possession, étaient réellement possédées.

Cette affaire rappelle fâcheusement celle de Loudun, qui se trouve être dans le fief du Cardinal. Si Richelieu a réuni les fonds nécessaires à l'installation d'une mission de longue durée sur ses terres, c'est que l'affaire des possédées lui a révélé un danger autrement grave que celui de l'hérésie : la possession par le diable, qui renforce le pouvoir des sorciers et sorcières, impressionnant dans les campagnes du Poitou, à peine relevées d'un violent accès de peste, effroyable fléau qui favorise les pratiques magiques des villageois angoissés et le recours aux diaboliques incantations. La maladie a tué 3 700 personnes sur 14 000 dans la seule ville de Loudun en 1632. Les catholiques accusent les protestants, très nombreux dans la cité, d'avoir attiré la colère de Dieu, et ceux-ci ne manquent pas de dénoncer la présence des démons dans un lieu aussi prétendument saint qu'un couvent d'ursulines. En 1632, le diable s'y est effectivement manifesté, il possède jusqu'à la personne de la supérieure, sœur Marie-des-Anges, petite-nièce de l'archevêque de Sens, qui accuse le curé Grandier, de la paroisse Saint-Pierre-du-Marché, de se déguiser en fantôme pour terroriser les sœurs, dont une dizaine doivent être exorcisées.

Richelieu est intervenu dans l'affaire, trop heureux de faire instruire le procès de Grandier, prêtre lettré, vaguement libertaire, que la police du Cardinal soupçonne d'être l'auteur d'un pamphlet contre lui. Son envoyé spécial, l'intendant Laubardemont, en a profité pour faire raser les murs d'enceinte de cette place forte huguenote. Grandier a été brûlé comme sorcier en 1634. Sœur Marie-des-Anges, après de nombreuses séances d'exorcisme menées par le jésuite Jean-Joseph Surin, a enfin pu dévoiler devant une assistance choisie les stigmates de Jésus, de la Vierge et de François de Sales. La miraculée de Loudun a été présentée à Richelieu, puis au roi et à la reine, pour que son exemple serve la cause de l'édification et de la lutte contre la sorcellerie. Au-delà, le Cardinal souhaite qu'on répande la nouvelle du miracle dans tous les villages de son fief, et particulièrement autour de Loudun, pour qu'on voie bien que le Dieu de justice est du côté des catholiques.

L'affaire a été heureusement réglée et a contribué à renforcer l'image du roi protecteur de la religion. L'incident de Chinon, qui survient en cette année 1638, est très fâcheux. Un des exorcistes de Loudun, Pierre Barré, curé de Saint-Jacques de Chinon, a organisé un spectacle de fausse possession de quelques femmes, leur demandant d'accuser deux prêtres qu'il veut discréditer. L'imposteur, arrêté et jugé, est condamné à demeurer à vie dans un monastère du Mans. Le missionnaire de Vincent s'est laissé aller à remettre en question ce jugement, en contestant la thèse des femmes de Chinon manipulées par le prêtre indigne. Pourquoi étale-t-il de nouveau le scandale alors que l'affaire est oubliée ? « Je saurais ce que c'est », écrit notre futur saint à Bertrand d'Eschaux, évêque de Tours. Il blâme peu après le coupable, et félicite Lambert aux Couteaux, son supérieur à Richelieu, d'avoir fait emprisonner une autre fille de Chinon, qui a répandu le sang d'un poulet sur la nappe du grand autel de l'église Saint-Jacques pour discréditer un prêtre.

Manifestement, Vincent de Paul et ses missionnaires n'ont ménagé aucun effort pour satisfaire le Cardinal, pour être en mesure de l'assurer du retour à la paix religieuse dans son fief si récemment agité et du succès des conversions. Vincent suit par le menu les comptes de cette importante opération, et fixe jusqu'aux sommes à répartir entre les mendiants, « un double par homme et, si on le catéchise, deux liards plus ou moins selon la qualité de la personne ». Les malades ont droit à 20 sols par semaine. Il observe en tout et scrupuleusement, les indications du Cardinal et donne des consignes précises à Louise de Marillac, qui expédie de son côté au bourg de Richelieu des filles de la charité pour soigner les malades et éduquer les enfants. Elles n'accueillent que les pauvres, sans demander un liard. Les familles aisées envoient leurs filles au couvent des religieuses de Notre-Dame. Vincent veille en particulier à ce que sa troupe soit bien logée et surveille l'avancement des travaux de la bâtisse prévue à cet effet. Il veut que ses hommes restent en bonne santé, recommande au supérieur de soigner un missionnaire malade avec une recette qui vient de guérir le président Fouquet : « un demi-verre de jus de cerfeuil avec autant de vin blanc ».

La mission donne les plus grandes satisfactions au Cardinal. Ainsi, Vincent marque deux points. Il a fait preuve, devant la Cour, de l'efficacité de ses missionnaires, et convaincu le Premier ministre que les prêtres qui marchent deux par deux sur les routes des pays huguenots ou païens sont les meilleurs auxiliaires de la Contre-Réforme dans les campagnes. En réussissant la mission sur ses terres, il permet à Richelieu de se donner lui-même en exemple : où peut-on trouver fief plus catholique que celui du Cardinal, paysans plus croyants, mieux instruits, plus attentifs à la parole de Dieu ? Comment ose-t-on dénoncer la duplicité de Richelieu à l'égard des protestants, alors qu'il a neutralisé presque complètement les huguenots sur son sol ?

Une interprétation politique de la mission à la cour de Saint-Germain est également possible : si les courtisans ont aussi violemment attaqué l'évêque Pavillon (il a même dû rédiger un mémoire circonstancié pour prouver qu'il n'a pas, au prêche, comparé le roi à une bête de l'Apocalypse), c'est qu'ils ont voulu, à l'évidence, introduire le doute dans ce qu'ils considèrent comme une mascarade dévote : ne savent-ils pas que Richelieu paye les Suédois et les protestants d'Allemagne ? Comment peut-il donner en même temps des leçons de vertu à la Cour ? Se prend-il pour Jean Calvin ? Tant d'hypocrisie les confond. Ils ignorent encore que Louis XIII, peu après la mission de Saint-Germain, consacrera son royaume à la Vierge. Il faudra qu'ils s'y résignent, à moins qu'ils ne préfèrent offrir leur épée au duc de Bouillon ou à Gaston d'Orléans : l'allié français du roi protestant de Suède, dont l'armée brûle les églises d'Alsace et de Lorraine, est désormais, par le vœu de la Vierge, le Très-Chrétien, plus catholique, plus aimé de Dieu que son ennemi espagnol...

L'aide à la Lorraine, réalisée par les prêtres de la Mission et prêchée à Paris par Vincent, entre aussi dans un calcul politique : pour Richelieu, cette province ne peut être immédiatement annexée, puisqu'elle a son prince et sa dynastie, mais il faut que ses habitants soient convaincus que l'occupant français, allié des Suédois et des Allemands, n'est pas un incroyant. Dès que le roi Louis XIII apprend par les dévotes femmes de la Cour les malheurs de la très catholique Lorraine, il envoie immédiatement 45 000 livres pour secourir en première urgence religieux et religieuses. La reine donne, et demande aux dames de son entourage de l'imiter. Selon Abelly, les sommes fournies à la Lorraine auraient atteint le total considérable de seize cent mille livres, « sans compter quatorze mille aulnes de draperies de toute sortes ». De la sorte, les secours à la Lorraine deviennent prioritaires. Cette province, qui n'est pas encore française, a droit en priorité aux libéralités du roi. Elle sera assistée pendant dix ans, contre deux ans seulement pour la Picardie, également envahie et ruinée. Les lettres de remerciement que reçoit Vincent des gens de Toul, de Nancy, de Lunéville sont, pour Richelieu, autant de bulletins de victoire : la charité du roi gagne les cœurs. Vincent feint de s'en étonner, et demande à du Coudray d'éviter désormais de lui adresser les éloges des villes lorraines : « Il suffit, dit-il, que Dieu seul connaisse nos œuvres et que les pauvres soient soulagés, sans en vouloir produire d'autres témoignages. »

Monsieur Vincent est-il dupe du jeu du Cardinal ? S'il lui manifeste le plus grand respect et organise avec soin et zèle la mission dans l'évêché de Luçon, il comprend tout de même que sa politique extérieure de guerre à l'Espagne est à la source de toutes ces misères et ajoute ses fâcheux effets aux calamités naturelles qui frappent les provinces. La Lorraine, qui retient en priorité l'attention du pouvoir, vient de vivre dix ans de misère presque continue : disette et mauvaises récoltes dues aux intempéries en 1628, 1629 et 1630, pestes endémiques de 1629 et 1637, invasion des Français en 1633 puis des troupes étrangères de Charles IV, enfin des Suédois, puis de nouveau des royaux : 150 000 soldats, entraînant dans leur sillage une populations de valets d'armes et de filles d'au moins cinquante mille personnes.

Vincent déplore les effets de cette guerre interminable, qui l'oblige à mobiliser ses missionnaires au service des pauvres, des malades et des blessés, alors qu'ils devraient se consacrer à l'évangélisation. Ils meurent d'épuisement à secourir des malheureux tellement marqués par la famine qu'ils sont inconscients et sourds à tout message spirituel. Le rôle des missionnaires en Lorraine est apprécié de tous. Les secours officiels venant du roi, de la reine, de la duchesse d'Aiguillon, et ceux des dames d'œuvres ou des riches donateurs passent par Saint-Lazare. Le rôle de Vincent est connu, reconnu, et le Cardinal ne peut manquer de lui en être reconnaissant. Mais combien de temps encore pourra-t-il faire face ?

Un jour, au cours de cette période lorraine, si l'on en croit la tradition et Abelly, Vincent se jette aux pieds de Richelieu et lui dit : « Monseigneur, donnez-nous la paix, ayez pitié de nous, donnez la paix à la France. – Hélas ! aurait répondu Richelieu, Monsieur Vincent, cette paix, je la souhaite autant que vous ; mais la paix ne dépend pas que de moi. »

On peut rapprocher cette déclaration d'une annotation du Cardinal sur une lettre adressée au chancelier Pierre de Séguier et datée de décembre 1638 : « Je vous prie de redoubler vos prières pour la paix que je souhaite avec tant de sincérité et d'ardeur que je ne crains point de prier Dieu qu'il punisse ceux qui l'empêchent. » Il faut entendre : les Espagnols. Le chancelier, fidèle au roi et au Cardinal, comme il aura l'occasion de le montrer en réduisant en personne la révolte des Nu-Pieds de Normandie et en combattant avec zèle les comploteurs amis de Cinq-Mars, est un dévot dont l'épouse assiste de ses dons et de son dévouement les dames de charité. En évoquant devant lui, comme devant Vincent, la paix impossible, Richelieu insiste sur la culpabilité espagnole, réaffirme les droits de la France à une paix juste : une paix de victoire, qui consacre ses conquêtes. Coste hésite à dater l'anecdote de Vincent aux pieds du Cardinal, pieusement transmise par Abelly. Si l'événement avait eu lieu en 1642, et non, comme il est plus vraisemblable, en 1638, on pourrait croire que Vincent se soit rendu complice du parti des mécontents qui prêchaient la paix au moment où l'Espagne concluait des accords avec Monsieur et le duc de Bouillon. Toute la correspondance du saint manifeste à l'époque sa méfiance à l'égard de la politique et des affaires du Cardinal. Il recommande à ses missionnaires de s'en abstenir. Comment ne s'en serait-il pas gardé lui-même ? Parler de la paix devant le Cardinal, au moment de la reprise des complots, pouvait le situer immédiatement dans les rangs des pires ennemis de sa politique, ceux qui voulaient conclure sur-le-champ une paix blanche, qui cédât sur tous les points à l'Espagne.

Le but de Monsieur Vincent est la réforme de l'Église et la reconquête des âmes. Il rejoint celui des jésuites, dont il imite la prudence politique. Il déplore comme eux la guerre, mais ne peut rien pour en dissuader les princes et les ministres, alors que le pape lui-même prend soin, par les voies les plus réalistes, de ses intérêts de chef d'État temporel, pratiquant en Italie une politique d'équilibre entre la France et l'Espagne. Seuls les dévots extrêmes, héritiers des ligueurs du temps d'Henri IV, rêvent d'une croisade catholique de reconquête de l'Europe protestante, sous l'égide de Rome et de Madrid. Les partisans de la Contre-Réforme, arc-boutés sur les articles du concile de Trente, considèrent la dévotion elle-même comme une arme de la reconquête pacifique des cœurs, par l'édification et le bon exemple : ils ont pour projet la reconstitution de la société chrétienne et non le renversement de la politique royale. Ils distinguent les affaires de Dieu et celles du siècle. Ils pressentent que le pouvoir des rois de l'Europe est de plus en plus soucieux de rassembler les énergies pour constituer des États puissants, capables de se disputer les provinces par la guerre et de rechercher la richesse outre-mer en favorisant les entreprises maritimes. Vincent avait 30 ans à la mort d'Henri IV ; il peut donc mesurer sous Louis XIII les changements qui se sont produits dans la conduite des affaires de l'État depuis que Richelieu est au pouvoir. Et il n'en est donc que plus obstiné à faire avancer celles de la religion, par les voies qui lui sont propres, et que le Cardinal ne lui conteste nullement.

Sauver les couvents, rétablir les églises, encadrer les réfugiés, veiller à ce que les filles soient placées, protégées, maintenues dans la foi, aider les nobles ruinés à retrouver leur rang, cette action propre à la Lorraine il l'étend à tout le royaume. Il faut remarquer, dans sa correspondance, l'attention qu'il apporte aux missions qui essaiment dans toutes les provinces où la disette et la révolte font rage, et même dans celles qui sont à l'abri des troubles civils. Une des obsessions majeures de Vincent pendant la période 1638-1643 n'a pas de lien direct avec la guerre ; pourtant, elle en est la conséquence. Elle vient hanter ses nuits avec une force croissante : elle lui représente le très grand nombre des enfants abandonnés, dont le malheur n'est pas supportable.

Il les nomme les « enfants trouvés » et veut les secourir à tout prix. Ils apparaissent pour la première fois dans sa correspondance, le premier jour de l'an 1638. Est-ce l'effet de la guerre ? Ils sont alors quatre cents dans la seule ville de Paris. Une réglementation existe, mais elle a des effets désastreux. Elle est tatillonne et peu sûre. Le passant qui découvre un de ces enfants au détour d'une rue n'a pas le droit de le recueillir. Il doit en avertir un commissaire, qui l'emporte à l'Hôtel-Dieu. Il est ensuite conduit à l'œuvre de la Couche, rue Saint-Landry. Une veuve est chargée d'en prendre soin, assistée seulement de deux servantes. Une seule nourrice pour quatre ou cinq enfants : les nouveau-nés meurent vite. « Il ne s'en trouve pas un seul en vie depuis cinquante ans », explique Vincent, qui a fait son enquête. « On les vendait huit sols pièce à des gueux, qui leur rompaient bras et jambes pour exciter le monde à leur donner l'aumône, et les laissaient mourir de faim. » Il assure que les nourrices, débordées, leur donnent du laudanum pour qu'ils dorment. Ils meurent sans sacrements, n'ayant pas été baptisés. Les abus sont nombreux, car les petites créatures sont l'objet d'un trafic. Outre les mendiants, elles sont achetées par des femmes stériles qui, souvent, les rejettent ensuite, et quelquefois, assure-t-on, par des « magiciens » qui pratiquent des messes noires, accompagnées de sacrifices humains.

Il faut croire que Vincent a vu de ses yeux des bébés mourir de faim et de maladie, car il demande aux dames de charité de se réunir pour imaginer des solutions d'extrême urgence. Malgré leur bonne volonté, elles sont maladroites, peu efficaces, débordées par la recherche et l'entretien des nourrices. « L'on fut d'avis, à la dernière assemblée, écrit Vincent à Louise de Marillac le 1er janvier 1638, que vous seriez priée de faire un essai des enfants trouvés, s'il y aura moyen de les nourrir de lait de vache et d'en prendre deux ou trois à cet effet. » L'œuvre avance lentement. Sébastien Hardy, ancien receveur des aides et tailles, donataire d'une rente de 50 livres tournois, s'en indigne. « Il me rend coupable, dit Vincent, de tout le retardement. » Pourtant il s'en occupe assidûment depuis 1638 et réussit à y intéresser la présidente Goussault. Il déplore que, malgré les soins prodigués, « les petites créatures » meurent encore.

La méthode est-elle à reprendre ? L'épouse Hardy pense que les dames de charité doivent se borner à seconder l'œuvre de la Couche. Ce n'est pas l'avis de Vincent, qui estime trop lourdes les charges administratives, les obligations financières de l'institution. Il voudrait une fondation indépendante, plus libre. On loue une maison rue des Boulangers, dans le faubourg de Saint-Victor. Des filles de la charité reçoivent douze enfants tirés au sort à la Couche. Les sœurs sont dérangées par des soldats qui sont affectés à la maison. Vincent doit intervenir et protester contre cette immorale promiscuité.

Les filles de la charité manquent de nourrices et donnent aux bébés du lait de vache ou de chèvre. On déplore de nouveaux décès. Deux ans plus tard, l'œuvre piétine, alors que les enfants déposés sont aussi nombreux. Vincent réunit en janvier 1640 les dames de charité. La princesse de Condé, la duchesse d'Aiguillon sont au premier rang. La mobilisation est réussie au plus haut niveau de la société, comme pour la Lorraine. Vincent parle, et selon son habitude emporte l'adhésion des plus réservées. Il rappelle que Moïse était un enfant trouvé. Son éloquence bourrue n'a jamais été plus nécessaire : il ne dispose pour l'œuvre que d'un revenu de 1 200 livres par an, quand il en faudrait la moitié pour le seul entretien d'une demi-douzaine d'enfants.

Les fonds n'affluent pas immédiatement. Ils sont encore affectés en priorité aux missions, en particulier à la Lorraine. Mais le dévouement des dames permet de recueillir un nombre croissant d'enfants tous les mois, et de les soigner mieux. Certains sont hébergés dans la maison de la

Chapelle et nourris par les filles de la charité. D'autre sont envoyés à la campagne, et la fondation règle les nourrices. Les plus heureux sont immédiatement adoptés par des gens simples, une lavandière, un crocheteur, un sculpteur. Ils sont baptisés et reçoivent une identité. Vincent recommande les visites dans les asiles où l'administration de la Couche place les enfants malades. Une vingtaine seulement peuvent être recueillis et soignés pendant l'année 1642.

Les filles de la charité doivent être stimulées dans leur zèle. En conférence, Vincent leur explique que le Christ leur fait l'honneur de les considérer comme mère : à l'exemple de la Vierge, elles auront à nourrir des enfants qu'elles n'ont pas conçus. « Pour avoir servi ces petits enfants abandonnés du monde, que recevrez-vous ? Dieu, pour l'éternité. » Il faut les arracher à la mort païenne, les baptiser, leur enseigner le catéchisme, leur donner l'exemple des vertus. Point de lassitude, ni d'agacement : de la patience et une attention soutenue. Ils doivent vivre et grandir en chrétiens. Qu'aucun soin ne leur manque pour qu'ils connaissent les beautés de la vie du Christ. Il faut très vite leur apprendre à adorer la Vierge et son bien-aimé fils, par exemple en prononçant leurs noms à différents moments de la journée.

À son habitude, Vincent définit une méthode et trace un programme de soins, du lever au coucher. Il précise les récompenses et les punitions à administrer aux enfants, qui ne doivent pas « se battre, mentir, friander ». Leur mise doit être simple : il ne faut pas « s'amuser à les enjoliver, friser, ou mettre sur eux de petits affiquets pour les faire paraître plus gentils que les autres » – égalité stricte, justice absolue. Si l'on donne le fouet, « jamais sur la tête » ! Qu'ils aillent à la messe et qu'ils apprennent à lire le catéchisme. À 12 ans, ils seront placés chez un patron, à moins qu'ils n'aient, comme les filles, une vocation religieuse. Tel est le programme.

Les fonds finissent par affluer, après une longue période de patience. Vincent ne se décourage nullement. En 1643, il peut dresser un premier bilan : son œuvre a secouru 1 200 nouveau-nés depuis 1638. Il dépense pour eux 40 000 livres par an. Louis XIII, par lettres patentes de juillet 1642, lui a fait donner une rente annuelle de 4 000 livres, à laquelle Anne d'Autriche a ajouté 8 000 livres, à prélever sur le revenu des fermes. Les sommes restantes sont recueillies grâce à l'entremise des dames d'œuvres, dont le zèle est puissamment stimulé par Vincent. L'opération finit par réussir, une fois encore grâce à l'intervention directe du Cardinal, du roi et de la Cour.

On considère les missions de Vincent de Paul comme très efficaces dans la reconquête des bourgs et des villages, où l'hérésie a eu de nombreux adeptes, faute d'un clergé catholique en état moral de résister. L'établissement des Pères implique toujours les mêmes conditions : une fondation établie par un contrat précis affectant des rentes à une maison qui servira de base aux missionnaires. Si le roi lui-même n'intervient pas, force est d'attendre les bienfaits des dons de particuliers. Les premières missions installées ont bénéficié des faveurs des Gondi, dans les pays de Brie, du Soissonnais et de basse Bourgogne. Puis d'autres générosités ont permis à Vincent certaines installations remarquées, plus ou moins durables, en pays huguenot. Les plus zélés sont les évêques, qui demandent fréquemment des missions, non pas pour les pauvres des champs, mais pour les jeunes clercs destinés à la prêtrise – ils veulent des recrues de qualité capables de résister à la séduction des protestants.

Dans la région de Troyes, on peut penser que les huguenots n'ont pas perdu la partie, puisque l'évêque René de

Breslay a recours au commandeur de Sillery, très pieux et fortuné, pour se concilier les bonnes grâces de Vincent qu'il connaît intimement. Mais un premier contrat, signé en 1637, ne donne pas satisfaction. L'évêque cède son hôtel de Troyes, sis à Paris au faubourg Saint-Michel, mais celui-ci ne rapporte que 1 200 livres. Sillery en ajoute 1 000. La donation est complétée, un second contrat signé en 1638, alors que les missionnaires n'ont pas encore pris la route de Troyes. Vincent peut être fier d'avoir obtenu de Sillery des droits annuels de 1 800 livres, provenant des indirects et en particulier de taxes sur le vin perçues par le commandeur sur ses terres de l'Anjou. Vincent de Paul doit fréquemment surmonter l'opposition des ordres installés dans les villes, et quelquefois des autorités locales : celles de Troyes pensent qu'avec dix églises, vingt communautés religieuses, trois chapitres, six maisons hospitalières et la commanderie de Malte, elles n'ont nul besoin de prêtres supplémentaires. Si l'évêque insiste, c'est qu'il tient par-dessus tout à ses retraites d'ordinands, qui lui permettront de disposer de nouveaux curés formés selon les vœux du concile.

Ainsi se justifie la mission de Troyes, mais aussi celle d'Alet-les-Bains dans l'Aude, dont l'évêque, Nicolas Pavillon (plus tard acquis à la doctrine janséniste, mais qui, alors, passe pour un prélat très orthodoxe et ardemment réformateur), appelle à l'aide pour ses ordinands qu'un rude travail attend dans les bourgs infestés de huguenots. Vincent écrit personnellement à son missionnaire Étienne Blatiron pour qu'il admette que « la perfection consiste en une persévérance invariable » et qu'il ne néglige rien, surtout pas les petits exercices de l'oraison. Il doit garder à l'esprit que les catholiques d'Alet n'ont plus à subir le martyre, comme c'est encore le cas de ceux d'Angleterre. Les anglicans ont en effet arraché le cœur d'un prêtre catholique octogénaire de ce pays, Guillaume Wabster, qui avait gardé sa foi jusqu'à la fin du supplice. Comment les missionnaires d'Alet osent-ils se plaindre ?

L'évêque d'Alet se plaint cependant : le maréchal Urbain de Maillé, marquis de Brézé, se rend en Catalogne, province récemment conquise dont il vient d'être nommé vice-roi. L'évêque veut « préserver des gens de guerre les lieux appartenant à l'évêché » et demande « quelque lettre de faveur » de la duchesse d'Aiguillon, nièce du Cardinal, afin de ménager une province que l'on ne peut espérer convertir tant qu'elle sera à ce point pressurée par le logement des soldats et les impôts du roi. La taxe de 1 000 écus que l'on impose à l'évêque est beaucoup plus lourde que celle que subit le prélat voisin de Narbonne. Pourtant Alet a besoin de secours, et d'abord de l'aide spirituelle des prêtres de Vincent, qui doivent enseigner les ordinands, ordonnés habituellement dans ce diocèse sans savoir un mot de latin, afin de les rendre plus forts pour affronter les huguenots[1]. Pourtant, les relations de Vincent et de l'évêque Pavillon se rafraîchissent. Ce dernier estime-t-il que les envoyés de la mission, Blatiron et Brunet, sont trop ignorants des arguments de la théologie militante ? Il se plaint de ce que Vincent les ait retirés d'Alet sans les remplacer. Il n'a pas la chance de bénéficier des lumières de Lecat, un prêtre formé à la controverse contre les huguenots que le curé Olié supplie Vincent de lui envoyer.

Les prédicateurs efficaces ne sont pourtant pas rares : ils ont fait merveille aux Essarts, dans la Marne, où de nombreux hérétiques ont été convertis. Ils ont répondu aux vœux de Jacques Raoul de la Guibourgère, l'évêque de Saintes, où les protestants foisonnent. Les évêques les plus réformateurs ne manquent pas d'écrire à Vincent pour lui demander des secours, même s'ils prennent eux-mêmes la

1. Saint Vincent de Paul, *Correspondance, entretiens, documents*, *op. cit.*, tome II, p. 194.

tête de l'action missionnaire, comme le prestigieux réformateur de Cahors, Alain de Solminihac. Il a signé un contrat avec Vincent pour obtenir trois prêtres et deux frères de la Mission afin d'instruire les clercs du diocèse et d'enseigner dans un séminaire où ses curés devront faire des retraites obligatoires. Très strict, l'évêque de Cahors ne veut recruter que des prêtres d'élite, et refuse sans pitié les autres, se fiant aux missionnaires pour l'aider dans son choix. Les relations de Vincent de Paul et de Solminihac sont privilégiées, comme l'attestent de nombreuses lettres de cette époque. Mais le supérieur de la Mission s'appuie constamment sur les autres évêques conscients de leurs devoirs tridentins pour développer son action dans les provinces. Il connaît leur zèle réformateur, et parfois leur engagement très ardent dans la bataille contre les protestants. Ainsi, Charles François d'Abra de Raconis, évêque de Lavaur dans le Tarn, n'est pas moins zélé que Jacques du Perron, évêque d'Angoulême, ou Léonor d'Estamples de Valençay, archevêque de Reims, qui demande à Vincent des prêtres pour former ses ordinands. Charles de Montchal, l'archevêque de Toulouse, le remercie des services rendus par les prêtres de la Mission, qui ont poussé le zèle jusqu'à « se rendre maître de la langue de ce pays, jusqu'à se faire admirer de ceux qui la parlent ». Il supplie qu'on les lui renvoie.

Vincent est entré ainsi, par le biais des missions, en relations professionnelles avec les prélats, qu'il connaît individuellement pour les avoir rencontrés au cours des voyages d'installation des missions. Tous lui prêtent une influence grandissante à la Cour et commencent à le solliciter pour le règlement de leurs affaires.

La plus ardente à le supplier d'intervenir est Jeanne de Chantal, la disciple de François de Sales, retirée à Annecy. Avec l'évêque de Genève Juste Guérin, elle demande des prêtres de la Mission dans l'intention de poursuivre l'œuvre salésienne d'évangélisation des huguenots, dans cette Savoie si proche des calvinistes de Genève. Elle juge immédiatement, d'un instinct très sûr, les envoyés de Vincent : « Ils ont tous une grande bonté et candeur », lui écrit-elle. Mais Jacques Tholard et Étienne Bourdet ont « besoin d'être aidés pour sortir un peu d'eux-mêmes ». Le supérieur, Bernard Codoing, est « capable », il a « l'esprit de Dieu ». L'un des frères, Escart, est « un saint ». Un autre, Duhamel, doit être « affermi » et Jeanne craint qu'il n'ait « de la peine à persévérer ». Les prêtres ne sont pas assez nombreux pour quatre cent cinquante paroisses catholiques et cent quarante-six tenues par les huguenots. Codoing estime à quatre ans au minimum la durée nécessaire des missions. Jeanne demande donc des renforts. « Quand ils ont achevé leur mission en un village, dit l'évêque Guérin, parlant des missionnaires, le peuple les accompagne avec des larmes et des pleurs en disant : "Ô bon Dieu ! Que ferons-nous ? Nos bons Pères s'en vont." » Le commandeur de Sillery pourvoit à leur entretien.

Jeanne voudrait que Vincent vienne les assister en personne. Il n'en a pas le temps. Il se borne à intervenir fréquemment pour maintenir l'esprit d'union chez ses prêtres. Il aura beaucoup de difficulté à raisonner le Suisse Pierre Escart, fort exalté : il tuera plus tard un de ses amis dans un accès de folie. Il lui reproche son âpreté, son intransigeance, son « aigreur » à l'égard de ses collègues. « Le bon vin, l'avertit-il, devient facilement vinaigre », il faut se défier de l'excès de zèle. Escart dénonce ses confrères, critique « les petits soulagements qu'ils prennent ». Vincent les défend : « Comment auraient-ils quitté leurs parents, leurs amis, leurs biens et toutes les satisfactions qu'ils avaient en tout cela, pour aller chercher la brebis égarée parmi ces montagnes, s'ils n'aimaient pas Dieu ! » Il est certes bon de « faire sentir au supérieur les manquements qu'on voit » et de « faire observer les règlements », mais il y faut « un esprit d'humilité, de douceur, de respect et de charité ».

Escart et Duhamel, décidément, ne s'entendent pas. Vincent est hésitant, désarmé. Faut-il sévir, nommer d'autres missionnaires dans cette région d'affrontement, de défi continuel des religions ? Le premier surtout lui donne de l'inquiétude. Il demande à partir pour rendre visite à sa sœur qui a « apostasié de la foi ». Vincent refuse, lui conseillant d'écrire aux capucins de Sion pour qu'ils rendent visite à la malheureuse. Quant à Duhamel, « il avait l'esprit naturellement inquiet », moins cependant que Tholard, qui craint de ne pas être à l'abri des tentations en confessant les femmes. Il est urgent d'envoyer des prêtres en renfort. Le commandeur de Sillery a déjà donné 40 000 livres (à prendre sur les aides de Melun), mais il en ajoute 12 000, et Jacques de Cordon, commandeur du Genevois, 14 000 florins.

Ces larges moyens permettent de s'installer et même de fonder un séminaire, une fois reçue l'approbation du Sénat de Chambéry (car la Savoie n'est pas française). De longues négociations sont nécessaires pour l'obtenir. À la mort de Jeanne de Chantal, à Moulins, le 13 décembre 1641, les progrès du catholicisme dans l'évêché sont spectaculaires. Le corps de la future sainte a été transporté secrètement à Annecy, près de la dépouille de François de Sales. Vincent est intervenu auprès du secrétaire d'État Chavigny pour autoriser ce transport hors des limites du royaume. Il a été convenu que le cœur de la bienheureuse Jeanne demeurerait dans son monastère parisien. Ainsi le miracle des saints pourra-t-il se perpétuer *post mortem*, sur les terres lointaines de Savoie, pour l'édification des fidèles constamment menacés par un retour en force des hérétiques venus de Genève.

Une autre terre étrangère au royaume devient un objectif

de mission, la principauté de Sedan. Un climat de guerre de religion terrorise la ville, acquise au protestantisme au XVIe siècle, sous le règne du prince Henri-Robert de La Marck et de son épouse Françoise de Bourbon. En 1636, leur héritier, Frédéric-Maurice de La Tour, est revenu au catholicisme, rendant les églises au culte, introduisant dans la ville les prédicateurs capucins et des filles de la charité envoyées par Louise de Marillac. Sedan est devenue terre de conversion. Mais Élizabeth de Nassau, la mère du prince régnant, demeurée calviniste, brime par tous les moyens en son pouvoir les catholiques, interdisant leur culte. Richelieu a envoyé l'armée lors des troubles consécutifs à la conspiration de Cinq-Mars. Le 29 septembre 1642, Sedan reconquise est rattachée à la France et s'ouvre de nouveau aux missionnaires catholiques sous l'autorité du gouverneur Abraham de Fabert. Celui-ci s'oppose fermement à toute controverse religieuse et proscrit les réunions publiques. Louis XIII remet 24 000 livres à Vincent de Paul pour fonder deux missions annuelles dans la ville, comme après la prise de La Rochelle. L'œuvre missionnaire engagée en mai 1643, après la mort du souverain, aura un succès très vif, d'autant que les Sedanais, désormais français, cherchent à obtenir les bonnes grâces de la Cour et le pardon pour la sécession de leurs princes.

Les évêques qui s'adressent à Vincent de Paul dans les années 1640 pour lui demander des missions lui signalent le danger d'une autre hérésie alors en gestation, celle que professe l'évêque hollandais Jansénius. Le supérieur de Saint-Lazare n'est-il pas considéré comme une autorité en matière de foi ? Il ne peut en effet que se méfier de Cornelius Jansen, évêque d'Ypres, auteur d'un pamphlet contre les rois de France, le *Mars gallicus*, largement approuvé par les cours de Rome et de Madrid. L'auteur y explique que ces rois sont des usurpateurs qui ont conduit contre l'Église catholique et romaine une guerre incessante, s'alliant aux Turcs et aux protestants. Réédité chaque année, ce libelle de 1635 est interdit en France par le Cardinal, dont les espions ont noté sur leurs tablettes le nom de l'évêque Jansen et de ses amis. Parmi ceux-ci, Jean Ambroise Duvergier de Hauranne, abbé de Saint-Cyran, également ami de Bérulle et de Vincent de Paul. Ces hommes ont en commun une certaine lecture de saint Augustin qui conduit à la purification intérieure par l'attente de la grâce divine. Jouissant de la faveur de l'évêque de Poitiers, La Rocheposay, ancien aumônier de la reine mère et voisin de Richelieu en Poitou, Hauranne s'est d'abord fait le défenseur de la politique étrangère du Cardinal, sans porter le moindre intérêt au *Mars gallicus*. Il passe alors, il est vrai, au même titre que Bérulle, pour une des têtes du parti dévot et prend position dans l'affaire du mariage de Gaston d'Orléans et de Marguerite de Lorraine en faveur de la validité, ce qui irrite fort le Cardinal, qui veut rompre cette union. Comme pour le neutraliser, il propose alors l'évêché de Bayonne à cet esprit fort, qui le refuse avec dédain.

Il est difficile de faire poursuivre ou seulement discréditer Saint-Cyran, qui dispose dans les cercles religieux et savants de Paris, mais aussi dans les salons dévots, d'une position morale inattaquable. La mère Angélique, de la puissante famille des Arnauld, lui a demandé de prêcher à Port-Royal. À partir de 1635, il y confesse les religieuses, qui établissent sa réputation de sainteté et de science théologale. Il professe sur la confession et la communion des opinions étranges, qui inquiètent. L'avocat Antoine Le Maistre, son disciple, neveu de la mère Angélique, veut se retirer du monde et former un groupe de solitaires laïques, près de l'abbaye de Port-Royal-des-Champs, alors déserte. Des amis l'ont rejoint, qui sont dans les mêmes dispositions d'esprit, comme ce prêtre, Antoine Singlin, fils d'un marchand de vins. Ce jeune homme, entré dans les ordres sur les conseils de Monsieur Vincent qui lui avait confié une école pour enfants à l'hôpital de la Pitié, est fort exalté dans ses prêches, véhément dans ses prônes. Recruté par Saint-Cyran comme confesseur des religieuses, il réussit à merveille. Son éloquence prophétique a de quoi surprendre. Le prince de Guéméné dit de lui : « Je viens d'entendre un homme qui parle comme un cheval et qui raisonne comme un ange. » On vient de loin assister aux vaticinations du centaure. Une autre recrue de Port-Royal, Claude Lancelot, a une solide réputation dans le milieu des clercs pour ses connaissances en grec, latin et mathématiques, qui lui permettront d'entrer au service de l'avocat général Jérôme Bignon – un des protecteurs de Vincent – comme précepteur de ses deux enfants. Le groupe des solitaires ne manque certes pas de prestige.

L'avocat Séguénot écrit au chancelier Séguier, son protecteur, très ouvert à la dévotion, une lettre fort inquiétante, bientôt répandue dans tout Paris, dans laquelle il affirme sa volonté d'échapper à la corruption du monde et de rechercher la grâce de Dieu dans la retraite. Il avait publié un commentaire du traité de saint Augustin, *De Virginitate*, où il expliquait qu'avant de demander la communion il ne suffisait pas d'éprouver de l'attrition, de la honte du péché commis, mais aussi de la contrition, le regret des fautes pour l'amour de Dieu.

Le roi, qui a signé les traités avec les États protestants, éprouve-t-il plus que de l'attrition ? Encourt-il le risque d'être lui-même damné ? Les gens du parti dévot, son confesseur jésuite peut-être, peuvent retourner l'esprit du souverain. Richelieu, qui connaît sa nature angoissée, ne veut pas prendre le risque que la doctrine de ce Séguénot conduise Louis XIII à une réflexion sur la valeur de sa politique extérieure. La lettre à Séguier de l'avocat devient une affaire d'État. Richelieu prend soin de faire condamner d'abord le *De Virginitate* par les docteurs de la Sorbonne, pour montrer au roi que les maîtres de la foi ne suivent pas les « propositions erronées » du groupe des solitaires. Il n'oublie pas que Saint-Cyran, même s'il a approuvé naguère sa politique, est du parti des dévots. L'avocat, arrêté à Saumur le 7 mai 1638, est contraint de se rétracter, après une captivité de cinq ans à la Bastille. Le 14, Saint-Cyran lui-même est conduit au donjon de Vincennes. « J'ai fait aujourd'hui une chose qui fera crier contre moi, écrit Richelieu. J'ai fait arrêter par ordre du roi M. l'abbé de Saint-Cyran. Les savants et les gens de bien en feront peut-être quelque bruit. Quoi qu'il en soit, j'ai la conscience assurée d'avoir rendu service à l'Église et à l'État. On aurait remédié à bien des malheurs et des désordres si l'on avait fait emprisonner Luther et Calvin dès qu'ils commencèrent à dogmatiser. »

En 1638, la décapitation du groupe de Port-Royal à peine constitué est une affaire politique, qui ne peut en rien reposer sur une condamnation de doctrine. L'*Augustinus*, œuvre de l'évêque d'Ypres Jansénius, ne sera publié qu'en 1640, soit deux ans après sa mort, et ne sera définitivement condamné qu'en 1653 après un coup de semonce en 1643. L'arrestation de Saint-Cyran ne tombe donc pas sous le coup d'une accusation d'hérésie, mais de doctrines dangereuses pour la sécurité du royaume. Qui oserait alors aider la victime et braver le Cardinal ?

La doctrine a ses prestiges, qui ne peuvent surprendre ni indigner les anciens disciples de Bérulle. L'évêque d'Ypres et Saint-Cyran pensent que la recherche de la grâce – pur don de Dieu auquel certains hommes seulement sont prédestinés – suppose un rigorisme absolu et le refus de la politique des jésuites, qui estiment avec leur maître Molina que les hommes peuvent se sauver par leurs œuvres. Il n'est pas de « dévotion aisée », ni de salut assuré pour les dames de charité.

Vincent ne peut assurément pas suivre la nouvelle doctrine jusqu'à sa limite extrême, l'écrasement de la créature devant Dieu. Il a une dette envers Saint-Cyran, qui a facilité son installation au collège des Bons-Enfants et surtout la reconnaissance de la Mission par les cardinaux romains. Il lui fait visite, pour lui montrer par le raisonnement les écueils de sa doctrine, ses dangers pour la société chrétienne. Saint-Cyran lui répond par une très longue lettre, dont les espions du Cardinal ont retrouvé la copie. Il est pris « d'un grand transport de joie », déclare-t-il à sa voisine, la supérieure des carmélites : « Je viens de décharger pleinement mon cœur. Je viens d'écrire amplement à Monsieur Vincent sur un entretien que nous avons eu ensemble. » Il a cru, dit-il dans cette lettre à son ami, qu'« il n'y avait rien de plus facile que de vous faire croire consentir, par le témoignage même de vos yeux, à ce que vous détestez maintenant comme des erreurs ». Il tient à l'estime de celui « qui [est] dans Paris en créance d'un parfaitement homme de bien, laquelle on ne [peut] entamer sans blesser la charité ».

Certes, Vincent n'est pour rien dans la « cabale » qui s'acharne contre Saint-Cyran, et qui rassemble l'abbé des Prières, l'évêque de Langres, Sébastien Zamet, sans compter les jésuites et quelques oratoriens. Il a osé « venir dire à moi-même dans mon propre logis ce que nul des autres n'avait osé faire ». Pour Saint-Cyran, l'agitation est due à une « faction » qui est appelée à disparaître : il est sûr de l'accord des évêques, particulièrement de La Rocheposay. Chacun sait qu'il s'est toujours montré le plus ardent à combattre l'hérésie et à défendre « la doctrine apostolique ». Mais il ne peut admettre « certaines pratiques » (probablement de confession) autorisées par l'avis des grands personnages (il pense au théologien Duval), mais que « Dieu n'agrée point ». Et de rappeler François de Sales : « De dix mille [directeurs des âmes] qui en font profession, à peine y en a-t-il un à choisir qui les puisse rendre excusables devant Dieu. »

Vincent le soutient-il après son arrestation ? Il ne répond pas à sa lettre. Pour Abelly, il ne veut plus avoir de rapports avec lui « depuis qu'il l'[a] entendu dire que le concile de Trente n'était qu'une cabale et une assemblée des scolastiques et du pape ». Selon le témoignage de Caset, père de la Mission[1], « la doctrine de ces messieurs est des plus dangereuses, aurait dit Vincent. J'ai tous les sujets du monde de bénir Dieu [...] qui n'a pas permis que les premiers et les plus considérables d'entre ces messieurs que j'ai connus particulièrement et qui étaient mes amis n'ont jamais pu me persuader de leurs sentiments ». Il refuse simplement de les entendre, comme s'ils étaient habités par le malin : « Ne daignant pas répondre, je récitais tout bas mon *credo*. Voilà comment je suis demeuré ferme en la créance catholique. »

Il s'agit là d'un témoignage postérieur, recueilli pour la constitution du dossier de canonisation. Un autre témoin, Desmarets de Saint-Sorlin, n'est pas plus crédible. Vincent lui aurait dit qu'il était indigné du discours de Saint-Cyran sur l'Église, qui n'était, selon lui, « que de la boue » depuis six siècles. Il aurait répondu à son ami : « Demeurez dans votre science, je demeurerai dans mon ignorance. » D'autres témoignages ont souligné l'amitié que Vincent a continué d'exprimer à Saint-Cyran après son emprisonnement. On rappelle que, lors de son dernier voyage en Poitou, il lui a offert son cheval, le saint homme en étant dépourvu. Il lui aurait fait passer un avis en prison pour l'implorer de dicter lui-même ses réponses au commissaire de la Cour, au lieu de laisser celui-ci écrire sans contrôle, et aurait pris le risque d'indisposer Richelieu, qui aurait aussitôt restreint les crédits de construction du bâtiment

1. André Dodin, *Louis Abelly, biographe de M. Vincent, op. cit.*, notes, p. 9.

affecté à la Mission dans son évêché. Quand Saint-Cyran, dont le régime carcéral s'humanisa, put recevoir des amis, Vincent lui aurait rendu visite. Il ira bénir son corps après sa mort, survenue à Paris le 11 octobre 1643.

Il n'est pas le seul à témoigner en faveur de l'abbé. Plusieurs évêques, un réformateur aussi convaincu que Bourdoise, des parlementaires, des hommes de lettres, des seigneurs et des dames de la Cour ont supplié Richelieu de libérer le saint homme. Mais celui-ci resta de marbre, estimant que Saint-Cyran était « plus dangereux que six armées ». Le premier président du Parlement, Molé, et Arnauld d'Andilly, le frère du grand Arnauld et de la mère Angélique, parvinrent pourtant à convaincre le roi qu'il ne représentait aucun danger. Il sera libéré le 6 février 1643, Richelieu étant mort à cette date.

Sans mesurer les effets de ses propos, Saint-Cyran s'est attiré les rigueurs de la raison d'État. En pleine guerre, atteint d'un mal qui l'emportera, Richelieu n'est pas prêt à prendre le moindre risque. Il sait que l'évêque d'Ypres est un adversaire déclaré de sa politique étrangère. Et, si intense que soit le « détachement du monde » des solitaires déjà retranchés à Port-Royal, ils représentent un danger. Les amis de Saint-Cyran ne peuvent être que ses ennemis. Pourtant, il ne songe pas à impliquer Vincent dans le lot des gens à éliminer. Une lettre de l'évêque de Cahors, Solminihac, datée du 24 janvier 1644 en dit long sur les sentiments, sans doute partagés par Vincent, que lui inspire la mort du solitaire : « J'ai admiré la providence de Dieu d'en avoir disposé au temps de cette bourrasque qui s'était élevée à son sujet. J'espère que Dieu l'apaisera, quoiqu'il se trouve des personnes qui fassent profession de maintenir sa doctrine. » Comme Vincent, il admirait l'homme, mais ne pouvait que désapprouver sa dissidence.

Richelieu n'a jamais eu l'intention de le gracier. Au soir

de sa vie, il veut, plus que jamais, aboutir. Il presse La Meilleraye, son cousin, et le maréchal de Schomberg de prendre la ville de Perpignan, et les fait surveiller par le jeune duc d'Enghien, le futur Grand Condé. La victoire navale de Brézé, qui a vaincu la flotte espagnole très supérieure en nombre, doit permettre à l'armée royale de s'emparer de Perpignan et de Salses, avant d'achever la conquête du Roussillon en septembre 1642. Richelieu, malade, épuisé, s'est arrêté à Narbonne. Il a encore la force d'imposer au roi pour la première fois réticent la condamnation à mort de Cinq-Mars et de De Thou, mais il sent que sa fin est proche. Saint-Cyran croupit alors dans son cachot de Vincennes depuis quatre ans. Mais le Cardinal a bien l'intention de l'y laisser tant que la guerre continuera : or le roi d'Espagne n'a manifestement pas l'envie d'y mettre fin. Et puis Richelieu veut remporter une dernière victoire sur Louis XIII, qui a manqué à son gré de fermeté dans l'affaire Cinq-Mars. Pour être assuré de son triomphe, il ne doit faire de cadeaux à personne. Il songe d'ailleurs à éliminer tous ceux qui sont susceptibles de le gêner, comme Tréville, capitaine des mousquetaires du roi, qu'il accuse d'avoir voulu l'assassiner.

Le roi accepte alors de se remettre des affaires de l'État à son seul Conseil, c'est-à-dire au Cardinal, et de refuser désormais les avis de son entourage. Il est toujours convaincu qu'il doit mener la guerre jusqu'au bout, et la mort de Richelieu, le 4 décembre 1642, ne le fait en rien changer d'avis : il charge le cardinal de Mazarin, héritier de la pensée de Richelieu, de prendre en main les affaires. Il prend par ailleurs soin de rassurer l'entourage immédiat du Cardinal, la duchesse d'Aiguillon, le maréchal de Brézé et La Meilleraye (des appuis sûrs de Vincent) : « Je veux me servir des mêmes ministres », affirme-t-il. Ainsi, la mort du Cardinal ne paraît pas devoir changer la politique de la France.

Du reste, Vincent de Paul mentionne à peine l'événement dans sa correspondance, comme si les changements au sommet de l'État ne le concernaient en rien. Pourtant ses protecteurs sont au premier rang de ceux que la situation peut alarmer, et qui envisagent l'avenir immédiat avec angoisse. Éprouve-t-il une sorte de satisfaction à la disparition de l'homme qui incarnait la guerre jusqu'au bout, la guerre malgré tout ? Peut-être se souvient-il des heures pénibles de son interrogatoire, quand Laubardemont, au nom du Cardinal, prétendait le faire parler sur l'affaire Saint-Cyran. Il avait refusé de répondre, affirmant avec raison qu'il ne relevait que d'un juge ecclésiastique. Richelieu l'avait lui-même interrogé, sans obtenir de lui la moindre parole imprudente, avant de le remettre au juge Lescot. Vincent avait de sa main rédigé ses réponses, en termes tels qu'elles étaient inutilisables pour l'instruction. Pourquoi aurait-il accablé son ami alors que celui-ci n'était l'objet d'aucune condamnation du pape ? À cette époque, le « solitaire » Antoine Arnauld faisait retraite à Saint-Lazare, où il se plaignait de ne recevoir, en guise de doctrine, que des « viandes creuses ». Mais Vincent ne faisait pas la moindre objection à la présence dans ses murs des religieux de Port-Royal. Avait-il l'espoir de les convaincre ? Il ne souhaitait pas en tout cas accabler, pour plaire aux politiques, un ami dans la détresse à qui il gardait son estime.

Le Cardinal mort, Saint-Cyran libéré, le roi n'a plus que quelques semaines à vivre. Vincent de Paul est, avec la Cour, dans la ruelle de son lit aux derniers moments, le 14 mai 1643. Il meurt pieusement, ayant songé depuis le début d'avril à son salut éternel. Il s'est fait lire la vie des saints et l'*Introduction à la vie dévote* de François de Sales. Il a même trouvé la force de chanter, en s'accompagnant de son luth, le *Lauda mea Dominum*. L'évêque de Meaux lui a donné le viatique. Son confesseur, le jésuite Dinet, l'a exhorté jusqu'au bout à la résignation chrétienne et à la confiance dans la miséricorde du Seigneur.

Vincent de Paul, l'enfant de Pouy, fait partie du groupe des nobles, évêques et abbés conviés, selon l'usage, à assister à la mort du souverain. Selon le père Dinet, il a été recommandé au roi par Anne d'Autriche, et le roi n'y a consenti « qu'à la charge que son confesseur n'y eût point de difficulté », ce qui montre sa délicatesse. Il entend les prières des agonisants sans faiblir. La reine pleure en silence, au chevet du lit. À deux heures trois quarts de l'après-midi, sans murmure malgré ses souffrances, le roi rend l'âme.

Pendant trois jours, son corps sera exposé dans sa chambre du château neuf de Saint-Germain. Il avait prévu ses funérailles jusqu'au moindre détail. Placée dans un cercueil de plomb, sa dépouille sera portée directement à Saint-Denis, sans autre cérémonie, pour épargner au peuple saigné par les impôts de guerre une dépense supplémentaire de 3 millions de livres. Le lendemain, Vincent écrit à Bernard Codoing, le représentant de la Mission à Rome. Alors qu'il a presque passé sous silence le décès du Cardinal, sa relation de la mort du roi est un morceau d'apologétique. « Il plut à Dieu, écrit-il, de disposer de notre bon roi [...] Sa Majesté désira que j'assistasse à sa mort avec Nos seigneurs de Lisieux et de Meaux, son premier aumônier et le R.P. Dinet, son confesseur. Depuis que je suis sur la terre, je n'ai vu mourir une personne plus chrétiennement. »

Il avait eu plusieurs occasions de rencontrer le souverain en particulier. Louis XIII l'avait fait demander, une première fois, et « parce qu'il se porta mieux le lendemain, je m'en revins. Et me fit redemander il y a trois jours [...]. Jamais je n'ai vu plus d'élévation à Dieu, plus de tranquillité, plus d'appréhension des moindres atomes qui paraissaient péché, plus de bonté, ni plus de jugement, en une personne en cet état ». Avant de mourir, le roi a donné son cœur à la maison professe des Jésuites, pour qu'il y soit conservé à côté de celui de sa mère, Marie de Médicis : ainsi les souverains seront-ils réconciliés en Dieu.

Vincent, admis aux funérailles royales, est intégré presque officiellement à la Cour. À 62 ans, il aborde une nouvelle étape de sa vie. Par la grâce d'Anne d'Autriche, la régente, il est nommé membre du Conseil de conscience. Il entre ainsi dans l'État.

CHAPITRE VIII

# Le ministre des cultes

Vincent de Paul est désormais au cœur du pouvoir, la nécessité l'y ayant conduit. En effet, aucune action d'assistance ou de formation ne peut alors se concevoir sans l'aide directe ou indirecte de l'État ou des notables du royaume. L'introduction à la Cour de cet homme d'expérience est donc la conséquence logique de cette organisation des pouvoirs, et non le résultat d'une brigue.

Chaque mission installée en France ou à l'étranger requiert au préalable le rassemblement de fonds et la conclusion d'un contrat. Rien n'est possible sans cette formalité, qui garantit l'implantation durable d'un foyer de diffusion de la foi. Vincent étudie lui-même toutes les conventions et ne supporte pas qu'on traite en son nom. Son bon sens rural fait ici merveille. Parfaitement désintéressé, il impose aux gens de ses compagnies une attitude stricte et vigilante à l'égard de l'argent. Il le répète à plusieurs reprises dans ses conférences aux sœurs de la charité : cet argent n'est pas le leur, il appartient aux pauvres, il doit être consigné dans des registres jusqu'au dernier sou, affecté rigoureusement à l'objet du don. Ainsi Vincent écrit-il à François du Coudray, son représentant à Toul, en juin 1640, qu'il ne doit pas détourner en charités pour les pauvres les 2 000 livres qu'il a touchées du curé de Saint-Nicolas-du-Chardonnet et qui sont exclusivement destinées aux religieuses de Lorraine. Avec une minutie bien méritoire, Louise de Marillac le tient informé des moindres dépenses des sœurs de charité. Pour être présent, comme conseiller, à la table du Conseil royal, Vincent estime qu'il doit être d'abord maître chez lui, et contrôler parfaitement les moyens dont il dispose.

Avec le temps, ses affaires sont devenues complexes et posent autant de problèmes particuliers, parce que leur financement n'est ni uniforme, ni régulier, ni durable. Les rentes consenties par Richelieu sont remises en question après sa mort par l'exécution de son testament, car il avait multiplié les donations sur ses biens propres. À l'inverse, les dons couchés sur le testament du commandeur de Sillery sont confirmés par l'ordre de Malte dont il était membre, et Vincent reste, pour une part importante, le bénéficiaire des libéralités du saint homme. Grâce à des legs de ce genre, il peut acquitter, à raison de 10 000 livres par an, les dettes de l'acquisition de Saint-Lazare. Le financement peut certes être assuré directement par le roi ou par la reine. Richelieu et plus tard Mazarin consacreront des fonds propres, publics ou personnels, à l'œuvre d'assistance. Les grands seigneurs et les dames de la Cour les financeront sur leurs écus, par des dons et legs divers. Mais ce mode de financement est exceptionnel et dépend de la conjoncture. La catastrophe de Lorraine, la grande peste parisienne, la prise en main de la Catalogne dévastée par la guerre ont exigé la mobilisation immédiate de fonds, pour une durée indéterminée. Et puis encore faut-il que les donateurs sachent exactement l'usage qui a été fait de leur argent, au denier près. Ainsi du Coudray doit-il ordonner à ses prêtres de « recevoir quittance de tout ce qu'ils donneront, et que, sous quelque prétexte que ce soit, l'on n'en divertisse ni applique ailleurs pas une maille ». Il donne le même ordre à Léonard Boucher, prêtre de la Mission à Bar-le-Duc. L'argent du roi expédié en Lorraine est destiné aux monastères dévastés. Il faut donc qu'on lui rende compte de ce qu'ils ont reçu. L'activité d'assistance suppose une rigueur intraitable, et Vincent est bien décidé à l'imposer. Telle mission en pays huguenot suppose un établissement régulier d'assez longue durée (généralement de quatre à cinq ans). Les sommes qui sont affectées à ces opérations le sont une fois pour toutes, même si leur montant, comme en Savoie, doit être réévalué en raison de l'engagement en cours de campagne de nouveaux prêtres. Le paiement fait l'objet d'un contrat à versement immédiat ou différé, pour une somme fixe. Vincent en négocie toujours soigneusement les termes, parfois avec le Cardinal en personne. Par exemple, il obtient de Richelieu en 1641, pour des missions sur les terres de son évêché de Luçon, un don qui lui permet d'acheter sur place l'hôtel de Pont-de-Vie. La cession est faite sans esprit de retour. Très souvent, il s'agit de simples affectations de biens vacants : le commandeur de Sillery installe gratuitement les prêtres de la Mission dans une de ses maisons d'Annecy, et de même à Troyes. Vincent visite souvent les lieux, qu'il juge trop luxueux. Il demande qu'on enlève les « embellissements ». Les installations fixes doivent être le moins coûteuses possible...

Très souvent, les contrats sont alimentés par des droits indirects ou des recettes, affectées aux privilégiés dans leurs fiefs. Il s'agit alors de ressources attribuées à une fondation plus durable, par exemple le domicile d'une mission ou d'une œuvre de charité, qui peut être associé ou non à des cures ou à des prieurés. Les revenus afférents à la somme investie doivent couvrir les locations de lieux ou les charges de construction, ainsi que l'entretien de l'institution, les salaires des services, les transports, les charités. Les 45 000 livres données par Marie de Lamoignon en 1641 sont destinées à rapporter des intérêts annuels de 10 %, ce qui doit permettre de louer une maison pour les filles de charité. Vincent juge plus expédient de l'acheter comptant 6 000 livres, et 4 000 à rente, à raison de 300 tous les ans, et il fixe lui-même les termes de la négociation. Les rentes peuvent être attribuées sans limite de temps pour une œuvre précise : c'est ainsi par exemple que Saint-Aignan résigne des prieurés représentant 2 400 livres annuelles de revenu pour former des ordinands dans le diocèse de Langres. Aucune régularité, pas de garanties d'avenir dans ce système financier, en dépit des précautions juridiques. La duchesse d'Aiguillon donne d'un coup 6 900 livres à la mission de Rome. Les ressources annuelles de l'établissement sont de 2 500 livres, et Vincent ne tolère pas que son supérieur dépense plus qu'il ne reçoit. Qu'il place l'argent de la duchesse « à quelque mont », un de ces établissements de crédit public créés par le pape Sixte Quint. Il redoute que le revenu attribué aux gens de Rome par la duchesse d'Aiguillon ne se dévalue : elle leur a en effet affecté les recettes de la compagnie des coches de Soissons, menacée par la concurrence des messageries royales organisées par Richelieu. Peut-être serait-il expédient de se défaire de ce revenu (le fermier de la compagnie devait faire banqueroute en 1644) qui pourrait être remplacé par celui des coches de Rouen ou par ceux d'Orléans.

Quand il entre au conseil de conscience en 1643, Vincent de Paul est donc le gestionnaire avisé d'affaires nombreuses et embrouillées, dont il tient tous les fils. La compagnie est son bien. Il entend la mener avec autant de rigueur, de calculs prudents, de refus de toute aventure que s'il gérait une ferme en Chalosse. Rien ne doit lui échapper des subtilités du financement, des placements, des ventes et reventes de titres. Son expérience des questions monétaires, juridiques et financières lui a permis d'apprendre sur le terrain les règles du pouvoir d'entreprendre.

Comme il n'existe pas de ministère des cultes doté de budget propre, Vincent doit sans cesse rechercher des fonds nouveaux, au hasard des vocations qu'il peut éveiller chez les grands ou des campagnes qu'il mène à la Cour pour obtenir un financement exceptionnel, celui des secours à la Lorraine, par exemple, ou des enfants trouvés. Il est nécessaire qu'il puisse approcher aisément des personnages officiels de la Cour et du gouvernement afin d'obtenir d'eux les moyens de son action, et il n'aura nullement négligé, tout au long de sa vie, ces contacts essentiels.

Ses dons de confesseur lui facilitent la tâche, lui permettant d'accéder à la familiarité des dames de la Cour ou de quelques importants personnages, comme les Gondi, Sillery et autres dévots. On a suggéré qu'il s'était acquis la confiance et l'amitié de la reine en lui prédisant, longtemps à l'avance, la naissance du dauphin. En fréquentant de la sorte les principaux personnages de la Cour, particulièrement son ami, l'évêque de Beauvais Augustin Potier, confesseur d'Anne d'Autriche, il court évidemment le risque d'être rattaché à un clan, à un groupe d'influence politique. Mais il s'en est soigneusement gardé pendant le consulat de Richelieu, et a bien l'intention de poursuivre dans la même voie sous Mazarin. Ainsi, il recommande à Guillaume Gallais, son supérieur de la mission à Sedan, en février 1644, « de ne pas s'immiscer dans les choses temporelles et séculières », selon le vœu de saint Paul. « Il n'est pas expédient, insiste-t-il, que nous nous mêlions des affaires séculières. » Vincent applique lui-même cette règle de conduite à la lettre. Il précise ainsi son attitude au conseil de conscience : « Je ne me mêle, dans l'emploi qu'il a plu à la reine de me donner dans son conseil, des choses ecclésiastiques que de celles qui sont de cette nature et qui regardent aussi l'état religieux et celui des pauvres, quelque apparence de piété et de charité qu'aient les autres affaires qu'on me propose. » Sous Richelieu, il conseillait déjà Bernard Codoing, le 23 décembre 1642, de « ne jamais écrire de deçà les affaires d'État, parce que je puis assurer qu'outre que cela est contraire à notre esprit, et, comme je le pense, à celui de Notre-Seigneur, toutes les lettres sont en danger d'être lues. De plus, nous devons être bien fidèles à la pratique que nous avons de ne nous point entretenir de ces choses-là, ni des nouvelles du monde ».

Méfiance à l'égard du pouvoir politique, neutralité obligée, selon l'exemple donné par les jésuites, refus d'engagement dans les luttes pour le pouvoir, telles sont les règles d'airain qui permettent de sauvegarder en toutes circonstances les intérêts de la religion. Pour tenir ce cap, il doit diriger d'une main de fer ses représentants en France ou à l'étranger, pour éviter les indiscrétions ou les erreurs préjudiciables à la congrégation de la Mission. Tous doivent admettre le principe d'autorité.

En matière de décision, Vincent se comporte comme un patron exigeant et vigilant. Sa correspondance avec Louise de Marillac et Bernard Codoing en témoigne. Si la première est entièrement soumise aux ordres de son directeur, le second, en poste à Rome, a quelques velléités d'indépendance. Vincent le rappelle durement au respect des règles de la compagnie : il ne faut jamais « passer par-dessus les ordres que vous recevrez de nous », lui dit-il. Il lui indique les raisons de décisions qui ont été prises après l'audition collective des responsables de la Mission, et qui sont exécutoires sans discussions. « Vous m'écrirez, s'il vous plaît, lui dit-il encore, à moi toutes choses, et à nul autre, des affaires. »

Il lui déplaît que, pour leurs débuts, les missions à Rome parcourent les villages misérables des fiefs des cardinaux du Sacré Collège. Codoing comprend mal les devoirs de sa charge. Il n'est pourtant pas le ministre du roi, mais le représentant d'une communauté religieuse. Il n'est pas question de faire le bien « en aucun lieu pour nous rendre considérables », explique Vincent. Il recommande donc de ne pas chercher à paraître. Quant aux prêtres mal engagés dans les missions et doutant de leur vocation, il s'agit de s'en débarrasser au plus vite. Ceux qui veulent « épouser une femme, planter quelque vigne et faire bâtir une maison » ne doivent pas être des leurs. Quant à ceux que l'on nomme les « dyscoles », caractériels au point de ne pas accepter la vie en commun, il convient de s'en séparer. « Il est vrai, Monsieur, écrit-il à Codoing, que la compagnie a besoin d'hommes : mais il vaut bien mieux en avoir moins que d'en avoir plusieurs de *dyscoles* [...]. Purgeons, purgeons la compagnie des personnages profanes et qui ne sont pas agréables aux yeux de Dieu, et il l'augmentera et la bénira. » La précipitation est l'ennemie du bien, Vincent l'a maintes fois expliqué : « Il en est de quelques esprits comme des meules tournantes sans blé, qui s'enflamment et brûlent le moulin. »

Sans doute pressé par les cardinaux de Rome ou soucieux de leur complaire, Codoing rêve de constituer un séminaire de jeunes gens. Vincent lui rappelle avec force que les précédents de ce genre ont échoué : trop souvent les jeunes clercs ont déserté la religion. Codoing doit se soumettre, et renoncer. On lui reproche de « se presser trop en toutes choses » : « Un seigneur de condition me l'a dit lui-même », indique Vincent. Bernard Codoing doit savoir « que les choses de Dieu se font par elles-mêmes et que la vraie sagesse consiste à suivre la Providence pas à pas ».

Vincent demande aux serviteurs du Christ l'humilité, l'obéissance et le secret quand Bernard Codoing redoute les effets fâcheux d'une autorité centrale trop grande qui développe dans la compagnie de fâcheuses habitudes de délation, et sans doute le reproche-t-il à Vincent. « Ne pensez pas, Monsieur, lui répond fermement son général, que l'on croie les inférieurs contre le supérieur sans l'ouïr, ni que l'on agisse selon ce que l'on peut conjecturer de leurs rapports... » Il maintient l'ordre, adressé à toutes les résidences, que « les supérieurs [des missions] ne doivent point voir les lettres des inférieurs qu'ils écrivent au général, ou le général à eux ». Il lui paraît essentiel d'être informé de toutes parts, à tous niveaux, et ne respecte pas la voie hiérarchique. Il ne supporte pas l'idée qu'un de ses supérieurs puisse se croire investi d'un pouvoir, comme l'abbé d'un monastère. Blatiron et Codoing, ses serviteurs les plus agités, doivent savoir « que c'est l'affaire du général à les nommer » et qu'aucune mission ne peut être désignée sans son avis formel. À l'image du général des Jésuites, il veut être le seul à régner sur la compagnie.

Aussi Louise de Marillac a-t-elle beaucoup de mal à obtenir des réponses aux questions qu'elle lui pose inlassablement. Il est toujours entre deux coches et ne reçoit ses lettres qu'avec retard. Souvent en voyage dans les provinces, il peut laisser plus de huit jours son courrier en souffrance. Codoing, à Rome, lui en fait reproche. Attentive à exécuter ses moindres désirs (elle craint de se damner si elle n'est en tout zélée pour le service du Seigneur), Louise de Marillac sait que Vincent veut trancher de tout et multiplie les questions sans recevoir de réponses. Elle s'ingénie pourtant à lui prodiguer des conseils pratiques pour ses voyages incessants, lui donne presque l'horaire des coches, lui recommande de profiter pour son confort des carrosses des bienfaitrices. Voyageant autant que lui entre ses multiples charités, Louise perd quelquefois le contact avec son directeur de conscience et se laisse gagner par la panique. Elle est à ce point désespérée qu'elle se décide à lui expédier des listes de questions, auxquelles il répond laconiquement de sa main. Il décide des plus petits détails de transport, de logement, d'éducation des filles de charité, avec la plus méritoire patience, mais sans plan d'ensemble, au hasard des actions entreprises de l'Anjou à la Champagne, de la Lorraine au Poitou.

Pour administrer ses deux grands secteurs d'activité, charités et missions, il a appris les méthodes de direction des hommes et des femmes, régnant, autant qu'il lui est possible, sur Saint-Lazare, sans faiblesse, mais avec tact et humanité. Il ne manque pas de répondre au courrier qu'on lui fait suivre quand il est en déplacement, à Richelieu, à Fréneville ou à Marseille. Et il peut déléguer ses pouvoirs à Antoine Portail, son homme de confiance, ou à quelque autre en cas d'urgence. Il n'hésite pas non plus, quand des affaires compliquées requièrent sa présence et qu'il ne peut pas venir en personne, à dépêcher en province un envoyé spécial, comme Lambert aux Couteaux. Il s'efforce de donner l'exemple, en toutes circonstances, du dévouement à l'œuvre de charité, la seule qui lui importe.

Pour exercer seul le pouvoir et maintenir l'unité de la congrégation, il convient de ne pas laisser les supérieurs des provinces régner trop longtemps, surtout dans les missions installées aux sièges des évêchés ou à l'étranger. Le responsable de Rome est constamment muté : après Bernard Codoing, Jean Dehorgny. Vincent de Paul envoie à Richelieu, du vivant du Cardinal, le même Codoing et Lambert aux Couteaux. Ce dernier est expédié en Lorraine pendant la longue période de crise. Les François Dufestel, les Antoine Lucas, les Pierre Duchesne, et Julien Guérin, l'ancien soldat, tournent constamment de Sedan à Nancy, de Toul à Annecy, de Rome à Marseille, plus tard de Marseille à Alger ou Tunis. Ils doivent savoir que leur mission est permanente et qu'ils ne sauraient être des résidents.

Certains pourtant doivent assumer un rôle de représentation particulier : à Annecy, en Savoie, du vivant de Jeanne de Chantal, à Sedan, ville de reconquête, et surtout à Rome, où siège le premier pouvoir de l'Église. Comme l'ordre des Jésuites, la congrégation de la Mission doit-elle installer un général dans la Ville éternelle, à l'affût des affaires politiques de la chrétienté ? Codoing le suggère, Vincent demande à réfléchir. L'essentiel de sa mission n'est-il pas en France, dans ces années 1640 où la guerre fait encore rage ? Il s'attache à faire respecter par le Saint-Père l'esprit et la lettre de la congrégation, et jusqu'à sa titulature : « Je pense qu'il est bon, écrit-il à Codoing, que nous ne changions pas le nom que le Saint-Père donne à nos maisons, qui est de la Mission, pour les appeler séminaires. Je vous supplie, Monsieur, de tenir la main à ce qu'on n'innove pas aux termes ni aux choses qui se pratiquent en la compagnie, pour conserver l'unité en tout. »

Il voit d'un très mauvais œil un projet de fusion avec une compagnie créée par Christophe d'Authier de Sisgau, un entreprenant Marseillais suffisamment introduit à Rome pour obtenir d'Urbain VIII la reconnaissance de sa congrégation des Missionnaires du clergé. D'Authier de Sisgau s'est rendu à Paris, poussé par ses commanditaires marseillais ou romains, pour rencontrer Vincent et lui proposer la fusion, qu'il dit approuvée par les cardinaux. Il a la prétention de devenir le coadjuteur de Vincent et son futur successeur. Les missionnaires des deux compagnies n'ont-ils pas travaillé ensemble en 1643 à l'évangélisation des galériens de Marseille ? Vincent le connaît parfaitement, et ne donne pas suite. Rome n'entreprend pas de l'y contraindre.

Vincent trouve finalement bon, après mûre réflexion, que les prêtres installés par ses soins dans la Ville éternelle rendent des services en missionnant parmi les pâtres des terrains désolés qui s'étendent de Rome à Ostie. Ils peuvent ainsi impressionner favorablement le haut clergé romain, qui jugera de leur humilité et de leur charité. La mission de Lebreton à Ostie, où il mourra de la peste, a ému les cardinaux de la famille Barberini, qui occupent trois sièges au Sacré Collège, et Marcello Lenti, l'ancien évêque de la ville. Ces cardinaux passent, il est vrai, pour francophiles. Mais même si d'autres poursuivent au Sacré Collège la politique antifrançaise souhaitée par le pape, il est important de les neutraliser, car ils ne doivent pas gêner la Mission. La réputation des Lazaristes est telle que le cardinal François Barberini, préfet de la Propagande, écrit de la part des membres de cette puissante congrégation à Vincent, qu'il appelle *Molto Reverendo Signore*, pour lui demander d'envoyer des missionnaires en Hibernie, afin d'apprendre aux prêtres totalement ignorants les rudiments du culte dans une Irlande particulièrement menacées par les protestants. Vincent fait répondre qu'il ne peut satisfaire à ce désir, à moins que le pape lui-même, seul capable « d'envoyer *ad gentes* tous les ecclésiastiques obligés de lui obéir », n'en prenne la décision.

Il espère, à vrai dire, mener à bien outre-mer d'autres missions plus chères à son cœur. Il ne lui déplaît pas de bousculer à l'occasion certaines congrégations romaines indignes et parfois scandaleuses, qui n'ont plus la force de remplir leurs tâches : les réguliers de la Merci, par exemple, ou les Trinitaires, incapables de réussir sur une échelle satisfaisante le rachat des esclaves chrétiens de Barbarie. Vincent suggère à son correspondant à Rome de « voir s'il y a moyen que la petite compagnie fasse une espèce de mission de temps en temps parmi ces pauvres esclaves ».

Personne ne lui a soufflé cette idée. Elle lui est tout naturellement venue du fait de l'impuissance manifeste des ordres spécialisés qui pratiquent en outre les plus honteux trafics avec de douteux intermédiaires. Il souhaite faire ses preuves en tentant un premier rachat. Une liaison maritime régulière est ainsi assurée par ses soins, grâce aux bonnes relations qu'il entretient à Marseille : ses hommes doivent se présenter au bailli de Forbin, lieutenant général des galères, qui se charge de les loger, dans l'attente d'un vent favorable pour l'embarquement. Il avance aussi des fonds pour le voyage et embarque les passagers sur ses propres galères, amarrées à Toulon, ce qui évite le risque d'une capture par les Barbaresques. Vincent sait que dix mille chrétiens sont asservis en Barbarie. Il charge du Coudray de se rendre à Marseille avec assez d'argent pour en racheter quatre-vingts. On lui demande de « minuter le traité » conclu avec les autorités d'Alger et de préparer soigneusement son intervention. Boucher l'accompagne, ainsi que deux autres frères et un chirurgien, pour le cas où l'on obtiendrait l'autorisation d'ouvrir là-bas un hôpital ou un centre de soins comparables à celui que les religieuses françaises occupent à Québec. La duchesse d'Aiguillon, d'une inépuisable générosité, finance l'opération. La nièce du cardinal de Richelieu est particulièrement intéressée par les opérations en Méditerranée, Italie et Afrique du Nord. François du Coudray est optimiste. Le 1er juin 1643, il a baptisé neuf Turcs convertis dans l'église cathédrale de Marseille. Une procession a été organisée dans les rues remplies d'une foule immense et enthousiaste, ce qui augure bien de son voyage.

Le but de la mission créée à Marseille est d'« instruire les pauvres chrétiens captifs en la foi, amour, et crainte de Dieu, et y faire les missions, catéchismes, instructions et exhortations qu'ils ont accoutumé ». La duchesse a acheté le consulat d'Alger pour le donner à la congrégation. Vincent a donc toute latitude pour envoyer des soi-disant chapelains auprès des consuls. Ainsi est décidé le départ des missionnaires. Deux ans plus tard, le prêtre Guérin sera expédié à Tunis dans les mêmes conditions.

Vincent reprend en main, avec la complicité des autorités romaines, la mission du rachat des esclaves. Il s'efforce parallèlement d'entretenir des amitiés au Sacré Collège, pour s'assurer que les intérêts de la compagnie seront préservés, et plus tard, que les choix d'évêques faits par la reine au Conseil recevront un bon accueil sur les bords du Tibre. Il a enfin le désir ardent de suivre de près les positions du Saint-Siège sur l'hérésie et l'application du concile de Trente, en particulier le scandale de Jansénius, qui a éclaté après la publication de l'*Augustinus* en 1640. Du point de vue du développement de ses affaires, il doit se tenir informé régulièrement des réactions romaines aux secousses de la chrétienté toujours en guerre. La mort du pape Urbain VIII, annoncée à tort en 1642, l'a incité à renforcer la représentation de la compagnie. Deux nouveaux prêtres, Germain et Martin, partent aussitôt. Vincent mesure exactement la durée du voyage : quinze jours de Paris à Marseille, cinq jours ensuite, par mer. Ils navigueront en compagnie de Montereil, secrétaire de l'ambassadeur. Vincent sait fort bien que la présence à Rome d'une délégation importante de la compagnie est essentielle, mais que la congrégation de la Mission dépend surtout, pour son existence même, du second pouvoir, celui de Paris.

À Paris, il est assuré de la confiance d'Anne d'Autriche. Devenue régente, elle lui a demandé de siéger à ses côtés, ce que Richelieu n'avait jamais fait. Il a assez souvent l'occasion de la rencontrer, en dehors du Conseil, dans ses œuvres de charité. « Je suis obligé de sortir demain pour voir la reine au Val-de-Grâce, après dîner », écrit-il en mai 1643 à Louise de Marillac. Anne d'Autriche comble en effet de largesses les sœurs bénédictines, leur fait construire un superbe édifice sur des plans de Mansart, et les visite à l'occasion. Vincent ne manque pas d'être présent lors des sorties de charité que la reine multiplie. Sa bonne fortune est si bien établie à la Cour que des dames aussi influentes qu'Anne de Lamoignon et son amie de Nesmond lui demandent son avis sur la meilleure manière d'intéresser la reine à une œuvre. Il devient l'intermédiaire obligé des solliciteurs les plus huppés. Les plus constants sont assurément les évêques, ceux du moins pour lesquels il nourrit une estime particulière. Le premier devoir de sa nouvelle charge est de donner des avis sur les nominations ecclésiastiques, et il n'y manque pas. Le succès de la réforme du concile de Trente ne dépend-il pas du choix des ministres de Dieu ?

Beaucoup de ses amis ont déjà charge d'âmes. Il suit leurs efforts depuis longtemps et s'y associe souvent : ainsi à Beauvais auprès de l'évêque Potier, à Anet auprès de monseigneur Pavillon, avec qui il est en relations suivies et qui ne cesse de lui demander des interventions au Conseil. Connaissant sa nature angoissée, il s'efforce de l'aider, d'abord, avant la mort de Richelieu, auprès de la duchesse d'Aiguillon ou auprès du secrétaire d'État Léon Bouthillier, comte de Chavigny et cousin du curé Jean-Jacques Olier.

Il a également de l'estime pour un jeune prélat, Félix Vialart, évêque de Châlons, qui doit son siège à son mérite, mais aussi à l'influence de sa mère, Mme de Herse, une des fondatrices de la Charité des dames de Vincent, et de ses plus dévouées collaboratrices. Monsieur de Châlons, à peine nommé, a fondé un séminaire, réformé son clergé, développé l'assistance dans sa région et lancé des missions, les moyens financiers dont il dispose, les amitiés qu'il entretient à la Cour grâce à sa mère, lui permettant d'avancer vite et de combattre l'hérésie par l'exemple. Vincent aime aussi Jacques-Raoul de La Guibourgère, placé au poste difficile de Saintes, ville remplie de huguenots. Il apprécie Chiroye, l'évêque de Luçon, créature du Cardinal, très engagé dans le combat contre les hérétiques. Et il tient Solminihac, l'évêque de Cahors, pour un modèle : celui-ci le renseigne régulièrement, dans un style précis et pressant, sur l'état des diocèses du Midi, fort lamentable.

Vincent se fait un devoir de contribuer à rétablir la religion catholique dans ces provinces du Sud-Ouest qu'il a connues ravagées par les guerres de Religion dans sa jeunesse. En mai 1643, Alain de Solminihac lui écrit pour lui signaler que l'évêque de Sarlat a la prétention de devenir précepteur du jeune roi et que son diocèse est « l'un des plus perdus de la chrétienté ». Vincent doit convaincre Augustin Potier, également membre du conseil de conscience, pour qu'il y mette le holà. L'évêque de Cahors regrette que Vincent n'ait pas eu les moyens de missionner dans les évêchés d'Angoulême et de Mende. Une mission doit néanmoins partir pour Angoulême (et l'évêque Jacques du Perron demande aussitôt qu'elle soit permanente, sans en offrir les moyens), une autre pour les Cévennes, où elle connaît, dit l'évêque de Crusy de Marcillac, « un profit incroyable », avec la conversion immédiate de quarante huguenots. Le diocèse de Périgueux, si agité pendant les guerres de Religion, est, selon Solminihac, « dans une grande désolation », et il est essentiel d'y envoyer « une personne qui ait toutes les qualités requises », par exemple Philippe de Brandon.

Certains évêques, trop âgés, ne contrôlent plus leur diocèse. Anne de Lurviel à Montauban, ancien fief huguenot, n'attend pas des missionnaires qu'ils convertissent les protestants, il se réjouit seulement qu'ils aient éliminé les sorcières et les sorciers, nombreux dans les campagnes. Son coadjuteur et futur successeur, Pierre de Bertier, se plaint fort de ses humeurs et songe à démissionner pour échapper à la persécution du vieux prélat. Vincent écrit alors à l'archevêque de Toulouse, Charles de Montchal, pour obtenir son intervention et permettre à Bertier d'agir dans un diocèse sensible au mieux des intérêts de la religion. En juillet, Alain de Solminihac lui rend grâce d'avoir obtenu de la reine une « chanoinie » pour son official, à l'occasion du « joyeux avènement du roi à la couronne ».

Veut-on en haut lieu le remercier pour l'énergie avec laquelle il a lutté contre la révolte des paysans du Rouergue quelques années plus tôt ? Sans doute, car il évoque dans la même lettre « ce désordre, auquel sans moi ce pays serait engagé ». Il s'est dévoué au service du roi et entend continuer. Vincent l'a-t-il prié de venir à Paris pour travailler avec lui à la réforme du clergé ? « Si vous saviez la nécessité de ma présence dans mon diocèse, vous me conseilleriez de n'en pas partir jamais », lui dit-il, entendant par là que l'action diocésaine est la condition essentielle du retour à l'ordre social parce qu'elle rend les prêtres respectables et qu'ils peuvent intervenir efficacement dans les périodes de troubles, en recommandant à leurs paroissiens l'apaisement souhaité par le Ciel et l'obéissance au roi.

Solminihac se met à la disposition de la reine pour toutes ses œuvres, en particulier pour la réforme des monastères de femmes de la région, dont certains frisent le scandale, l'incorrection des réguliers, en particulier des moniales, étant un argument de choix pour les hérétiques qui relèvent alors la tête. En mai 1644, l'évêque de Cahors écrit à Anne d'Autriche pour lui demander de faire confirmer l'édit du parlement de Toulouse qui interdit le prêche des pasteurs protestants, et de rester sourde aux plaintes des solliciteurs huguenots, comme la duchesse de Bouillon. Depuis l'interdiction, dit-il, « l'hérésie s'en va par terre ». Six familles, « des principales », de Cahors se sont converties. Les autres sont ébranlées. Faut-il renoncer, seulement « pour contenter l'esprit d'une fille qui semble n'avoir de passion que pour faire subsister l'esprit du prêche » ?

Solminihac tempête, supplie qu'on alerte le chancelier Séguier, prend Vincent à témoin de la détresse des évêchés du Midi guettés par les huguenots revanchards. Il est l'un des plus fermes apôtres de la reconquête dans le Sud. Il considère comme une chance la présence de Vincent au Conseil, parce qu'il peut ainsi témoigner, par ses origines et ses souvenirs de jeunesse, de la vigueur et de l'esprit de résistance des hérétiques dans ces régions.

La correspondance du saint témoigne de ce qu'il ne ménage pas ses efforts pour intervenir en faveur des diocèses du Midi. Il faut remarquer à ce propos que les évêchés de Guyenne, proches de son pays natal de Pouy, ne sont pas en priorité l'objet de ses soins, pas même celui de Dax, bien qu'ils soient au premier rang de la lutte engagée par les curés et les moines pour la Contre-Réforme, contrairement aux diocèses du sud du Massif central, agités à la fois par l'hérésie et par les troubles sociaux incessants des « croquants » qui refusent de payer l'impôt de la reine. En 1643 précisément, après deux moissons décevantes, le Languedoc, le Rouergue, l'Auvergne et le Poitou sont en feu : partout les paysans révoltés contre le fisc et les droits seigneuriaux brûlent les fermes et pendent les maltôtiers. Vincent ne reste pas indifférent à ces troubles : il sait le rôle que les bons prêtres peuvent jouer dans la pacification des esprits, à condition qu'ils soient réellement des exemples de vertu et de dévouement, reconnus par le peuple. De nouveau, en 1643, Villefranche-de-Rouergue est en proie aux croquants. En 1645, le Languedoc entre tout entier dans la révolte, villes et campagnes confondues. Dans les rues de Montpellier, les « mauvais catholiques » se rangent aux côtés des huguenots. Ils doivent être fermement repris en main et convaincus par les curés que cette révolte ouvrira pour eux la porte de l'enfer. À Carcassonne, le peuple exhibe des tableaux représentant l'évêque décapité par le bourreau. Laissera-t-on se développer ces violences ? Les bourgeois, qui organisent leur défense, exigent des évêques qu'ils soient irréprochables : leur engagement dans le parti de l'ordre doit se faire au nom de l'obéissance et de toutes les vertus.

Vincent est un partisan convaincu de l'apaisement des campagnes et des villes. Il profite de toutes les occasions qui lui sont offertes pour moraliser la vie sociale. Ainsi, il signale à la reine le cas de ce seigneur qui a fait rosser un prêtre, et que le curé Olier lui a dénoncé par lettre. Et il écrit au comte de Brienne, au parlement et aux consuls d'Aix pour faire cesser le scandale des processions de la Fête-Dieu où de jeunes garçons aussi nus que Cupidon symbolisent sur des chars ornés de fleurs les péchés capitaux. Mais il ne peut certes éviter les nominations d'évêques inspirées par le Cardinal. Ainsi, il reste muet quand la reine installe dans l'évêché de Bayeux le fils du premier président Molé. Il refuse de nommer abbé le fils du secrétaire d'État Chavigny, qui n'a que 6 ans, mais manque perdre son siège au Conseil en accordant à Jean-Jacques Olier un bénéfice demandé par Mazarin en faveur du fils du duc de La Rochefoucauld. « Il y avait quelque apparence, écrit-il le 4 janvier 1645 à Bernard Codoing, qu'on ne me souffrirait plus dans l'emploi. Mais mes péchés sont cause qu'on en use autrement [...]. J'espère que l'on s'en lassera. »

Se lasse-t-il lui-même d'une charge où il est le témoin privilégié des errements du nouveau pouvoir ? Il se réjouit d'avoir été choisi et soutenu par la reine, qui dispose en apparence des pleins pouvoirs de la régence. Le 18 mai 1643, elle a en effet fait casser par le Parlement le testament de Louis XIII, qui lui imposait un conseil de régence, elle a reçu « l'administration libre, absolue et entière des affaires de son royaume pendant la minorité » du roi. Elle n'a plus à redouter l'opposition des grands et des princes du sang, mais nourrit désormais une dette envers le Parlement.

On s'attend qu'elle congédie aussitôt les créatures de Richelieu. Des amis et protecteurs de Vincent, comme Augustin Potier, l'évêque de Beauvais et aumonier de la reine, espèrent alors s'emparer du pouvoir. Anne d'Autriche ne l'a-t-elle pas, dit-on, proposé à Rome pour le chapeau de cardinal ? N'est-il pas lié au clan du duc César de Vendôme, un bâtard d'Henri IV qui prétend accéder au plus haut rang avec ses deux fils, les ducs de Beaufort et de Mercœur ? Vincent se garde bien de se compromettre avec Potier. Il ne traite avec lui que d'affaires ecclésiastiques. Il sait que le clan Vendôme n'a aucune chance de s'imposer, dans la mesure où il a contre lui les Condés. Le jeune duc d'Enghien ne vient-il pas, en s'illustrant à Rocroi, de sauver la frontière du Nord ?

Contre ces partis princiers, contre les dévots qui la supplient de rétablir la paix, la reine a désigné Mazarin, seul capable d'arbitrer les conflits entre les grands et de poursuivre aux frontières la guerre de Richelieu. Si l'on en croit Claude Dulong[1], Vincent de Paul, déjà admis dans le cercle des amis de la reine, lui aurait alors conseillé ce choix, « parce que cette petite cabale catholique estimait conforme aux intérêts de l'Église qu'un homme d'Église, et romain, gouvernât la France ».

Cardinal, certes, mais par la grâce de son prédécesseur, mal vu du Sacré Collège qui lui a fermé les portes de son avenir romain, riche à 96 000 livres de rentes par les diverses abbayes dont il reçoit les bénéfices, bien qu'il n'ait jamais été ordonné prêtre, le fin diplomate, naturalisé français, parrain du jeune roi, berne les dévots et considère comme un devoir de poursuivre coûte que coûte la politique de son prédécesseur. Il maintient au Conseil le chancelier Séguier, l'homme de fer qui brise sans vergogne révoltes et complots, frère de la prieure du carmel de Pontoise, la mère Jeanne-des-Anges, tenue pour sainte et fort respectée par la reine, ainsi que le secrétaire d'État à la Guerre, Michel Le Tellier, qu'il a lui-même fait nommer avant la mort de Louis XIII. Chavigny abandonne les Affaires étrangères au profit de Loménie de Brienne. Le changement se limite à cela.

Immédiatement une « cabale des Importants » organise un complot autour du duc de Beaufort et de la duchesse de Chevreuse, rentrée à la Cour par la grâce d'Anne d'Autriche, pour liquider Mazarin et peut-être l'assassiner. Les comploteurs ont réussi à entraîner dans leur sillage quelques honnêtes ecclésiastiques pour soutenir leur candidat au ministère, l'évêque Augustin Potier. Philippe Cos-

1. Claude Dulong, *Anne d'Autriche*, Paris, Hachette, 1980, p. 215.

péan, l'évêque de Lisieux, et celui de Limoges, François de La Fayette, sont compromis. Ils ont pour ami au conseil de conscience Vincent de Paul, qui ne s'est pas engagé, mais qui, malgré lui, risque d'être soupçonné pour le moins de connivence. Le 2 septembre 1643, le duc de Beaufort est arrêté, interné à Vincennes. Mme de Chevreuse et les Vendôme sont chassés de la Cour, et les trois évêques du Conseil. Vincent, protégé par la reine, conserve son siège. Mais le nouveau cardinal a de la mémoire, le général des Lazaristes sera menacé, plus d'un an après, à propos d'une affaire sans importance réelle.

Il est clair que Mazarin ne fera pas la politique étrangère du parti des dévots, démantelé par Richelieu et qui cherche une revanche. Pour financer la guerre et tenir en respect les révoltés fiscaux, le Cardinal savait qu'il pouvait compter sur les intendants de justice, police et finances mis en place par un règlement du Conseil du 22 août 1642, confirmé depuis. Si les officiers propriétaires de leur charge, et particulièrement les parlementaires, s'opposent aux décisions du pouvoir, le Premier ministre peut compter désormais sur une administration centralisée, entièrement dévouée, capable de tenir tête à l'orage. La volonté de Richelieu de reprendre en main le pays, de passer outre les oppositions, d'imposer à toute force une nouvelle conception de l'État se confirme. Il n'y aura pas, au sommet des affaires, de changement d'orientation fondamental. Et comme nul ne peut s'illusionner sur la réalité des pouvoirs de la reine, en théorie absolus, Vincent apprend très vite que le seul maître est Mazarin. En janvier 1645, il ne peut d'ailleurs plus en douter.

A-t-il été besoin de lui recommander la réserve ? A-t-il jamais cherché à sortir de son rôle ecclésiastique, de ses missions et de ses charités ? Sa correspondance atteste que, de 1642 à 1646, il prend sans cesse la diligence ou le coche pour se rendre aux sièges des missions, pour défendre les intérêts de ses œuvres. Et il ne tient à son officielle fonction que pour y suggérer des nominations utiles pour la foi, incontestables et efficaces.

Il connaît peu les évêques de Limoges et de Lisieux qui ont pris parti contre Mazarin. Le seul qu'il aime est Augustin Potier, parce qu'il a toujours encouragé ses entreprises. En politique, Monsieur de Beauvais est un enfant, une « bête mitrée », dira Retz, une dupe désignée aux coups d'un Mazarin. S'il garde l'estime de la reine, dont il est l'aumônier, Augustin Potier regrette déjà de s'être laissé entraîner et retrouve avec joie son siège épiscopal. Prévoyant pour Mazarin des lendemains difficiles, puisqu'il a choisi de poursuivre la guerre de Richelieu, Vincent de Paul regrette-t-il d'avoir conseillé à la reine de porter sur lui son choix ? Il écrit à Guillaume Delville, le 20 novembre 1644 : « Oh ! que la guerre est un grand mal ! »

Il reste ferme dans ses convictions. La guerre entraîne la ruine du royaume, jusqu'aux fabriques des églises, et rend impossible sur le terrain la poursuite de l'œuvre de Contre-Réforme. Mais il n'a pas les moyens de s'y opposer. Un parti de la paix organisé n'existe pas vraiment en France à cette époque. L'évêque Augustin Potier ne peut animer un véritable mouvement politique. Comte et pair ecclésiastique, il a succédé à son frère René au siège de Beauvais. Sa famille est de grande robe parisienne : il est le fils de Nicolas III, seigneur de Blancmesnil, président à mortier du parlement de Paris, ancien partisan d'Henri IV et catholique modéré, prisonnier des ligueurs à la fin des guerres de Religion, nommé chancelier par Marie de Médicis régente.

Ce grand ecclésiastique aurait pu devenir le représentant au pouvoir des présidents du Parlement, qui viennent de rendre un signalé service à la reine en cassant le testament politique de Louis XIII ; aumônier d'Anne d'Autriche, il n'aurait pas été absurde qu'il joue sous cette nouvelle régence le rôle qui avait été celui de son père au temps de l'ancienne, celle de Marie de Médicis. Mais il n'a pas la joyeuse férocité d'un Retz, qui déjà s'agite dans les coulisses du pouvoir. Potier, comme Vincent, s'intéresse d'abord à la réforme du clergé, à l'assistance, à l'enseignement aux ordinands. Issu de la même souche spirituelle, celle de Saint-Cyran et du jeune Bérulle, il adore saint Augustin, installe un collège augustinien dans Beauvais, où sera éduqué Jean Racine : dévot, certes, et membre de la Compagnie du Saint-Sacrement, mais plus proche des premiers jansénistes, comme l'évêque Pavillon, que des néoligueurs parisiens. Marillac disparu, le parti dévot n'a donc plus de tête depuis 1630.

L'archevêque de Paris est toujours Jean-François de Gondi, frère de Philippe-Emmanuel, sacré à Notre-Dame en 1623. Il a bien volontiers accueilli comme coadjuteur son jeune neveu Jean-François-Paul, troisième fils de Philippe-Emmanuel, le bienfaiteur de Vincent de Paul. Le jeune homme a été tôt tonsuré, pour être en mesure de jouir des importants bénéfices des deux abbayes de Quimperlé et de Buzay qu'il hérite de son frère Henri, mort prématurément. Ancien élève des jésuites du collège de Clermont, chanoine de Notre-Dame à 14 ans, licencié en théologie de la Sorbonne, il préfère la galanterie, les duels et les aventures à la vie religieuse. Richelieu lui a refusé le coadjutorat de son oncle, qu'il briguait, parce que son nom a été mêlé en 1640 à la conspiration du comte de Soissons. Il passe pour trouver ses maîtresses dans le parti de l'opposition – ainsi la fille de la duchesse de Chevreuse, une Vendôme –, et n'inspire aucune confiance aux ministres, et surtout pas à Mazarin.

Parce qu'il est le fils de la bienheureuse Françoise-Marguerite de Silly, sa bienfaitrice, Vincent de Paul se sent une certaine dette à son égard. Celui que l'on appelle encore l'abbé de Buzay jouit du crédit et de l'affection de son père Philippe-Emmanuel, qui s'est retiré à l'Oratoire fondé par Bérulle, lieu d'excellence de la Contre-Réforme romaine. Il est sollicité par Louise de Marillac, qui lui recommande son fils comme secrétaire ou aumônier, par l'intermédiaire de Vincent et de la marquise de Maignelay, sa tante, qui est sans doute intervenue auprès de la reine pour que Jean-François-Paul de Gondi obtienne enfin le brevet de coadjuteur de l'archevêque de Paris son oncle, qu'il sollicite depuis longtemps. Il est l'étoile montante dans la constellation des Gondi dont Vincent fait partie depuis le début de sa carrière ecclésiastique, et dont il ne peut s'abstraire.

Dès le 5 octobre 1643, Jean-François-Paul de Gondi s'emploie à obtenir de Rome les bulles de nomination du pape qui le font en même temps coadjuteur et archevêque *in partibus* de Corinthe. Docteur en théologie, il se doit de recevoir les ordres, d'affecter une vie pieuse, de faire retraite à Saint-Lazare, chez Monsieur Vincent, ce qui confère alors un brevet de moralité. Il se conduit en prélat moderne, prêche beaucoup, se fait connaître du menu peuple de Paris auquel il fait distribuer des soupes et des deniers.

Va-t-il prendre la tête d'un nouveau parti dévot ? Ses discours provocateurs à l'assemblée du clergé de 1645-1646 lui attirent déjà la méfiance de Mazarin qui le soupçonne des pires desseins. Cet ambitieux se contentera-t-il du chapeau de cardinal ? Il inquiète aussi les dévots, et Vincent de Paul le premier, qui ne peut lui refuser une retraite dans un prieuré que sa mère a acheté de ses écus, mais n'est assurément pas dupe des mines doucereuses, de la piété affectée, de la foi affichée du jeune futur cardinal. Peut-il réussir là où Potier, ce saint homme, a échoué ? Comment Gondi pourrait-il s'appuyer sur le clan des dévots alors que ce clan vient d'être défait et se réfugie dans l'efficace clandestinité de la Compagnie du Saint-Sacrement ? Sur les factions des nobles, alors qu'elles se déchirent entre elles ? Jean-François-Paul doit, pour l'heure, patienter, mais il agitera de son mieux, personne n'en doute, l'archevêché de Paris tenu d'une main molle par son oncle Gondi. Vincent de Paul ne peut le combattre, en raison de ce qu'il doit à sa famille. Mais un jour ou l'autre le général des Lazaristes risque d'être au cœur d'un conflit entre le clan Gondi et le pouvoir d'État, sans avoir les moyens de choisir entre la fidélité et la raison.

Les folles ambitions du jeune coadjuteur sont d'autant plus dangereuses que le cardinal de Mazarin est appelé, par sa politique de guerre et les dépenses qu'elle entraîne, à subir une vague de révoltes nourrie de tous les mécontentements, et d'abord de la colère des privilégiés. Le nouveau contrôleur général des finances, Particelli d'Émery, invente chaque jour des remèdes miracles pour trouver de l'argent frais. Cet alchimiste fiscal suscite l'opposition des propriétaires, puis des locataires et de tous les Parisiens, en proposant une taxe de 50 sous par toise carrée, le toisé. Le 4 juillet 1644, une émeute favorisée par les parlementaires mécontents tient les rues de la capitale, empêchant les carrosses de circuler. Mathieu Molé, le premier président, porte les remontrances de son corps au Parlement ; l'affaire est alors enterrée. Mais Particelli veut de l'argent. Par la « taxe d'aisés », il contraint les riches à acquérir les titres d'un emprunt forcé de 500 000 livres, qui sera plus tard remboursé sur les rentrées des taxes indirectes. Cette fois les fermiers (les financiers des aides et gabelles) protestent, et l'édit est presque aussitôt retiré. Les diverses taxes proposées par le surintendant sont impossibles à lever, particulièrement les droits d'octroi sur les marchandises entrant dans la capitale, qui mécontentent tout le monde et sont l'occasion de violents désordres.

Mazarin, comme naguère Richelieu, comprend rapidement qu'il n'y a pas d'autre solution fiscale au financement de la guerre qu'une augmentation générale des charges. Les financiers et les parlementaires titulaires de leurs offices se renvoient la balle. Mazarin finit par demander au Parlement d'imaginer lui-même de nouvelles taxes. Mais il ne peut admettre qu'il s'en prenne aux gens d'affaires, seuls capables d'avancer de l'argent frais pour faire la guerre. Il est notoire que les plus riches des parlementaires spéculent sur les fermes et prennent des parts rémunératrices dans les sociétés. Seuls les artisans et marchands de Paris ne peuvent refuser l'augmentation des charges, ainsi que, dans les campagnes, les paysans dotés de biens.

Pour les contraindre à payer, et faire rentrer l'argent immédiatement, le gouvernement finit par déférer la levée de la taille elle-même aux financiers, dits « traitants » ou « partisans ». Dans les provinces les plus anciennes du royaume, elle était jusqu'alors répartie par les notables de village et par les « élus ». Les partisans qui ont avancé au roi le produit de la taille, et la récupèrent ensuite, sont eux-mêmes pressés de rentrer dans leurs fonds. Ils délèguent leurs représentants qui parfois font appel à la troupe pour arracher par force le moindre liard au paysan. « La nouveauté réelle, écrit Goubert, était de confier aux financiers et à leurs séides la perception des tailles : de mémoire d'homme, on n'avait jamais vu cela. Par surcroît, ces personnages nouveaux étaient des étrangers, souvent des Parisiens au langage curieux[1]. »

Des révoltes fiscales violentes sont donc plus que jamais à prévoir, et Mazarin rencontre déjà les mêmes difficultés que Richelieu. On compte sur les intendants pour les mater. Ces jeunes gens riches, qui ont dû acheter leur charge de maître des requêtes au Conseil du roi avant de briguer un

1. Pierre Goubert, *Mazarin*, Paris, Fayard, 1990, p. 198.

poste à robe noire de commissaire et donc d'agent du pouvoir, se trouvent confrontés aux situations les plus explosives : le jeune Nicolas Fouquet, frère de l'évêque de Bayonne nommé par les soins de la reine et de Vincent de Paul, a été expédié en 1642 en mission aux armées, il était auprès de Condé à la bataille de Rocroi. Sans transition, il a été dépêché en Dauphiné, où l'on craignait des troubles fiscaux. À grand-peine, il a calmé une émeute de femmes poussées par la misère, qui avaient attaqué en armes les collecteurs d'impôts. À peine libéré par les femmes en colère, il est tombé sur un autre parti d'émeutiers qui l'ont mis à mal, pillant son carrosse et sa suite, lui prenant son argent et ses vêtements[1]. Il a aussitôt constitué une milice bourgeoise et pris la tête de la résistance, capturant un certain nombre d'émeutiers qu'il a fait défiler dans les rues de Grenoble. Des scènes de ce genre se multiplient alors dans les provinces.

Comment, s'interroge Mazarin, un royaume de 18 millions d'habitants, baigné par des mers riches, nourri d'une agriculture active, ne peut-il dominer l'Europe par ses armes, le monde par ses vaisseaux, et affronter sans difficultés financières des États européens deux à trois fois moins peuplés, comme l'Espagne ou l'Angleterre, ou dix fois moins, comme la Hollande ? L'Italie morcelée, occupée par les armées étrangères, l'Allemagne ravagée par la guerre de Trente Ans, divisée en trois cents États et principautés, ne comptent pas. Pour que la France puisse être au premier rang, elle doit utiliser la seule arme qui soit en son pouvoir, ses très nombreux enfants, non pas pour faire la guerre (les armées se composent de professionnels soldés) mais pour la payer. Mazarin, qui connaît la pauvreté des campagnes italiennes, est convaincu que la richesse

1. Daniel Dessert, *Fouquet*, Paris, Fayard, 1987, p. 68.

cachée des sujets du royaume peut répondre aux exigences de l'État.

L'argent, malgré la stagnation globale de la quantité des monnaies en circulation, s'est investi dans les secteurs les plus attractifs, par exemple les très nombreuses constructions d'immeubles en pierre dans la capitale (qui compte désormais 400 000 habitants et de très nombreux ouvriers du bâtiment). Les ateliers, qui coulent les pièces royales, ont reçu plus de 80 millions de livres de métaux précieux en trois ans pour frapper, en 1640-1641, les nouveaux louis d'or et d'argent. L'Italien soupçonne, dans le royaume, des gisements d'épargne inexploités, des sacs d'or cachés par de petites gens. Comment les débusquer ? L'augmentation de la pression fiscale a permis de doubler depuis huit ans le produit de la taille et des indirectes. Peut-elle être encore accrue ? L'encadrement administratif prévu par Richelieu, celui des intendants, est destiné à contraindre chaque sujet du roi à s'associer à l'effort de guerre, et particulièrement en province, car Mazarin est conscient du danger de révolte de la « grosse bête » (ainsi Richelieu appelait-il Paris) si Particelli provoque le peuple en multipliant les taxes.

Les privilégiés qui encaissent leurs droits féodaux et seigneuriaux pour partie en argent thésaurisent d'autant plus que les revenus de la terre ont tendance, depuis les années 1630, à diminuer. Ils investissent moins dans le foncier et dans l'amélioration des cultures. Les prix des céréales amorcent une baisse de longue durée qui n'a rien à voir avec les mouvements de hausse sporadiques, dus à des spéculations, en période de mauvaises récoltes. L'argent devient rare et cher, il se cache plutôt ou s'investit dans des opérations de gains rapides, sans risques. Selon Morineau[1], les années 1640-1660 sont celles durant lesquelles

1. M. Morineau, *Incroyables gazettes et fabuleux métaux*, Londres-Paris, 1985, p. 581-583.

l'accroissement de la masse monétaire en circulation est la plus faible du « cycle long » courant de 1500 à 1800. Il existe ainsi, dans le royaume, sans que la guerre y soit pour rien, une véritable pénurie d'argent.

Les hommes d'affaires des bourgs peuvent profiter, par la spéculation sur les grains et par les prêts usuraires, de la conjoncture pour eux favorable des mauvaises récoltes de 1643 et 1644 et surtout de celles de 1646 et 1647, qui ont provoqué un doublement du prix du pain, mais ces mouvements se traduisent par l'appauvrissement général de la population, contrainte de payer le blé à prix d'or ou de piller les greniers, incapable d'acquitter les taxes et autres impôts du roi faute de liquidités. La crise qui s'installe se traduit par une baisse générale des achats, particulièrement de tissus, d'outils et d'armes fabriqués par les ateliers urbains. Elle engendre le chômage. Le taux déjà élevé de rémunération de l'argent augmente d'autant plus qu'il devient plus rare, la thésaurisation étant considérée par tous comme l'antidote de la crise. L'endettement des campagnes, les ravages du sol lors des passages d'armées encouragent les rachats de tenures à bas prix, et donc la concentration des sols, comme en Picardie. Ainsi les riches deviennent-ils plus riches, et les pauvres, plus pauvres.

Cette crise de longue durée rend difficile l'amélioration des recettes fiscales, hypothéquant les emprunts d'État en raison de la défiance des épargnants grugés par le mauvais traitement des rentes de l'hôtel de ville de Paris, dont Particelli diffère constamment les paiements, accumulant les retards et les amputations de remboursements. Ces méthodes très irrégulières et spoliatrices engendrent une crise de confiance des épargnants, des troubles dans la rue dont les habiles, comme Jean-François-Paul de Gondi, qui s'est fait proclamer syndic des rentiers, comptent bien profiter. Ces pratiques désastreuses rendent plus précaire encore la situation financière de l'État.

Mais la guerre exige des remèdes immédiats, même injustes, et arbitraires. Les financiers en profitent scandaleusement, depuis que Particelli s'est résigné à leur affermer le produit de la taille. Les paysans doivent en effet désormais s'acquitter de l'impôt à des collecteurs d'un nouveau genre, plus cupides, moins patients que les anciens, car les fermiers de l'impôt veulent toucher plus d'argent qu'ils n'en ont avancé. Les contrats passés avec les fermiers sont conclus par le surintendant des finances, dont la fortune personnelle devra inévitablement servir de garantie aux financiers, qui viendront progressivement à douter de la solvabilité de la Couronne. On marche alors tête baissée vers la banqueroute.

Mazarin ne peut renoncer à la guerre, qui donne au demeurant des satisfactions grâce à l'audace victorieuse de deux jeunes généraux français, Turenne et Condé. Mais cette guerre est d'autant plus ruineuse qu'elle suppose l'achat d'armes sophistiquées à l'étranger, à Liège, en Hollande, en Suède, et que les intermédiaires sont fort gourmands. Ainsi les marchés des « bouches à feu » sont-ils particulièrement éprouvant pour le Trésor. Un « grand maître de l'artillerie » s'en charge, contre espèces sonnantes. Cet officier titulaire (le maréchal de La Meilleraye, sous Richelieu) vend à son tour des offices et se procure à grands frais les canons et la poudre. On doit acheter des mousquets, bientôt des fusils pour l'infanterie, et même des pistolets pour la cavalerie. La guerre de siège impose en outre d'importants travaux de maçonnerie et de terrassement, et l'installation de pièces d'artillerie dans les places remodelées par les poliorcètes, ainsi que la création de compagnies de sapeurs, capables de faire sauter les murailles avec de la poudre : une guerre savante, qui suppose la mise à disposition des meilleurs matériels suédois, particulièrement les canons légers de campagne. Les progrès de la marine à voiles exigent de leur côté la construction d'une lourde flotte pourvue également de pièces d'artillerie nombreuses, celle qui a permis au neveu de Richelieu, le jeune duc Jean-Armand de Maillé-Brézé, de gagner des batailles.

Par ailleurs, les soldats du roi sont recrutés à grands frais par des officiers propriétaires de leurs charges et qui trichent dans les « montres » sur les effectifs et volent ainsi l'administration. Beaucoup d'unités sont commandées par des condottieres à l'italienne, comme ce Bernard de Saxe-Weimar, propriétaire d'une bande de mercenaires que Richelieu avait achetée fort cher. À la mort du général, il a confié ses troupes à un Français, Guébriant, puis à un prince étranger, petit-fils de Guillaume d'Orange, le vicomte de Turenne. Mazarin doit nourrir en permanence une armée dont les effectifs moyens atteignent 140 000 hommes, un tiers d'étrangers. Cette troupe nombreuse est hébergée l'hiver dans les villes et villages, acheminée vers les champs de bataille, constamment ravitaillée par des files de chariots, enfin soldée. Quand les convois de sacs d'or et d'argent ne sont pas aux rendez-vous, les troupes se débandent. Pendant l'hiver, elles désertent, et il est urgent de reconstituer à grands frais les effectifs à chaque printemps pour entrer en campagne. Des compagnies privées de munitionnaires sont chargées de procurer à l'armée les montures, le ravitaillement, les munitions dont elle a besoin. Elles organisent à grands frais les transports. Le coût de ces expéditions est donc exceptionnellement lourd et s'accroît tous les ans pendant un quart de siècle : une génération entière de Français sera sacrifiée au financement de cette guerre.

Mais comment Mazarin aurait-il pu y renoncer, alors que ses généraux lui font espérer une conclusion favorable ? Les campagnes d'Allemagne entreprises contre les Bavarois, les Autrichiens et leurs alliés par Turenne et Condé, aidés par les Suédois, conduisent en effet les impériaux à signer, en 1648, les deux traités de Westphalie qui reconnaissent définitivement à la France la possession des trois évêchés de Metz, Toul et Verdun, ainsi que l'occupation d'une grande partie de l'Alsace. Si les interventions en Italie sont moins heureuses, si le front de Catalogne ne bouge pas, les opérations contre l'Espagne sur les frontières du Nord et de l'Est sont couronnées de succès.

Après Rocroi, Condé a été assez heureux pour enlever les citadelles de Courtrai, Mardyck et Dunkerque. La prise de ce port a inquiété les Hollandais, qui se sont hâtés de négocier avec l'Espagne une paix qui reconnaît officiellement leur indépendance. Ils libèrent ainsi une partie des *tercios* du roi d'Espagne, aussitôt dépêchés sur la frontière française pour y préparer une nouvelle invasion.

Ils se sont déjà emparés de Lens quand Condé, revenu à marche forcée, remporte sur eux, le 20 août 1648, une victoire éclatante. Mazarin et la reine entendent le *Te Deum* à Notre-Dame. Paris, une fois de plus, est sauvé. Les étendards des *tercios* pris à l'ennemi s'inclinent, pendant l'office, devant les vainqueurs.

Mais l'Espagne n'est pas abattue pour autant et poursuit les opérations militaires, même si l'empereur signe les traités de Westphalie qui mettent fin à la guerre de Trente Ans en Allemagne. Le roi d'Espagne est soutenu par le nouveau pape élu en 1644, le Pamphili Innocent X, qui l'a emporté sur le candidat de Mazarin, Jules Sacchetti, malgré le soutien des cardinaux pro-français Barberini. Les Espagnols tiennent l'Italie, où les menées de Mazarin ont échoué, résistent en Catalogne et massent leurs troupes dans leur province des Pays-Bas. La guerre se poursuit jusqu'en 1659. Mazarin n'a pas le choix. Force est de la nourrir, même au prix de convulsions intérieures. Pour cette raison, Vincent de Paul ne peut s'empêcher, quelle que soit sa prudence, d'implorer Dieu pour qu'il rétablisse la paix.

Les batailles ont jusqu'ici épargné le royaume, mais il

est sans cesse sous la menace de l'invasion, comme l'a montré la prise de Lens. Les provinces périphériques ont à subir régulièrement les passages d'armées et les hébergements de soldats en hivernage, ce qui signifie de lourdes réquisitions et des « pilleries » constantes. Et si l'armée combat surtout à l'étranger, elle impose pourtant à l'ensemble des sujets du roi des sacrifices insupportables, du fait qu'elle doit être constamment entretenue et exige toujours de nouvelles levées d'impôts. Chaque année, Mazarin doit soustraire aux Français plus de mille tonnes d'argent fin que les convoyeurs des tailles, des gabelles et des aides acheminent vers les caisses, et dont l'État ne touche que la moitié, en raison des dettes accumulées, des intermédiaires à payer, des intérêts ajoutés. Cet argent frais disparaît aussitôt pour rémunérer les fournisseurs d'armes, de chevaux, de moyens de transport, pour payer la solde de l'armée de Catalogne ou armer de nouveaux navires, pour renflouer la caisse du grand maître de l'artillerie qui achète à l'étranger les lourds canons de siège ou les pièces légères de campagne.

L'injustice et l'irrégularité de l'impôt provoquent des flambées de colère, même dans les villes. Les taxes indirectes suscitent de brusques soulèvements d'indignation, par exemple les aides, les droits d'octroi sur l'entrée des tissus, des vins, des objets en fer. La révolte de Tours, en 1643, est due à un impôt nouveau de 30 sols par « pipe » de vin. On a battu et emprisonné les commis de la ferme chargée de la levée. Les soldats du roi ont pendu le meneur, appelé « capitaine Sabot », dont le corps a été publiquement brûlé, ses cendres dispersées au vent. L'armée a dû réprimer des troubles semblables à Toulouse, à Mende, en Provence et en Languedoc. Dans les campagnes, les exigences du fisc sont d'autant plus mal reçues qu'elles s'ajoutent aux taxes levées par les seigneurs, à la dîme, au loyer de la terre. La véritable fortune française, très largement terrienne, est aux mains des quelque deux cent mille nobles propriétaires qui détiennent les deux tiers du sol, et de l'Église, qui dispose, selon Pierre Goubert, d'un dixième des terres et d'un cinquième de seigneuries. À cette époque de misère, de pénurie, de guerre et de renforcement des charges publiques, le contraste entre riches et pauvres devient insolent.

Comment Vincent de Paul n'y serait-il pas sensible alors que le scandale de l'opulence des privilégiés en période de pénurie affecte de nouveau la moralité de l'Église, dont les hauts seigneurs sont riches, puissants et souvent cupides, et qu'il s'efforce de contrecarrer cette tendance au conseil de conscience en favorisant la nomination d'évêques réformateurs ? Le chancelier Séguier, véritable ministre de l'Intérieur du royaume, perçoit des droits très importants sur les boues enlevées dans la capitale, beaucoup de ministres et de grands seigneurs, La Meilleraye, Fabert de Sedan, Turenne, des évêques comme Jean de Ligny, de Meaux, ou Pingré, de Toulon, touchent des intérêts ou des rentes sur les aides ou les gabelles en plaçant de l'argent dans les fermes. Le pieux évêque de Beauvais, Augustin Potier, compte dans sa famille deux des cinq présidents des aides de l'Île-de-France. Et parmi les bénéficiaires des revenus fermiers des aides, on relève les noms des d'Orléans, des Condé, des Longueville, des La Rochefoucauld, de la reine elle-même en Normandie[1].

Désormais, Mazarin, sans que Vincent de Paul puisse s'y opposer, dispose à son gré des évêchés et des bénéfices. « Ces lignes pour vous dire, lui écrit-il en février 1646, que M. le Président [Molé] ayant dépêché ici pour demander à la reine l'évêché de Bayeux, qui vaque depuis quelques

---

1. Voir Françoise Bayard, *Le Monde des financiers au* XVII*e siècle*, Paris, 1988, et Daniel Dessert, *Argent, pouvoir et société au grand siècle*, Paris, Fayard, 1984.

jours, pour M. son fils, elle le lui a accordé d'autant plus volontiers qu'il a les qualités requises pour en être pourvu, et que Sa Majesté a été bien aise de rencontrer une occasion si favorable de reconnaître les services du père et le zèle qu'il a pour le bien de l'État, en la personne de son fils. La reine m'a promis de vous en écrire et je l'ai voulu faire par avance, afin que vous preniez la peine de le voir, et que vous lui donniez les instructions que vous jugerez lui être nécessaires pour se bien acquitter de cette fonction. » Ainsi, Mazarin pourvoit lui-même au poste, suivant en cette affaire l'intérêt de son gouvernement, sans oublier à l'occasion le sien propre. La liste de ses bénéfices ecclésiastiques est édifiante : elle passe de 16 000 livres annuelles en 1641[1] à 228 250 livres en 1648, soit le produit de onze abbayes. Celle de Saint-Denis lui rapporte 140 000 livres, et celle de Cluny 57 000. Une famille ordinaire vit à Paris pour 25 livres par mois, un adulte paye entre 2 et 4 livres selon l'année pour son pain quotidien.

Vincent considère qu'il est de son devoir de faire circuler, par les œuvres, l'argent de ceux qui ont trop jusqu'à ceux qui manquent de tout. Il ne conteste en rien le système privilégial, même s'il refuse pour lui-même et ses prêtres le moindre bénéfice. Il estime de son devoir de s'intégrer au régime financier de la société de son temps pour en détourner les sommes nécessaires à l'assistance, au nom de la charité. De la sorte, il est lui-même conduit à gérer les biens qu'on lui cède, pour en tirer le meilleur profit. Il joue des rentes des coches et des fermes des aides que lui baille une duchesse d'Aiguillon ou une marquise de La Meilleraye. Il doit veiller à ce que ces biens soient utilisés avec le plus d'efficacité possible, à les placer au mieux pour le profit exclusif des pauvres, du clergé en souffrance, de la

1. Soit 3 200 000 de nos francs si l'on accepte le coefficient 200. Pierre Goubert, *op. cit.*, p. 527 et 528.

noblesse lorraine dépossédée. Son ministère fantôme est aussi celui des biens. Par les fondations, donations et legs, il assure le transfert d'une partie de la fortune des grands et des puissants vers les déshérités, contribuant ainsi à l'ordre social. Il n'est nullement gêné de recevoir en don des fonds publics provenant des fermes des impôts ; bien au contraire. Puisqu'il n'existe pas de taxes permettant de nourrir les pauvres, il juge expédient d'écrire à l'intendant de Touraine, qui veut établir un nouveau droit sur les vins, afin de protéger un droit ancien dont il avait hérité du commandeur de Sillery. Il demande au commissaire du roi de « faire rayer de la pancarte » l'article de cette nouvelle aide. « Car [quel] moyen aurions-nous de conserver cette ferme, puisque même le fermier est contraint de remâcher de ses droits anciens pour faciliter la vente du vin ? » Il remercie d'avance l'intendant Bautru, au nom « des pauvres de l'Hôtel-Dieu ».

Il est le seul à assumer ce rôle de direction de l'assistance au conseil de conscience ; aucun représentant d'un ordre institutionnel ne peut rivaliser avec lui. Les jésuites pourraient contrarier son action, mais ils n'ont pas les mêmes objectifs, préoccupés qu'ils sont surtout d'enseignement, d'action morale sur les grands et les membres de la famille royale (le confesseur du jeune roi est encore un jésuite), de lutte contre l'hérésie dans le domaine de la doctrine.

Aussi Vincent ne songe-t-il nullement à leur disputer leur place. Ses missionnaires ne pourraient entrer en conflit avec les Pères qu'à l'étranger, où ils réussissent déjà à s'implanter, dans les espaces restés en friche comme le Maghreb. En fait, Vincent se montre d'une extrême prudence avec les disciples de saint Ignace. « Je suis en quelque perplexité si j'irai à Fontainebleau », écrit-il à Portail le 14 octobre 1644. La reine lui a demandé une mission lors du séjour de la Cour au palais. Il a choisi ses missionnaires. Mais un jésuite a pris les devants. Vincent demande à la reine, comme une grâce, de rappeler ses hommes, ce qui lui est accordé.

Par ailleurs, il se garde de soutenir les jansénistes, qui sont sérieusement attaqués depuis que Mazarin a obtenu du pape une première bulle de condamnation en 1643. Cette année-là, Antoine Arnauld, le frère de la mère Angélique, publie son traité *De la fréquente communion*, dans lequel il condamne ceux qui viennent à la sainte table après des confessions trop indulgentes. Il s'attire ainsi les foudres des jésuites. Mazarin exige alors leur condamnation à Rome, parce qu'ils sont hostiles à sa conception (héritée de Richelieu) de la raison d'État, du catholicisme d'État, qui l'entraîne à une guerre inexpiable contre une puissance catholique, et parce que de nombreux parlementaires, qui gênent sa politique et protestent contre les levées d'impôts, sont alliés par leurs familles aux « messieurs de Port-Royal ».

On ne trouve nulle trace d'animosité contre ces augustiniens réformateurs dans la correspondance de Vincent. Il sait que nombre d'évêques (Pavillon, Potier lui-même) ont de la sympathie pour les solitaires. Mais son inquiétude s'accroît quand il constate le progrès de la doctrine, particulièrement après la publication du traité d'Arnauld sur la *Fréquente Communion* qui provoque dans les églises parisiennes un ralentissement de la fréquentation de la sainte table. Il a déjà pris amicalement ses distances à l'égard des thèses de Saint-Cyran, qu'il respecte, mais plaint. Il s'est entremis avec passion pour ramener à la raison ceux qu'il sent autour de lui tentés par l'hérésie, comme Jean Deslyons, doyen à Senlis et docteur de la Sorbonne. Il est saisi de demandes d'intervention par ceux des évêques que le jansénisme indigne, comme monseigneur de Lavaur, Charles François d'Abra de Raconis, du parti de Condé père. Ce dernier a demandé à Vincent de réunir une conférence avec le nonce du pape et le chancelier Séguier pour chercher les moyens de mettre fin sans tarder à l'hérésie.

En fait, Vincent avance à pas prudents. Il modère son professeur de philosophie, Jean-Baptiste Gilles, à qui il a donné la chaire de morale à Saint-Lazare, et qui tient contre les jansénistes des propos excessifs. Mais il écrit en septembre 1648 une lettre d'une extrême netteté à son supérieur à Rome, Jean Dehorgny, qui défend les idées d'Arnauld sur la fréquente communion. Comment ose-t-il se réclamer de saint Charles Borromée qui revendiquait, certes, la confession publique des fautes graves, mais uniquement lorsqu'elles avaient été commises en public ? Comment considérer comme un « relâchement » de ne pas accepter les vues d'Arnauld sur la pénitence ? Comment louer ceux qui, par humilité, veulent différer leur communion jusqu'à la fin de leur vie ? « Pour moi, écrit-il, j'avoue franchement que si je faisais autant d'état du livre de M. Arnauld que vous en faites j'aurais de l'horreur du sacrement [...]. Se trouvera-t-il un homme sur terre qui eût si bonne opinion de sa vertu qu'il se croie en état de pouvoir communier dignement ? Cela n'appartient qu'à M. Arnauld, qui après avoir mis ces dispositions à un si haut niveau que saint Paul eût appréhendé de communier, ne laisse pas de se vanter qu'il dit la messe tous les jours. »

Vincent condamne dès lors sans équivoque ce qu'il appelle une hérésie : il se sent d'autant plus obligé de le faire qu'elle touche sa propre compagnie. « Comme cet auteur éloigne tout le monde de la communion, il ne tiendra qu'à lui que toute les églises demeurent sans messe. » Est-ce là ce que désire Dehorgny ? Vincent le prie de ne pas répondre à sa lettre s'il persévère dans ses opinions. Le 25 juin 1648, il prend soin de lui préciser qu'il importe de blâmer Arnauld et les hérétiques. Ce n'est nullement une faute, comme le croit Dehorgny, que de s'être déclaré « contre les opinions du temps ». Et de rappeler qu'« au Conseil des choses ecclésiastiques [...] chacun s'est déclaré contre : la reine, Mgr le cardinal, M. le chancelier et M. le pénitencier [Jacques Charton]. Jugez de là si j'ai pu demeurer neutre ? Le succès a fait voir qu'il était expédient d'en user de la sorte. » À l'intérieur de la compagnie, on ne peut pas discuter de la communion fréquente, il faut que nous soyons unis, dit Vincent, et si le général entend bien imposer son point de vue, c'est qu'il est « celui de Dieu, des papes, des conciles, des saints ». À l'extérieur, il est recommandé de se taire, ou de condamner. Il n'est pas question que la compagnie s'oppose au pouvoir dans une affaire de foi qui touche à la politique alors que son général est au pouvoir.

Vincent emploie toute son énergie à faire battre un janséniste candidat à une chaire de théologie en Sorbonne. Il écrit à Mazarin, le 4 septembre 1646, pour soutenir Le Maistre, qui a l'agrément de « l'opinion commune de l'Église » et qui est « l'une des meilleures plumes du royaume ». Il demande pour son protégé douze cents livres de pension. « Votre Éminence empêchera, écrit-il, que cette opinion dangereuse ne s'enseigne publiquement en Sorbonne, elle opposera un puissant génie à ces gens-là, elle fera une créature au roi et à votre Éminence. » Mazarin remercie aussitôt Vincent « du soin [...] de rompre la brigue des jansénistes » et accorde, bien sûr, la pension demandée.

Vincent agit donc efficacement auprès des deux pouvoirs pour verrouiller la diffusion du jansénisme. À Rome, il demande l'intervention du cardinal Grimaldi, prenant pour prétexte la querelle « des deux chefs, saint Pierre et saint Paul ». Deux docteurs jansénistes de la Sorbonne, soutenus par certains évêques, s'y sont rendus pour prétendre que la faculté admet « la prétendue égalité de Pierre et de Paul », ce qui contrevient à la tradition, qui place Pierre en tête. Révoltée par l'opposition des jansénistes à la communion fréquente, la reine pousse sans doute Vincent à intervenir franchement. N'est-il pas, au Conseil, le défenseur de la doctrine ? Le vieux prince de Condé le supplie également d'agir. Une fois obtenue la condamnation par le pape, le roi impose la bulle à la faculté de théologie le 24 janvier 1647 et l'archevêque de Paris, Jean-François de Gondi, invite le clergé à s'y conformer. Il sera désormais interdit de parler et d'écrire sur la prédestination. Les jansénistes ne sont pas encore excommuniés comme hérétiques, mais ne peuvent plus s'exprimer. Par le biais des salons mondains, de l'action religieuse des Pères et de l'agitation des bacheliers de la Sorbonne, la doctrine n'en progresse pas moins, au point d'inquiéter Vincent : « Les opinions nouvelles, écrit-il le 2 mai 1647, font un tel ravage qu'il semble que la moitié de l'opinion du monde soit là-dedans. » Il pense à la société dirigeante parisienne. Au-delà de ces troubles, dont il recherche la solution en organisant dans les séminaires et les cours un rempart de la foi, il est beaucoup plus inquiet des progrès enregistrés par les véritables hérésies en Europe.

À la fin des années 1640, sa réflexion sur la chrétienté s'étend en effet au monde entier. Il adopte bien plus la vision du pape que celle du roi de France. Deux textes en témoignent, une lettre du 31 août 1646 à Jean Dehorgny, son supérieur à Rome, qui exprime un doute véritable sur l'avenir de l'Église catholique en Europe. Il a « l'appréhension que Dieu l'anéantisse [...] et qu'il n'en reste point ou peu d'ici à cent ans, à cause de nos mœurs dépravées, de ces nouvelles opinions qui croissent de plus en plus, et à cause de l'état des choses ». Il donne ensuite la liste des États d'Europe qui sont passés au protestantisme. Il ne reste à l'Église que les pays du Sud, encore y sont-ils aussi menacés. Il craint « que nous ne perdions tout à fait l'Église en Europe ».

Il reprend le même thème dans une lettre à Jean Dehorgny datée de mars 1647 : « N'avons-nous pas occasion de croire, dit-il, que Dieu n'abandonne l'Europe à la merci des hérésies qui combattent l'Église depuis un siècle et qui ont fait de si grands ravages qu'elles l'on réduite comme à un petit point ? Et par un surcroît de malheur, ce qui en reste semble se disposer à une division par les opinions nouvelles qui pullulent de nos jours. » Le coup de patte à Port-Royal est significatif : n'est-il pas dérisoire de susciter des querelles d'école propres à diviser le front uni des catholiques, alors que Français et Espagnols se déchirent férocement à l'extérieur des frontières ? « Que savons-nous, dis-je, poursuit Vincent, si Dieu ne veut pas transférer la même Église chez les infidèles ? »

Au moment où l'empereur Habsbourg s'apprête à signer les traités de Westphalie qui consacrent l'indépendance de la protestante Hollande, les conquêtes suédoises, et l'humiliation de Vienne menacée par l'armée de Turenne, où le roi d'Espagne, qui n'a plus de flotte, semble se résigner lui-même au recul de son influence en Europe, où le pape n'a pas les moyens de lever la croisade contre les Turcs de nouveau entreprenants, cette angoisse, ce découragement sont bien ceux de la caste des catholiques zélés, mais aussi des dévots réformateurs, de tous ceux qui tiennent la guerre contre l'Espagne pour fratricide. Puisque Mazarin la poursuit et que la reine le soutient, il n'y a aucun espoir de retournement de la politique royale : un nouveau recul des États catholiques engagés dans la croisade antiprotestante est prévisible en Europe.

Raison de plus pour utiliser la puissance de la nation armée pour faire de nouveaux chrétiens outre-mer et protéger les captifs. La Mission en a-t-elle les moyens alors qu'elle ne suffit pas à la tâche en France ? Vincent ne veut pas en douter, même si, sur ce terrain, il doit entrer en conflit avec les jésuites déjà présents en Extrême-Asie, en Amérique du Sud, aux Caraïbes, au Canada. Précisément, l'exemple qu'ils donnent est encourageant : il suffit de quelques hommes résolus pour engranger les âmes par milliers. « Saint Ignace ne fit-il pas cent établissements, avant sa mort, de deux ou trois personnes chacun ? » Il faut donc envisager de quitter l'Europe, de gagner au Christ ces continents qu'explorateurs et « conquistadores » viennent de s'ouvrir. Les Français, grâce à Richelieu, ont pris la mer à leur tour, après les autres nations d'Europe. Les missionnaires doivent être à bord des lourds vaisseaux fleurdelisés. « Bienheureux sont ceux qui pourront coopérer à étendre l'Église ailleurs. »

Il faut profiter des espaces laissés vacants par les jésuites : Madagascar, la Perse, l'Inde. Le père Gondrée arrive avec le père Nacquart à Madagascar dès 1648. C'est, selon Vincent, « un des meilleurs sujets de la compagnie ». Les frères doivent réussir là où les jésuites portugais ont échoué. Point de provocation chez Vincent : le nonce du pape lui a demandé de désigner deux hommes pour accompagner l'expédition française, partie pour soutenir les rescapés d'une première tentative de la Compagnie des Indes orientales, créée naguère par Richelieu. Ils accompagnent Étienne de Flacourt et quarante-quatre colons catholiques qui prennent place à La Rochelle à bord du *Saint-Laurent*. C'est la première mission de conquête des âmes indigènes qu'entreprennent les prêtres de Saint-Lazare.

Vincent explique à Charles Nacquart qu'il retrouve ainsi « la vocation des plus grands apôtres et des plus grands saints de l'église de Dieu ». Il exige « une foi aussi grande que celle d'Abraham, la charité de saint Paul », le sens du sacrifice de François-Xavier. Il a déjà imaginé d'enseigner le catéchisme par images à ces indigènes qui ne peuvent comprendre le français, et recommande aux deux missionnaires d'apprendre le malgache. Il est joyeux, presque exalté : un autre avenir s'offre aux chrétiens que celui de cette Europe déchirée par les hérésies. Il est possible de rencontrer des « pauvres gens », susceptibles d'embrasser la foi par « des raisonnements pris de la nature », capables de s'émouvoir simplement à la vue des « images de mystères ». Le jour du départ de l'expédition, le nonce du pape baptise un jeune Noir venu de Madagascar sur un vaisseau de la Compagnie des Indes, éduqué à Saint-Lazare par les méthodes en honneur chez les jésuites. Le miracle est donc encore possible.

Il faut cependant déchanter. Les seuls pays où les missionnaires de Vincent sont sollicités sont ceux où le catholicisme doit se défendre ardemment contre l'hérésie ou l'islam. Il envoie finalement une poignée de missionnaires, en majorité irlandais, en Hibernie pour répondre aux ordres du pape en février 1645. Les Irlandais avaient réussi à émouvoir les foules urbaines à Cashel et à Limerick, mais avaient été férocement persécutés lors de la prise de ces villes par les Anglais. Thaddée Lye, un simple clerc, avait été torturé sous les yeux de sa mère. On lui avait arraché les pieds et les mains, on lui avait écrasé la tête. Aucun missionnaire ne pouvait tenir contre la furie des puritains. Mais dans les pays musulmans, la tâche n'est guère plus aisée. Non que les Turcs soient intolérants, ils ont une tradition d'accueil et respectent le plus souvent les accords passés avec le roi de France, mais les esclaves des Barbaresques sont en grand danger de perdre la foi. Vincent sait d'expérience qu'il n'est pas question de convertir une population dominée par des apostats, sensible seulement au prestige de l'argent et à l'esprit de jouissance. Dans les bagnes, des esclaves chrétiens croupissent par milliers : il faut les maintenir dans leur foi si l'on ne peut les racheter tous. La seule tâche des missionnaires est de sauver les âmes de ces victimes de la guerre de course. Quand les factions se préparent à s'entredéchirer en France, quand la guerre d'Espagne fait rage à la frontière nord, Vincent, accablé de demandes de secours pour les esclaves de Tunis et d'Alger, songe avec une singulière obstination à ces oubliés du Maghreb.

Une base de départ a déjà été aménagée dans le port de Marseille par des actions de charité. La duchesse d'Aiguillon a beaucoup donné pour les galériens français et pour évangéliser les esclaves et les rameurs stipendiés des galères. L'évêque Jean-Baptiste Gault, de l'Oratoire, et le chevalier de la Coste, membre de la confrérie du Saint-Sacrement, ont organisé les premiers secours et missions, fondé un hôpital, converti jusqu'aux Turcs. Les quatre missionnaires de Vincent envoyés à Marseille en vertu d'un don de 14 000 livres de la duchesse doivent à la fois évangéliser les galériens, moraliser les rues de la ville et les quais du port, créer une « fondation des femmes bohèmes » pour les filles publiques, les épouses dévoyées, les gitons qui hantent les bords des galères, prendre en charge les galériens malades à l'hôpital et partir à la première occasion, à tour de rôle, en Barbarie, pour y secourir les forçats catholiques. Les Marseillais les laisseront-ils prendre la mer ? Heureusement, la réputation de bonté des missionnaires est extraordinaire : quand l'un d'entre eux, Louis Robiche, meurt en janvier 1645, toute la ville assiste à ses funérailles. Il en est de même, en 1649, au convoi de Brunet, prêtre de la Mission, et du chevalier de la Coste, victimes de la peste.

Vincent connaît la détresse des bagnes d'Alger et de Tunis, où l'on enferme les esclaves du travail forcé par centaines, enchaînés deux à deux. Ceux qui scient le marbre sous le soleil de Tunisie « tirent la langue comme le feraient de pauvres chiens », sans inspirer aucune pitié à leurs maîtres qui les laissent « crever sur la pierre ». D'autres, employés dans les maisons particulières, ont un sort plus enviable, mais courent aussi des dangers. Vincent connaît la destinée des jeunes femmes, promises à l'apostasie pour obtenir le droit d'épouser leurs maîtres. « Nous avons retiré une des pauvres femmes françaises, lui écrit Guérin, entre les mains d'un renégat français. Deux autres femmes sont en grande détresse. Il y en a d'autres qui sont jeunes et belles, en très grand péril si elles ne sont pas secourues. » L'une d'elles a reçu cinq cents coups de bâton pour avoir refusé l'apostasie. « Non contents de cela, comme elle était à demi morte par terre, ils la foulèrent avec les pieds sur les épaules avec une telle violence qu'ils lui crevèrent les mamelles, et elle finit ainsi glorieusement sa vie en la confession de Jésus-Christ. » Les garçons ne sont pas moins en danger : l'un d'entre eux reçoit la bastonnade, dénoncé par « une louve » dont il a refusé les avances. Elle le voulait pour époux, il doit mourir en martyr. « Nous lui fîmes, explique Julien Guérin, des obsèques très honorables. » Beaucoup de prêtres périront de la peste, comme Nouelly, chef de mission à Alger, Jacques Lesage, son successeur, Jean Dieppe et Guérin lui-même à Tunis.

Dans les bagnes, où il a reçu l'autorisation de célébrer la messe, Guérin obtient des résultats spectaculaires grâce à ses charités et réussit à entretenir la foi des esclaves. Les Turcs, tolérants, laissent faire. Le consul fait racheter en priorité ceux qui risquent de perdre leur foi, comme un jeune garçon des Sables-d'Olonne qui lui a coûté 50 écus, ou une « femme sicilienne », le corps recouvert de plaies, dont le mari s'est fait turc et veut l'obliger à toute force à se convertir aussi à l'islam. Guérin l'a payée 250 écus. On peut aussi racheter les prêtres ou tous ceux que l'on estime nécessaires en France. La duchesse d'Aiguillon a ainsi donné sans barguigner 500 livres pour un chirurgien de La Flèche.

En Barbarie, ceux qui encourent les pires supplices pour ne pas renier le Christ sont les nouveaux martyrs de la foi. Il s'en trouve. Guérin lui-même, le chef de la mission de Tunis, craint les pires châtiments après avoir converti Chéruby, le propre fils du bey de Tunis, qui s'est enfui en Sicile où il s'est fait baptiser. Le souverain a fait aussitôt exécuter une esclave chrétienne que son fils avait épousée et abandonnée au logis. Guérin s'attend à subir le même sort. « Mais Notre-Seigneur l'a voulu conserver, explique Vincent, même à l'introduire plus que jamais dans les bonnes grâces du roi [le bey de Tunis] qui lui a donné une lettre pour notre roi, que j'ai ici, et ne trouvons personne qui la sache interpréter. »

Les missionnaires sont parfois victimes de leurs erreurs, de leurs imprudences, comme le prêtre-consul Barreau, jeté en prison pour s'être livré en garantie pour le rachat d'esclaves. Il avait promis de payer 40 000 livres, « contre l'expresse défense qu'on lui en avait faite », précise Vincent, et l'avance n'avait pas été couverte par les hommes d'affaires de Marseille. Il sera libéré après des démarches incessantes, et prié de ne plus s'engager à l'avenir. Les consignes de Vincent sont toujours les mêmes : assister les chrétiens, libérer les plus exposés, négliger les musulmans, les fuir au besoin pour ne pas risquer d'être pris au jeu de la tolérance. « Il est plus facile et plus important, écrit-il, d'empêcher que plusieurs esclaves ne se pervertissent que de convertir un seul renégat. Un médecin qui préserve du mal mérite plus que celui qui le guérit. » Le rachat ne s'impose que pour sauver des âmes. On dépensera à cette fin plus d'un million deux cent mille livres en quinze ans.

Défendre l'œuvre de Contre-Réforme accomplie en France contre vents et marée, telle est la tâche prioritaire de Vincent dans les années qui précèdent la Fronde. Il est encore au conseil de conscience et peut encore agir avec quelque efficacité sur les nominations d'évêques, entendre les suggestions d'un Solminihac qui proteste contre le choix des candidats soutenus par Mazarin dans les sièges du Midi, où l'activité missionnaire est indispensable contre les huguenots. Les lettres de l'évêque de Cahors implorent d'ailleurs une intervention du Conseil en faveur des bons candidats, ceux qui ont l'esprit de réforme chevillé au corps.

Vincent de Paul n'est pas toujours en mesure de choisir. Il écrit en février 1645 à l'archevêque de Toulouse : « Nous avons ici M. l'abbé de Beaulieu. » Ce dernier prétend-il avoir suivi naguère les cours du jeune étudiant Vincent Depaul à Buzet ? Vincent ne s'en souvient pas. « Il est, dit-il, le frère de feu Monsieur l'évêque de Vabres, et fait grande instance pour avoir l'évêché. Au nom de Dieu, Monseigneur, faites-moi la grâce de me faire écrire quel il est, s'il est capable et pieux, et s'il a enfin les qualités convenables à cette dignité, et notamment s'il est prêtre, il dit qu'il l'est, mais quelques-uns qui m'en ont parlé, et qui le connaissent, n'en savent rien. J'attendrai à prendre résolution sur ce que vous nous ferez la charité de nous en écrire. » Il faut croire que la réponse de l'archevêque est défavorable, car Vincent fait finalement nommer Isaac Habert.

Une fois les évêques réformateurs choisis et installés, il doit les défendre contre leurs chanoines qui protègent leurs privilèges avec un acharnement hors de saison. Il écrit ainsi au gouverneur du comté de Foix, le marquis de Mirepoix, pour qu'il prenne le parti de François de Caulet, nommé à Pamiers. Il doit aussi mener une guerre judiciaire sans fin pour défendre l'évêque de Saint-Malo contre le parlement de Rennes. Ferdinand de Neville avait en effet permis aux lazaristes d'installer une mission dans un établissement abandonné par des moines irascibles, qui protestaient avec force.

De tout le royaume proviennent sans cesse des demandes de religieux pour réformer monastères et abbayes, et surtout de prêtres pour enseigner dans les séminaires ou pour diriger des exercices spirituels. Pavillon en réclame trente pour le seul diocèse d'Alet. Les évêques établis dans les provinces conquises ne sont pas moins exigeants, comme François Perrochel qui vient d'être affecté à Boulogne-sur-mer. Dans ces régions du Nord, proches de la Hollande et de l'Angleterre réformées, il convient de maintenir les positions catholiques, et d'abord en aidant à panser les malheurs de la guerre. Or Vincent ne dispose que de cent prêtres formés au séminaire des Bons-Enfants et au Petit-Saint-Lazare.

L'excès de besogne l'empêche de se consacrer aux sœurs visitandines, dont il est le directeur de conscience. Il écrit à la supérieure, Catherine de Beaumont, pour s'en excuser. Le souci des affaires religieuses de l'État l'accapare nuit et jour, ainsi que la défense de sa propre compagnie qui exige des interventions constantes. Il doit stimuler le zèle des uns, empêcher les autres de déserter, d'abandonner la Mission, apaiser la situation dans les conflits entre missionnaires, chasser enfin ceux dont la conduite est indigne.

Mais surtout, « animer », souffler l'esprit saint, l'*animus*, qui donne le courage d'entreprendre, et l'*anima*, qui offre l'amour. Un jeune homme est mort à Saint-Lazare. Ce Jamain, venu de Verdun, a « bénéficié de petites circonstances qui me semblent être de bonne augure », écrit Vincent à Lambert aux Couteaux, le 18 avril 1645. Il a noté tous les signes de la mort chrétienne, de la « bonne mort » qu'il faut proposer en modèle presque miraculeux à tous les malades. « Il a eu le bonheur : 1°) de baiser dévotement la croix immédiatement avant de rendre l'esprit ; 2°) d'expirer à l'instant qu'on finissait les recommandations de l'âme à ces paroles : *pervenire mereatur ad gloriam regni caelestis* ; 3°) le dernier jour de sa vie a été le dimanche de la passion de Notre-Seigneur, et ensemble de saint François de Paule dont il avait si bien imité la simplicité et l'humilité ; 4°) ce fut aussi le jour de l'ouverture du jubilé ; 5°) il a été inhumé vis-à-vis du crucifix de notre église Saint-Lazare ; 6°) quelques jours avant son décès, il prédit, contre la pensée du médecin, qu'il ne passerait pas le dimanche. » Et Vincent de conclure, pour l'édification de Lambert aux Couteaux : « Il y a grande apparence que tout cela n'est pas arrivé fortuitement, que Dieu l'a ainsi permis pour mieux nous donner à comprendre l'heureux état de cette belle âme. » Il a illustré la compagnie de ses vertus, il doit être proposé comme modèle à imiter, celui qui a si bien lui-même imité Jésus-Christ.

Vincent décrit une autre mort miraculeuse, celle du frère Robiche à Marseille : atteint de « fièvre pourpreuse », il ne cesse de louer le Seigneur : « Il disait qu'il était bon qu'il fût en cet état, et que c'était le meilleur pour lui, puisque Dieu le voulait. » Son corps sera visité par des milliers de Marseillais, criant « Oh ! la belle âme ! oh ! le béat ! » Sa réputation de sainteté donne lieu à des comportements singuliers : « Un homme de condition se saisit d'un coussin et le déchira à belles dents pour avoir du sang qui était tombé dessus. Les autres raclaient la chaire sur laquelle il était assis, les autres prenaient la cire qui tombait des cierges, chacun tâchait d'avoir quelque chose de lui pour le garder comme relique. » Sans le miracle permanent de la foi, aucune compagnie ne peut survivre.

Vincent ne supporte pas que ses prêtres l'abandonnent. Il ne peut ainsi s'empêcher de blâmer Paul Carcireux, qui argue de la mauvaise santé de son père pour rentrer chez lui, alors que le vieillard est assez vaillant pour avoir épousé « une jeune femme de 18 ans, des plus belles de la ville ». « Il faut que vous écriviez une bonne fois à M. votre père les raisons que vous avez de suivre plutôt la volonté de Dieu que la sienne. » C'est encore une manière de déserter le service du Seigneur que d'accepter des tâches qui éloignent du premier devoir de la Mission. Vincent le reproche à Jean Bourdet, le supérieur de Saint-Méen en Bretagne : pour avoir accepté la chapelle de Plancoët, « nous abandonnons l'intention du Seigneur sur nous, qui est d'aller chercher à la campagne les pauvres âmes ». Il n'aime pas Bourdet, qui a perdu la foi, il s'indigne auprès de Portail que l'on incite par trop à la mortification dans la mission de Cahors. Il faut prendre garde que ces pratiques ne relèvent pas « d'une volupté sensuelle et criminelle ». Il y a des excès dans la discipline : « qu'on la prenne tous les jours, précise-t-il, l'espace d'un *Miserere*, mais qu'elle soit simple et sans épingles ». Il se défie de ces missionnaires qui se prennent pour des religieux cloîtrés, mais il chérit en revanche Louis Rivet, prêtre à Richelieu, qui est pris de doutes. « Cette défiance de vos propres forces, lui écrit-il, doit être le fondement de la confiance que vous devez avoir en Dieu, sans laquelle nous nous trouvons souvent pires que nous ne pensions être. » Louis Rivet doit « se remplir de plus en plus de son esprit [de Jésus-Christ] pour le répandre [...] dans les âmes ». Vincent prend ainsi la peine d'écrire à tous ceux qui veulent bien lui faire part de leurs défaillances spirituelles. Il considère cette tâche comme prioritaire. La Mission perd son sens si elle n'est soutenue par la foi.

Mais la foi se trouve ou se perd sur le terrain de la pauvreté. Les filles de charité risquent d'y perdre leur âme. À Bicêtre, où l'on veut transférer les enfants trouvés, les dangers guettent les sœurs sur les chemins. « Il y a toutes sortes de mauvaises gens, écrit Louise de Marillac, tant dedans le château qu'en dehors. » Il est impossible de porter les enfants au bras et même sur des bêtes, « tant à cause des terres grasses et des mauvais chemins comme à cause des pluies, grêles et neiges ».

Pourtant, sur ces « mauvais chemins », Vincent n'hésite pas à convoquer les dames d'œuvres et à leur tenir un discours comminatoire : « La compassion et la charité vous ont fait adopter ces petites créatures pour vos enfants. Cessez d'être leurs mères pour devenir à présent leurs juges, leur vie et leur mort sont entre vos mains ; je m'en vais prendre les voix et les suffrages ; il est temps de prononcer leur arrêt et de savoir si vous ne voulez plus avoir de miséricorde pour eux. Ils vivront si vous continuez d'en prendre un charitable soin ; et, au contraire, ils mourront et périront infailliblement si vous les abandonnez. »

Il obtient les moyens d'engager la frêle Louise et ses quatre enfants portés par des sœurs sur le chemin du château de Bicêtre. Une dame d'œuvres, Truluy, la chancelière Séguier et la comtesse de Romilly les ont transportés en carrosse. « Ces dames, commente Louise, ont dessein de tirer de nos sœurs l'impossible. » Elle dénonce leurs « prétentions » ainsi que l'attitude constamment hostile et mesquine du directeur et administrateur de l'hôpital, si jaloux de son autorité qu'il ne donne aucun moyen, pas même du bois de chauffe. Un enfant est mort de froid au château. Louise est découragée : « Je crains bien, dit-elle enfin, qu'il nous faille quitter le service de ces pauvres petits enfants. » Le 22 janvier 1648, Louise dresse un triste bilan : cinquante-deux enfants sont morts à Bicêtre malgré les secours. « Comme l'on voit ce magnifique lieu, écrit-elle, que l'on croit être aux petits enfants, que toutes les personnes qui le gouvernent sont de grande condition, la plupart croient qu'il y a de grands biens, et il nous faut emprunter ce que l'on achète. » Vincent ne se décourage pas. Il la nomme, comme les pieuses dames bienfaitrices, « officière de la Charité des Enfants trouvés ». Il demande un notaire pour signer un contrat. Pour aider les nouveau-nés abandonnés dans la neige ou la boue, il faut un acte officiel, une signature qui engage, une amorce d'institution. Vincent croit aux pouvoirs contraignants de l'écrit. Il connaît trop la versatilité des femmes du monde, même dévotes.

Il mène le combat avec la même ardeur que le maréchal de La Meilleraye devant les Espagnols. Il se réjouit que la présidente de Lamoignon envoie les filles de charité visiter les enfants trouvés mis en nourrice et qu'elle prenne l'œuvre au sérieux. Il a d'autant plus de mal à mobiliser les sœurs pour cette œuvre qu'elles sont demandées dans tous les hôpitaux. Des communautés se forment à Richelieu, à Nantes, au Mans, à Angers. Des filles prennent la route du Nord, appelées à Montreuil-sur-Mer par le comte gouverneur Charles de Lannoy, pour y soulager les misères de la guerre. Louise les visite sans cesse, prenant le coche, le bateau, courant les chemins en charrette. Elle déplore que « Pierrette l'abandonne pour retourner à Sedan chez ses parents, que Barbe ait dû partir pour Fontainebleau, où la reine la demande pour sa charité, que Marie-Marthe soit malade ». Vincent les réunit à Paris pour leur faire des conférences de morale. Il leur annonce bientôt que le cardinal-archevêque Jean-François de Gondi a signé le 20 novembre 1646 l'acte d'établissement de la confrérie des « servantes des pauvres de la Charité ».

Des filles pauvres, qui ne dépensent pour elles « que 100 livres par an », qui assurent « les plus basses et viles fonctions, comme de porter le pot par la ville, faire les saignées, les lavements, panser les plaies, faire les lits et veiller les malades qui sont seuls et tendent à la mort ». Ces filles des champs font ce que les dames de charité ne peuvent pas faire, étant de trop haute condition. Vincent explique à Gondi qu'elles sont envoyées dans les charités des villages mais aussi à l'Hôtel-Dieu, aux enfants trouvés, aux forçats, dans les hôpitaux de Nantes, Richelieu, Saint-Germain-en-Laye, Saint-Denis-en-France et Angers. Une trentaine sont « élevées » par Louise de Marillac à Paris, formées aux tâches d'assistance et d'enseignement élémentaire.

Les ressources proviennent du roi et de la duchesse d'Aiguillon pour 2 000 livres par an, mais aussi de l'argent qu'elles gagnent par leur travail manuel, « quand elles ont du temps de reste après leurs emplois ordinaires », des aumônes et surtout des dons des dames de charité.

Un tel acharnement à faire le bien suppose la mise en place d'une organisation qui dépasse les limites de la charité des dames de la Cour. Vincent ne demande pas au conseil de conscience l'inscription au budget de l'État des œuvres d'assistance. Une telle suggestion n'eût pas été reçue. Et Michel Le Tellier, secrétaire d'État de Mazarin, lui sait gré de n'avoir rien exigé de tel : « J'ai particulièrement remarqué, dit-il, qu'au conseil de conscience, où il était le principal agent, il ne fut jamais question ni de ses intérêts, ni de ceux des maisons ecclésiastiques qu'il avait établies. » Celles-ci ne dépendent pas de l'État, mais uniquement de la charité. Elles sont ainsi à la merci d'une crise grave.

À partir de 1648, la guerre civile reprend en France, furieusement, et ajoute ses méfaits, jusqu'en 1653, à la guerre étrangère, aux révoltes fiscales et aux calamités naturelles. La toile de charité tissée patiemment par Vincent de Paul est déchirée tous les jours, jusqu'à pendre en lambeaux sur les murs gris de Saint-Lazare. Qui peut en effet s'apitoyer sur les bagnards, les galériens, les mendiants, les malades, les fous et les enfants trouvés, quand tout meurt dans le royaume ? Comment un ecclésiastique de la stature de Monsieur Vincent, membre d'un conseil royal et familier de la Cour, peut-il lui-même ne pas être emporté dans la tourmente ? Que restera-t-il de son œuvre quand Paris et le royaume seront à feu et à sang, et lui-même compromis dans la Fronde ?

La Fronde parlementaire, qui éclate en janvier 1648, aboutit le 5 janvier 1649 au départ de la Cour, protégée par Condé, au château de Saint-Germain. Cette fois, Paris est au centre d'une agitation qui ressemble singulièrement à la révolution d'Angleterre. En obtenant à l'assemblée de la Chambre de Saint-Louis le droit de contrôler les finances de l'État, le Parlement se donne les moyens de mettre fin à la guerre, d'éliminer les intendants, de faire rendre gorge aux financiers.

On accuse certains personnages d'avoir encouragé en sous-main les troubles populaires d'août 1648 – Paris s'est couvert de barricades. Le maréchal de La Meilleraye, membre de la Compagnie du Saint-Sacrement, est soupçonné d'avoir à dessein laissé s'étendre l'émeute. Le coadjuteur Gondi a osé apostropher le jeune roi dans l'église de la maison professe des jésuites. Il a réclamé la paix : « Je vous la demande, a-t-il dit, avec liberté, parce que je parle à Votre Majesté d'un lieu où je suis obligé par ma conscience de vous dire, avec autorité, que vous nous la devez. »

Parmi les meneurs arrêtés en août par Mazarin, René Potier de Blancmesnil, le neveu de l'évêque de Beauvais. Le secrétaire d'État Chavigny, évincé par Mazarin en septembre, a laissé le duc de Beaufort s'évader de Vincennes. Il est en relations constantes avec le président Viole, l'un des plus extrémistes au Parlement. Viole, La Meilleraye, Séguier, autant de grands personnages dont les épouses sont les dames d'œuvres de Vincent. Les Potier et les Gondi sont ses familles protectrices, ses *gentes*, dont il est l'obligé. Comment ne serait-il pas attentif aux événements, quand tous ces personnages demandent la paix, non pas celle que signe Mazarin en Westphalie, mais la véritable, celle qu'ils appellent de leurs vœux, la paix avec l'Espagne ?

Le deuxième épisode de la Fronde, le siège de Paris, de janvier à mars 1649, est encore plus éprouvant pour Vincent de Paul : Gondi est en vedette, promu brusquement à un rôle de premier plan, haï de ses adversaires qui le font passer pour l'ami des Espagnols quand il leur suggère d'entrer en France pour en chasser le Mazarin. Celui-ci a été condamné par le Parlement, sur proposition de Potier de Blancmesnil, comme « perturbateur du repos public, ennemi du roi et de son État ». Un autre Potier, le président à mortier Novion, s'est emparé du bureau de ville dont il organise l'administration et la défense. Paris se donne aux aristocrates qui ont rallié la Fronde, Charles de Lorraine, duc d'Elbeuf et gouverneur de Picardie, arrière-petit-fils du premier duc de Guise ; le prince de Conti, frère de Condé, le duc de Longueville, Henri d'Orléans, beau-frère de Condé, François VI de La Rochefoucauld, prince de Marcillac, Louis II de La Trémoille, marquis de Noirmoutiers ; les ducs de Bouillon et de Beaufort, bientôt Turenne. Si ces très grands seigneurs rejoignent la canaille et consentent à s'allier au Parlement, c'est qu'ils retrouvent tout naturellement le sillon des révoltes ancestrales, de la Ligue et des complots contre Richelieu. Ils veulent en finir avec le ministérialisme, rendre au royaume ses couleurs aristocratiques. Gondi est le plus enragé, qui veut chasser Mazarin du pouvoir, prendre sa place et faire la paix.

Il se souvient que Richelieu a contraint son frère à se défaire de sa charge de général des galères pour la donner à son neveu, le marquis de Pont de Courlay. Il hait plus encore Mazarin, qu'il accuse d'avoir contrarié sa carrière ecclésiastique en lui refusant longtemps le coadjutorat de Paris. En retraite chez Vincent de Paul, qui ne peut que l'accueillir à Saint-Lazare, il a souvent prêché dans la capitale et s'est attiré la considération des dévots, en dépit de sa vie dissolue et de ses nombreuses aventures. Il est le plus populaire des princes dans Paris assiégé, l'idole des curés frondeurs et des dames de la Halle.

Mais Paris, isolé par les troupes de Condé, manque cruellement de pain. Les mendiants meurent de faim, les pauvres ne sont plus aidés, les malades ne sont pas chauffés, les enfants meurent à Bicêtre. Le 14 janvier 1649, Vincent de Paul, ému par les misères du siège, décide d'aller voir la reine. Il part à l'aube, accompagné de son seul secrétaire le frère Ducourneau. À Clichy, un parti de gens armés veut les arrêter, les maltraiter peut-être. Mais Vincent est reconnu par un ancien paroissien, il poursuit sa route sans encombre jusqu'à Neuilly.

Pas de pont pour franchir la Seine, qui est en crue. Vincent passe à cheval au risque de se noyer. Il voit la reine, lui indique qu'il n'est d'autre solution, à ses yeux, que le renvoi de Mazarin. Le calme reviendra aussitôt dans la capitale, lui assure-t-il, et le peuple se jettera aux pieds du jeune roi. Anne d'Autriche lui demande de parler au cardinal. Il lui tient le même discours. Mazarin répond qu'il partira volontiers si tel est l'avis du secrétaire d'État de la Guerre, qui assiste à la rencontre. Le Tellier, qui connaît la fragilité des frontières, répond que la présence du cardinal à la tête de l'État est indispensable. Trois jours plus tard, Vincent quitte Saint-Germain pour se rendre à Villepreux. Il ne peut savoir qu'après lui Charles de Montchal, l'archevêque de Toulouse, a tenté la même démarche auprès du cardinal et qu'il a été pareillement éconduit.

Il ne peut revenir à Saint-Lazare, parce que les plus exaltés des frondeurs lui reprochent d'être allé se jeter aux pieds de la reine. Dès que son départ a été connu, le prieuré a été occupé par les soldats de la Fronde, qui l'ont entièrement pillé, brûlé même sa réserve de bois, et vendu son blé. Vincent n'a plus d'espoir que dans la négociation, pour que Paris échappe à la famine. Il sait qu'il existe en dehors des Viole et des Broussel des parlementaires modérés qui suivent les avis du premier président Molé et qui souhaitent négocier : la paix de Rueil survient à temps, le 11 mars 1649. Les grands seigneurs étaient prêts à jouer la carte espagnole. Déjà les *tercios* envahissaient la Picardie, guidés par les frondeurs, en mars 1649. Du Plessis-Praslin, grâce aux mercenaires allemands d'Erlach, les avait raccompagnés à la frontière, mais ils auraient pu prendre Paris. Pour monnayer l'apaisement, Mazarin fait remettre des sommes énormes aux princes frondeurs, 400 000 livres à Elbeuf, plus du double à Longueville. Vincent de Paul s'est compromis pour rien. Du moins a-t-il permis le ravitaillement de la capitale en intervenant pour qu'on laisse l'armée saisir les blés dans les campagnes. Le 18 août, Paris fête l'entrée de la famille royale et le retour des péniches de blé de Brie dans l'allégresse, comme si rien ne s'était passé.

Tout est à recommencer : Condé vainqueur, haï des Parisiens qu'il a affamés, ulcéré que Mazarin ait osé mener sans lui la campagne de 1649 contre les Espagnols, prétend s'imposer au pouvoir. Mazarin doit s'appuyer sur Gondi et sur les vieux frondeurs pour en venir à bout. Il le fait arrêter, en même temps que le prince de Conti et le duc de Longueville, et enfermer à Vincennes, le 18 janvier 1658. Gondi tiendra-t-il longtemps le haut du pavé ? Vincent de Paul, qui connaît Mazarin, redoute le pire. Mais comment prendre parti dans une querelle où les protagonistes changent constamment de camp ? Le cardinal veut reprendre en main la situation au prix de quelques chevauchées pour mater la Normandie et la Bourgogne révoltées, la Guyenne aux mains des Condés, les places du centre qui leur appartiennent, et celles de Turenne en Limousin. Il abandonne Paris aux vieux frondeurs, Gaston d'Orléans et le coadjuteur Gondi, qui reconstituent contre lui une sorte d'union parisienne parce qu'ils sont mécontents d'avoir été mal payés. Gondi, en particulier, s'étonne de n'avoir pas encore reçu son chapeau de cardinal, après son dévouement très récent à la Couronne. Mazarin continue de mener campagne, et ses troupes l'emportent à Rethel sur Turenne, le seul adversaire sérieux, qui avait conclu un accord avec les Espagnols et qui espérait rétablir la paix extérieure, rêve de tous les dévots. Le cardinal se hâte alors de libérer Condé, Longueville et Conti pour se ménager leur alliance contre Gondi et les frondeurs parisiens. Il ne réussit qu'à les réunir tous contre lui et doit quitter, en février 1651, le pouvoir et le royaume.

Faut-il s'en réjouir ? Dans Saint-Lazare dévasté, Vincent de Paul constate qu'en dépit de la disparition du Mazarin la paix civile est loin d'être rétablie. Gondi recourt aux bons offices d'Anne de Gonzague, Princesse Palatine, pour s'entendre avec Condé, puis avec Gaston d'Orléans. À la demande du Parlement, la reine consent à écarter du gouvernement les étrangers, mais continue à suivre les conseils de Mazarin en exil, grâce à une correspondance secrète. Par son action obstinée, elle parvient à conclure un accord avec Gondi et à isoler de nouveau Condé des princes : il en est réduit à gagner Bordeaux pour soulever le Sud-Ouest et les provinces qui voudront bien le suivre. Une alliance en bonne et due forme est conclue entre Anne d'Autriche et le coadjuteur qui tient les rues de Paris, jouant son chapeau de cardinal. La proclamation de la majorité du roi, le départ de la Cour de Paris pour Bourges avec une armée de 4 000 hommes, en septembre 1651, indique que la guerre civile est déclarée.

Vincent s'indigne des désastres qui s'accumulent. Les provinces frontières ne sont plus les seules à subir les malheurs de la guerre et de l'occupation, beaucoup d'autres sont atteintes, et la lutte dure plus de deux ans. Condé fait de la Guyenne sa base d'opérations et conclut un accord avec Philippe IV d'Espagne. La guerre se poursuit, furieuse, entre l'armée de Monsieur le Prince renforcée d'Espagnols, la troupe de mercenaires allemands aux ordres de Mazarin, les royaux commandés désormais par Turenne qui a tourné casaque et les Lorrains du duc Charles IV alliés de Gaston d'Orléans. Si le roi l'emporte finalement, après une longue série d'affrontements et de massacres, il le doit à Mazarin. Isolé, malmené, vilipendé, abandonné de tous, le cardinal en exil réussit à regrouper des forces et des moyens, à réunir autour de lui des concours d'hommes jusque-là inconnus, qui seront les ministres de demain : Hugues de Lionne, Du Plessis-Bellièvre, l'honnête Fabert, de Sedan, et quelques gens de guerre fidèles comme le maréchal d'Hocquincourt, gouverneur de Péronne. Avec les 400 000 livres obtenues du richissime La Vieuville en échange de la charge de surintendant des finances, le cardinal achète ses régiments, rhénans et suédois, et ses « écharpes vertes », traversant la Champagne, rejoignent, près de Poitiers, les « écharpes blanches » du roi. Il attend patiemment la fin de la bataille entre Condé et Vauban devant Paris, pleurant son neveu Paul Mancini tué au combat de la porte Saint-Antoine. Il désarme le Parlement, où un parti de la paix s'est formé autour du procureur général Nicolas Fouquet, assiste à la dernière convulsion parisienne, une émeute sanglante qui précède le départ de Condé passé au service de l'Espagne.

Il lui reste, avant de reprendre la guerre étrangère, à châtier le parti dévot. Gondi, devenu le cardinal de Retz, attend avec impatience la mort de son oncle pour devenir archevêque de Paris. Il ne veut nullement abandonner le parti qui le soutient : les curés parisiens, les clercs jansénistes de la Sorbonne, certains membres de la Compagnie du Saint-Sacrement. Le roi le fait attendre sept mois pour lui remettre à Compiègne sa barrette rouge de cardinal. Il le remercie par une harangue provocatrice au cours de laquelle il réclame la paix immédiate avec l'Espagne. Il prêche ensuite, le jour de la Toussaint à Saint-Germain-l'Auxerrois, la paroisse où le roi entend la messe, pour expliquer à l'assistance que seule l'Église peut donner des conseils aux souverains. Mazarin décide alors de le faire arrêter, le 19 décembre 1652, soulevant une tempête de protestations du chapitre de Notre-Dame, du haut et bas clergé, du pape lui-même. Refusant sa liberté en échange d'un poste d'ambassadeur à Rome, Retz s'arrange pour hériter, par un artifice juridique parfaitement légal, de l'archevêché de son oncle en mars 1654. Transféré à Nantes, évadé, il continue, de Rome où il a trouvé refuge auprès du pape, dont les sentiments d'hostilité à Mazarin sont connus, à narguer le cardinal.

Pendant la captivité de Retz à Vincennes, Vincent de Paul, qui l'a connu tout enfant dans les bras de sa mère Françoise-Marguerite de Silly, lui a rendu visite et n'a pu s'empêcher de lui manifester son affection. Il n'en faut pas plus pour que son nom soit oublié sur la liste des membres du nouveau conseil de conscience. Ainsi, sa fidélité à la *gens* des Gondi lui a coûté sa place. Il ne sera plus jamais le ministre du culte.

CHAPITRE IX

# Le saint des pauvres

Il a 72 ans quand il rentre à Saint-Lazare, le dos voûté, appuyé sur une canne. Ses jambes le trahissent, il boîte légèrement. Les mendiants le reconnaissent dans la rue à sa démarche et à la méchante pèlerine de laine qui le recouvre entièrement. Il a refusé le carrosse, « son ignominie », dit-il, offert par la duchesse d'Aiguillon. Comment rouler en carrosse quand cent mille pauvres hantent les rues de Paris ? Les jours où ses jambes refusent tout service, il consent à s'y faire hisser et installe sans vergogne des mendiants avec lui sur les banquettes de velours pourpre. Il pousse la porte de chêne de sa petite chambre de Saint-Lazare, sent le froid gagner ses jambes. Il ajuste sa calotte sur sa tête, car il redoute toujours de prendre froid et de renforcer cette « fiévrotte » qui ne le quitte plus. Sa jambe surtout le fait souffrir. Louise de Marillac lui envoie des pommades de l'Anjou et l'onguent de Pimpernelle, un guérisseur miraculeux. Il est robuste et n'a pas besoin de saignées pour résister aux misères des hivers difficiles, quand le bois manque dans l'âtre. Il dort quatre heures par nuit mais ne se sent jamais seul, bien qu'il soit abandonné par le pouvoir.

Sa petite armée de missionnaires et de filles de charité reste en place, de Picardie en Piémont, de Gênes à Amiens, de Madagascar à Alger. Ils ont livré de durs combats en France depuis les débuts de la guerre civile en 1648. Des compagnons des débuts, beaucoup sont morts ou fatigués. Bernard Codoing donne des signes de faiblesse, Blatiron n'est pas plus brillant, Guérin est mort à Tunis. Mais Jean

Dehorgny est ardent à défendre à Rome les intérêts de la compagnie, même s'il est séduit par les sirènes de Port-Royal, René Alméras tient les rênes des secours parisiens, dresse les listes et achemine les vivres. La bonne Louise de Marillac, toujours dévouée, donne par lettres des nouvelles des filles, que Vincent se reproche de ne pas voir assez souvent. Il n'en avait pas le temps : il le prendra désormais, car il a besoin d'elles. Dans la tourmente des années de guerre, elles se sont plus que jamais sacrifiées, s'attirant la sympathie de tous.

Au petit matin, la chambre est glacée. Ducourneau et Robineau frappent à la porte. Ils viennent prendre en note le courrier du matin, une bonne douzaine de ces lettres que Vincent expédie chaque jour en réponse aux questions pressantes qui lui sont adressées des provinces ou de l'étranger. Les secrétaires parcourent le courrier reçu, parfois très tardivement. Deux semaines pour les lettres de Rome, six mois pour celles de Madagascar. Le silence est presque total du côté des Pères expédiés en Irlande.

Vincent dicte beaucoup de lettres, mais prend soin de rédiger de sa main celles qu'il destine aux frères en détresse, ceux qui ont des doutes sur leur vocation, ou qui sont sensibles aux discussions sur les nouvelles doctrines en cours dans l'Église. Il écrit avec chaleur à Jean Martin, qui anime le séminaire de Gênes : « Vous me faites un plaisir singulier de me consoler de vos lettres. » Il signe de longues épîtres à Jean Dehorgny qui l'inquiète, et de courts billets très précis à Louise de Marillac, qui sont autant de directives.

Les secrétaires prennent sous sa dictée, en latin, ses lettres au pape, aux cardinaux du Sacré Collège, aux généraux des grands ordres. Un courrier ministériel pour celui qui signe humblement ses missives : « Vincent Depaul, indigne prêtre de la Mission ». Par lettres, il dirige la compagnie. Il n'hésite pas à redresser vertement les erreurs, à blâmer dans une langue drue les coupables d'imprudences, à dénoncer les déviations, les faiblesses, les mollesses, à faire la morale à ceux qui doutent ou abandonnent. Il diffuse à l'intention de toutes les missions de longues épîtres d'édification sur la mort de Pères exemplaires, comme Pillé, confesseur des séminaristes, dont il loue d'abord l'humilité et l'obéissance, mais aussi la patience, le goût de la pauvreté, la simplicité « colombine et sainte, et non pas rustique et niaise », et sa foi en Jésus-Christ. Il diffuse aussi les éloges soigneusement rédigés des Pères morts de la peste à Alger et Tunis pour créer cet esprit lazariste qui doit animer ceux de la Mission.

La correspondance est son recours, son salut, son arme préférée. Il visite fréquemment encore les missions dans les environs de Paris. En 1649, quand il ne peut rentrer dans la capitale où il est devenu suspect aux frondeurs pour avoir obtenu une audience de la reine et du cardinal à Saint-Germain, il a pris le coche pour gagner les pays de la Loire, visitant Angers, poussant jusqu'à Saint-Méen en Bretagne au risque de se rompre le cou : son cheval fait une chute brutale en passant la Loire à gué. Un de ses prêtres réussit à le dégager. Il remonte tout trempé en selle et se sèche devant l'âtre d'une chaumière. Il ne peut se rendre à Tréguier, où l'évêque Grangier de Liverdi a obtenu qu'il installe une mission, mais il s'attarde à Nantes, où il est appelé au secours de ses filles que les échevins accusent de vol dans l'hôpital. Malgré les prières des dames de charité, il a, avec l'accord de la reine, visité la mission de Richelieu, grossie de tous les prêtres qui ont été évacués pendant le siège. Ils regagnent la capitale avec Vincent le 13 juin 1649. Depuis lors, il n'a pas quitté Paris, où la reine et les présidentes de Sault et de Lamoignon s'impatientent fort de son absence et exigent son retour ; sauf pour gagner en voiture les villages de la périphérie afin de soulager encore quelques détresses.

De 1650 à 1653, Saint-Lazare est devenu le quartier général de la lutte contre la misère. Il n'est plus question de donner la priorité à la formation spirituelle des séminaristes et ordinands, mais à l'assistance des pauvres, des malades et des réfugiés. Les curés de Paris, volontiers frondeurs, connaissent le dévouement du « saint des pauvres » et respectent ses avis, même s'ils ne suivent pas toujours ses conseils de modération. Ils savent qu'il est le seul qui puisse tenir tête, serait-ce à ses dépens, aux plus hautes autorités, dès lors qu'il a dessein de défendre ses pauvres et d'obtenir pour eux des secours et du pain. Et son attachement à la charité est si unanimement reconnu qu'il est devenu intouchable. Il est le seul à disposer dans le royaume d'une organisation aisément mobilisable, mobile, efficace et dévouée, en ces temps où les secours sont vitaux. Le vrai vainqueur de l'année 1653, Mazarin, peut nourrir contre lui des griefs politiques et de tenaces rancunes, il ne peut espérer l'abattre. Il s'est d'ailleurs toujours gardé de joindre sa voix au concert d'imprécations et de calomnies qui ont empli les rues de Paris contre le Mazzarino, l'amant indécent d'Anne d'Autriche. Au frère Robineau, son secrétaire, qui l'interroge sur le mariage secret de la reine et du cardinal (les frondeurs prétendent qu'il aurait été bénit par Vincent en personne), il répond avec colère : « Cela est faux comme le diable ! »

Quand il s'adresse à Anne d'Autriche en 1649, après la négociation de la paix de Saint-Germain, Vincent ne se plaint pas que le peuple ait pillé ses greniers de Saint-Lazare, mais que les soldats de Condé, ceux qui protègent la famille royale et assiègent Paris, aient cru bon d'affamer la ville. « Madame, écrit-il alors à la souveraine, Paris s'est merveilleusement réjoui quand il a su que l'incomparable bonté du roi et celle de Votre Majesté voulaient que sans empêchements on y apportât du blé. » Malheureusement les soldats, explique-t-il aussitôt, « courent sur les propriétaires qui osent approcher [des champs de blés] pour faire leur moisson. Je supplie très humblement Votre Majesté d'agréer que je lui donne cet avis, pour ce qu'elle m'a fait l'honneur de me dire que le roi n'a pas défendu que ceux qui ont semé les terres en retirent les fruits. »

Il est intervenu auprès de la reine, non pour relancer une politique de paix avec l'Espagne, à laquelle il ne croit plus, mais pour que les soldats de Condé n'empêchent pas les accords d'être exécutés, et Paris d'être ravitaillé. Il a cru de son devoir d'agir de cette manière. Son rôle n'est pas seulement de soulager la misère, mais de faire en sorte que les responsables n'empêchent pas l'exercice de la charité. Une fois chassé par Mazarin du conseil de conscience, il gardera cet état d'esprit et ce crédit. Il est celui qui peut écrire directement à la souveraine avec quelque chance d'en être entendu. Ce privilège suppose un capital de confiance intact.

Il a beau avoir été disgracié, son personnage reste hors d'atteinte tant il s'est dépensé pour soulager les misères des guerres, aux frontières et dans tout le royaume. Il a constamment porté son effort vers les foyers de misère, dans les années 1649-1653, sans plus se préoccuper de la Cour ni de ses perpétuelles alarmes.

Le scandale, dans l'affaire de la Fronde, est à ses yeux que parlementaires, princes et ministres se fassent la guerre aux dépens des gens qu'ils ruinent par leurs actions, trahissant ainsi leur devoir social de tutelle et de protection. Vincent a saisi l'occasion de le rappeler à Anne d'Autriche, sa protectrice, qui lui maintient sa confiance même après sa disgrâce. À l'encontre de ses principes de neutralité et d'abstention, il n'hésite pas, pour le bien général, à intervenir dans les affaires politiques. Une première fois, il s'adresse à Mazarin entre le 4 et le 17 juillet 1651, se proposant comme médiateur entre le cardinal et Gaston d'Orléans. « J'ai dit à Son Altesse Royale que si l'on rétablissait le roi dans son autorité, Votre Éminence donnerait la satisfaction que l'on désire », c'est-à-dire abandonner le pouvoir, quitter la France. Le cardinal ne lui pardonnera pas cette démarche, qu'il considère comme inopportune, et presque effrontée.

Exaspéré par la misère croissante, par la brutalité de l'armée dans les campagnes, par la famine des Parisiens, Vincent écrit alors au pape lui-même, le 16 août 1652, comme si l'autorité du roi ne pouvait suffire à rétablir la paix. Il lui montre « la maison royale divisée par les dissensions, les peuples partagés en factions, les villes et les provinces affligées par la guerre civile [...] les laboureurs mis dans l'impossibilité de récolter ce qu'ils ont semé, et n'ensemençant plus pour les années suivantes [...] les prêtres torturés et mis à mort, les vierges déshonorées, les religieuses elles-mêmes exposées au libertinage [...] le très auguste sacrement du corps du Seigneur traité avec la dernière indignité, par les catholiques eux-mêmes ». Vincent estime que c'est au pape que revient « la gloire de nous obtenir enfin la paix après la guerre ».

La situation est trop grave, le conflit trop lourd de victimes pour que le général des Lazaristes, le saint des pauvres, garde le silence. On redoute fort que la rentrée du cardinal dans Paris, à la fin de la Fronde, ne remette le feu aux poudres. Estimant une fois encore nécessaire d'intervenir, il s'adresse, le 11 septembre 1652, à Mazarin, quand celui-ci balance entre faire son entrée solennelle avec le roi ou demeurer à l'écart, laissant Louis XIV et la reine recevoir seuls l'hommage vibrant de la foule. Vincent conseille au cardinal la seconde solution. Le roi et la reine seront à coup sûr bien reçus, pourvu que les opposants (et particulièrement Retz) soient rassurés par l'amnistie.

Vincent ose puiser des arguments dans l'histoire pour suggérer une conduite prudente à la famille royale et à Mazarin. Il rappelle le mauvais exemple de Charles VI, qui avait voulu châtier les Parisiens révoltés. Il n'est pas avisé de faire la paix avec l'Espagne, comme jadis assure-t-il, Charles III avec l'Angleterre : Paris haïrait ceux qui rendraient « à l'Espagnol tout ce qu'on possède de lui ». Il ne serait pas plus raisonnable de traiter avec Madrid avant de rentrer dans Paris, qui serait alors « compris dans les articles de paix », et tiendrait « le bien de son amnistie de l'Espagne et non du roi ». Quant au retour de Mazarin, il suggère qu'il n'importe pas tant qu'il se produise « soit avant ou après celui du roi, pourvu qu'il soit et que le roi étant rétabli dans Paris, Sa Majesté pourra faire venir Son Éminence quand il lui plaira ». Il prend la précaution de préciser qu'il n'a parlé de cette lettre à personne et qu'il n'a « aucune communication avec [ses] anciens amis », désignant ainsi Retz et les dévots. « Je vivrai et mourrai, lui dit-il, dans l'obéissance que je dois à Votre Éminence, à laquelle Notre-Seigneur m'a donné d'une manière particulière. » Mazarin suit le conseil, et disgracie le conseilleur.

Vincent n'est désormais plus rien dans les hautes sphères de l'État. Le 2 octobre 1652, son ami Solminihac s'en afflige : « Je crois bien que vous gagnez en votre particulier d'être délivré de l'embarras dans lequel vous étiez ; mais l'Église y perd beaucoup ; ainsi il serait bien à désirer que vous fussiez toujours dans votre emploi. » Pour l'évêque de Cahors, Vincent était certes un otage de Mazarin au Conseil, mais il était aussi l'interprète et le défenseur des bons ouvriers de l'Église, ceux qui croient au pape, au concile de Trente et à la réforme des mœurs du clergé. Il était plus utile à la cause dans l'État qu'au-dehors.

Le supérieur général des Lazaristes a parfaitement compris que le ministre d'un roi majeur est intouchable, dès lors qu'il a été rappelé dans Paris, et que le prétendu parti de la paix, où il compte des amitiés, a répandu dans le royaume, pendant cinq années, les calamités de la guerre. Les divisions et les rivalités des Condés, Gondi, Conti, Gaston d'Orléans, des Guise-Lorraine et des Bourbons, des princes apanagés gouverneurs de provinces, des pensionnés de Bretagne et des princes « étrangers » de Sedan, l'entrée en guerre des « demoiselles » de la Fronde aux côtés de leurs amants, cette cavalcade féroce a provoqué les sièges calamiteux des villes et la famine des campagnes sans aucun profit pour l'État, car aucun clan n'a jamais été en mesure de s'emparer du pouvoir pour changer de politique. Retz-Gondi, l'agitateur privilégié des quartiers de Paris, s'est aliéné tous les partis, celui du roi comme celui de Condé, et même de Gaston d'Orléans, et n'en persiste pas moins à semer le désordre dans le but unique de satisfaire ses ambitions.

Les princes se sont montrés si faibles que le roi d'Espagne ne s'est résolu à les soutenir qu'avec parcimonie. Il n'a nullement profité de la Fronde pour conclure la guerre à son profit. La seule bande qu'il ait ralliée pour tenter d'envahir la France a été aisément défaite. Mais si l'Espagne n'est pas en état de l'emporter sur sa rivale saignée à blanc par cinq ans de guerre civile, c'est donc qu'elle est condamnée à perdre cette guerre d'usure qui ruine les deux pays.

Mazarin escompte cette victoire finale, et son retour signifie qu'il s'en donnera les moyens en épurant les corps privilégiés, en rendant le Parlement aussi docile qu'une simple chambre d'enregistrement des édits royaux, en exigeant un nouvel effort fiscal que les intendants seront chargés d'imposer de force aux provinces révoltées. Plus que jamais, la politique de guerre doit primer. Et il est clair qu'aucune résistance organisée n'est capable de s'y opposer.

Si la guerre espagnole a relativement ménagé le territoire, celles de la Fronde l'ont au contraire affecté presque dans son ensemble, de la Normandie à la Guyenne, de la Bourgogne et de la Champagne à la Provence et au Berry, et principalement dans les riches terres à blé qui entourent la capitale, Plaine-de-France, Beauce et Brie. Les mercenaires allemands du cardinal et les Suédois de Turenne, les Espagnols de Condé et les routiers de Charles de Lorraine ont tout dévasté et pillé, répandant de surcroît la terreur.

Paris surtout a souffert, et pour la première fois. Le petit peuple frondeur a obéi aux consignes des grands, des curés, des moines, des parlementaires, de tous ceux qui avaient intérêt aux émeutes. Les combats de rue, les souffrances du siège, l'entrée désastreuse des gens de guerre, ont fait payer chèrement aux bourgeois et aux marchands la rébellion des « pères du peuple », ces parlementaires qui se sont dressés derrière leurs présidents dévots, comme les Potier, ou jansénistes, comme les Arnauld, pour défendre leurs privilèges, mais qui ont acquis une popularité certaine, comme le conseiller Broussel, en luttant contre la politique fiscale du cardinal. L'épuisement des Parisiens, accablés autant par la famine et la cherté inouïe des grains que par la peste et les maladies endémiques, explique l'accueil chaleureux qu'ils ont ménagé au roi et à la reine. Ils supporteront le cardinal lui-même pourvu qu'ils aient du blé.

Ces quatre cent mille civils entassés derrière leurs remparts ont plus souffert de la guerre que les Marseillais, les Rouennais, ou même les Bordelais, qui ont pourtant connu des troubles et des émeutes. Le siège a été d'autant plus insupportable que Paris a accueilli les colonnes successives de réfugiés de Lorraine, puis de Picardie, enfin de Champagne et des terroirs proches.

Ces exilés sont mal accueillis dans les villes, dont les bourgeois craignent qu'ils ne répandent, avec l'insécurité dans les rues, des maladies contagieuses dans les familles. À Troyes, l'intendant a naguère prescrit des mesures énergiques qui restent en vigueur : en cas de peste, qu'« au moindre symptôme de contagion, les mendiants et vagabonds [doivent] déclarer leur malaise sous peine d'être arquebusés ». On les considère comme des renards enragés, non comme des hommes. Pourtant le flux des réfugiés, d'une année sur l'autre, envahit Paris. Les remparts de la capitale semblent la seule protection possible. Mais en se refermant sur ces dizaines de milliers d'errants, les portes de la ville les condamnent à la famine. L'afflux de cette population misérable, gibier facile pour les démagogues recruteurs d'émeutiers, et considérée avec suspicion par les bourgeois de la milice urbaine qui redoutent le pillage, a bouleversé le paysage des rues, exigé des lieux d'accueil et de soins, envahi les hospices, les hôpitaux et jusqu'aux établissements religieux. Les évêques qui subissent les malheurs de la guerre civile appellent à l'aide dans leurs diocèses, demandent conseil à Vincent : qui doivent-ils suivre, les grands seigneurs, leurs frères de caste, amis du pape et du roi d'Espagne, ou le cardinal exécuteur du testament politique de Richelieu, désireux de donner à la France, contre ses rivales catholiques, le premier rôle en Europe ? Vincent leur recommande l'exemple du prélat de Sarlat, qui a tenu bon pour le roi et contre Condé. Mais il se soucie beaucoup moins alors des séances du conseil de conscience ou des affrontements politiques des gens de cour, qu'il appelle avec impatience les « brouilleries » : sa place est dans la rue, avec les pauvres.

Bourgeois et docteurs de l'Église ont depuis longtemps réfléchi sur le problème de la pauvreté. Il appartient à Vincent d'imposer le devoir d'assistance, de le placer en tête des soucis des gouvernants. S'il est vrai que la politique de l'État, pour faire adopter les changements nécessaires, engendre des désordres provisoires, des crises inévitables, et par là l'accroissement de la pauvreté, il lui revient aussi de prendre celle-ci en charge et de ne pas s'en remettre aux pratiques d'un autre âge. La charité des temps présents n'est déjà plus, pour les filles de Louise de Marillac, la vertu des âmes émues par la présence du Christ chez les pauvres, mais un système organisé d'assistance adapté à la situation. Vincent, avec ses moyens limités, est un véritable précurseur.

Pendant les années de Fronde et de guerre, il vaque au plus urgent : avec efficacité et sang-froid, il poursuit ce qu'il a entrepris dès 1650, à l'heure du plus grand danger. Il délègue de nouveaux missionnaires et filles de charité pour répondre aux demandes pressantes. La Picardie d'abord, puis l'Artois et la Champagne, envahies par les gens de guerre. Une opération exceptionnelle de soutien est organisée, comme pour la Lorraine. Berthe et Alméras, intendants de la compagnie, se rendent sur place pour recenser les besoins et organiser les secours. Pour réunir l'argent nécessaire, la publicité de l'opération est assurée dans Paris selon la méthode habituelle : des documents écrits ou recueillis par les missionnaires étalent les misères des provinces. Ces documents sont édités par les soins des dames de charité, puis, répandus dans le public[1] : ils permettent de suivre les efforts des filles de Vincent pour sauver des vies humaines par des distributions de blé et de potage.

On signale trente-cinq villages dévastés dans la région de Guise et de La Fère, cent églises détruites à Laon, où les religieux et les prêtres sont à bout de ressources. « La plupart des curés [sont] morts ou malades, écrit un prêtre de la Mission, et les églises ruinées et pillées, en sorte qu'il y en a bien cent ou environ dans le seul diocèse de Laon où l'on ne peut célébrer la sainte messe. » On compte plus de mille deux cents malades dans le Soissonnais et vingt-cinq églises ravagées pour trente villages. Les « pauvres honteux », des gens de bonne famille, souvent nobles, vivent sur la paille sans demander de secours et se laissent

1. Saint Vincent de Paul, *Correspondance, entretiens, documents, op. cit.*, tome IV, p. 88.

mourir d'épuisement. Un jeune homme de ce milieu très honorable « se voulut tuer avec un couteau ». Les petits enfants sont enterrés en vrac, sans sépulture d'aucune sorte, « auprès de leurs mères mortes ». Cinquante prêtres de Saint-Quentin sont à l'agonie. « On en trouva un de la ville, l'autre jour, mort dans son lit, et l'on a découvert que c'était pour n'avoir pas osé demander sa vie. »

Les réfugiés errent, à raison de mille deux cents dans les rues de Saint-Quentin, cité moyenne encore ceinte de remparts médiévaux, où l'on dénombre huit mille pauvres et trois cent cinquante malades. Tous les prêtres de la région, ceux de Reims et des villages environnants, se sont dispersés. Les églises intactes sont à l'abandon, faute de ministres. Ceux qui restent sur place sont souvent seuls, leurs ouailles ayant pris la route de Paris par familles entières pour échapper aux reîtres.

La levée du siège de Guise par les Espagnols, le 1er juillet 1650, fait découvrir l'ampleur du drame : les soldats des deux armées, blessés et mourants, trépassent sans secours d'aucune sorte sur les chemins. Averti par des prêtres, Vincent sollicite aussitôt la présidente de Herse, fait charger sans retard des vivres sur un cheval, réunit en toute hâte 500 livres en pièces d'argent. Deux missionnaires ont été dépêchés pour répartir les secours, qui seront trop vite épuisés. Il est urgent, estiment-ils très vite, de mettre en place un dispositif d'aide plus efficace, adapté à l'ampleur des besoins. Ils écrivent à Vincent que leurs malades sont atteints de fièvre pourpre et de dysenterie, ils sont « enflés à la tête, au ventre, par tout le corps, de ce qu'ils [n'ont] mangé, presque toute l'année, que des racines d'herbes, de méchants fruits, et quelques-uns du pain de son tel qu'à peine les chiens n'en voudraient manger ». Les corps des défunts sont rongés par les loups. À Landrecies, à Lesquielle, ils n'ont pas reçu de sépulture.

Vincent organise alors, grâce aux dames de charité, le

même mouvement de solidarité que naguère en Lorraine. L'archevêque de Paris ordonne aux curés de demander des secours en chaire. Marie de Lamoignon, cousine et épouse du conseiller au Parlement Guillaume I^er^, fille d'un Potier d'Ocquère, riche propriétaire dans le Hurepoix et fort dévote, se dépense beaucoup pour réunir des fonds en sollicitant les dames de charité, particulièrement la présidente de Herse. Seize missionnaires sont mis en route pour la Champagne et la Picardie, leurs sacoches pleines d'écus, dans des charrettes chargées de sacs de blé.

À l'arrivée des envoyés de Vincent de Paul à Guise, les malades ont déserté leurs maisons brûlées, ils se sont « retirés dans les trous et les cavernes[1], plus propres pour loger les bêtes que les hommes », comme s'ils craignaient l'arrivée de brigands ou de soldats. On distingue dans la pénombre de ces abris de fortune des « femmes veuves, avec chacune quatre enfants, couchés tous ensemble sur la terre », des malades qui n'ont reçu aucun secours depuis trois jours, des filles du monastère de Saint-François qui mangent « du pain d'herbe et d'orge, avec des oignons ». On récupère des vêtements pour les couvrir, car elles errent à demi nues. Le curé de Marle a enterré trois cents personnes, dont un tiers ont trouvé la mort, faute d'assistance.

Vincent fait alors atteler et visite lui-même Noyon, Chauny et les villages du diocèse. Il veut tout voir de ses yeux, pour être en mesure de convaincre la reine. Et il obtient d'elle une sorte de déclaration officielle d'impuissance : le gouvernement du roi s'en remet à Vincent de Paul, par ordonnance du 14 février 1651, de l'assistance aux régions de la frontière. « Sa Majesté étant bien informée, dit le texte royal, que les habitants sont réduits à la

1. Ces cavernes sont les « creuses » utilisées pendant toutes les invasions comme refuges par les populations des bords de l'Aisne, comme, en 1914-1918, celles du Chemin des Dames.

mendicité et à une entière misère pour avoir été exposés aux pillages des ennemis et aux passages et logements de toutes les armées [...] mais que les gens de guerre [...] ont pris et détroussé les ornements d'église et les provisions de vivres, d'habits et d'autres choses qui étaient destinées pour les pauvres, en sorte que s'ils n'ont sûreté de la part de Sa Majesté, il leur serait impossible de continuer une œuvre si charitable [...] Sa Majesté défend aux gouverneurs [...] de souffrir qu'il soit logé aucuns gens de guerre dans les villages des dites frontières [...] pour lesquels les prêtres de la Mission leur redemanderont sauvegarde, pour assister les pauvres et les malades et y faire la distribution des provisions qu'ils y porteront [...] à peine de la vie. » Suit une exhortation aux prévôts et baillis pour faire respecter ces dispositions et fournir aux prêtres de Vincent toute l'assistance nécessaire. Il est, plus que jamais, le « grand aumônier de France ». Les échevins de Saint-Quentin, ville dont il a sauvé les habitants de la mort, lui décernent le titre de Père de la patrie.

Les missionnaires, en arrivant dans un de ces villages bouleversés, se mettent aussitôt à la tâche, exécutant un programme dont les termes ont été mûrement réfléchis. Après avoir secouru les survivants et les blessés, ils enterrent les morts, hospitalisent les malades recueillis en pleins champs ou sur le bord des chemins, qu'ils abritent le plus souvent dans quelque grange intacte pour leur faire donner des soins par une fille de charité. On distribue des vivres et de l'argent aux prêtres de la région proche afin qu'ils aident les gens en détresse qui n'ont pu s'enfuir, ou ceux qui sortent de leurs cachettes dans les bois, affamés et démunis. Vingt-trois curés du Laonnais, sauvés de la mort et devenus les auxiliaires de la Mission, reçoivent 400 livres pour soulager leurs paroisses. Les jeunes filles et les nonnes sont évacuées quand leurs monastères sont situés dans la zone des combats. Les paysans désireux d'ensemencer leurs terres reçoivent, dans la mesure des moyens et s'ils sont de bonne volonté, des semences et des charrues. On permet ainsi aux habitants du Laonnais d'occuper et de restaurer leurs biens, « en leur distribuant des haches, des serpes et des rouets à filer, ainsi que des grains ».

Ces secours sont-ils efficaces ? Ils ne servent qu'à soulager les premières douleurs. Quand la situation est péniblement rétablie dans une province, tout est à recommencer au prochain passage d'armées. Le scandale tient à ce que les régiments français ne se conduisent pas mieux que les autres. Le roi doit envoyer des secours dans des villages ruinés par ses propres troupes : les échevins de Rethel ont ainsi dénoncé à Vincent, le 22 mai 1651, les exactions des trente compagnies du régiment de Navarre commandées par le capitaine de Besançon, qui ont accablé des malheureux déjà réduits à la mendicité, les contraignant de vendre jusqu'à leurs hardes. Ils ont, un jour de foire, « volé et rompu bras et jambes aux marchands sur les grands chemins, sans qu'aucune denrée ne fût apportée dans la ville ». À quoi sert-il d'envoyer à grands frais des secours de Paris si les gens du roi les pillent sur le terrain ?

Le texte d'une affaire traitée au conseil des finances le 22 janvier 1648[1] permet de douter qu'ils suffisent à la renaissance des terroirs. Sept habitants du village de Maudre, situé aux confins de la Champagne et de la Lorraine, écrivent au roi, décrivant leur village incendié par les Suédois au début de la guerre. Toutes les armées agissent de la sorte, pillant les campagnes en vertu de l'adage « quand l'enseigne chevauche, elle ne doit rien payer sur les champs ». Certains survivants s'engagent dans l'armée, pour ne pas être de nouveau victimes du passage des gens

1. Joël Cornette, *De la Ligue à la Fronde. Chronique de la France moderne*, Paris, Sedes, 1995, p. 348.

de guerre. D'autres choisissent de prendre la route de Paris, « où ils ont vescu mendiants ». Les sept signataires, rentrés chez eux, ont mis en commun les dons qu'ils ont reçus pour acheter « des petits chevaux de trait pour labourer deux ou trois arpents de terre, pour avoir du pain, à dessein de se rétablir et, à leur exemple, inciter d'autres à faire comme eux ». Mais les sergents et archers du roi se présentent aussitôt pour faire honorer des arriérés de taille et des traites sur les sommes empruntées. Les villageois courageux demandent au roi d'en être déchargés, s'il ne veut pas que les terres de Maudre retournent au désert. Ils décrivent avec précision le mécanisme qui empêche les campagnes dévastées de se reconstituer, en dépit des secours en semences et instruments de culture fournis par les charités : le fisc de Mazarin ou les agents seigneuriaux empêchent le cycle de développement de reprendre.

Des franchises devraient garantir la reprise des villages picards ou champenois par leurs habitants en exode. Faute d'assurances, ils hésitent à rentrer chez eux et grossissent les plèbes de mendiants dans les villes. Vincent de Paul est conscient des limites de l'assistance, mais les missionnaires et les filles de charité doivent aller au plus pressé, si grande est la désolation des campagnes.

Cela n'empêche pas le général de la Mission d'intervenir pour soulager les souffrances, comme le lui demandent les échevins de Rethel en juillet 1651. Les soldats du Royal-Navarre ayant enlevé les chevaux de labour et coupé le blé en herbe, ils sollicitent la décharge de cinq années de taille, sans obtenir satisfaction. Un des missionnaires de Vincent, Donat Cruoly, « pass[e] les rivières, march[e] nu-pieds, fai[t] des courses périlleuses au milieu des troupes ». Il n'admet pas les exactions des soldats du roi. « Prévenu un jour qu'ils venaient d'enlever à de pauvres gens leurs bestiaux, il poursuivit les voleurs, les rejoignit dans un bois, et fit si bien qu'on lui rendit le bien volé, qu'il ramena lui-même à ses vrais maîtres. »

Mais la tâche est trop lourde. Les missions doivent intervenir partout à la fois. Passent et repassent, au service des rois de France et d'Espagne, Allemands, Polonais, Suédois, Hongrois ou Croates, soldats de métier libérés par les traités de Westphalie et qui s'étaient enrôlés sur le front de Picardie, ou plus tard dans les bandes seigneuriales des Condés et des Turenne, dans l'armée constituée par Mazarin sur le Rhin et commandée par l'impitoyable Rosen, qui incendie Saint-Quentin, Bapaume, Braine, Guise, Ribémont, obligeant les habitant à s'enfuir dans les bois, où ils sont attaqués par les loups. Les missionnaires de Vincent rapportent de nouveau des scènes de cannibalisme. Une ordonnance royale fort ancienne, mais toujours en vigueur, stipule qu'il est interdit aux villageois de tuer les fauves. Ils pullulent pourtant, les seigneurs n'ayant plus le loisir d'organiser des battues sur leurs terres.

Des scènes identiques sont décrites par les prêtres de la Mission dans les provinces qu'ils visitent, et les secours sont partout urgents : à Sedan, où les troupes de Turenne et les Espagnols tiennent le plat pays, le supérieur Marc Coglée a « sur les bras tant de gens réfugiés et de pauvres malades » qu'il implore des renforts : « Nous ne pouvons vous envoyer des hommes, mais nous tâchons de vous secourir de nos prières », lui répond Vincent submergé de demandes et qui a déjà expédié dix-huit Pères à la frontière de Picardie et de Champagne. Le supérieur de Sedan peut disposer des filles de charité de Saint-Étienne-à-Arnes, près de Vouziers, où Louise de Marillac a envoyé les sœurs Jeanne et Guillemine. Vincent lui conseille de soutenir en tout le marquis de Fabert, gouverneur de Sedan, fidèle au roi. À Rethel, l'armée de Turenne, battue par l'armée royale en décembre 1650, a laissé sur le champ de bataille quinze cents tués. Edme Deschamps, prêtre de la Mission, envoyé sur place avec un autre frère, a dû faire enterrer les cadavres sans sépulture qui pourrissaient dans les champs : « Il n'y avait personne qui voulût s'y engager pour 1 000 écus, et cependant il ne nous a coûté que 300 livres. Et, par ce moyen, ces pauvres corps, qui doivent un jour ressusciter, sont maintenant ensevelis dans le sein de leur mère », précise le missionnaire des Ardennes, non sans émotion.

En Normandie, des soldats débandés après la paix de Saint-Germain trainent dans les campagnes dans le seul but de les piller. « Ils faisaient au peuple, disent les relations des états de la province, plus de mal qu'il n'en eût reçu de troupes ennemies. Ils brûlaient les portes des maisons, démaçonnaient les granges, vendaient à vil prix non seulement les blés mais la paille, ils saisissaient chevaux et bestiaux, détruisaient les charrues et les charrettes. » À Saintes, les soldats de Chambois, un seigneur favorable à la Fronde, ont mis le feu aux faubourgs de la ville attaquée par les royaux. La misère est à son comble. Vincent ne peut envoyer de secours, mais ordonne au supérieur, Pierre Watebled, qui a l'intention d'abandonner son poste, d'y rester quoi qu'il arrive.

Dans la région de Marseille, la peste a fait des ravages, moins cependant que les troupes du comte d'Alais (mille chevaux et deux fois autant de fantassins), gouverneur de Provence, en guerre continuelle contre les parlementaires d'Aix. En 1649, le mal a touché Marseille, faisant plus de huit mille victimes jusqu'en 1650. Parmi les morts, un prêtre de la Mission, Brunet. On lui avait dit d'aller confesser un pêcheur qui avait récupéré un matelas flottant sur les vagues, provenant d'une barque en quarantaine, venue d'Alger, dont les marins étaient morts à bord au mouillage. Brunet, après avoir entendu la confession du pêcheur, avait dîné avec un bienfaiteur de la compagnie, le sieur de la Coste : ils étaient morts tous les deux. Dix mille Marseillais, pour échapper au fléau qui commence à se répandre, ont quitté leur ville : mais à peine sont-ils sortis des remparts qu'ils sont attaqués sur le chemin d'Aix par des soldats pilleurs qui dévastent jusqu'aux églises et aux tombeaux.

En 1651, la peste touche l'ensemble du territoire. L'année suivante, elle frappe plus de trente villes et persiste en 1653. Selon Biraben, 200 000 sujets du roi sont morts de 1644 à 1657, surtout en Languedoc, mais aussi dans le Nord. La guerre des deux Tavannes (l'oncle fidèle au roi contre le neveu ami des princes) a dévasté la Bourgogne, martyrisé la petite ville de Seurre, à la frontière de la province royale et de la Franche-Comté espagnole, où trois cents soldats du régiment de Languedoc ont pillé et saccagé les abbayes de Molaize, le prieuré de Palleau et le château d'Escuelles. Henri de Maupas du Tour, évêque du Puy, s'en plaint amèrement : les violences et les sacrilèges ont été commis dans sa propre église. « Les autels, écrit-il, ont été profanés, le saint-ciboire dérobé, et le calice dans lequel on consacrait tous les jours. » Auxerre, Avallon demandent des secours urgents : ces cités de basse Bourgogne ont été mal protégées par leurs remparts, et ont subi le pire des traitements de la part des régiments royaux et des soldats mercenaires, souvent recrutés à l'étranger.

La bonne ville d'Angers, où se rend souvent Louise de Marillac, a été déchirée par la révolte des Loricards, des artisans et bateliers frondeurs, contre les bourgeois royalistes. À Bordeaux, le duc d'Épernon a semé la révolte, en ville comme dans le vignoble, en autorisant les ventes de grain en Espagne au moment de la plus grande disette. Il a ensuite abandonné la cité à l'émeute et s'est retranché dans les forteresses de Libourne et de Cadillac. Les troupes qui reviennent du front de Catalogne, où elles ont souffert mille morts, ont reçu comme quartiers d'hiver les bourgs de La Réole, Bazas, Saint-Émilion, Cadillac et les villages de l'Entre-deux-Mers, en violation de la coutume bordelaise qui interdit le passage des gens de guerre à moins de dix lieues des remparts de la ville. Les soldats peuvent piller et violer en toute impunité. L'archevêque de Bordeaux alerte Vincent en pure perte : on ne peut rien alors contre un d'Épernon fidèle au roi. « On se bat tous les jours à Bordeaux, écrit Alain de Solminihac à Vincent de Paul. La désolation est si grande en ce pays-là que ce n'est pas croyable. »

Vincent estime que seul le roi peut rétablir l'ordre dans le Bordelais. Il a appris en juillet 1650 que le jeune Louis XIV caracole à la tête de l'armée chargée de réduire les soldats de Condé, commandés par la princesse son épouse. Il a aussitôt donné ordre par écrit à Bernard Codoing, supérieur de la Mission à Richelieu, de bien recevoir le roi et la reine mère à l'étape, d'éviter de faire une harangue, mais de dire à Sa Majesté qu'il prie « pour qu'il plaise à Dieu de bénir sa personne et qu'il lui fasse la grâce de dompter les rebelles ». Il recommande aussi de « faire la révérence au cardinal » et de « se garder de rien demander et de taire aucune plainte », d'affirmer que les paroissiens étaient « de bonnes gens, qui craignent Dieu ». Et Vincent ajoute : « Il ne faut qu'un mot comme cela pour mouvoir leurs majestés à leur faire quelque grâce, comme de confirmer leurs privilèges. » Il faut « exhorter la ville à les bien recevoir ». Dans la situation de détresse qui affecte le pays, les gens ont besoin de secours, et non de troubles supplémentaires. Vive le roi !

Si Vincent de Paul pouvait répondre à toutes les demandes d'aide qui lui sont adressées, il enverrait les filles de charité et les missionnaires dans la France entière, à Montrond-sur-le-Cher, place de Condé assiégée par les royaux, en Limousin dans la vicomté de Turenne, en Languedoc et dans toute la Guyenne. Les plaintes de Solminihac et des nouveaux évêques d'Angoulême et de Périgueux sont déchirantes. Il ne peut pas davantage satisfaire les demandes de secours de Guillaume Delattre, supérieur à Agen : « Les guerres passées et la disette présente dans tout le royaume, lui écrit-il, empêchent que nous soyons payés et fassions notre petite provision. Vous devez régler votre dépense à vos forces. » Les sommes recueillies pour la Champagne et la Picardie par les dames de charité peuvent sembler considérables, plus de 15 000 livres tous les mois, mais elles demeurent modestes à l'échelle des besoins de toutes les provinces du royaume affectées par les guerres...

Les mauvaises récoltes sont aussi responsables de nombreux décès, particulièrement dans les provinces où la guerre sévit, où les blés sont coupés en herbe pour nourrir les chevaux. Faisant le compte des sépultures, les historiens ont établi que les années 1650-1652 sont critiques, et pas seulement dans les zones de combats. À Verdun-sur-le-Doubs[1], on enterre de 60 à 80 personnes, bon an, mal an. 120 sont portées en terre en 1650, 234 en 1652. Le curé ne baptise cette année-là que 37 enfants, au lieu de 80 à l'accoutumée. À Limours, dans l'Essonne ravagée par les armées, les chiffres sont sans doute plus impressionnants : 101 décès en 1652 pour une moyenne de 20. En Bourgogne[2], les famines tuent plus sûrement que la peste ou les soldats et provoquent des regroupements de terres au profit des parlementaires fortunés, qui prêtent à intérêt aux paysans endettés et les contraignent ainsi à vendre. Même situation en Île-de-France[3], où les villages ont perdu un tiers de leur population, et pas seulement du fait des

---

1. Voir Alphonse Feillet, *La Misère au temps de la Fronde*, Paris, Didier, 1862.

2. Gaston Roupnel, *La Ville et la campagne au XVII^e^ siècle, étude sur les populations du type dijonnais*, Paris, rééd., 1955.

3. Voir Jean Jacquart, *La Crise rurale en Île-de-France, 1550-1670*, Paris, 1974.

combats. Dans le Beauvaisis étudié par Pierre Goubert, la hausse brutale des décès, qui ont quintuplé dans certains villages, n'est pas imputable à la guerre[1]. Le prix du blé atteint des sommets, entraînant la famine, les maladies alimentaires, les redoutables dysenteries. La météo et les mauvaises récoltes, les structures d'échange interdisant toute compensation d'une province à l'autre, les habitudes d'accaparement, expliquent le désastre, dont Braudel a montré qu'il est, en ces années-là, largement européen. Il reste qu'il est particulièrement grave dans les régions de passages d'armées, et surtout autour de Paris. Pour mesurer l'œuvre de Vincent, il suffit d'indiquer[2] que 193 paroisses du diocèse de Paris ont été secourues régulièrement de 1648 à 1652.

Paris a connu le siège, la famine, les maladies et la guerre. La capitale doit être secourue en priorité. Pendant ses voyages de 1649, Vincent est resté en relation épistolaire constante avec les frères de Saint-Lazare. Il marche sur la ferme d'Orsigny, qui appartient à la Mission, pour tâcher d'y trouver des secours. Mais les soldats du roi sont passés par là. « Le bétail, le froment, les meubles de quelques frères qui faisaient valoir [la ferme], ceux même d'un riche particulier qui y étaient en dépôt, tout fut enlevé. » Vincent part sur les chemins en plein hiver pour conduire en sûreté un troupeau de moutons et deux chevaux qui ont échappé miraculeusement au pillage, et qu'il devra abandonner finalement « chez une dame de connaissance ».

Il donne des ordres pour qu'on évacue la plupart des prêtres de Saint-Lazare pendant le siège, « pour avoir un moyen de continuer l'aumône plus longtemps à deux mille pauvres, auxquels on l'a fait tous les jours, par la grâce de

---

1. Voir Pierre Goubert, *Beauvais et le Beauvaisis de 1600 à 1730*, 2 vol., Paris, 1960, EHESS, 1982 et 1983.

2. Pierre Goubert, *Mazarin, op. cit.*, p. 361.

Dieu, en sorte qu'il faut chaque jour quatre setiers de blé, mesure de Paris, pour le moins ». Or les blés en réserve à Orsigny et à Saint-Lazare ont été enlevés ou distribués. Les prêtres sont alors partis pour Richelieu, il n'en reste à Saint-Lazare que sept ou huit, avec dix-neuf écoliers et quelques frères. Pour faire face à la demande, on donne par jour seulement trois setiers, mais à trois mille indigents.

Vincent pleure en mesurant son impuissance devant une telle pénurie : « Les pauvres qui ne savent où aller ni que faire, écrit-il à Alméras le 8 octobre, qui souffrent déjà et qui se multiplient tous les jours, c'est là mon poids et ma douleur. » Il implore les dames de charité de vendre au besoin leurs joyaux, mais de ne pas abandonner l'Hôtel-Dieu ni les enfants trouvés. La duchesse d'Aiguillon estime expédient de les nourrir au lait de chèvre, pour qu'ils ne meurent pas de faim. Il demande à Marie de Lamoignon de faire intervenir son époux et d'obtenir une escorte pour protéger les quelques sacs de blé destinés à l'œuvre des enfants trouvés. Que les dames empruntent au besoin 3 000 livres, si elles ne peuvent les réunir tout de suite, pour « parer aux besoins les plus pressants » !

Les enfants avaient été retirés de Bicêtre quand les soldats de Condé étaient aux portes, pour être transférés au siège des filles de charité. Cela rassure Vincent. Aussitôt rentré à Paris, il demande un secours spécial à la reine pour placer les enfants en nourrice. Mais Louise de Marillac se plaint de l'indifférence des dames. Elles ne donnent plus pour les enfants, comme si elles avaient envie de s'en débarrasser. Faut-il demander au président Molé de les affecter à un hôpital, faute de pouvoir les nourrir ? Où trouver les ressources, alors que les aumônes et les dons des dames de la Cour sont affectés en priorité aux régions sinistrées ? En fait, malgré les difficultés criantes, l'œuvre se poursuit, vaille que vaille : en juillet 1657, Vincent note que 365 enfants sont aux mains des nourrices et des filles de charité, et il a recueilli des dames, l'année précédente, la somme de 16 248 livres.

Il est alors urgent d'envoyer des prêtres dans les villages autour de Paris : à Antony, à Limeil, les profanations se multiplient. La Compagnie du Saint-Sacrement signale des vols dans les églises. Les coupables sont des soldats débandés. En janvier 1652, la guerre se rapproche de nouveau de la capitale, et Vincent écrit à Gicquel, le supérieur du Mans, pour lui demander s'il peut accueillir et nourrir les écoliers et leurs maîtres, le blé et la viande étant devenus inabordables. Le Mans est-il sûr ? Le supérieur Watebled a dû être rappelé de Saintes où sa maison a été pillée par les soldats de Condé. Angers, aux mains du duc de Rohan, frondeur, est assiégée par l'armée royale. La guerre se répand dans l'Ouest, qui n'est plus une région refuge ; elle se rapproche de Paris. Le 28 février, Vincent écrit au supérieur : « Vous ferez bien de mettre en sûreté l'argenterie et les plus beaux ornements de votre église, votre vaisselle, vos principaux meubles, le linge et les lits, ensemble les titres et les papiers considérables, le blé, l'avoine, etc. Quant à vos personnes, il ne vous faudra pas quitter la maison, mais bien y attendre la protection de Dieu, qui ne permettra pas qu'il vous soit fait aucun déplaisir. »

À Paris même, les églises sont le lieu des plus grandes « immodesties et indévotions ». Vincent craint de ne plus pouvoir nourrir son monde, non seulement ses pauvres mais ses religieux : « Les troubles, écrit-il en mars 1652, nous ont ôté d'un coup 22 ou 23 000 livres de rente, car outre la privation des aides, les coches ne vont plus. » Il espère que les récoltes de Rougemont et d'Orsigny seront bonnes, car les terres ont été ensemencées. Mais la guerre fait encore rage et peut tout détruire. Néanmoins, la Mission rassemble encore en mars 9 000 livres de secours pour les pauvres et envoie trois prêtres supplémentaires en Champagne et Picardie.

Elle doit préserver pourtant l'essentiel : des moyens pour Paris, où la pénurie est inquiétante en mars 1652. Neuf cents pauvres sont assistés en permanence dans la paroisse Saint-Hippolyte, trois cents à Saint-Martin, six cents à Saint-Laurent. Dix-huit cents familles d'artisans ou d'ouvriers seront secourues en permanence à Saint-Médard, une goutte d'eau dans la mer des besoins non satisfaits : les réfugiés de la Beauce et des environs de Paris se présentent sans cesse aux portes, annonçant l'arrivée des armées. « Nous eûmes hier un peu d'exercice en ce faubourg, écrit sobrement Vincent à Marie de Lamoignon le 14 mai 1652. Nous espérons que Notre-Seigneur et ses bons serviteurs, comme le bon Monsieur de Lamoignon et vous, nous protégerez à l'avenir, comme vous le fîtes il y a trois ans. »

L'armée de Turenne, victorieuse à Étampes, a pris Étréchy, Palaiseau et Saint-Denis, où elle s'est battue furieusement contre les soldats de Condé. On tue les frondeurs « comme des moutons ». Les cadavres jonchent la route de Saint-Denis à Paris. « Il y en avait sept contre la porte de l'église de la Chapelle », d'autres devant la maison des enfants trouvés, arrachés au sommeil par les nourrices qui s'enfuient épouvantées en les serrant dans leurs bras.

Vincent se dépense pour aider les malheureux, soigner les blessés, assister quotidiennement les pauvres. Le conseil de conscience n'est plus réuni : « Il y a six ou sept mois que je n'ai vu la reine, à cause de ses absences, écrit-il le 15 mai 1652 à la présidente du Sault. Et si Dieu ne nous donne bientôt la paix, je ne serais pas en état de la voir de longtemps. Nous sommes dans une conjoncture très fâcheuse. L'orage qui a passé en Guyenne [il veut dire : l'armée de Condé] est venu fondre à Paris. » Comment croire en l'avenir ? Il y a tout lieu de penser, explique-t-il, que ses « péchés ne le rendent indigne de servir efficacement ». Il prévoie déjà sa disgrâce.

Mais il n'en a cure : l'action occupe tous ses instants.

Louise de Marillac l'appelle sans cesse au secours des enfants trouvés. Pour leur fournir des vivres, il faut demander aux « messieurs de la Ville » de faire convoyer les charrettes par des archers. Faut-il évacuer les sœurs, les disséminer dans les quartiers de Paris, leur permettre d'en sortir ? Pourquoi pas, répond Vincent qui s'efforce de rassurer. Il envoie le frère Mathieu, qui a fait naguère merveille en Lorraine, dans les villages voisins pour tâcher d'y trouver un peu de blé.

Les hôpitaux regorgent de malades et de blessés. Les sœurs n'y suffisent pas, pas plus à Paris qu'en province : « Je suis contrainte de vous tracer ces quelques lignes en veillant nos malades, écrit l'une d'elles, n'ayant aucune relâche le jour, et en vous écrivant, il faut que j'exhorte deux moribonds. » Impossible de laisser les pauvres mourir de faim : « Paris en fourmille, écrit Vincent le 22 mai, à cause que les armées ont contraint ceux des campagnes de s'y venir réfugier. On fait tous les jours des assemblées pour tâcher de les assister. On a loué quelques maisons dans les faubourgs, où l'on en retire une partie, particulièrement les filles. »

Les pauvres ne doivent pas être seulement nourris et abrités, il est indispensable qu'ils reçoivent aussi les secours de la religion. Les missionnaires ont-ils le droit de les administrer religieusement dans Paris ? Vincent le propose à une assemblée plénière des dames de charité, présidée par monseigneur Henri de Savoie-Nemours, récemment nommé archevêque de Reims. « Les pauvres des champs sont notre partage, dit-il. Ils viennent à nous, chassés par la rigueur de la guerre, qui déserte la campagne, il semble que nous soyons plus obligés de travailler à leur salut dans l'affliction où ils sont. » Il a besoin de l'aide de l'archevêque pour ne pas décourager l'éventuelle opposition des curés de Paris, toujours jaloux de leurs privilèges, qui estiment que seules les circonstances tragiques peuvent autoriser les missionnaires à donner l'extrême-onction aux errants qui viennent mourir de faim sur le pavé des paroisses.

Les missions commencent dans l'église de Saint-Lazare, où huit cents pauvres sont secourus. Elles continuent à Saint-Nicolas-du-Chardonnet. Louise de Marillac distribue de son côté du potage à mille trois cents « pauvres honteux » chez elle, et à huit cents réfugiés à Saint-Denis. Cinq de ses filles, chargées du soin de quatre-vingts malades, donnent en plus la soupe à cinq mille pauvres de Saint-Paul, tout en distribuant les bonnes paroles de la religion.

Les prêtres ignorants venus des pays du Nord sont nourris et « exercés aux choses qu'ils doivent savoir et pratiquer ». L'administration des secours spirituels et matériels est ainsi codée par les règles immuables de l'institution ecclésiastique, sans possibilité de transgression, sauf à solliciter l'appui d'un puissant personnage. Louise de Marillac défend elle-même ses filles de charité, seules habilitées à donner les secours à l'hôpital. Beaucoup d'entre elles sont malades, épuisées par leur tâche. Cependant, elle demande à Vincent si elle doit tolérer que les « messieurs de Saint-Sulpice [ceux de la paroisse du curé Olier] envo[ient] quérir quatre filles des réfugiées [celles qui viennent de Picardie et de Champagne] pour aider à nos sœurs [...]. Je crains que ce mélange fasse de la confusion et beaucoup de mal, et que cela ne vienne de nos sœurs mêmes ». Décidément, on n'accepte pas l'idée que des laïques puissent se mêler, sans y être autorisés, à des œuvres de charité. Mais la situation est telle que l'on ne peut longtemps s'abriter derrière les règles : tout secours est bon, d'où qu'il vienne.

La descente solennelle sur le parvis de Notre-Dame de la châsse de sainte Geneviève donne lieu à des processions gigantesques dans Paris : on implore la paix en ce 21 juin 1652. Miracle ! L'armée du duc de Lorraine décampe huit jours plus tard, les négociations sont engagées entre les princes réfugiés dans Paris et Anne d'Autriche. La Cour est à Saint-Denis le 29 juin au soir, et le 17 juillet à Pontoise. Vincent aspire passionnément à la paix, comme tous les Parisiens. On ne peut lui en tenir grief, même si les négociations ont échoué du fait de l'intransigeance des princes, et particulièrement de son protecteur, Retz-Gondi.

Il garde son sang-froid quand des soldats entrent à Saint-Lazare, maltraitant Alméras, le supérieur de Saint-Charles. L'intervention armée d'un suisse et d'un cocher du duc de Bouillon a finalement raison des méchants drôles. Depuis, Vincent a demandé au huguenot Turenne, commandant désormais les armées du roi, le secours de gardes armés pour protéger les bâtiments et les récoltes de la ferme de la Mission à Livry, dont il attend quelques gerbes.

La situation n'est pas meilleure en dehors des murailles, parce que les soldats sont encore présents dans les campagnes où les pauvres s'apprêtent à moissonner. L'hôpital de Valpuiseaux, près d'Étampes, a été maintes fois pillé. Il ne reste rien pour y nourrir les malades et les blessés. Dans les champs, les loups qui rodent autour des cadavres attaquent aussi les survivants. À Palaiseau, quatre prêtres de la Mission sont tombés malades. Les gens de guerre ont coupé les blés en herbe et jusqu'aux arbres fruitiers. D'autres s'emparent des rares blés mûrs dans la plaine Saint-Denis, arrachent les gerbes aux paysans.

Il n'est plus question de quêter pour les miséreux de Picardie et de Champagne. « Les aumônes ne peuvent être envoyées si loin avec tant d'abondance que par le passé, à cause du grand nombre des pauvres qui sont à présent dans la ville. » Étampes, martyrisée par l'armée des princes, doit être secourue au plus tôt. « Les champs y étaient ravagés comme après un violent orage. » On y ouvre des hospices et un orphelinat, ainsi qu'à Palaiseau. On enterre les morts, qui infectent l'air autour des villages. Trois des prêtres de Vincent y laisseront la vie, emportés par la contagion des pestes. Une relation d'octobre 1652 décrit la misère des environs de Paris, de Palaiseau à Étampes : « On a amené cinquante [miséreux] à l'Hôtel-Dieu, qui à peine ont pu survivre deux et trois jours. Ils étaient tellement infectés que les bateliers ne s'en voulurent charger [...]. On en a vu, rampant sur des fumiers, comme des lézards, d'autres sur la paille, comme immobiles par l'exténuation de toutes les forces, et d'autres dans les cloaques et les étables. » Une fille de charité est morte à Étampes, empestée par l'air mauvais. À Lagny, les armées, dans leur retraite, ont laissé des églises profanées, des femmes violées, des campagnes pillées. « Nous avons appris, dit la relation de novembre 1652, qu'au village de Nelly, un enfant fut jeté tout vif dans un four ardent et qu'un mari et sa femme furent tellement fouettés avec des épines qu'ils sont morts par ce supplice, qu'au village de Dammart un pauvre marguillier fut mutilé de tous ses membres, eut le ventre ouvert et ses entrailles lui furent mises entre les mains pour l'obliger à déclarer où étaient les ornements de l'église. »

Et la paix tarde à venir. La Mission perd « 26 à 30 muids de blé dans l'année et la plupart de ses revenus », se consumant à secourir vingt mille réfugiés dans Paris. La charité se trouve, du fait de la baisse des rentes, « beaucoup refroidie ». L'œuvre pourra-t-elle se maintenir longtemps ?

Elle a tenu finalement, par les efforts démesurés de ses prêtres et de son général. Les filles de la charité, les missionnaires de Saint-Lazare ont payé un lourd tribut à la maladie et à la mort. La joie du retour de la reine et du roi dans Paris, le 21 octobre 1652, ne peut effacer le souvenir des épreuves. D'autant qu'il faut encore compter avec la poursuite de la guerre en Champagne, du fait de Condé, et la misère qui s'est emparée de la région de Paris. Le pain est si rare que les voleurs sont nombreux. Et rien n'est à l'abri de leurs entreprises, pas même les vases sacrés des églises, à tel point que les filles de la providence de Mme de Pollalion organisent des veilles pour garder le saint sacrement. En outre, les pestes ne cessent de faire des ravages en cette fin de 1652.

Vincent, bien qu'il ne soit plus aux affaires, prodigue des conseils à Alain de Solminihac : l'évêque doit, dit-il, « exposer sa vie », afin de donner l'exemple, encourager les curés à visiter les quartiers touchés, secourir les pestiférés abandonnés de tous dans les campagnes, recruter des volontaires pour soigner les malades. La conduite de Solminihac, assure-t-on plus tard à Vincent, a été au-dessus de tout reproche : il a recruté des moines, obtenu de ses curés le respect du devoir d'assistance, donné lui-même l'exemple.

La peste n'a pas touché l'évêché de Dax, mais la misère est là-bas criante, en raison des passages de troupes. La famille de Vincent compte des morts et des malheureux réduits à la mendicité. Son cœur en est si ému qu'il fait envoyer une somme de 1 000 livres au chanoine de Saint-Martin pour soulager les misères des gens de Pouy.

Le dernier raid de Condé en Champagne sera le plus dur, car les secours manquent et que la charité des Parisiens est épuisée. Où trouver les 7 000 livres hebdomadaires qui permettraient de parer au plus urgent ? L'action de Vincent dans l'œuvre d'assistance est alors remarquable. Aucun sectarisme aux secours, chacun doit pouvoir participer et en bénéficier en cas de besoin. Ainsi, à Nîmes, il sait parfaitement que les ministres calvinistes s'enferment dans les arènes avec les moines pour assister les pestiférés. À Sedan, il accepte que les huguenots reçoivent des secours catholiques, à la condition toutefois que seuls ceux qui ne peuvent pas travailler en bénéficient. S'il a mené campagne auprès des évêques pour que le pape condamne fermement le jansénisme, il ne s'indigne pas que l'assistance se trouve en partie aux mains du sieur de Bernières et des messieurs du jansénisme parlementaire dans Paris. La reine de Pologne a donné une somme de 12 000 livres à la mère Angélique, qui l'a alertée sur les malheurs de la capitale, pour les secours aux pauvres. Fille d'Antoine II et sœur d'Antoine III, le « grand Arnauld », Angélique Marie de Sainte-Magdeleine a décrit la détresse des réfugiés, l'arrivée dans Paris de bateaux entiers de blessés que l'on ne peut secourir et qui meurent sur le foin à raison de cent chaque jour.

La reine de Pologne, princesse de Gonzague, en a été émue jusqu'aux larmes. Par la suite, elle souhaite, écrit-elle à Vincent, dont elle a obtenu, grâce à ses dons, une mission à Varsovie, qu'il soit associé à la répartition de cet argent. Un mouvement général est lancé, dont Vincent se doit incontestablement de prendre la tête. Une enquête adressée à l'archevêque de Paris par l'abbé Ferret, vicaire général du diocèse, permet d'apprécier l'organisation des secours.

Duplessis-Montbard, conseiller du roi, a l'idée de créer deux magasins généraux pour collecter les offrandes en chariots, en barques, et les répartir au mieux. L'un d'eux reçoit les sacs de blé et de seigle qu'il charge sur les péniches pour secourir les pauvres de Villeneuve-Saint-Georges et Lagny, à la pointe de la Cité, dans l'hôtel de Bretonvilliers. L'autre, installé à l'hôtel de Manosse, près de l'hôtel de Bourgogne, secourt les villages proches de Gonesse. Des stations particulières de secours sont établies en couronne autour de la capitale.

Vincent et ses missionnaires s'infiltrent dans l'organisation, se chargeant, grâce à leur disponibilité et à leur expérience, de la répartition des secours. Mais ils ne sont pas les seuls : les prêtres du séminaire de Saint-Nicolas-du-Chardonnet œuvrent à Villeneuve-Saint-Georges, les moines de Picpus travaillent en Brie, comme les carmes à Tournan. Les jacobins réformés s'installent à Gonesse et à

Luzarches, les récollets à Saint-Denis. Les dames de charité se dépensent sans compter. La présidente et marquise de Nesmond, issue d'une riche famille de robe d'origine bordelaise, secourt les pauvres de Montfermeil et de Livry. Des chirurgiens, des médecins se mobilisent aux côtés des crocheteurs dans un élan de solidarité dont les missionnaires de Vincent ont donné l'impulsion.

Les secours indispensables dont bénéficie la région parisienne n'empêchent pas quelques envois de vivres et d'argent de pénétrer en Champagne, où la détresse est immense. La duchesse d'Aiguillon et la présidente de Herse prennent la tête de ce dernier effort. Elles organisent des quêtes, approvisionnent les magasins d'où partent les convois. Les messieurs du Saint-Sacrement collectent les vivres, les drogues, les vêtements, les outils et même les vases sacrés pour célébrer le culte interrompu par les « pilleries » des soldats.

Vincent parvient à organiser plus régulièrement des secours durables à certains Parisiens grâce à un don de 100 000 livres fait par un bourgeois. Il achète ainsi une maison dite le Nom de Jésus, l'agrandit, recueille des pauvres à l'année grâce à une rente placée qui rapporte de quoi loger et nourrir des artisans retraités incapables de gagner leur vie, qui doivent être servis, quand ils sont malades ou impotents, par des filles de charité. Par ailleurs, le soin des pauvres des provinces martyres se prolongera encore plusieurs années, notamment dans les Ardennes. Les plaies du royaume seront en effet lentes à cicatriser.

Heureusement, à partir de 1653, et jusqu'en 1659, les récoltes deviennent abondantes grâce au changement de climat. Les anciens en oublient le passage déjà lointain de la comète, augure de tant de malheurs si l'on croit la tradition orale. Le prix des blés retrouve, aux Halles de Paris, son niveau habituel.

En 1653, le cardinal de Mazarin engage un adroit surintendant des finances, Nicolas Fouquet, d'une famille amie de Vincent, liée aux Maupeou, et qui compte de nombreux dévots. Nicolas Fouquet et son épouse ont toujours soutenu les ordres et les confréries, et tenu François de Sales, Bérulle, Jeanne de Chantal et désormais Vincent de Paul pour des modèles. Le frère du ministre, François, a suivi les conférences du mardi de Saint-Lazare, avant d'être nommé évêque de Bayonne à 26 ans. Vincent garde ainsi tous ses soutiens, accroît même son influence et ses moyens d'action : sa patience l'a récompensé.

Mais pour ne pas être pris au dépourvu, il lui faut institutionnaliser davantage les secours aux pauvres et aux victimes des guerres. Il tient à ce qu'en cette matière l'impulsion reste religieuse, mystique presque : le pauvre est le Christ et doit le rester si l'on veut que la vertu de charité permette d'engager sur le chemin de l'assistance les grandes fortunes des dames d'œuvres. L'influence décisive d'un saint homme, hier de François de Sales, aujourd'hui de Vincent, est essentielle à la mise en mouvement de la machine caritative, au chargement des grains sur les péniches, au stockage des vivres et des médecines, au grand chambardement des greniers et des caves. Pour stimuler le zèle de la présidente de Herse, dont la dévotion est largement de convenance, pour jeter une Louise de Marillac sur les voies rocailleuses de l'assistance et maintenir constamment son esprit de dévouement, il faut un exemple, celui d'un saint, dont l'esprit de sacrifice soit à la hauteur de sa foi.

D'où tient-il cet étrange pouvoir d'entraînement ? De la disponibilité aux œuvres de la religion des élites gagnées à la Contre-Réforme par ce profond mouvement de retour à la foi tridentine qui caractérise le « siècle des saints » ? Sans doute, mais pourquoi lui ? Sa concentration sur la présence du Christ au plus profond de lui-même, cet « investissement » qu'il a, à l'exemple de son maître Bérulle et depuis sa « conversion » de 1617, ressenti comme essentiel est l'une des constantes du personnage. À cinq cents reprises (le père André Dodin les a comptées), tout au long de sa correspondance, il s'humilie, se traite plus bas que terre. Cet oubli de soi, qui fait place nette pour l'arrivée en lui de Jésus, il le donne aux autres en modèle, particulièrement à ses collaborateurs chancelants, aux brebis passagèrement égarées de la Mission ; il est, sans conteste, leur guide spirituel : il porte dans « son indignité » la présence invisible du Christ, qui guide et condamne, sans esprit de tricherie, ce qui peut être resté dans l'âme d'égoïsme et de lâcheté, de suffisance et d'orgueil. Cet oubli de soi, élevé à hauteur de la plus exigeante vertu, est l'une des clés de son influence sur les autres. Bertrand Ducourneau, ce Landais resté jusqu'au bout très proche de lui, confirme que l'essentiel est dans le regard illuminé de Vincent, dans sa contemplation du visage du Christ. Nul ne peut douter qu'il en est habité. « Quand vous ne diriez un mot, murmure-t-il à ses frères, si vous êtes bien occupés de Dieu, vous toucherez les cœurs par votre seule présence. »

Quelle méthode peut permettre de se rendre ainsi disponible à l'occupation de soi par le Christ vainqueur ? Le père Dodin[1], commentant la spiritualité du saint, a présenté trois clés vincentiennes susceptibles d'ouvrir toutes les portes à l'action charitable. Et d'abord le don de soi à Jésus. Vincent tombe souvent en prière, au cœur de l'action, s'agenouille et prie longuement, comme si le recueillement lui donnait des forces neuves, de celles qui viennent à bout de toutes les faiblesses. Point de raison humaine, point de calculs, celui qui est habité par Dieu, écrit-il maintes fois à Codoing, le plus rebelle de ses fils, suit « la Providence pas à pas ». Il ne bouscule rien, attend le meilleur qui lui

1. André Dodin, *Initiation à saint Vincent de Paul*, Paris, Cerf, 1993.

vient du Christ, parce que le Seigneur entre dans sa demeure pour l'inspirer. Il faut « regarder les choses comme elles sont en Dieu, et non comme elles paraissent hors de lui », si l'on veut rendre la charité vivante. Cette vision de Dieu, parfaitement mystérieuse, s'éclaire sur l'écran secret de la conscience par le miracle de la Trinité. Elle n'est certes pas donnée à tous, et Vincent le regrette. Son rôle est de la faire partager, et d'abord aux pauvres.

*Totum opus nostrum in operatione consistit*, cette parole recueillie par Abelly donne la deuxième clé de la conversion à l'action charitable. L'*operatio*, l'engagement dans l'action, perd toute signification si elle n'est inspirée par le Christ et par la révélation de sa présence cachée. De la sorte, la charité commande le salut et condamne d'avance toute réticence, toute restriction. Ainsi s'explique la puissance de conviction de Vincent : habité par le mystère de la révélation, il peut confondre les dames de charité hésitantes ou lassées, leur défendre d'offenser le Christ en refusant ses dons prodigieux, en suscitant ses larmes par leur péché mortel d'indifférence. Comment pourraient-elles encourir l'enfer, en succombant aussi facilement aux tentations de l'égoïsme ? Que ne donnent-elles pas tout ce qu'elles ont, suivant l'exemple de Jeanne de Chantal ? Si l'action de charité est dans le Christ, elle est sainte et ne supporte pas la faiblesse humaine. Il offre son amour, il est sacrilège de le décevoir. Vincent le dit à Hugues Perraud, prêtre de la Mission à Richelieu : « Soyons bien à Dieu, Monsieur, il sera tout à nous, et avec lui nous aurons toutes choses. »

Dernière clé, flamboyante et triomphale, celle qui donne accès à la lumière, l'union avec le corps mystique du Christ. Comment le découvrir sur les chemins glacés de Lorraine, dans la poussière crayeuse de Champagne, sur le champ des morts d'Étampes ? Il est partout, à disposition de tous, et d'abord dans l'humble carcasse des agonisants de Saint-Quentin ou de Rethel. C'est là qu'il faut le chercher. Cette croyance a une force singulière, puisqu'elle repose sur la révélation. La découverte fulgurante du *Corpus Dei*, capable d'« effacer les péchés du monde », est celle de la Passion et s'attache à l'image du sacrifice sur la croix. « Nous vivons en Jésus-Christ, par la mort de Jésus-Christ. » Il meurt tous les jours de la mort des pauvres. Il est en eux, comme pour racheter des péchés réfractaires, les durs noyaux du mal. Notre mort « en Jésus-Christ, par la vie de Jésus-Christ », dépend, pour être bonne, de cette union intime avec le sauveur que nous devons concrètement réaliser par le sacrifice que nous consentons aux souffrances des autres. Ainsi parle Vincent, aussi bien aux filles qu'aux dames de charité. Ce sacrifice, il l'escompte, il l'attend, au besoin il l'exige. Il parle au nom du Seigneur, comme un maître.

Peut-on refuser un don à celui qui offre ses larmes, touché par le malheur des hommes ? L'idée du sacrifice va plus loin, et conduit à l'oblation, qui consiste à se mettre à la place de l'autre, à prendre sur soi ses péchés ou son mal. Ainsi, Vincent s'était-il mis en oraison, dans sa jeunesse, pour assumer les fautes d'un « docteur tenté contre la foi ». Il avait failli perdre la sienne. Ainsi, selon les proches du saint, un curé voisin de la chambre où il souffrait mille morts, à Saint-Lazare, avait-il offert sa vie pour sauver la sienne. Il faut comprendre que les chrétiens de ce temps-là poussent la foi très au-delà des limites naturelles, jusqu'à discerner l'invisible dans le visible, et les miracles dans le quotidien : qu'une sœur de charité échappe à l'écroulement de sa maison est pour Vincent le signe de la Providence. Dieu n'a pas voulu qu'elle meure. Il protège ainsi, miraculeusement, ceux qui assistent les pestiférés, à moins qu'il n'ait décidé de les admettre aussitôt en son sein, acceptant le sacrifice de leur vie. Ainsi le veut la charité. « Quoi ! dit Vincent à ses filles, être chrétien et voir son frère affligé sans pleurer avec lui ! C'est être sans charité, c'est être chrétien en peinture, c'est n'avoir point d'humanité, c'est être pire que les bêtes. » Il faut aimer d'abord, pour mieux secourir, aimer le Christ dans les pauvres. « Faisons ce que nous voudrons, l'on ne croira jamais en nous si nous ne témoignons de l'amour et de la compassion à ceux que nous voulons qu'ils croient en nous. »

Les dames de charité, souvent si imbues de leur supériorité naturelle, ont ainsi bien du mal à soutenir le regard de Vincent, pour la raison la plus simple : elles y voient celui du Christ.

Ainsi va la charité sur le chemin des guerres : Vincent y pousse les charrettes des donatrices, recueillant les enfants perdus, les filles abandonnées, soignant aussi les soldats blessés, quelle que soit la dureté de leur cœur. Il a privilégié, dans les débuts de son action, les plus affligés, bagnards et esclaves, aliénés et nouveau-nés, filles publiques et infirmes, tous ceux ou celles que la société de son temps rejette, faute de soins, d'attention, d'amour, les plaçant au centre de son apologétique, avec les pauvres des campagnes dont personne ne s'occupe et qui meurent sans les secours de la religion. Désormais, il est aussi confronté aux milliers de vagabonds, de réfugiés, de mendiants qui se pressent dans les rues de Paris, spectacle quotidien de la détresse.

Quelque chrétienne qu'elle soit, centrée sur le salut des âmes, l'aide a également pour but de désamorcer le mouvement massif de rejet des pauvres, qui menace aussi l'ordre public, auquel les dames d'œuvres sont si attachées, comme les messieurs du Saint-Sacrement, qui ont, les premiers, remis en question l'analyse chrétienne de la pauvreté.

Qui est pauvre ? Celui qui ne peut pas travailler, du fait du chômage ou de son incapacité. Telle est la conception de Vincent de Paul, alors que les auteurs de son époque, comme J.P. Camus, ont une vue fort différente : est pauvre celui qui ne possède rien, qui n'a « aucun autre moyen de vivre que son travail et son industrie » ; définition de notable, pour qui la vie ordinaire suppose la disposition de maisons, d'ateliers, d'outils de travail, au plus haut niveau de rentes et de revenus.

Pour Vincent, au contraire, la pauvreté est une notion transitoire, sans valeur absolue. Après avoir fourni des semences et des outils aux miséreux de Lorraine, ses missionnaires ne les considèrent plus comme des pauvres, puisqu'ils retrouvent les moyens de gagner leur pain quotidien. Accablante, la pauvreté doit être l'occasion pour les victimes d'entrer dans la voie du salut : la maladie ou l'accident qui les touchent sont des facteurs de rédemption, ainsi que Vincent l'enseigne aux sœurs de charité. On explique aux malades des hôpitaux que le Christ les a distingués pour leur capacité à souffrir, qu'ils souffrent comme lui et doivent l'avoir en eux comme compagnon pour affronter la mort. La misère est rédemptrice, elle sauve aussi bien l'assisté instruit des mystères de la religion que le donateur trop riche, encombré de ses richesses, et qui craint de perdre son âme. « Voyez le miracle de la pauvreté, tonnait Bossuet du haut de sa chaire. Les riches étaient étrangers, mais le service des pauvres les naturalise. »

Sans les pauvres, point de salut, car le Christ est parmi eux. Cette solide croyance héritée des premiers âges perdure, et Vincent la diffuse, l'éclaire, la rend proche et vivante. Il l'utilise volontiers pour convaincre les dames d'œuvres de sauver de l'abandon les enfants trouvés, les enfants du péché. La pratique des donations, si vivement critiquée par les messieurs de Port-Royal (comme si le salut était promis aux donateurs ! Comme si la grâce de Dieu se mesurait à l'aune des œuvres !), est héritée du Moyen Âge et répond à la théologie caritative : « Le Christ, de riche s'est fait pauvre pour nous enrichir de sa pauvreté. » La souffrance du pauvre est l'occasion du salut, et l'aumône, selon saint Augustin, éteint les péchés du donateur comme l'eau, le feu.

Jadis, les évêques dressaient le « matricule », liste des pauvres entretenus par le clergé. Ils étaient reçus comme « hôtes » dans les hôpitaux. Les moines de saint Benoît ont ensuite repris l'antienne, la ressassant à l'envi dans leur liturgie symbolique. Des ordres se sont alors créés, à partir du XIIe siècle, pour soulager les misères des pauvres de toute espèce, puis les municipalités s'y sont intéressées, et enfin le roi lui-même, qui avait ses maladreries et ses maisons-Dieu. Les testaments portaient toujours la part des pauvres, legs et dons affluaient : l'organisation caritative se mit ainsi en place, pour venir en aide à un Français sur cinq ou six dès les débuts du XVIe siècle.

La mise en œuvre de la notion théologique de charité ne permet déjà plus de faire face à l'ampleur des besoins. Les pestes et les guerres, les famines, les rébellions urbaines et rurales obligent à réfléchir sur les dangers de la pauvreté. La maladie d'abord : on enferme les lépreux, plus difficilement les pestiférés, en général les contagieux, par souci de sauvegarde du corps social. On en vient ainsi à considérer les vagabonds et les errants comme un danger pour la communauté, et l'on dénonce à Paris l'insécurité causée par les mendiants et voleurs.

La vision des pauvres devient négative, la notion de pauvreté, suspecte. Ne portent-ils pas, avec l'échec social, les stigmates de la damnation ou de l'expiation des péchés ? N'est-il pas du devoir de l'État, comme le conçoit Richelieu, de traiter la pauvreté en fléau ? Déjà, au début du XVIe siècle, l'administration de l'Hôtel-Dieu de Paris a été retirée aux chanoines et confiée à une commission de bourgeois[1]. Un système laïque gère également, depuis la révolte des pauvres, la « grande rebeyne » de 1529, l'assistance lyonnaise. Selon Richelieu et l'économiste Laffemas, les valides doivent être mis à l'ouvrage. En 1611 et 1612, la régente Marie de Médicis, imprégnée des idées de la Contre-Réforme, a décrété, sans obtenir de résultats appréciables, l'internement des pauvres valides, comme des incurables, dans les hôpitaux.

De nombreux auteurs, Charles Loyseau, Claude Le Brun de la Rochette, Antoine de Montchrétien, Pierre Charron, invoquent les exemples britannique et hollandais, où l'institution hospitalière traite la pauvreté par le travail forcé. Pour Charron, le peuple est « mutin, ne demandant que nouveauté, que remuement, séditieux, ennemi de paix et de repos, surtout quand il rencontre un chef, car lors ne plus ne moins que la mer, bonasse de nature, ronfle, écume et fait rage, agitée de la fureur des vents, ainsi le peuple s'enfle, se hausse, et se rend indomptable ». Les troubles de la Fronde et les jacqueries illustrent d'exemples récents ce propos, tenu en 1601 peu après la fin des guerres de Religion. « La sûreté était bien moindre à présent qu'elle ne l'était au temps des guerres civiles », constate pour sa part en 1634 l'avocat général au parlement de Paris, Omer Talon. Les quatre cent mille Parisiens de 1650 comptent en leur sein un pauvre sur cinq, soit quatre-vingt mille indigents, dont au moins vingt mille réfugiés des provinces martyres.

Mais est-il légitime de négliger à ce point, au nom de la protection sociale, la mission salvatrice de l'assistance ? Suffit-il d'éduquer les pauvres à la religion et au travail pour en être quitte ? S'il faut « purger la ville des fainéants et vagabonds », que faire et que penser des autres, de ceux

---

1. Voir Françoise Hildesheimer et Christian Gut, *L'Assistance hospitalière*, Paris, Publisud, 1992, p. 42 *sq*.

qui n'ont que le tort d'être démunis sans qu'on puisse imputer leur malheur à leurs fautes ?

Les messieurs du Saint-Sacrement distinguent le vrai pauvre, particulièrement le pauvre honteux, celui qui a besoin d'aumônes, de tous les autres « fainéants, taverniers, gourmands, sales et vilains, larrons et voleurs[1] ». Ainsi parle des pauvres un confrère de Toulouse. Ainsi, « l'image du gueux, du vagabond, efface peu à peu celle du pauvre de Jésus-Christ ».

Pour traiter de la pauvreté comme d'un fait social, une action de l'État et des municipalités s'impose, encouragée par les dévots qui exigent une organisation publique de la charité. L'évêque de Vence, Antoine Godeau, ami de Vincent de Paul, a ainsi rédigé en 1657 un plaidoyer en faveur de l'établissement de l'Hôpital général à Paris, où il est « montré que non seulement il est loisible d'y enfermer les pauvres, mais qu'il est absolument nécessaire, et que les riches de Paris sont obligés de contribuer à leur subsistance ».

Éradiquer la mendicité et le vagabondage suppose la privation de la liberté. Organiser le travail dans les hôpitaux comme on a réussi à le faire pour les cordonniers, apprendre aux indigents des métiers qui leur permettent d'accéder à une condition honorable, Vincent est le premier à le tenter, aussi bien à Beauvais qu'à Dijon. Cela évite la constitution de ces sociétés de résistance et d'entraide ouvrières comme celle des « compagnons du devoir », qui peuvent imposer aux maîtres des tarifs, ou bloquer la production. C'est, pour les messieurs du Saint-Sacrement, l'esquisse d'une reprise en main des foules urbaines par une action catholique organisée, ayant pour objectif la réhabilitation des pauvres. Vincent craint pourtant, en cette

1. Voir Alain Tallon, *La Compagnie du Saint-Sacrement*, Paris, Cerf, 1990, p. 143.

affaire, et quelle que soit la pureté des intentions des confrères, que le Christ ne soit oublié, et, partant, l'essence de la charité.

Le décret de fondation attribue en effet la gestion de l'Hôpital à des directeurs nommés à vie, qui ont tout pouvoir d'administration, mais aussi de correction et de châtiment, avec « poteaux, carcans, prisons et basses-fosses », car des quartiers de l'Hôpital sont réservés aux prisonniers, d'autres aux aliénés. Le roi ne souhaite pas que l'autorité religieuse de la Grande Aumônerie soit chargée de cette création.

À l'évidence, le projet est parlementaire, il se propose de laïciser l'assistance, à la manière des protestants d'Angleterre et de Hollande. Certes, l'archevêque de Paris est, de droit, membre du « grand bureau », mais aux côtés des présidents laïques, officiers de justice et police, ainsi que du prévôt des marchands. Le réseau hospitalier sera étendu à toutes les villes de France. La Sorbonne approuve le projet, qualifié d'œuvre « ardue, mais utile, pieuse et salutaire, qui ne répugne ni aux lettres évangéliques ou apostoliques ni aux exemples de nos ancêtres ». Michel Foucault[1] le dit avec raison : c'est alors « une solution neuve [...]. Le chômeur n'est plus chassé ou puni ; on le prend en charge, aux frais de la nation, mais aux dépens de sa liberté individuelle ».

Dès que l'édit est lu dans les rues, les « archers de l'Hôpital » prennent en chasse les pauvres, qui n'ont plus le droit de mendier ni de se réunir. S'ils persistent, ils risquent « le fouet pour les contrevenants pour la première fois, pour la seconde des galères contre les hommes et les garçons, le bannissement contre les femmes et les filles ». Quatre ans plus tard, la Salpêtrière, la Pitié, Bicêtre (cédé

1. Michel Foucault, *Histoire de la folie à l'âge classique*, Paris, Gallimard, 1972, p. 76.

à l'Hôpital général par Vincent de Paul), la Savonnerie, l'Hôpital et la Maison de Scipion tiennent enfermés plus de cinq mille pauvres. Le carrosse du roi peut alors circuler dans les rues sans risque d'écraser des mendiants : ils sont à l'abri dans les hôpitaux transformés en prisons.

Vincent approuve-t-il cet « enfermement » ? Il a beaucoup d'estime et de tendresse pour l'évêque de Vence, à l'origine du projet, et il est bien conscient de l'insuffisance des secours caritatifs pour faire face au flux des errants qui tardent à repartir, préférant rester mendiants à l'abri que laboureurs exposés aux tortures des soldats, puisque la guerre avec l'Autriche n'est pas terminée et que les régiments hantent toujours les régions frontalières.

Aussi peut-on penser que la solution adoptée, qui va dans le sens de cette organisation d'une institution des pauvres, le satisfait. Une brève lettre de mars 1657 livre ses premières réactions : « L'on va ôter, dit-il, la mendicité de Paris et ramasser tous les pauvres en des lieux propres pour les entretenir, instruire et occuper. C'est un grand dessein et fort difficile, mais qui est bien avancé, grâces à Dieu, et approuvé de tout le monde. » Comment s'y opposerait-il d'ailleurs, alors que la Sorbonne, l'archevêque de Paris, toutes les autorités religieuses ont donné leur accord et leur concours ? Les organisations charitables elles-mêmes ont soutenu l'entreprise : « Beaucoup de personnes donnent abondamment, et d'autres s'y emploient volontiers. On a déjà dix mille chemises et du reste à proportion. »

Les préoccupations religieuses ne sont pas absentes de l'entreprise, puisqu'il est question d'instruire les pauvres. On a recours aux curés de Paris et aux prêtres de Saint-Lazare. « Le roi et le Parlement ont puissamment appuyé [le projet] et, sans m'en faire parler, ont destiné les prêtres de notre congrégation et les Filles de Charité pour le service des pauvres, sous le bon plaisir de M. l'archevêque de Paris. »

Vincent donnera-t-il son accord ? Il refuse la direction, qui lui est offerte, du nouvel établissement. « Nous ne sommes pas encore résolus, écrit-il, de nous engager à ces emplois, pour ne pas assez connaître si le bon Dieu le veut ; mais, si nous les entreprenons, ce ne sera d'abord que pour essayer. »

On ne peut être plus réticent. Un texte[1] de son secrétaire, Robineau, exprime plus clairement encore sa perplexité : à Saint-Cloud, au cours d'un repas tranquille dans une hôtellerie qui devait durer une demi-heure et se prolongera pendant trois heures, il est invité par Vincent à donner son avis sur le projet. Le futur saint lui demande bientôt de prendre une plume et une feuille de papier. Sous sa dictée, Robineau note ses remarques. Selon lui, il ne faut pas « enfermer les pauvres ou du moins pendant la guerre ». Il devine tous les inconvénients d'une telle politique, son injustice, les dangers d'une assistance où les pauvres de toutes catégories seraient confondus. Il est clair que cette œuvre, par son ampleur, mobilisera tout l'argent disponible pour la charité ; aussi, comment ne pas s'indigner que les « pauvres de la campagne » en soient exclus ? « Faire un hôpital général, y enfermer seulement les pauvres de Paris et laisser ceux des champs, c'est ce que je ne puis goûter. Paris est l'éponge de toute la France et attire la plus grande partie de l'or et l'argent, et ces pauvres n'y ont point d'entrée. Que deviendront-ils ? Et particulièrement les pauvres gens de Champagne et de Picardie, et des autres provinces ruinées par la guerre. » Et que dire de la privation de liberté, imposée à tous ? Les pauvres des rues de Paris peuvent-ils être traités comme des criminels ? Comment ressentiront-ils leur enfermement ? Ceux de Saint-Lazare ont toujours

1. Cité par André Dodin, *Louis Abelly, op. cit.*, Textes et documents, n° 2, p. 48 et 49.

été libres. Pourquoi ne pas les considérer comme tels ? Dieu l'a-t-il voulu ainsi ?

Vincent n'en est pas sûr. Il se réjouit seulement de la prise en charge par l'État du gros de la misère, et s'indigne que l'on chasse de la capitale tous ceux qui y ont trouvé refuge, alors qu'ils ne sont pas assurés de revoir leurs gîtes et leurs champs.

Plus que jamais, la survie des pauvres tient alors aux hasards de la guerre et de la météo. Après les bonnes moissons de 1656 et 1657, celles des années suivantes sont médiocres. Les gelées et les inondations compromettent la récolte de 1658. Les rues de Châlons sont inondées, la terre de Champagne transformée en boue crayeuse. La Vesle, à Reims, quitte son lit. La Suippe déborde. Des paillasses, des bois, de la paille, des détritus de toute sorte encombrent le cours tumultueux de la Seine, et la place de Grève est sous les eaux. Le pont Marie s'écroule, entraînant cinquante personnes dans le lit glacé du fleuve. La citadelle d'Amiens est ruinée, le port de Rouen submergé. La famine s'installe pendant la période de soudure dans de nombreuses régions, et des cas de peste sont signalés. Les révoltes de la faim reprennent alors de plus belle : en Sologne, des bandes armées marchent vers les villages de la Beauce toute proche, pour prendre le blé par force dans les greniers et les moulins. Trois bateaux chargés de sel sont pillés dans le port d'Orléans. On signale des troubles en Normandie, Poitou, Saintonge. La création des hôpitaux généraux en province n'est pas de nature à extirper la pauvreté, elle ne peut que la cacher aux yeux des citadins. La misère des campagnes éclate de nouveau. Que deviendront donc les errants, si on leur ferme les portes des villes ?

Les gens de guerre reprennent leurs méfaits. Condé, au service des Espagnols, affronte chaque année Turenne, qui commande l'armée royale. Mazarin doit lever des troupes et recourir aux financiers pour soutenir l'effort de guerre, ainsi que les ruineuses alliances qu'il entretient en Europe. Il met les dévots au comble de l'indignation en concluant une alliance avec Cromwell, protestant régicide, protecteur de la république anglaise, à qui il promet Dunkerque en échange de soldats. Les combats opposent les mercenaires français, anglais, espagnols, mais aussi suédois et irlandais, allemands et suisses, de Valenciennes à Arras, de Gravelines à Dunkerque, jusqu'à la décisive bataille des Dunes de 1659, humiliant l'Espagnol déjà fort embarrassé sur son propre sol par une agression victorieuse du Portugal.

La guerre affecte aussi la Catalogne, pendant que les Barbaresques disputent les prises en Méditerranée aux corsaires et pirates anglais et hollandais. Les révoltes intérieures obligent le cardinal à détourner périodiquement une partie des régiments du front pour mater la révolte de l'Ormée à Bordeaux (une organisation municipale appuyée sur les Espagnols, hostile à tous les pouvoirs, y compris au Parlement), puis la résistance de Marseille, où le roi dépêche en 1660 vingt compagnies d'élite pour imposer le respect de l'ordre et le paiement des taxes. La prolongation de la guerre donne de l'inquiétude aux intendants, qui ont du mal à faire payer la taille et à faire rentrer la gabelle. L'appui donné aux révoltes rurales par les gentilshommes nostalgiques du passé (les « malintentionnés ») ajoute au désordre et oblige Mazarin à se tenir sur ses gardes. La paix ne revient pas dans les campagnes avant le début des années 1660, et les pauvres de Vincent gémissent sous la pression fiscale, quand ils n'ont pas de nouveau à subir les passages d'hommes de guerre.

En 1659, pourtant, Mazarin tient enfin sa paix avec l'Espagne, au prix d'un mariage conclu entre l'infante Marie-Thérèse et le jeune Louis XIV : une paix rémunératrice conclue aux pieds des Pyrénées, qui accorde à la France l'essentiel de ses conquêtes, Artois et Roussillon, les onze villes-citadelles du Nord, de Gravelines à Montmédy, garantissant la solidité de la frontière et la route royale de Lorraine qui mène les courriers et les soldats du roi jusqu'aux possessions d'Alsace. Le cardinal n'a pas dépensé en vain les huit cents tonnes d'argent et soixante d'or que lui procurent chaque année les financiers, dotés de « traités » fort rémunérateurs. Il songe, depuis qu'il a réussi à abattre les puissances catholiques d'Europe, à se réconcilier avec le pape et à désarmer l'opposition sourde des dévots en entrant dans un projet de croisade.

Partageant les vues de Richelieu, qui considérait les mers comme le champ d'enrichissement des nouveaux États marchands, et comprenant que la France n'a pas les moyens de participer au duel sans pitié que se livrent dans le Nord les flottes hollandaise et anglaise, il nourrit peut-être l'espoir de donner au pavillon royal la mission de rétablir l'ordre en Méditerranée, en même temps que des relations fructueuses avec les Turcs assagis. Pour l'heure, ils font encore montre d'une agressivité inhabituelle. Présents en Europe centrale à la frontière de l'empire, ils sont les suzerains des ports de pirates du Maghreb et disposent encore d'une flotte nombreuse, plus puissante que l'espagnole ou la vénitienne, capable de défier la Sérénissime dans l'Adriatique.

Les Albanais ont pris le pouvoir à Istanbul grâce à l'énergique sultane Turhan et à ses grands vizirs, Köprülü père et fils. Elle a fait décapiter les notables incapables, dont un amiral et un patriarche, et lancé sa flotte vers l'ouest, dégageant les détroits par la prise aux Vénitiens des îles de Tenedos et Lemnos. Les amiraux des galères turques attaquent de nouveau les îles de la mer Égée et la Crète. Encouragés, les Barbaresques multiplient les sorties et capturent des esclaves, gênant le trafic de Marseille. Des volontaires français s'engagent en 1654, avec l'accord du cardinal, dans les unités chrétiennes qui luttent contre les

Turcs en Crète. En 1658, il verse 100 000 écus à Venise, et promet le renfort de trois mille soldats pour organiser une croisade. Les chrétiens battus en mer laissent entre les mains des Turcs de nombreux esclaves que le vizir fait défiler dans les rues d'Istanbul. Si le royaume refuse prudemment de dénoncer les capitulations, il participe à sa manière au combat engagé sur mer par les catholiques en Orient.

Quel que soit le poids de son engagement sur le territoire français, Vincent de Paul ne peut s'en désintéresser. L'aumônier des galères sait que la duchesse d'Aiguillon ne lui ménagera pas les moyens pour obtenir le maintien dans les ports du Maghreb des missionnaires chargés de protéger les esclaves chrétiens, et, si possible, de les racheter. Le souci de l'assistance aux déshérités du royaume ne le détourne pas de cette tâche urgente. Le saint des pauvres est aussi celui des esclaves.

Mais il a d'autant plus de mal à intervenir en Afrique du Nord qu'il est, en 1655, en conflit ouvert avec Mazarin, parce qu'il a accepté, sur l'ordre du pape Innocent X, fort hostile au ministre français, de faire recevoir et héberger à la mission de Rome le cardinal de Retz, alors banni du royaume. Le 5 février 1655, il décachette une lettre de Thomas Berthe, son supérieur à Rome, lui indiquant que l'ambassadeur extraordinaire de Mazarin, Hugues de Lionne, exige de par le roi que la mission soit évacuée sur l'heure, et ses prêtres dispersés.

L'incident est d'autant plus fâcheux que Vincent vient d'ouvrir une mission à Turin, à la demande du premier ministre d'État de la cour de Savoie, le marquis de Pianeze, et que la mission de Gênes, installée par le cardinal Durazzo, est en train de perdre tous ses membres qui meurent de la peste en soignant les pestiférés. Une autre mission doit en outre se rendre de Gênes en Corse pour tenter de mettre fin dans les villages aux féroces vendettas qui déciment les familles.

L'affaire de Rome met donc en question une politique missionnaire très féconde dans des régions où le clergé romain semble cruellement démuni. Sans compter que la présence d'une mission permanente dans la Ville éternelle est plus qu'un symbole : par l'efficacité de sa prédication et de sa formation, Vincent peut se créer au Sacré Collège de précieuses amitiés et approcher du pouvoir du pape, dont il a le plus grand besoin. Pris entre Rome et Paris, il se garde de résister aux ordres du roi, et demande audience à Mazarin pour lui montrer que les intérêts de la compagnie exigent qu'elle soit représentée auprès du pape. Le cardinal accepte l'envoi à Rome d'un nouveau supérieur, Edme Jolly, qui a négocié fort heureusement l'approbation des vœux de la compagnie avec le nouveau pape Alexandre VII.

Les papes ont approuvé et soutenu les missions accomplies en Barbarie, rendues possibles par la générosité de la duchesse d'Aiguillon. Mais les Turcs, de nouveau agressifs, encouragent les chefferies d'Alger et de Tunis à l'intransigeance à l'égard des chrétiens. Le Vacher, débarqué à Tunis en 1647, a échappé à la peste et montré un courage sans faille, mais la mission a été décimée. Un consul envoyé en renfort, Martin Husson, jeune avocat au Parlement, s'attire les foudres du dey, parce qu'il refuse d'exporter la cotonine qui sert à fabriquer de la poudre à canon. La capture d'un navire barbaresque et la vente de l'équipage au marché aux esclaves de Livourne provoque le départ d'Husson, exigé par les autorités. À Alger, le consul Barreau est en prison parce qu'il ne peut s'acquitter des dettes qu'il a contractées pour racheter des esclaves. Faut-il fermer les consulats et rappeler les missionnaires ?

Vincent tient bon. Les prêtres esclaves sont incapables d'administrer leurs frères, étant eux-mêmes « déréglés », au point qu'on peut douter de la validité des sacrements qu'ils confèrent. Il faut à tout prix sauver les âmes. Le Vacher reste donc à son poste avec mission de secourir les captifs, de les nourrir, d'installer le culte parmi eux. Vincent lui recommande « de condescendre à l'infirmité humaine », avec des hommes qui ne manquent pas « de lumière, ni de forces », et de les préserver du démon turc et surtout des renégats.

Les pressions exercées sur les Français, tant à Tunis qu'à Alger, vont croissant en ces années 1655-1660. Le gouverneur de Bastion de France abandonne son poste et évacue les marchands et serviteurs. Le Vacher administre de son mieux les esclaves martyrisés pour des raisons religieuses. Des cas de répression violente des conduites religieuses sont désormais signalés, alors que la tolérance était jusqu'ici la règle. Un tout jeune homme, Pierre Borguny, originaire de Palma de Majorque, est brûlé vif, un autre empalé. On bastonne à mort les femmes. Bien que l'œuvre du rachat ait réuni en quinze ans 1 200 000 livres, elle n'a réussi à sauver qu'un millier de captifs. Les autres meurent au bagne ou disparaissent dans l'apostasie.

L'expédition dont Vincent et la duchesse d'Aiguillon attendaient miracle, confiée en 1658 au chevalier Paul, de Marseille, et destinée à intimider le dey d'Alger a échoué. Les ordres de Vincent sont néanmoins de s'accrocher, de poursuivre le travail d'assistance aux esclaves, d'organiser un service de liaison pour qu'ils puissent écrire et recevoir des lettres de leurs familles. Bien loin de songer à renoncer, Vincent envisage d'envoyer des missionnaires à Salé, au Maroc, et en Tripolitaine. Le souci des esclaves est aussi intense, dans son esprit, que celui des pauvres des campagnes.

Il prie avec autant de ferveur pour les catholiques persécutés dans les îles Britanniques et en Pologne : pendant six ans, ses hommes ont défendu, au péril de leur vie, leurs coreligionnaires d'Hibernie. Ils restent présents en Écosse et dans les îles Hébrides, froides et glacées, dont la population ne se compose que d'hérétiques ou de chrétiens ayant perdu la foi. En 1654, un édit de Cromwell commande de rechercher les prêtres et de les emprisonner en Écosse. White, l'envoyé de Vincent, est sorti du cachot, après six mois de détention, pour évangéliser les montagnes au risque d'être pendu. En Pologne, où la reine Louise-Marie de Gonzague a attiré les missionnaires, le risque est d'un autre ordre. La Pologne est catholique, et l'on souhaite seulement que les sujets de la reine soient mieux avertis des vérités de la religion. Les missionnaires organisent des séminaires, des missions dans les campagnes, réforment les couvents, appellent de France des filles de charité pour s'occuper des hôpitaux, sous l'impulsion de Lambert aux Couteaux, l'homme de confiance de Vincent.

La peste a été une terrible épreuve pour la mission, dont le supérieur sera enterré à l'église Sainte-Croix de Varsovie. Mais le plus grand danger est l'armée suédoise, qui menace le royaume de Casimir aux frontières. Ces incommodes alliés du roi de France, les Suédois protestants, brûlent les églises et massacrent les prêtres polonais. En 1655, ils entrent dans Varsovie, molestant le père Duperroy et pillant Sainte-Croix. Ils reviennent deux ans plus tard, tuent des religieux, détruisent tous les lieux de culte. Vincent est fier de la conduite de ses missionnaires, qui n'ont pas manqué de courage. « Ni les canons, ni la peste, écrit-il, ne leur ont fait quitter ni abandonner leur poste. » En 1660, quatre nouveaux lazaristes et trois filles de charité sont envoyés en Pologne, pour reconstruire ce que les Suédois ont détruit.

Les missionnaires de Vincent s'attachent le plus souvent à défendre et à protéger les chrétiens dans l'extrême danger mais ne cherchent pas à convertir les infidèles. En Barbarie, il donne des ordres stricts pour que rien ne soit entrepris contre la religion musulmane. La mission de Madagascar est différente, reliée à l'œuvre des jésuites : les envoyés de Vincent doivent y convertir une population de non-croyants. L'ambition est ardente, mais dotée de très faibles moyens : les Pères présents dans l'île ne seront jamais plus de deux. Le voyage est en lui-même une épreuve : il n'y a pas de service régulier avec la colonie, le commerce des cristaux et de la gomme rapportant trop peu pour qu'on investisse. Les colons y sont peu nombreux et de mœurs brutales, lançant des expéditions dans les villages qu'ils brûlent, massacrant la population. Mais les Pères écrivent, et quand leurs lettres arrivent à Saint-Lazare, elles livrent à Vincent le détail de leur mission.

Charles Nacquart et Nicolas Gondrée sont des pionniers. Ils ont, les premiers, réussi à dissuader quelques Malgaches de rendre un culte aux « olis », leurs idoles, et de respecter les « ombiases », des prêtres magiciens et médecins qui jouissent d'un grand pouvoir sur la population car ils sont réputés guérir et agir sur les éléments pour apporter la pluie ou le soleil. Les prêtres ont à lutter contre la superstition, la polygamie, la liberté des mœurs, la brutalité, et à s'opposer au brigandage des colons qui éloignent de l'Église et de ses serviteurs les Malgaches devenus méfiants, puis agressifs. Ils parviennent cependant à quelques résultats en convertissant d'abord les rois et les chefs.

Nacquart reste seul. Vincent, averti deux ans plus tard de la mort de Gondrée, envoie Mousnier et Bourdaise. Quand ils arrivent dans l'île, ils apprennent que Nacquart est mort depuis longtemps. Tout est à refaire. Bourdaise réussit-il à construire une église, à attirer au culte, par une longue patience, une trentaine de couples malgaches, que le feu détruit l'édifice. Les rigueurs du climat ont finalement raison des deux hommes, dont Vincent apprend la mort deux ans plus tard. Ses efforts pour envoyer de nouveaux prêtres se heurtent à la rivalité du maréchal de La

Meilleraye et de la Compagnie des Indes. Seul Dufour parvient à toucher l'île, où il mourra peu après. Bourdaise ne sera pas remplacé avant la mort de Vincent de Paul. Il s'était pourtant consacré à cette œuvre d'évangélisation avec une passion croissante : « Oui, la Mission peut tout, disait-il aux frères qu'il voulait persuader de partir le 24 juillet 1655. Nous avons en nous le germe de la toute-puissance. Nous aurons toujours plus de force qu'il en faudra, principalement dans l'occasion ; car quand on est dans l'occasion, l'homme se sent un homme tout nouveau. » Le grain était semé. L'occasion ne se présentera plus avant 1896. Madagascar est abandonnée par les routes de l'histoire. Vincent n'y est pour rien, lui qui n'a jamais admis l'idée, comme tous les missionnaires, que des peuples entiers puissent vivre et mourir sans avoir jamais entendu parler du Christ, qui est mort pour eux.

Cette préoccupation est une constante dans la réflexion du saint, au soir de sa vie. Il lui semble, plus que jamais, que l'avenir de la religion catholique est limité en Europe en raison du renforcement des États protestants, dont deux prennent la tête du développement, l'Angleterre et la Hollande. Sans doute les missions ont-elles toujours un rôle éminent à jouer dans le royaume, surtout depuis que la paix permet d'envisager de nouveau les progrès pacifiques de la Contre-Réforme et la conversion des hérétiques. Il encourage l'œuvre des mardis, qui s'installe dans la plupart des villes françaises, ouvre des maisons à Narbonne et à Montpellier, où les huguenots sont encore légion. Mais depuis 1654 il ne se préoccupe plus guère de la déviation janséniste, jugeant l'affaire réglée par la seconde condamnation du pape. Il se contente de prévenir du danger ses missionnaires, en leur rappelant instamment qu'ils sont au service du peuple de Dieu et qu'il ne leur appartient pas d'entrer dans une dissidence qui a pour effet d'éloigner les fidèles des autels. Ces querelles françaises lui semblent de peu de profit au regard du mouvement du monde qui risque de porter les missionnaires protestants dans tous les continents, à la suite des marchands de Londres, de Hambourg ou d'Amsterdam.

Sa lettre au pape de juillet 1653 reflète parfaitement cet état d'esprit. Il sollicite son intervention en faveur des chrétiens du Tonkin et de Cochinchine, dont il a appris l'existence par le jésuite Alexandre Rhodes, rentré en Europe pour trouver des concours. Vincent est prêt : « Deux cent mille chrétiens, écrit-il, sont privés de pasteurs et réduits à vivre et à mourir sans les secours de la religion, et par conséquent exposés à la damnation éternelle. » Il est bien sûr impossible d'envoyer au Tonkin ou en Chine « des ouvriers en nombre suffisant », aussi Vincent supplie-t-il le Saint-Père « d'établir des évêques *in partibus* » pour qu'ils forment des prêtres indigènes.

Les progrès de la religion sont à ce prix, il y insiste en précisant ses objectifs dans une lettre à la congrégation de la Propagande. Il propose des candidats et même un financement qu'il s'engage à déposer dans les coffres du pape à Avignon. Il revient à nouveau sur la question dans une troisième lettre adressée cette fois au cardinal Antoine Barberini, préfet de la Propagande. Félicitant en 1655 le pape Alexandre VII de son élection, il ne manque pas de rappeler à cet éminent artisan de la paix en Europe l'œuvre des missions et lui « vou[e] spécialement sa congrégation et sa personne ». Des continents entiers s'offrent aux nouveaux apôtres, et seul le pape peut prendre en charge l'évangélisation des contrées lointaines qui ignorent aussi bien l'islam que le christianisme, explique-t-il. Les moissons d'âmes attendent les « bons ouvriers ».

Dans ce domaine, comme dans la lutte contre la pauvreté, Vincent et sa « petite congrégation » ne prétendent pas suffire à la tâche, il s'en faut. Mais ses missionnaires, ceux de Madagascar l'ont montré, sont prêts à donner l'exemple de l'abnégation et du sacrifice, à frayer des voies que d'autres pourront ouvrir plus larges, pourvu qu'on en ait les moyens. Il a conscience d'être à l'avant-garde d'un mouvement de la foi qui souffre encore de l'indifférence du deuxième pouvoir, celui du roi, mais, plus largement, des conditions difficiles des voyages maritimes et du peu d'empressement des compagnies coloniales. Il est ainsi devenu l'ardent pionnier de la mondialisation du catholicisme. À sa mort, le 27 septembre 1660, il cherche encore à envoyer des lazaristes à Madagascar et des évêques *in partibus* en Cochinchine et au Tonkin. Il meurt en priant Dieu pour que ses frères considèrent que le monde est leur domaine, puisque tous les peuples de la terre ont été sauvés également par le sacrifice du Christ. Aucun homme, aucune femme ne peut être abandonné dans les ténèbres. Ainsi l'exige la charité inspirée par l'Esprit-Saint, égale pour tous et universelle.

CONCLUSION

# La bonne mort

« Le frère vient en attendant la sœur », a dit Vincent, désignant ainsi le sommeil qui précède la mort. Il dort le jour et veille la nuit sous l'effet de la souffrance. Ses organes sont intacts, mais ses jambes le lâchent progressivement. Il ressent comme autant de blessures les étapes de sa diminution physique, et d'autant plus vivement que l'esprit reste vif et le regard mobile. Il sera, jusqu'au bout, conscient et attentif à tout.

Les siens l'entourent dans le triple espace clos, de plus en plus restreint, des murailles de la ville, de l'enceinte de Saint-Lazare, des murs de sa petite chambre qu'il quitte rarement désormais. Depuis de longs mois déjà, il n'a pu prendre l'air en faisant atteler pour se rendre à Sevran, à Rougemont, à Orsigny, dans les fermes de la compagnie : la duchesse d'Aiguillon, qui veille sur ses jours, ne l'aurait pas toléré. Il ne peut plus sortir dans Paris. Ses jambes refusent de le porter. Il risque, à chaque effort, de s'évanouir, car ses genoux sont enflés, ses plaies suppurent. Il a défendu que l'on égorge un pigeon pour le soigner selon la prescription du médecin. « Ce pigeon innocent est l'image du sauveur, dit-il, ne le tuez pas, Dieu saura me guérir par un autre moyen. »

Déjà, le 14 décembre 1659, il n'a pas la force de terminer sa conférence aux sœurs de charité. Il ne peut se tenir debout pour dire la messe. Il se traîne à la chapelle avec des béquilles pour communier des mains du prêtre. Bientôt il en est réduit à l'espace confiné de la dernière enceinte dont la mort s'apprête à franchir la porte : celle de sa chambre. En juillet 1660, il accepte qu'on dresse une chapelle dans la pièce contiguë, afin qu'il puisse prier. On l'y porte sur une chaise.

Ses souffrances sont-elles « héroïques » ? Il n'en veut pas convenir, et garde en souvenir la mort des hommes et des femmes qu'il a admirés, François de Sales et Jeanne de Chantal, mais aussi de sa bonne Louise de Marillac qui s'est éteinte le 15 mars, après tant de « bons ouvriers » : Antoine Portail, le prêtre dévoué de la Mission, mort le 14 février ; Louis de Chandenier le 2 mai. Combien de compagnons des premiers jours ont déjà rejoint le Seigneur quand sa propre mort s'annonce ? Ils reposent aux quatre coins du monde, sans que Vincent ait pu jamais prier sur leur tombe : Julien Guérin dans les sables de Tunis, Lambert aux Couteaux dans les glaces de Varsovie. Où gisent Charles Nacquart et Nicolas Gondrée, partis à Madagascar ? La terre chrétienne qui accueille leur corps est-elle revenue aux idoles des païens ? Les Pères sont morts de la persécution en Irlande, à Gênes de la peste bubonique, comme à Marseille et Alger. Souvent, ils n'ont pas résisté aux boues de Lorraine et de Picardie. Ils ont couru le monde et donné leur vie pour le service de Dieu, à moins qu'ils ne soient morts d'épuisement à secourir les pauvres d'Étampes ou de Villeneuve-Saint-Georges, à quelques lieues de Saint-Lazare. Et c'est à présent le tour de Vincent.

Il s'y tient prêt depuis longtemps. « Vous prenez les devants, je vous rejoindrai bientôt », a-t-il dit à Louise de Marillac. Il ne lui survivra que six mois. Le *memento mori* est son exercice familier. « Voilà dix-huit ans, dit-il, que je ne me couche jamais sans me mettre en état de paraître devant Dieu avant le lever du jour. » Ce souci de la mort s'accompagne d'une crainte de l'au-delà, dont les manifestations ne sont pas destinées à l'édification de son entourage. Quand il se frappe la poitrine en se traitant d'abominable pécheur, il est sincère. Quand il redoute l'enfer parce qu'il n'a pas assez fait pour les pauvres des campagnes, il se mortifie, s'humilie, regrette de n'avoir pas eu plusieurs vies pour venir à bout de ce que le Seigneur attendait de lui. Comme Augustin, son vrai maître, il ne redoute rien tant que les faiblesses du corps qui emplissent l'âme de ténèbres. Nul n'est à l'abri de ce crépuscule tragique, de cet envahissement démoniaque du dernier moment, de cet engourdissement trompeur qui porte à la fausse résignation. Il le redoute, il prie.

Si humble soit-il, si pénétré de sa faiblesse, a-t-il conscience que sa mort à Saint-Lazare doit être aussi exemplaire que celle du bienheureux pestiféré de Marseille dont la béatitude a porté la foule aux plus vifs mouvements de la foi ? Il repousse cette tentation du martyre, qui cache le péché d'orgueil. « Notre-Seigneur a bien plus souffert que moi », répond-il à ceux qui veulent héroïser sa souffrance ; ou bien encore : « Ce n'est rien comparé à ce que mes péchés ont mérité. » Il se prépare ainsi à la mort selon son cœur, celle des paysans de Pouy, qui savent « passer » en silence.

Le frère Alexandre Véronne, qui le soigne, se déclare bientôt impuissant. Les saignées, les purges, les sudations ne peuvent plus rien. Le mal empire. Le malade ne peut quitter sa chaise ou son lit. Le 27 août, les sœurs de charité sont montées dans sa chambre, privilège ordinairement inconcevable, pour procéder devant lui à l'élection de leurs officières. Le 18 septembre, alors que les feuilles jaunissent déjà sur les arbres de Saint-Lazare, il n'a plus la force de communier. Le 26, il se fait porter à la chapelle attenante pour y entendre la messe et si possible communier. Cette dernière grâce lui est donnée. Autour de lui, les frères prient à genoux, certains pleurent en silence. Le temps est venu, au tomber du jour, de l'extrême-onction.

La mort attend, derrière la porte. Auprès du mourant, les

frères. Pas un grand n'est présent, ni le cardinal de Retz en exil, à qui il a par écrit exprimé son dévouement, ni le père Phillippe-Emmanuel de Gondi, son protecteur retiré du monde. La reine Anne d'Autriche, qui l'a sans cesse soutenu dans son œuvre, se tient informée de ses derniers moments. La duchesse d'Aiguillon prie pour lui, comme les filles du Carmel de la Visitation et, naturellement, les sœurs de charité. Il n'est entouré que de ses proches, de ses frères lazaristes.

Le soir tombe quand s'enchaînent à voix forte les questions de l'officiant : « Croyez-vous ce que l'Église enseigne ? » lui demande frère Dehorgny, qu'il avait à grand-peine maintenu dans le giron de l'Église quand il avait été tenté par l'hérésie janséniste.

Vincent répond oui à toutes les questions. Il a toute sa lucidité, mais sa force l'abandonne, témoin cette réponse à la question : « Demandez-vous pardon à tous ? – Jamais personne... » Il ne réussit pas à poursuivre. Les assistants, qui le connaissent bien, qui le connaissent par cœur, complètent pieusement la phrase : « Jamais personne ne m'a offensé. »

Les paroles du *confiteor* parviennent à franchir la mince ligne de ses lèvres déjà glacées. « Vos enfants, disent les frères, implorent votre bénédiction. – Ce n'est pas à moi... », réussit-il à articuler. Dernière phrase d'humilité. Il s'affaisse, retombe dans sa léthargie.

Neuf heures du soir : il ouvre les yeux. Berthe, l'ancien provincial de Rome est près de lui, avec Grimal et Bécu, et Boucher. Ils sont à genoux, ils implorent sa bénédiction. Il n'a pas la force d'esquisser un geste, mais dans son regard embué de larmes qui se porte vers le petit crucifix, ils lisent une tendresse infinie et croient entendre dans le frémissement qui sort de ses lèvres presque closes : « Dieu vous bénisse ! »

Onze heures. Le malade tremble de tout son corps, le

pouls faiblit. Passera-t-il la nuit ? Les frères l'assistent en permanence, récitent les prières de la recommandation de l'âme. Vincent redresse la tête. Il a encore la force de répondre très faiblement aux invocations du frère Gicquel. Va-t-il revenir à la vie ? On glisse entre ses dents un jus d'orange, mais il ne peut rien prendre.

Minuit un quart. Il reconnaît le frère Nicolas Survivre, mais s'assoupit de nouveau.

Une heure du matin, le 27 septembre. On lui annonce que le frère Maillard va dire la messe. « Grâce », articule-t-il.

Une heure et demie. Dehorgny demande encore la bénédiction du père pour sa « famille » présente à ses derniers moments. Il trouve la force d'esquisser un geste et de dire : « Dieu la bénisse. » Puis une phrase en latin dont les mots se chuchotent dans le murmure de la prière cent fois répétée : *« Qui coepit opus bonum ipse perficiet. »* On lui énumère tous ceux qui reçoivent sa bénédiction, les prêtres des conférences, les dames de charité, les enfants trouvés, les pauvres du Nom-de-Jésus, les « bienfaiteurs et amis » ; il bénit encore, d'une légère inclinaison de la tête, un prêtre de la conférence des mardis, qui s'était présenté en pleine nuit dès qu'on lui avait appris que le maître, l'« instituteur », le fondateur de la Mission allait mourir.

Deux heures du matin. Il répond au *Credo* et baise le crucifix. À quatre heures, il prononce le nom de Jésus, par un remuement des lèvres. L'agonie commence à quatre heures et demie. Un quart d'heure plus tard, il meurt dans sa chaise, près du feu, sans convulsions, presque sans crispations. Les témoins décrivent son visage apaisé : « L'agonie, dit l'un d'eux, loin de défigurer ses traits, semblait lui avoir donné une beauté et une majesté dont tout le monde s'étonnait. »

Quatre frères préparent le corps et l'étendent sur le lit funèbre, face au crucifix. Au matin commence le défilé du tout-Paris de la haute charité. On vient prier devant sa dépouille, dans un ballet ininterrompu de carrosses. Les pauvres, eux, attendent à la porte de Saint-Lazare. Ils investissent bientôt l'église, au jour de la cérémonie d'inhumation, à dix heures du matin, le 28 septembre.

Pas un seul ministre du roi. Pas le moindre représentant de Mazarin, qui mourra à Vincennes quelques mois plus tard, le 9 mars 1661. Mais le nonce du pape Coelio Piccolomini est au premier rang, avec le prince de Conti, gouverneur du Languedoc et frère de Condé, une des têtes du parti dévot, six évêques et abbés proches de Vincent. L'archevêque de Vienne, Montmorin, est présent ; peut-être aussi François Fouquet, ancien évêque de Bayonne et d'Agde, devenu archevêque de Narbonne en 1656. Il ne lui était pas moins attaché que son jeune frère Louis, très jeune évêque d'Agde, employé à Rome pendant deux ans pour surveiller le cardinal de Retz, aussi véhément dans la lutte contre les protestants et les jansénistes que l'avait été Alain de Solminihac.

La duchesse d'Aiguillon offre une châsse en argent pour abriter le cœur, les entrailles et le foie du futur saint. Sa tombe reçoit l'hommage de milliers de Parisiens, et d'abord celui des pauvres, des infirmes, des malades, de tous ceux qui lui doivent une poignée de blé, une prière, une grâce, un simple regard de compassion, une consolation dans la douleur. Cette affluence ne trompe pas : elle se manifeste toujours au dernier rendez-vous de ceux que leur piété « héroïque » a placés d'emblée, dans la foi populaire, à la droite de Dieu, et dont on attend immédiatement des miracles.

Que les pauvres viennent nombreux prier sur son cercueil n'a rien d'étonnant : ne leur a-t-il pas consacré sa vie ? La présence des grands seigneurs du parti dévot ne doit pas surprendre davantage. N'ont-ils pas été les amis et protecteurs de Vincent ? Bien que la Compagnie du Saint-Sacrement, mal vue de Mazarin qui lui reproche sa secrète influence, soit près de disparaître, les dévots n'ont plus aucune raison de s'opposer au pouvoir royal. Jean-François-Paul de Gondi, cardinal de Retz, est le seul à ne pouvoir assister aux funérailles du protégé de sa famille. Exilé de Rome à la demande pressante de Mazarin, il erre entre Londres et Amsterdam, attendant la mort du ministre pour supplier le roi de lui accorder la grâce de rentrer en France.

Un mois jour pour jour avant la mort de Vincent, le roi Louis XIV a fait son entrée dans Paris aux côtés de sa jeune épouse Marie-Thérèse. Quand Mazarin négocie encore la paix, la reine mère Anne d'Autriche rencontre son frère, le roi d'Espagne Philippe IV, qu'elle n'a pas revu depuis quarante-cinq ans. Les souverains jurent la paix, à genoux, l'évangile à la main. Quoi de plus réconfortant pour un dévot ?

La France a servi de médiateur entre les Suédois protestants et les Polonais catholiques chers au cœur de Vincent pour rétablir aussi la paix dans le nord de l'Europe. En Angleterre, Charles II est rentré à Londres à cheval, la monarchie en croupe. L'Europe des trônes est sauvée. L'entrée du couple royal dans Paris, à laquelle Vincent malade n'a pu assister, célèbre ce triomphe, au lendemain de la Saint-Louis. Louis XIV n'a pas voulu aborder la ville naguère révoltée par le faubourg Saint-Denis, comme c'était l'usage, mais par l'Est rebelle, le faubourg Saint-Antoine. À la porte, il fait élever un trône, sous un dôme appuyé sur quatre piliers majestueux. Il veut effacer ainsi le souvenir des luttes de la Fronde, et manifester aux Parisiens qu'il est le maître chez eux, comme il l'a indiqué récemment aux Marseillais.

Un arc de triomphe en toile peinte célèbre la paix et l'alliance « des deux premiers États de l'Univers », la France et l'Espagne. Le cortège royal qui traverse la capitale, où la foule est dense et enthousiaste, est formé des hauts seigneurs, ministres et officiers, précédés par les mousquetaires de d'Artagnan. Derrière les princes de Condé et de Conti, ci-devant factieux, caracolent le comte d'Harcourt, grand écuyer de France, et le maréchal de Turenne. La noblesse de cour se presse déjà, botte à botte, dans le cortège du roi, qui la conduira plus tard à Versailles. Mazarin malade ne quitte pas son carrosse, où il est alité. Lui, qui a été le principal ouvrier de la paix en Europe, il n'aura pas le temps d'être le restaurateur de l'ordre public en France. Colbert et ses intendants s'en chargeront. La cérémonie éblouissante du 26 août 1660 marque le couronnement très posthume de l'œuvre entreprise à si grands frais par Richelieu. Ayant abattu les Habsbourg d'Autriche et d'Espagne, le roi de France a rétabli la paix du pape, sans avoir recours à ses services, et désarmé ainsi le parti de ceux qui ont constamment soutenu Vincent.

Le nouveau pouvoir est d'esprit niveleur, réarmant la forteresse de Château-Trompette à Bordeaux, construisant les forts de Marseille, alors qu'il détruit les murailles des villes rebelles. Il se prépare à soumettre les princes, l'Église elle-même, à sa loi. Les États du pape, sans l'appui de l'Espagne, en seront réduits à n'être plus qu'une province de l'Église, et les cardinaux, archevêques et évêques de France seront priés de se conformer à la norme d'un clergé désormais soumis au roi, attaché à combattre les hérésies, l'ancienne comme la nouvelle, et bientôt à expulser du royaume les protestants eux-mêmes. De la sorte, l'action, menée au conseil de conscience par Vincent de Paul, de mise en œuvre de la Contre-Réforme par la nomination et la surveillance des évêques, se trouve confortée, reprise, systématisée. Les dévots n'auront plus à choisir entre le pape et le roi, ils serviront le roi d'abord, les intérêts du catholicisme d'État imaginé par Richelieu passant désormais avant tout.

Vincent n'aura eu en vue, toute sa vie, que les intérêts de l'Église. Il ne s'est jamais opposé au pouvoir que dans les occasions où il a pu plaider pour la paix, non point celle du pape, mais celle qu'attendaient les victimes des guerres, les pauvres, ses administrés. De la sorte, il a déploré autant l'intransigeance de Mazarin que les intrigues des princes qui ne songeaient qu'à leur fortune. S'il a naguère honoré Saint-Cyran de son soutien quand il était en butte aux persécutions de Richelieu, il a aussi, contre Mazarin, offert sa protection à Retz, non qu'il ait épousé leur cause (il combat aussi bien les jansénistes que les frondeurs, fauteurs de guerre civile) mais parce qu'il est resté fidèle à ses amitiés. Entre la nouvelle politique de soumission à l'absolutisme royal et les liens sociaux anciens, Vincent de Paul n'a pas été en état de choisir. Il s'est, à plusieurs reprises, laissé prendre au conflit des devoirs, il a été évincé du Conseil, sans d'ailleurs que cette sanction l'abatte le moins du monde. Son personnage et sa mission n'ont pas dépendu seulement du service des institutions humaines et des obligations sociales, mais de l'idée qu'il se faisait du service de Dieu dans l'Église.

Tenu en marge, il a innové. Les sept dernières années de sa vie auront été les plus productives : elles ont transformé sa mort en apothéose, comme s'il était déjà, dans son double cercueil de Saint-Lazare, un saint aimé et reconnu. Sa force a tenu à son humilité, mais non à sa résignation devant l'inéluctable. Si l'État moderne devait se constituer au prix de souffrances inouïes de deux générations de Français, il ne lui appartenait pas de s'y opposer mais bien d'imaginer les moyens de faire face aux détresses les plus criantes, en donnant l'exemple de la charité.

Sa force a été d'abord d'avoir su s'attirer les concours des familles riches en faveur des plus angoissantes des infortunes. Son expérience de l'esclavage et la familiarité du général des galères lui auront permis d'intervenir à la fois pour les prisonniers de la chiourme et les détenus d'Alger et de Tunis, même s'il était alors le seul à relancer l'œuvre défaillante des ordres jadis constitués aux fins de rachat d'esclaves chrétiens en Orient. Sachant qu'il n'aurait jamais les moyens de les reprendre tous, il s'est attaché à constituer sur place des missions pour aider ceux qui ne pouvaient s'arracher à leur condition. Il a ainsi agi en faveur d'autres minorités, les malades des hôpitaux, les aliénés, les enfants trouvés, les filles perdues, les galériens de Marseille, les vieillards sans emplois et sans ressources.

Ces actions ont été engagées et soutenues par un petit nombre d'assistants, formés à des conquêtes rapides, mais aussi à la mise en place d'équipes d'intervention sur le terrain à Alger comme en pays huguenot, à La Rochelle ou à Saintes. Il a imaginé des formes nouvelles de secours spirituels, fondées sur l'envoi par les chemins d'équipes de deux missionnaires, à l'imitation des protestants du siècle passé, cette manière souple et efficace d'agir exigeant la reconnaissance par Rome d'une congrégation de prêtres sans cures, disponibles et disposés à toutes les tâches.

Leur formation a dû être approfondie, pour que, partis seuls dans les régions inhospitalières, ils ne soient pas détournés de leur foi. Vincent a été ainsi conduit à renouveler profondément les méthodes d'intervention : plus de *disputationes*, des prêches en langage simple, dans la langue du pays, des psaumes, des réunions d'enfants que l'on éduque et catéchise. Ces prêtres ont été instruits à Saint-Lazare, en même temps que d'autres clercs qui demandaient l'ordination, et que l'on a reçus en stage pour leur inculquer les méthodes et l'esprit nouveau. L'action a tenu son efficace d'une formation particulière, rigoureusement orthodoxe, mais adaptée aux besoins du temps et à la capacité d'écoute de la population.

Les prêtres avaient à soulager autant qu'à enseigner. L'orientation de la Mission vers les secours aux pauvres des campagnes les a contraints à remplir ce double devoir : être en même temps des pasteurs et des créateurs d'œuvres d'assistance grâce à l'engagement des populations dans le combat caritatif. Avant le début des guerres, Vincent a mis au point ces méthodes sur les terres des Gondi ; il lui appartiendra ensuite de les étendre aux zones sinistrées, à la région parisienne, enfin à Paris même, encombré de pauvres. Il s'est ainsi retrouvé, étant ministre sans titre, sur le point de créer un nouveau système hospitalier, capable de prendre en charge la masse des plus démunis. Il s'en est détourné au moment où il a soupçonné l'Hôpital général de vouloir imposer l'assistance aux pauvres aux dépens de la liberté et de la foi.

Il a fait la preuve, en engageant ses filles de charité dans le combat caritatif, que l'on pouvait faire confiance à des femmes utilisées dans les hôpitaux ou dans les villages meurtris, pourvu qu'elles fussent soutenues, surveillées et éduquées par une maison particulière qui leur montrerait leur devoir. La congrégation des Filles de la Charité, organisée par Louise de Marillac, a été une innovation : pour la première fois, des femmes se sont engagées dans les œuvres de foi en dehors des couvents, ont respecté des règles qui, pour n'être pas celles des ordres monastiques, garantissaient qu'elles agiraient en toutes circonstances en bonnes chrétiennes, soucieuses de ramener à Dieu les âmes perdues des malheureux.

Dernière innovation : un devoir d'intervention a poussé les filles de charité et les prêtres des missions partout dans le monde où l'a exigé la présence des ministres de Dieu, quelles que fussent les circonstances politiques. Les missionnaires de la charité n'étaient pas destinés à lutter aux côtés des révoltés pour la justice, encore moins à prendre parti, mais à soulager les douleurs trop vives, à corriger les effets des guerres, des luttes, des calamités naturelles ou sociales. Les missions n'ont donc relevé que du Saint-Père, lui seul ayant vocation à parler partout au nom du Christ. La préférence romaine de Vincent n'a pas d'autre cause : il n'est pas intervenu pour le pape contre le roi, il a seulement eu besoin du pape et de la congrégation de la Propagande pour lancer des missions nouvelles en Europe et dans le monde. À la demande du Saint-Père, il a expédié des secours en Irlande, en Écosse et dans les îles Britanniques. Il a servi les désirs de la reine de Pologne pour aider les catholiques dans le malheur. Il a inauguré, avec Madagascar, un style nouveau de mission en pays non chrétien et non musulman, pour « moissonner » les âmes avec autant d'ardeur que les jésuites en Amérique. Il est entré de la sorte dans le champ universel de l'Église.

Il n'est pas un saint comme les autres, parce qu'il a eu l'audace de braver les pouvoirs sans jamais s'y opposer, toujours désireux de réduire les zones d'ombre de la société, ses failles honteuses et ses plaies infectées. Il a eu l'étrange capacité de trouver les méthodes et d'insuffler l'esprit de mission, quand d'autres, poursuivant les mêmes objectifs, ont échoué.

Il a arpenté, comme Sales et Bérulle, les allées du pouvoir, parce que aucune action n'aurait été possible sans les moyens offerts par l'institution, ni sans les concours des grandes familles. Il a, plus qu'un autre, pesé sur les nominations ecclésiastiques, obtenu le plus de sièges possible pour des candidats favorables à la réforme, mené la lutte rampante contre les hérétiques, organisé les œuvres d'assistance avec les secours des fonds royaux et princiers, avec les finances des riches partisans des fermiers généraux ou des plus opulents officiers.

L'assistance aux déshérités a été son guide, sa passion exigeante. Il voulait qu'elle fût parfaite et ne souffrît aucun reproche. Il a usé à l'occasion de ce bon sens paysan qui lui a permis de placer à bon escient l'or des dons ou des legs et de l'affecter précisément, contrat par contrat, aux tâches qui lui étaient assignées. Il a imposé, dans l'éclatement caritatif des missionnaires, une rigueur absolue, le respect pointilleux des contrats qu'il signait d'abord, voulant s'assurer du financement d'une opération avant qu'elle ne fût lancée. Le cumul des calamités l'a contraint à faire flèche de tout bois et à parer au plus pressé. Il a, dans le danger, révélé des dons d'organisateur encore plus précieux, sachant solliciter directement les plus grands, obtenir sur-le-champ, par l'entraînement irrésistible de la charité, des contrats de la reine, du roi, du cardinal de Richelieu, de Mazarin lui-même, des cardinaux étrangers, des évêques et archevêques, des villes et des financiers, pour lancer des opérations de secours d'urgence en direction des provinces dévastées. L'héroïsme de ses missionnaires a fait de sa congrégation une milice du Christ fort recherchée. Et l'esprit de mission né sur le terrain ne devait pas disparaître.

Vincent a bâti solide. L'esprit qu'il a insufflé aux lazaristes leur a permis de poursuivre l'œuvre et de l'étendre au monde. Le père Jolly, son successeur, ouvrira quarante maisons nouvelles, et les progrès se poursuivront, en France, en Pologne, en Russie occidentale, en Hongrie, en Allemagne rhénane, en Afrique du Nord et à Madagascar, mais aussi bien en Chine : au total, près de quatre cent cinquante maisons missionnaires. Quatre mille trois cents sœurs œuvreront alors dans la charité.

La Révolution a martyrisé les frères, quelquefois aussi les sœurs, mais l'œuvre sera diffusée dans le monde entier pendant le XIXe siècle. En 1960, le père Dodin a recensé près de six mille membres dans la compagnie, dont trente évêques et quarante-cinq mille filles de charité. Les saints et les saintes ont fleuri sur ce terreau, et les nouveaux Pères de la mystique contemporaine, comme l'aveugle Guillaume Pouget, Socrate vincentien qui a trouvé en Jean Guiton son Platon. Sainte Catherine Labouré a illustré au XIXe siècle le dévouement à la vierge, et Rosalie Rendu le sacrifice aux pauvres de la rue Mouffetard. Les dames de charité sont sorties des galeries de tableaux des grandes familles pour essaimer sur tous les continents, où elles sont aujourd'hui quatre cent cinquante mille, dont cinq mille à Paris. Six cent cinquante mille conférenciers de Vincent de Paul ont prêché dans le monde pendant la seule année 1975. L'œuvre de l'enfant de Pouy est devenue gigantesque, à hauteur de sa foi qui l'a élevé au ciel, devant ses frères agenouillés, en une sorte d'assomption.

Cette réussite s'explique certainement par la vertu de l'exemple : Vincent a été capable, jusqu'à ce que ses jambes se dérobent sous lui, de prendre la route avec du blé dans son sac et le Christ dans son cœur. Il a aimé les hommes, qui lui ont rendu son amour au centuple : ses missionnaires ont affronté la peste, les Turcs et les Croates pour l'amour de lui, la petite flamme dansante de Pentecôte devant les yeux. Le cardinal Lustiger, célébrant le service des trappistes martyrs d'Algérie, a dit en sa cathédrale Notre-Dame, à la Pentecôte 1996 : « L'esprit du Seigneur est vainqueur de la mort. »

Cet esprit est celui de saint Vincent de Paul.

# Bibliographie

## I – Sources écrites

André Dodin, *Saint Vincent de Paul. Entretiens spirituels à ses missionnaires*, vol. I, Paris, Le Seuil, 1960.
J.B. Pémartin, *Recueil des diverses exhortations et lettres de saint Vincent aux missionnaires*, Paris, 1860.
Publication de quatre volumes de lettres, Paris, 1880 (avec supplément en 1888).
Saint Vincent de Paul, *Correspondance, entretiens, documents*, édition publiée et annotée par Pierre Coste, Paris, Lecoffre-Gabalda, 1920 et suiv., 14 volumes avec un volume supplémentaire en 1970.

## II – Ouvrages consacrés à Vincent de Paul

Louis Abelly, *La Vie du vénérable serviteur de Dieu, Vincent de Paul*, Paris, 1664. (Édition de 1986 aux Archives de la maison mère.)
Louis-Émile Bougaud, *Histoire de saint Vincent de Paul*, 2 vol., Paris, 1889.
Emmanuel de Broglie, *Saint Vincent de Paul*, Paris, 1897.
Mgr Jean Calvet, *Saint Vincent de Paul*, Paris, Albin Michel, 1948.
Salem Carrier, *Saint Vincent de Paul et l'Islam*, Paris, Éd. FER, 1979.
Pierre Collet (C.M.), *La Vie de saint Vincent de Paul*, 2 vol., Nancy, 1748.
Pierre Coste (C.M.), *Le Grand Saint du grand siècle, Monsieur Vincent*, 3 vol., Paris, 1932.
André Dodin, *Saint Vincent de Paul et la charité*, Paris, Le Seuil, coll. « Maîtres spirituels », 1960.
Victor Giraud, *Saint Vincent de Paul*, Paris, 1932.
Pierre Grandchamp, « La prétendue captivité de Saint Vincent de Paul

à Tunis », *La France en Tunisie au XVII^e siècle*, Tunis, 1920-1936, 11 vol., tome VII.

Jean Guichard, *Saint Vincent de Paul esclave à Tunis*, Paris, 1937.

Henri Lavedan, *Monsieur Vincent, aumônier général des galères*, Paris, 1928.

Ulysse Maynard (chanoine), *Saint Vincent de Paul, sa vie, son temps, son influence*, 4 vol., Paris, 1860.

Luigi Mezzadri (prêtre lazariste italien), *Petite Vie de Vincent de Paul*, Paris, Desclée de Brouwer, 1989.

Antoine Rédier, *La Vraie Vie de saint Vincent de Paul*, Paris, 1927.

Paul Renaudin, *Saint Vincent de Paul*, Paris, 1927.

Robert Sauzet, « Monsieur Vincent chez les pauvres », in *L'Histoire*, n° 34, mai 1981, p. 44 *sq*.

Guy Turbet-Delof, « Sur Vincent esclave à Tunis », in *Revue d'histoire de l'Église de France*, Paris, 1972, p. 338 *sq*.

*Sur la spiritualité de Vincent de Paul*

Arnaud d'Agnel, *Saint Vincent de Paul directeur de conscience*, Paris, 1925.

Abbé Henri Brémond, *Histoire littéraire du sentiment religieux en France depuis la fin des guerres de Religion jusqu'à nos jours*, Paris, 1916-1932, 10 vol.

Pierre Deffrennes (S.J.), « La vocation surnaturelle de saint Vincent de Paul », in *Revue d'ascétique et de mystique*, tome XIII, 1932.

Jacques Delarue, *L'Idéal missionnaire du prêtre, d'après saint Vincent de Paul*, Thèse de théologie, 1947.

André Dodin, *L'Esprit vincentien. Le secret de saint Vincent de Paul*, Paris, Desclée de Brouwer, 1981.

André Dodin, *Initiation à saint Vincent de Paul*, Paris, Cerf, 1993.

André Dodin, « La promotion de la femme à l'apostolat missionnaire », in *Missions et Charité*, n° 28, octobre 1967.

André Dodin, « Spiritualité de saint Vincent de Paul », in *Missions et Charité*, n° 1, 1961, p. 54-75.

André Frossard, *Votre très humble serviteur, Vincent de Paul*, Paris, Bloud et Gay, 1981.

## III – Ouvrages généraux sur la période

*Sur les questions religieuses*

Louis Chatellier, *Le Catholicisme en France*, tome II, Paris, Sedes, 1995.

Louis Chatellier, *L'Europe des Dévots*, Paris, Flammarion, 1987.

Pierre Chaunu, *Église, culture et société. Essai sur la réforme et la contre-réforme*, Paris, Sedes, 1981.

Pierre Chaunu, *La Mort à Paris*, Paris, Fayard, 1978.

Jacques Chiffoleau, Elisabeth Labrousse, François Lebrun, Robert Sauzet, Marc Venard, *Histoire de la France religieuse,* tome II, *Du christianisme flamboyant à l'aube des Lumières*, Paris, Le Seuil, 1988.

François Lebrun, *Les Hommes et la mort en Anjou aux* XVII^e^ *et* XVIII^e^ *siècles*, Paris, Flamamarion, 1975.

Jean Delumeau, *Le Catholicisme entre Luther et Voltaire*, Paris, PUF, 1971.

Jean Delumeau, *Naissance et affirmation de la Réforme*, Paris, PUF, 1965.

Gilles Deregnaucourt et Didier Poton, *La Vie religieuse en France aux* XVI^e^, XVII^e^ *et* XVIII^e^ *siècles*, Paris, Ophrys, 1994.

Henri Fouqueray (S.J.), *Histoire de la Compagnie de Jésus en France, des origines à la suppression. 1575-1762*, 5 vol., Paris, 1913 à 1925.

Robert Muchembled, *Cultures et sociétés en France*, Paris, Sedes, 1995.

Geneviève Reynes, *Couvents de femmes. La vie des religieuses cloîtrées dans la France des* XVII^e^ *et* XVIII^e^ *siècles*, Paris, Fayard, 1987.

René Taveneaux, *Le Catholicisme dans la France classique*, 2 vol., Paris, Sedes, 1994.

Hermann Tüchle, C.A. Bouman et Jacques Le Brun, « Réforme et Contre-Réforme », in *Nouvelle Histoire de l'Église*, Paris, Le Seuil, tome III, 1968.

*Sur les questions économiques et sociales*

Françoise Bayard, *Le Monde des financiers au* XVII^e^ *siècle*, Paris, Flammarion, 1988.

Yves-Marie Bercé, *Fête et révolte des mentalités populaires, du* XVI^e^ *au* XVIII^e^ *siècle*, Paris, Hachette, 1976.

Yves-Marie Bercé, *Histoire des Croquants*, 2 vol., Genève, Droz, 1974.

Joseph Bergin, *Pouvoir et fortune de Richelieu*, Yale, 1985, Paris, Laffont, 1987.

François Billacois, *Le Duel dans la société française. Essai de psycho-sociologie historique*, Paris, EHESS, 1986.

Jean-Noël Biraben, *Les Hommes et la peste en France et dans les pays européens et méditerranéens*, 2 vol., Paris, La Haye, 1975-1976.

Fernand Braudel, *La Méditerranée et le monde méditerranéen*, 2 vol., Paris, Armand Colin, rééd. 1979.

Guy Cabourdin, *Terre et Hommes en Lorraine. 1550-1635*, 2 vol., Publications de l'université de Nancy, 1977.

Maurice Champion, *Les Inondations en France depuis le VIe siècle jusqu'à nos jours*, 6 vol., Paris, 1858-1864.

Pierre Chaunu, Richard Gascon, *Histoire économique et sociale de la France*, tome I., vol. 1, Paris, PUF, 1977.

Père Pierre Dan, *Histoire de la Barbarie et de ses corsaires*, Paris, 1649.

Jacques Depauw, « Les élites et les Gueux. Quelques représentations (XVIe et XVIIe siècles) », in *RHMC*, 1974.

Daniel Dessert, *Argent, pouvoir et société au Grand Siècle*, Paris, Fayard, 1984.

Aphonse Feillet, *La Misère au temps de la Fronde*, Paris, 1862.

Michel Foucault, *Histoire de la folie à l'âge classique*, Paris, Gallimard, 1972.

Pierre Goubert, *Cent mille provinciaux au XVIIe siècle*, Paris, Flammarion, 1968.

Jean-Pierre Gutton, *La Société et les pauvres. L'exemple de la généralité de Lyon*, Bibliothèque interuniversitaire de Lyon, 1971.

Jean-Pierre Gutton, *La Société et les pauvres en Europe*, Paris, PUF, 1974.

Jacques Heers, *Esclaves et domestiques au Moyen Âge dans le monde méditerranéen*, Paris, Fayard, 1981.

Françoise Hildesheimer et Christiant Gut, *L'Assistance hospitalière*, Paris, Publisud, 1992.

Jean Imbert, *Histoire des hôpitaux français*, Paris, 1947.

Jean Jacquart, *La Crise rurale en Île-de-France, 1560-1670*, Paris, 1974.

Jean Jacquart, « La Fronde des provinces dans la région parisienne et ses conséquences matérielles », in *RHMC*, 1960.

Emmanuel Le Roy Ladurie et Michel Morineau, *Histoire économique et sociale de la France*, tome I., vol. 2, Paris, PUF, 1977.

Monique Lucenet, *Les Grandes Pestes*, Paris, Aubier, 1985.

Jean Meuvret, « Études d'histoire économique », *Cahier des Annales*, n° 32, 1971.
Michel Mollat, « La notion de pauvreté au Moyen Âge : position de problèmes », in *RHEF*, 1966, p. 5-23.
Roland Mousnier, *Paris capitale au temps de Richelieu et de Mazarin*, Paris, PUF, 1978.
Claude Nordmann, « L'armée suédoise au XVIIe siècle », *Revue du Nord*, 1939.
Irénée Noye, « La formation du clergé à la pauvreté dans la seconde moitié du XVIIe siècle », in *RHEF*, 1966.
René Pillorget, *Les Mouvements insurrectionnels en Provence*, Paris, 1975.
Boris Porchnev, *Les Soulèvements populaires en France au XVIIe siècle*, Paris, Flammarion, 1972.
Gaston Roupnel, *La Ville et la campagne au XVIIe siècle. Étude sur les populations du pays dijonnais*, Paris, rééd. 1955.
Philippe Sassier, *Du bon usage des pauvres. Histoire d'un thème politique*, Paris, Fayard, 1990.
F.C. Spooner, *L'Économie mondiale et les frappes monétaires en France. 1493-1680*, Paris, 1956.
Alain Tallon, *La Compagnie du Saint-Sacrement*, Paris, Cerf, 1990.
G. de Vaumas, *L'Éveil missionnaire de la France au XVIIe siècle*, Paris, 1959.
Marc Venard, « Catholicisme et usure au XVIe siècle », in *RHEF*, 1966.
André Zysberg, *Les Galériens*, Paris, Le Seuil, 1987.

*L'Hôpital général charitable*, Paris, mars 1657.
*Le Magasin charitable*, Paris, janvier 1653.
*Mémoire des besoins de la campagne aux environs de Paris*, 20 novembre 1652.
*Mémoire des prisons de Paris*, 1675.
*Registres de l'hôtel de ville de Paris pendant la Fronde*, 3 vol., Paris, 1846-1848.

*Questions politiques*

Jean-Pierre Babelon, *Henri IV*, Paris, Fayard, 1981.
François Bluche, *Louis XIV*, Paris, Fayard, 1986.
Michel Carmona, *Richelieu*, Paris, Fayard, 1983.
Pierre Chevallier, *Louis XIII*, Paris, Fayard, 1979.

Joël Cornette, *De la Ligue à la Fronde, chronique de la France moderne*, Paris, Sedes, 1995.
Daniel Dessert, *Fouquet*, Paris, Fayard, 1987.
Claude Dulong, *Anne d'Autriche*, Paris, Hachette, 1980.
Janine Garrisson, *Marguerite de Valois*, Paris, Fayard, 1994.
Pierre Goubert, *Mazarin*, Paris, Fayard, 1990.
Arlette Jouanna, *Le Devoir de révolte. La noblesse française et la gestation de l'État moderne. 1559-1661*, Paris, Fayard, 1989.
Michel Pernot, *La Fronde*, Paris, De Fallois, 1994.
René et Suzanne Pillorget, *France baroque et France classique*, 2 vol., Paris, Robert Laffont, 1995.

## IV – Biographies ou mémoires

Angélique Arnauld, *Lettres*, 3 vol., Utrecht, 1742-1744.
Antoine Arnaud, *Œuvres*, Paris et Lausanne, 1775.
Louis Batiffol, *Le Cardinal de Retz*, Paris, Hachette, 1927.
Monseigneur Louis Baunard, *La Vénérable Louise de Marillac*, Paris, 1898.
Pierre de Bausset, *Tableau de la vie et de la mort de monseigneur Jean Baptiste Gault, évêque de Marseille*, Paris, 1643.
Albert Bessières, *Au temps de saint Vincent de Paul : deux grands méconnus, précurseurs de l'action catholique et sociale, Gaston de Renty et Henry Buch*, Paris, 1931.
Comte de Bonneau-Avenant, *La Duchesse d'Aiguillon*, Paris, 1882.
Bossuet, *Correspondance*, 15 vol., Paris, Hachette, 1900-1925.
Jules Bourelly, *Le Maréchal de Fabert*, 2 vol., Paris, 1879-1881.
Jean-Pierre Camus, *L'Esprit de saint François de Sales*, 6 vol., Paris, 1840.
Régis de Chantelauze, *Saint Vincent de Paul et les Gondi*, Paris, 1882.
Père Léonard Chastenet, *La Vie de Mgr Alain de Solminihac*, Saint-Brieuc, 1817.
Jean Dagens, *Bérulle*, Paris, Desclée de Brouwer, 1948.
Antoine Degert, *Histoire des évêques de Dax*, Paris, 1903.
G. Doublet, *Godeau, évêque de Grasse et de Vence*, 2 vol., Paris, 1911-1913.
Paul Dreyfus, *Saint Jean de Dieu*, Paris, Bayard, 1995.
Raymond Gleizes, *Jean Le Vacher, vicaire apostolique et consul de France à Tunis et à Alger*, Paris, 1914.

Nicolas Gobillon, *La Vie de Mademoiselle Le Gras*, Paris, 1675.
Claude Lancelot, *Mémoire touchant la vie de M. de Saint-Cyran*, Cologne, 1738.
Olivier Lefèvre d'Ormesson, *Journal*, 2 vol., Paris, 1860-1862.
Comte René de Voyer d'Argenson, *Annales de la Compagnie du Saint-Sacrement*, Marseille, 1900.
Frédéric Monier, *Vie de Jean-Jacques Olier*, Paris, 1914.
Jean-Jacques Olier, *Lettres*, Paris, 1885.
Pascal, *Provinciales.*
Cardinal de Retz, *Œuvres*, Paris, Gallimard, « La Pléiade ».
Sainte-Beuve, *Port-Royal*, Paris, Gallimard, « La Pléiade ».
Madame de Sévigné, *Lettres*, tome I, Paris, Gallimard, « La Pléiade ».

L'auteur tient à remercier les prêtres de la Mission de Saint-Vincent-de-Paul, les bibliothécaires de l'Institut catholique, le professeur Robert Sauzet ainsi qu'Elisabeth Soroquère, qui l'ont aidé, conseillé, accueilli dans ses recherches.

INDEX

## A

## B

## C

## D

**E**

**F**

G

### H

I



J

**K**



**L**

**M**

N

O



P

**Q**



**R**

## S

**T**

U



V

W



Z

# Table des matières

*Impression réalisée sur CAMERON par*
*BRODARD ET TAUPIN*
*La Flèche*

*pour le compte des Éditions Fayard*
*en septembre 1996*

*Imprimé en France*
Dépôt légal : septembre 1996
N° d'édition : 6981 – N° d'impression : 6450Q-5
ISBN : 2-213-59628-X
35-65-9628-01/5